La France romantique

LES LITHOGRAPHIES DE PAYSAGE
AU XIXe SIÈCLE

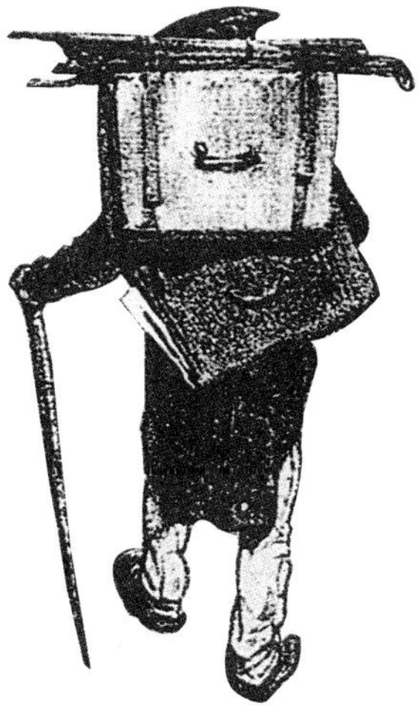

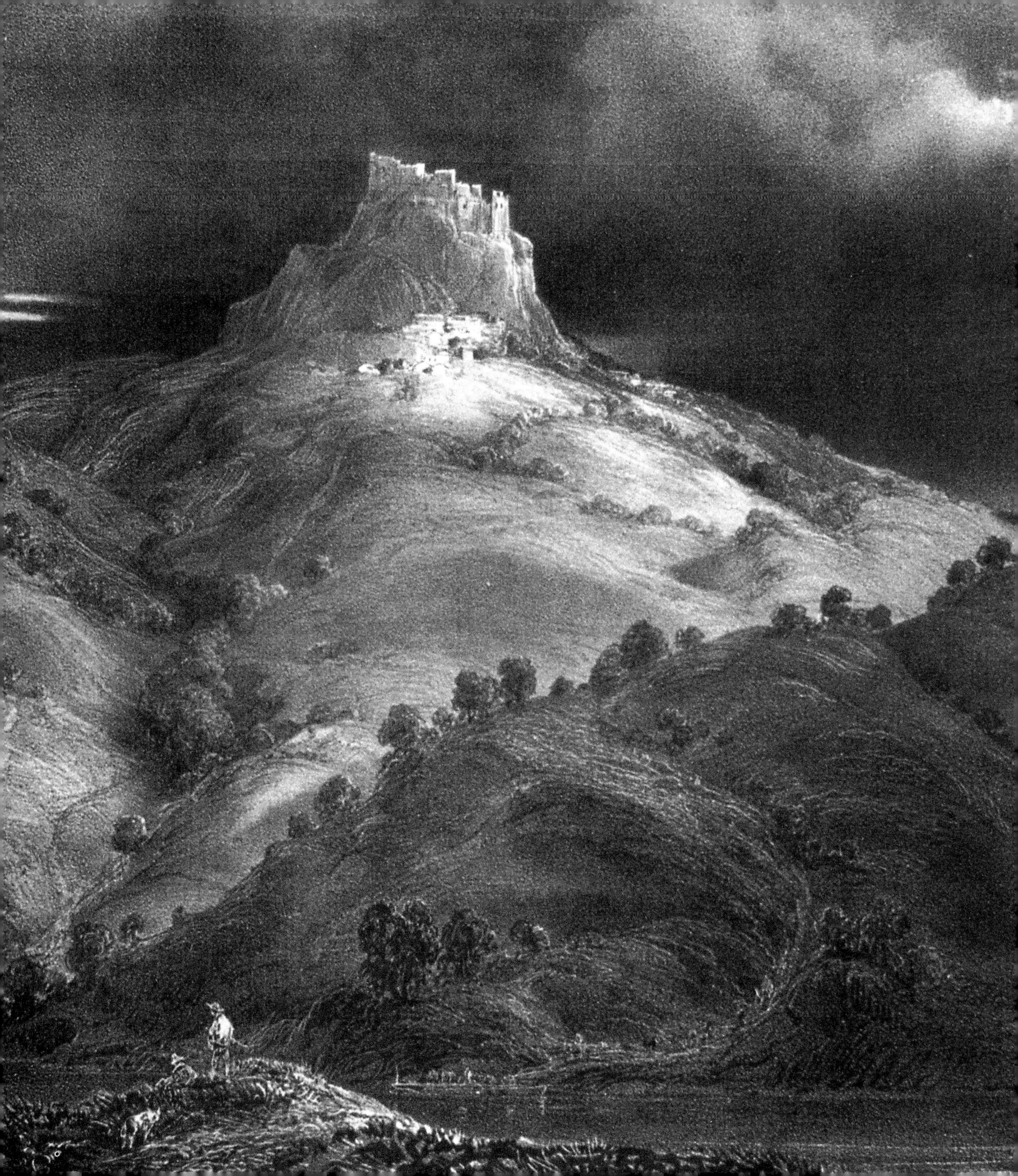

Jean Adhémar

La France romantique

Les lithographies de paysage au XIXe siècle

SOMOGY
ÉDITIONS D'ART

A monsieur Jean Laran

Cet ouvrage a été édité avec le concours
de la Fondation Taylor.

L'éditeur remercie pour leur aide précieuse
Paul Ambille, Claude Bouret, Anne-Marie Debelfort
et Bruno Foucart.

Il exprime sa gratitude à Hélène Adhémar,
Catherine Claudon-Adhémar et à Francis Claudon,
qui lui ont permis de rééditer et d'enrichir l'ouvrage.

Ce texte a été publié pour la première fois en 1937,
par la Librairie Armand Colin, Paris. La présente
édition, enrichie d'environ cent cinquante illustrations,
paraît à l'occasion du dixième anniversaire de la
disparition de Jean Adhémar et du bicentenaire
de l'invention de la lithographie.

La biographie de Jean Adhémar par François Souchal
est publiée avec l'aimable autorisation de *La Gazette
des Beaux-Arts*.

Sauf mention contraire, les œuvres reproduites dans cet
ouvrage sont des lithographies.

Conception graphique : Jean-Louis Germain

Suivi éditorial : Véronique Le Dosseur

Fabrication : Michaële Liénart

En page de faux titre : Alexandre-Gabriel Decamps,
Le Paysagiste, 1830. *(Macédoines)*

En page 2 : Jean-Antoine-Théodore Gudin, *Château de Buron*,
1831. (*Voyages pittoresques et romantiques dans l'ancienne France*,
Auvergne)

En page 24 : Victor Adam, *Les artistes en voyage*, 1831.
(L'Artiste)

Dépôt légal : quatrième trimestre 1997

Imprimé en Italie (CEE)

ISBN 2-85056-294-7

Sommaire

Avant-Propos

par Werner Hofmann

L'histoire de l'art – celle des artistes et celle des historiens – procède par découvertes et redécouvertes, l'oubli constituant la trame qui va de l'une à l'autre. Pour que la montée du paysage pittoresque dans l'art français soit étudiée à sa juste valeur, il a fallu l'attente d'un siècle et la curiosité d'un jeune chercheur dont le goût peu orthodoxe conduisait hors des chemins battus. Bien que dans l'œuvre écrit de Jean Adhémar sa « thèse complémentaire », réimprimée ici, ne représente qu'une fraction de ce que ce savant devait explorer plus tard, son ouvrage constitue une des bases de sa vie intellectuelle. Il accompagne parfaitement les *Influences antiques dans l'art du Moyen Age français*, parues parallèlement en 1938, auxquelles on avait d'ailleurs reproché « ce refus du système et cette joyeuse confusion des genres » (*op. cit.*, rééd., éditions du CTHS, Paris, 1996, p. XII de la préface de Léon Pressouyre). Si le livre sur le paysage lithographié se réclame de la même « insouciance », il la partage avec son sujet. C'est pourquoi son auteur consciencieux ne pouvait pas s'empêcher de poser la question prudente : « Peut-on appeler vraiment paysages certains sujets représentés par nos lithographes : les églises, les châteaux, les usines ? » (voir *infra*, p. 11). Son livre dément cette hésitation.

Consacrée à un courant d'art jugé pendant longtemps comme mineur, l'étude me semble contenir un soupçon sympathique de parti pris dans lequel se perpétue l'optique circonstancielle d'un Balzac, d'un Flaubert et d'un Zola. Cette optique flottante préfère le contexte, aussi modeste soit-il, à l'objet isolé sur un piédestal. Ou pour le dire avec un mot de Flaubert qui nous révèle son approbation secrète pour les recherches de Bouvard et Pécuchet : après avoir lu *La Nouvelle Héloïse*, *Delphine*, *Adolphe* et *Ourika*, « ils reprochaient à tous ceux-là de ne rien dire sur le milieu, l'époque, le costume des personnages. Le cœur seul est traité, toujours du sentiment ! Comme si le monde ne contenait pas autre chose ! » Leur soif inassouvie fait découvrir aux deux amis l'œuvre de Balzac : « Ils n'avaient pas soupçonné la vie moderne aussi profonde. » Voilà la rupture d'optique que les arts plastiques connaîtront au moment où les théories davidiennes auront vécu. Ces théories, Jean Adhémar le souligne, avaient arrêté le premier paysage pittoresque « presque aussitôt après sa naissance » autour de 1800, pour n'admettre que « le paysage historique ou héroïque, c'est-à-dire la représentation d'une scène classique dans un décor noble et impersonnel ». Si David, selon un mot de Paul Huet (voir *infra*, p. 21) « crut voir l'Acropole d'Athènes dans les moulins de Montmartre et Apollon sous la carmagnole », les paysages étudiés dans les pages qui suivent renversent l'échelle de valeurs néoclassiques et donnent à leurs motifs modestes la noblesse démocratique vantée par Charles Baudelaire dans son Salon de 1846.

Cette poésie est due à la distance qu'éprouve le citadin vis-à-vis de la Nature – aliénation qui souvent ne le mettra pas à son aise, à en croire la remarque sotte d'un des bons bourgeois de Daumier qui se croit expert en matière de paysage (voir *infra*, note 13, p. 54). Déjà nous voyons Jean Adhémar pénétré de la faune abondante de ce dessinateur qui deviendra bientôt un de ses héros. Transgressant la catégorie qu'il se propose d'étudier, il appelle Honoré Daumier (avec Alexandre-Gabriel Decamps) « le meilleur lithographe de paysage » (voir *infra*, note 10, p. 85). Comme la modernité de Charles Baudelaire se répartit sur plusieurs aspects, les « paysagistes romantiques » ne nous font pas entrer dans une contemporanéité pure et simple. Leurs découvertes forment un amalgame subtil et varié qui ne connaît pas de sections exclusives ; ce qui fait que la question de principe – sont-ce des paysages tout court ? – devait à juste titre préoccuper un érudit éduqué dans le corset des catégories et des classifications.

L'horizon de ces dessinateurs embrasse le haut et le bas, le passé et le présent. Pour leur regard il n'y a pas de césure entre le noble et le quotidien – « la grange était voûtée comme une cathédrale... » (Gustave Flaubert) – et on pourrait dire que leur inventaire de toutes les beautés de la France contient un écho paisible et idyllique du célèbre cri de bataille de Nicolas de Chamfort qui annonçait la guerre aux châteaux et la paix aux chaumières. Émergeant sous la Restauration et la monarchie de Juillet, le paysage romantique des lithographes fait cohabiter ces deux adversaires et bien d'autres. Il conserve fidèlement la Vieille France en images, et il conseille la protection de ses monuments en péril. Inventaire, je l'avoue, est un terme trop sec pour un monde d'images qui repose sur un regard mobile et peu systématique. Ces documents sont non seulement pris sur le vif au long de voyages et de séjours touristiques, mais ils profitent aussi discrètement de points de vue combinatoires que les nombreux « Cours » et « Principes » de paysage ont enseignés afin que les « divers éléments » d'un site forment un ensemble pittoresque. En passant, Jean Adhémar note bien les conflits de différentes exigences dont celui entre l'exactitude documentaire et l'embellissement poétique du passé.

Je viens de parler du regard circonstanciel que notre auteur a su partager avec le sujet de son étude. On pourrait aussi l'appeler circonspect, car il enregistre tout ce qui concerne le contexte de son thème. Il a feuilleté les centaines de volumes conservés à la Bibliothèque nationale. Il a examiné les livres consacrés à l'art du paysage, les lettres aux amateurs qui le font apprécier, il a étudié avec soin la publication et la vente des recueils, c'est-à-dire comment les éditeurs répandaient leur production à travers l'Europe et jusqu'à New York. Avec son analyse des chemins de la réception, il ouvre une voie qui à l'époque était encore taboue pour l'histoire de l'art classique, fixée sur l'examen du style. Qui, parmi ses collègues se serait soucié de savoir pourquoi on achetait les albums à l'époque ? Jean Adhémar nous en informe : la plupart des acquéreurs étaient d'abord motivés par... la vanité. Par conséquent, l'auteur envisage l'art dans son « rôle social » – et ceci « avec toutes les conséquences qui en découlent ». Cette prise de position justifiera la variété de ses futures recherches. Pour cela, il n'aura pas besoin d'une orientation théorique ou de béquilles idéologiques, car pendant toute sa vie il disposera d'une curiosité en quête de rapports et de transitions. On connaît la séduction que cela exerce : une fois qu'on les poursuit, les rapports contextuels conduisent à des *« frames of reference »* (Erwin Panofsky) pluridimensionnels, et l'image compacte de l'art se diversifie sans cesse. Jean Adhémar a considérablement contribué à cette diversification. A côté de ses livres sur Daumier, Goya et Toulouse-Lautrec, il nous invite à visiter les musées de cire en France ; nous le voyons examiner l'origine du terme « graveur » ; il nous propose d'envisager Daumier, le grand irrespectueux, comme « peintre officiel » ; il se penche sur la myopie de Zola et sur le thème de l'invalide dans l'art et la littérature. Mais son regard n'est pas furtif et ponctuel, il appartient à un infatigable compilateur d'inventaires, à un scrupuleux chercheur de détails dans l'esprit de Aby Warburg, qui, le premier, prenait une affiche publicitaire aussi au sérieux que la création d'un grand maître.

Dans *La France romantique* se signalent déjà l'appétit et la catholicité du goût du futur chercheur. Ce qu'il dira un jour sur Niepce - « un génial touche-à-tout » – caractérise sa propre démarche.

Les arts sont pour lui une permanente fluctuation qui se répand sans cesse sur plusieurs couches de la visualisation. L'histoire de l'art devient pour lui l'histoire des images, et il se passionne à pénétrer leurs plis, leurs divagations et contaminations. Mais la « confusion des genres » qu'un méticuleux se croyait en droit de lui reprocher jadis ne le rend pas aveugle pour les lignes de forces qui structurent l'histoire de l'image. Quand il nous signale dans sa conclusion que « l'idée de remplacer un dessin par une photographie est assez ancienne » (voir *infra*, p. 106), nous voyons déjà s'ouvrir devant lui le vaste terrain de la photographie qu'il fera un jour entrer dans les collections du cabinet des Estampes. Ainsi, dans l'étude des lithographies de paysage en France, les grandes lignes de cette vie de chercheur et d'administrateur sont déjà tracées.

Préface

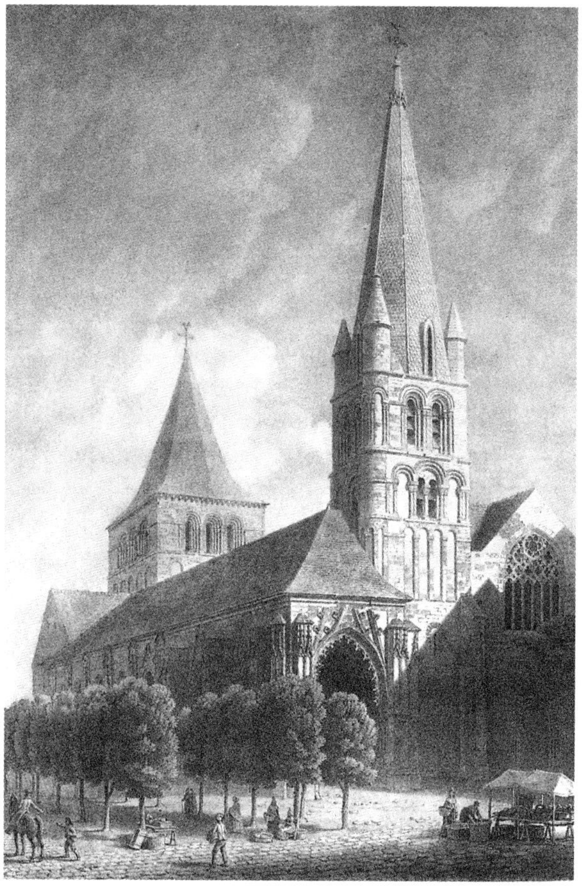

Jean-Lubin Vauzelle, *Abbaye de Montivilliers*, 1821.
(*Voyages pittoresques et romantiques dans l'ancienne France,* Normandie)

Les recueils de paysages lithographiés dont les Voyages *de Taylor et Nodier sont à la fois le modèle et le meilleur exemple, après avoir été longtemps dédaignés, commencent à retrouver leur vogue ancienne. Tandis que Bouchot, dans son* Histoire de la lithographie *(1895), ne leur consacrait pas une ligne, M. Jean Laran, dans le chapitre de l'« André Michel » sur la gravure au XIXe siècle (1925), a bien su dire le charme de ces recueils modestes où « les illustrateurs collectionnèrent les clochers flamboyants, les porches fleuris, les ruines féodales, les voûtes sombres…, les gorges farouches, les roches fantastiques, avec un zèle qui annonçait notre inépuisable appétit d'archéologie et de tourisme* [1] *». M. Henri Focillon, de même, ne cache pas sa tendresse pour ceux qu'il appelle les paysagistes pittoresques de la vieille France, « souvent pleins de talent, avec leur jolie écriture archéologique, leur poétique habileté d'exécution, leurs amusantes foules circulant autour des éventaires dans les marchés de province, au pied des hautes églises* [2] *». Si les historiens de l'art moderne s'enchantent à feuilleter ces recueils d'agréables images, les archéologues, eux aussi, les consultent avec intérêt, car ils y retrouvent bien souvent l'image de monuments disparus. C'était, en effet, une des intentions des auteurs de* Voyages pittoresques *de conserver, grâce à leurs croquis, le souvenir des églises et des châteaux que le vandalisme de la fin du XVIIIe et du début du XIXe siècle avait laissés tomber en ruines, s'il ne les avait pas abattus. Aussi la Fédération du Centre de la France a étudié en 1934 et 1935 les publications archéologiques romantiques dans le Bourbonnais, le Limousin, le Nivernais, le Berry et la Marche, et d'autres efforts parallèles se poursuivent actuellement* [3].

Ces courants d'opinion nous ont engagé à entreprendre le présent travail, qui est, bien entendu, seulement une esquisse générale que des études de détail devront compléter dans les années à venir. Il fallait donner d'abord une liste des recueils de paysage, aussi complète que possible. L'établissement de cette liste était assez difficile ; en effet, comme ces recueils ont été envoyés à la Bibliothèque nationale en livraisons, les planches qui les composaient ont été transmises au cabinet des Estampes, qui, selon sa règle, les a réparties à l'œuvre des différents auteurs, lithographes ou dessinateurs, et nous pouvons dire qu'actuellement des quelque sept cents recueils que nous cataloguons, une centaine à peine y sont restés entiers. Pour les autres [4]*, il nous a donc fallu, partant d'une liste de dessinateurs et de lithographes de paysages* [5]*, feuilleter l'œuvre de ces artistes, noter à quels recueils ils ont collaboré, et ensuite, réunissant les indications, former de nouveau ces recueils. Mais ce système avait des inconvénients : la liste de Thénot, en effet, quoique assez étendue, n'est pas complète, elle comprend surtout les artistes de premier et de second plan et laisse dans l'ombre – justement selon son point de vue – un certain nombre de provinciaux qui nous intéressent ; d'autre part, elle date de 1841, c'est-à-dire qu'elle ne comprend pas les lithographes de la troisième génération qui commencent à produire après 1840 ; et c'est pourquoi, pour la compléter, nous avons été amenés à feuilleter les recueils factices consacrés au département*

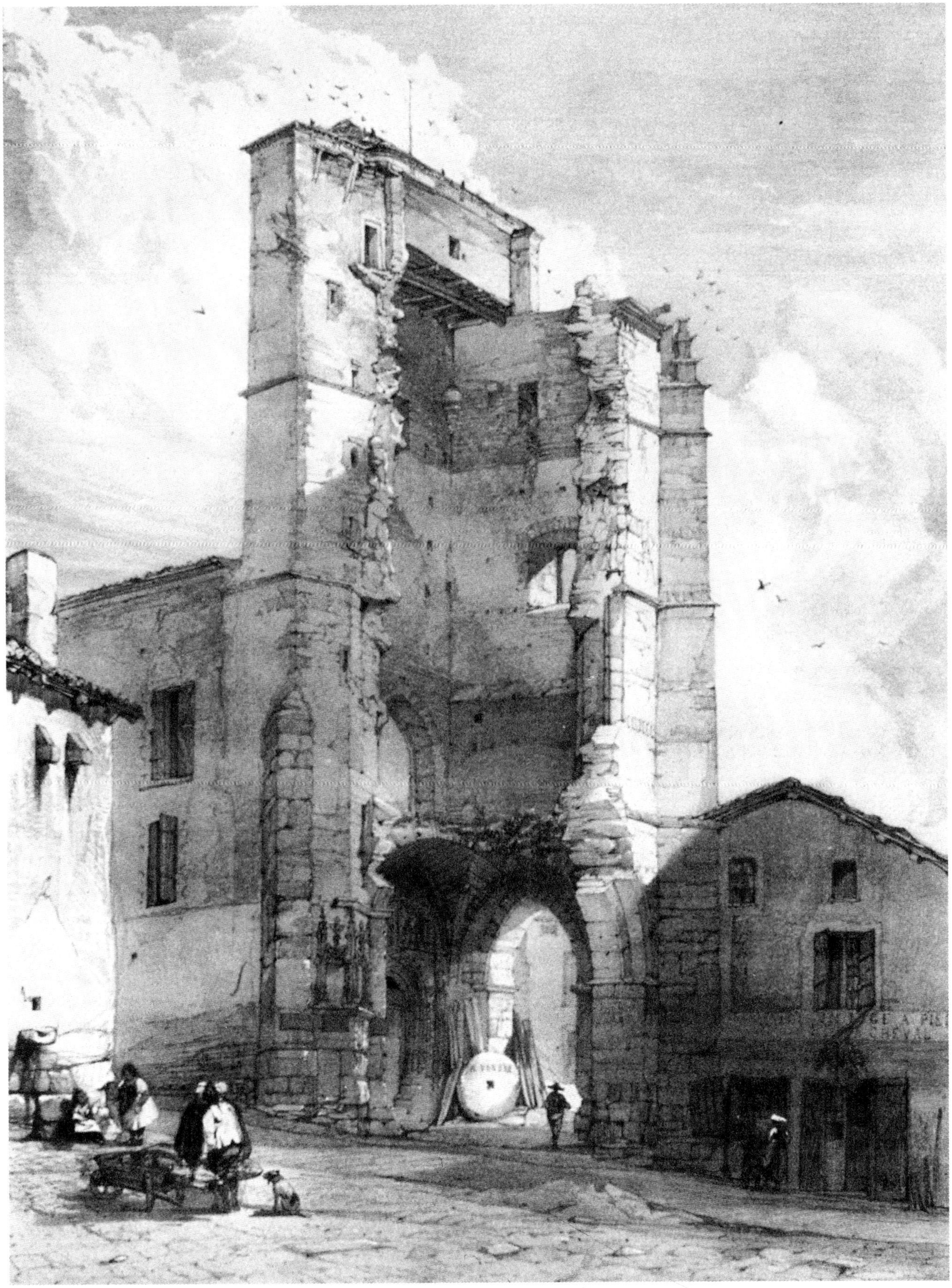

Thomas Shotter Boys, *Ruines de l'église Saint-Martin, à Souillac*, vers 1834. (*Voyages pittoresques et romantiques dans l'ancienne France*, Languedoc)

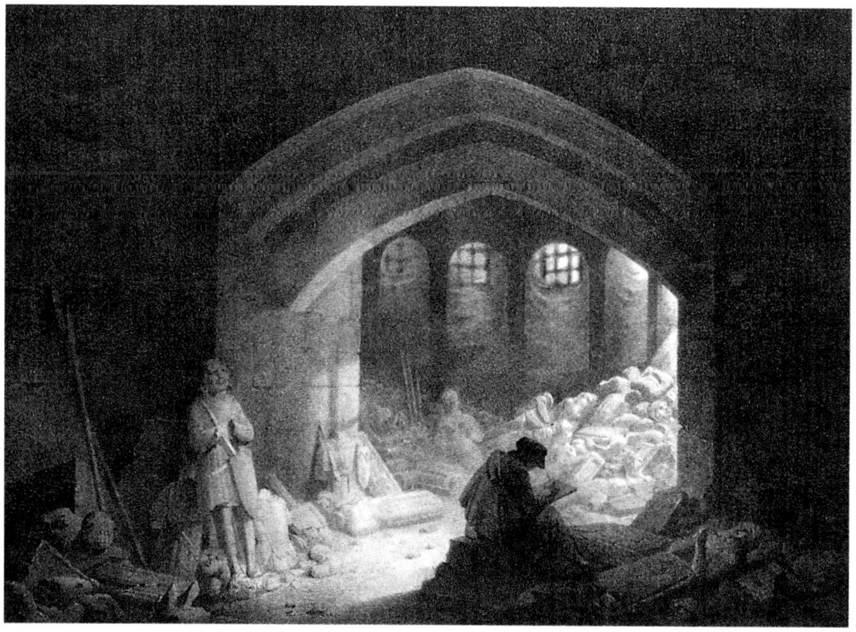

Jean-Baptiste Isabey,
Caveau de l'église Notre-Dame, renfermant les débris des tombeaux des comtes d'Eu, 1822.
(*Voyages pittoresques et romantiques dans l'ancienne France,* Normandie)

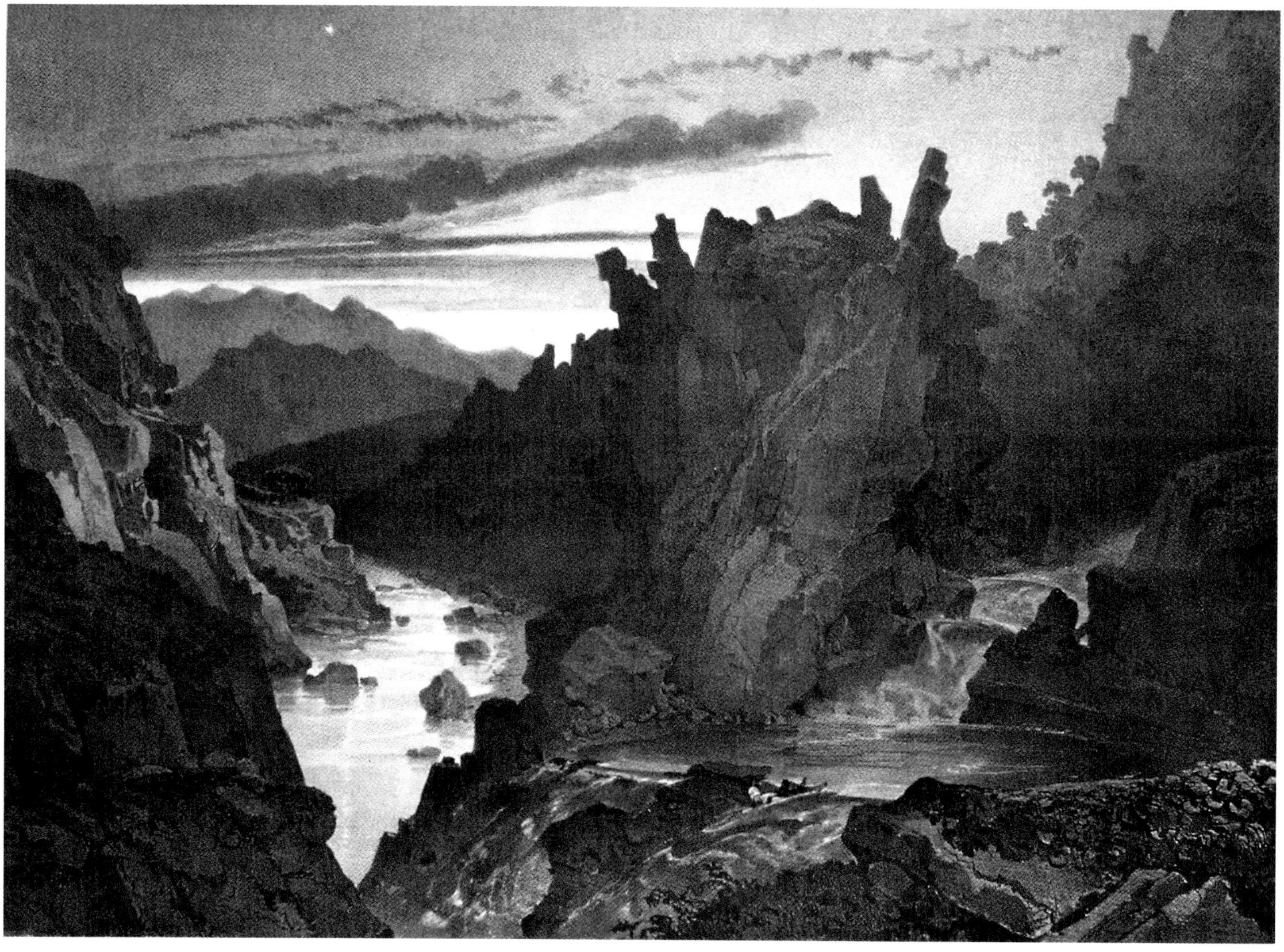

Jean-Joseph Bostier de Bez et Léon Sabatier, *Roc de la Vial au Vieux Aulas*, 1834.
(*Voyages pittoresques et romantiques dans l'ancienne France,* Languedoc)

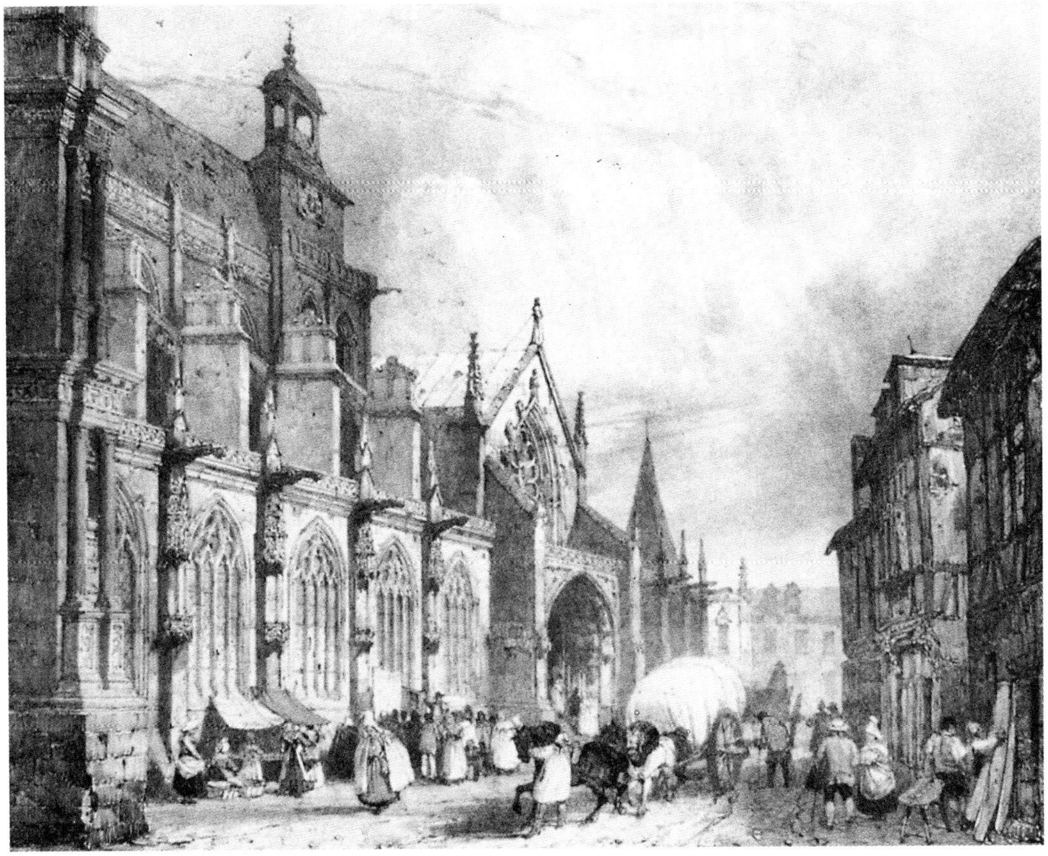

Richard Parkes Bonington, *Vue générale de l'église Saint-Gervais et Saint-Protais, à Gisors*, 1824.
(*Voyages pittoresques et romantiques dans l'ancienne France*, Normandie)

des Estampes aux vues de la France et de l'étranger, et particulièrement les quelque cinq cents volumes de la Topographie de la France *; ainsi les chances d'oubli ont été réduites, sans, bien entendu, être supprimées. Mais cette liste des recueils, quoique déjà explicite par elle-même, nous a semblé devoir être éclairée par une histoire de ce genre si particulier et si attrayant qu'est la lithographie de paysage. En effet, la liste ne comprend pas toutes les lithographies de paysage, mais simplement les recueils, c'est-à-dire les suites de plus de deux planches : par conséquent, certaines lithographies parues isolément, et dont l'importance est grande, ont dû être laissées de côté, malgré leur intérêt ; d'autre part, la liste met obligatoirement tous les recueils sur le même plan, et ne peut en préciser la valeur : on ne peut donc exactement savoir en la lisant si tel ou tel ouvrage était bon ou mauvais, s'il a eu du succès (par l'indication des journaux qui en ont parlé, de leurs éditions, des prix qu'elles ont remportés, nous avons cependant essayé d'indiquer ce point) ou exercé une influence artistique quelconque. C'est pourquoi, dans un essai rapide, nous avons montré la naissance du genre au début du* XIX*e* *siècle, étudié son évolution du point de vue de la technique et de celui des sujets, indiqué l'importance relative des différents artistes (lithographes et dessinateurs de vues), et dit ensuite l'influence artistique, littéraire et sociale que ces œuvres modestes ont exercée sur la vie et le goût en France pendant un demi-siècle.*

Une objection nous sera peut-être faite sur le choix de notre titre. Peut-on appeler vraiment paysages certains sujets représentés par nos lithographes : les églises, les châteaux, les usines ? A cette question, nous pouvons répondre que les auteurs des lithographies appelaient eux-mêmes leurs sujets des paysages ; c'est ainsi qu'ils sont catalogués dans les livrets de salons, annoncés dans les bibliographies et analysés dans les revues d'art ; nous devons donc leur conserver ce nom, tout en précisant ici que le paysage lithographié n'est pas celui de Rousseau, ni de Corot, ni de Millet, mais un paysage « pittoresque » qui évolue à l'écart de la peinture, et qui se consacre en général à la représentation d'un site urbain, meublé de fabriques, et animé de personnages.

Une seconde objection pourra être soulevée encore contre nous. Pourquoi traiter seulement du paysage lithographié et non pas du paysage gravé en général ? Si nous l'avons fait, c'est que les recherches des lithographes diffèrent essentiellement de celles des graveurs ; il n'y a guère de points communs entre eux, et on ne peut songer à étudier côte à côte Bonington et Millet, Ciceri et Bracquemond. Il y a bien le cas Méryon, il est vrai, mais

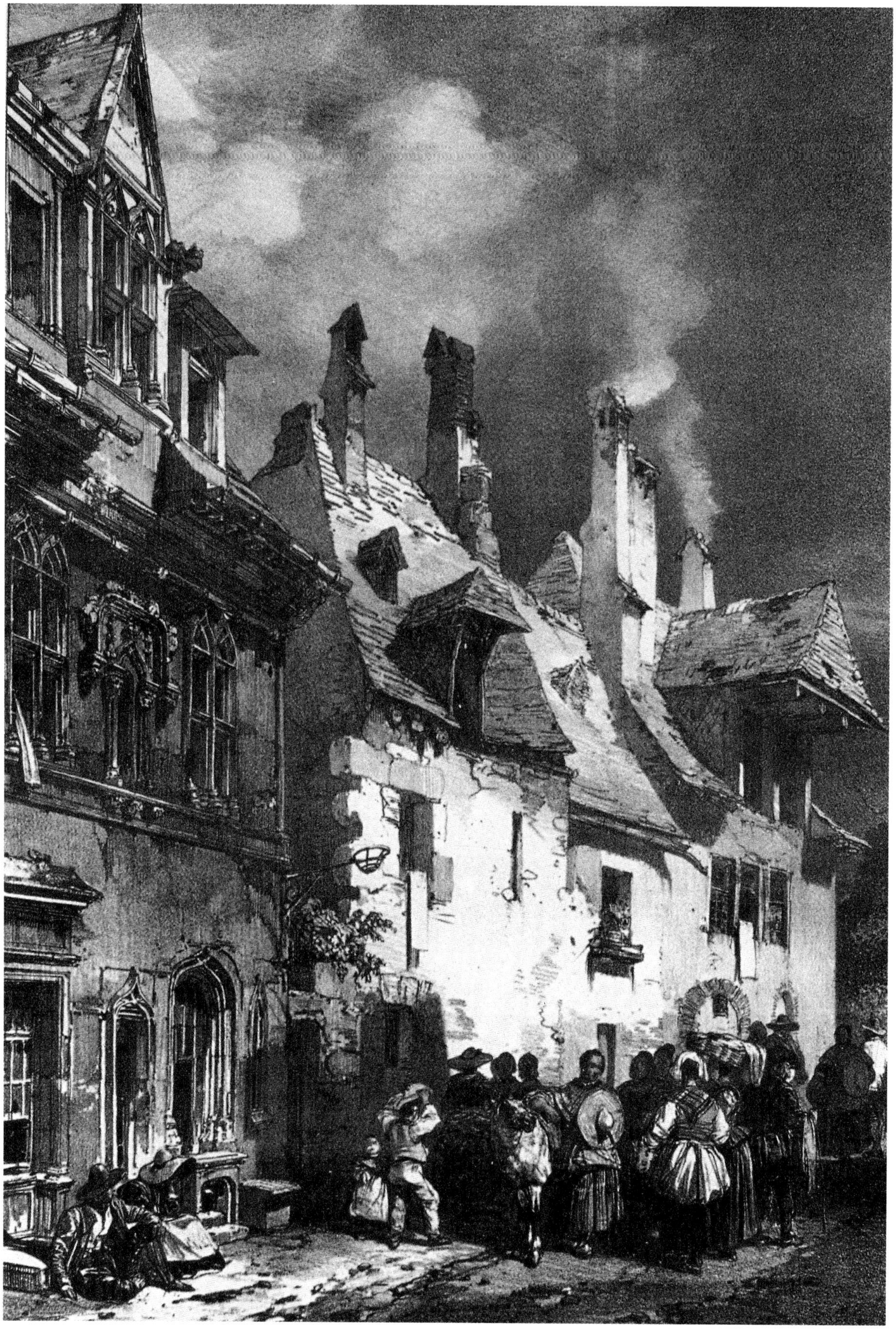

Richard Parkes Bonington, *Vue d'une rue des faubourgs de Besançon*, 1827.
(*Voyages pittoresques et romantiques dans l'ancienne France,* Franche-Comté)

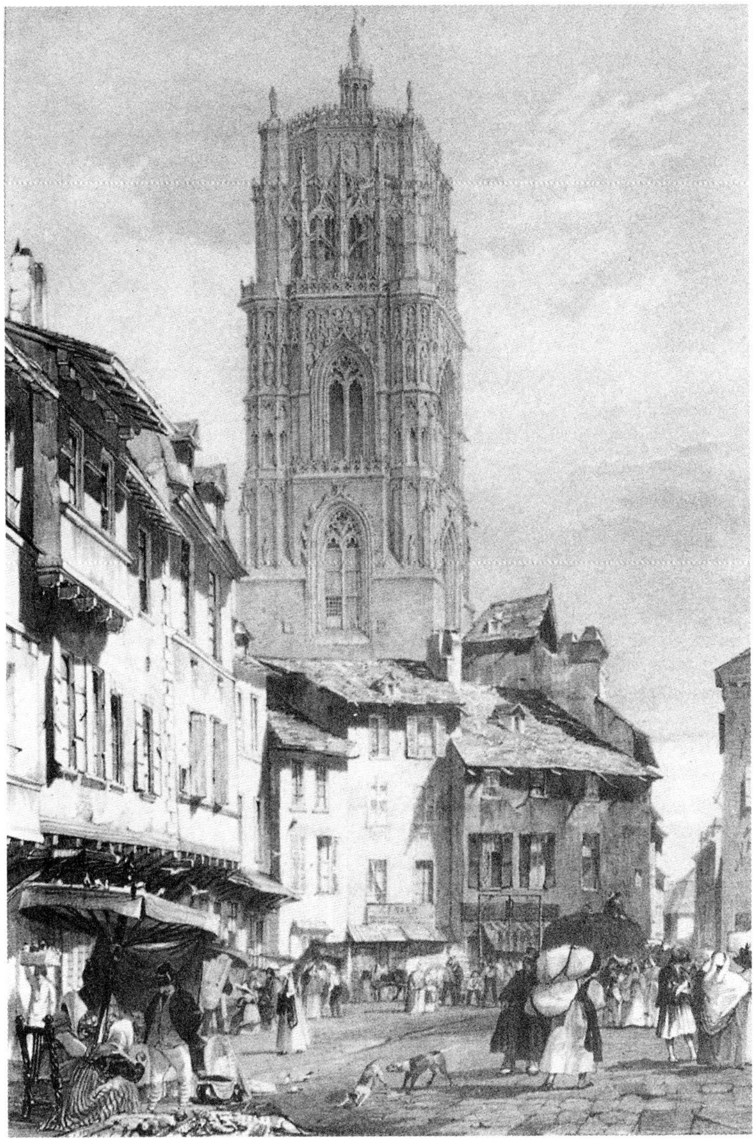

Thomas Shotter Boys,
Tour de Rodez, 1834.
(*Voyages pittoresques et romantiques dans l'ancienne France*, Languedoc)

c'est le seul qui pourrait donner lieu à discussion. Parmi les artistes ayant travaillé en vue du public, et continuant, à côté des artistes purs, la tradition du XVIIIe *siècle des vues topographiques et pittoresques, on peut dire que, ni sur acier, ni sur bois, il n'existe guère d'œuvres vraiment importantes. Les graveurs sur cuivre ont bien essayé au début du siècle de se défendre contre la concurrence des lithographes : ils ont publié un certain nombre de recueils de vues de monuments* [6]*, proclamant bien haut que seule leur gravure pouvait indiquer clairement tous les détails d'architecture et de sculpture ; mais, devant la vogue chaque jour croissante de la lithographie* [7]*, ils ont été obligés de capituler, et à partir de 1826 les recueils gravés à l'eau-forte ont presque complètement disparu. Pour les gravures sur acier qui plaisaient tant aux Anglais de 1830, elles n'ont pas eu en France le succès qu'on pouvait prévoir ; un moment seulement, vers 1845, elles furent réellement goûtées.*

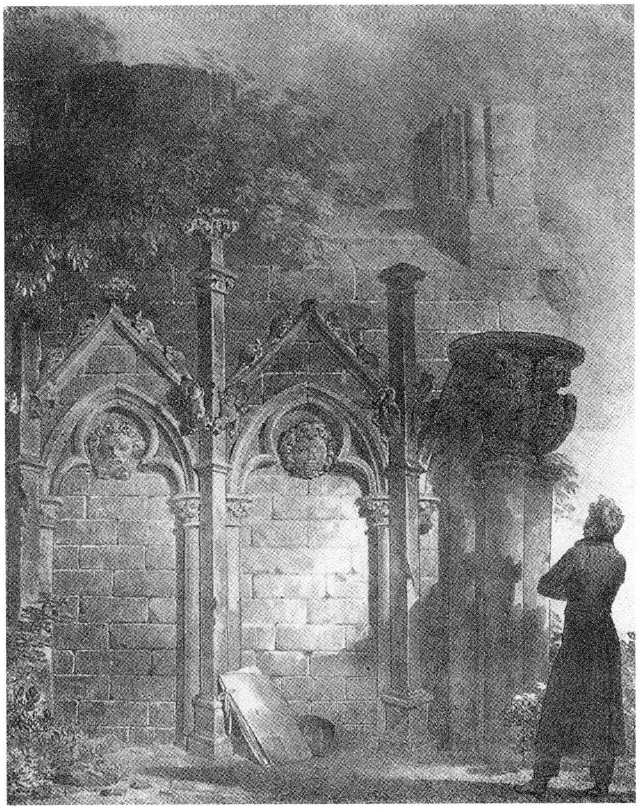

Évariste Fragonard, *Ruines de l'église Saint-Pierre, abbaye de Jumièges*, vers 1820.
(*Voyages pittoresques et romantiques dans l'ancienne France,* Normandie)

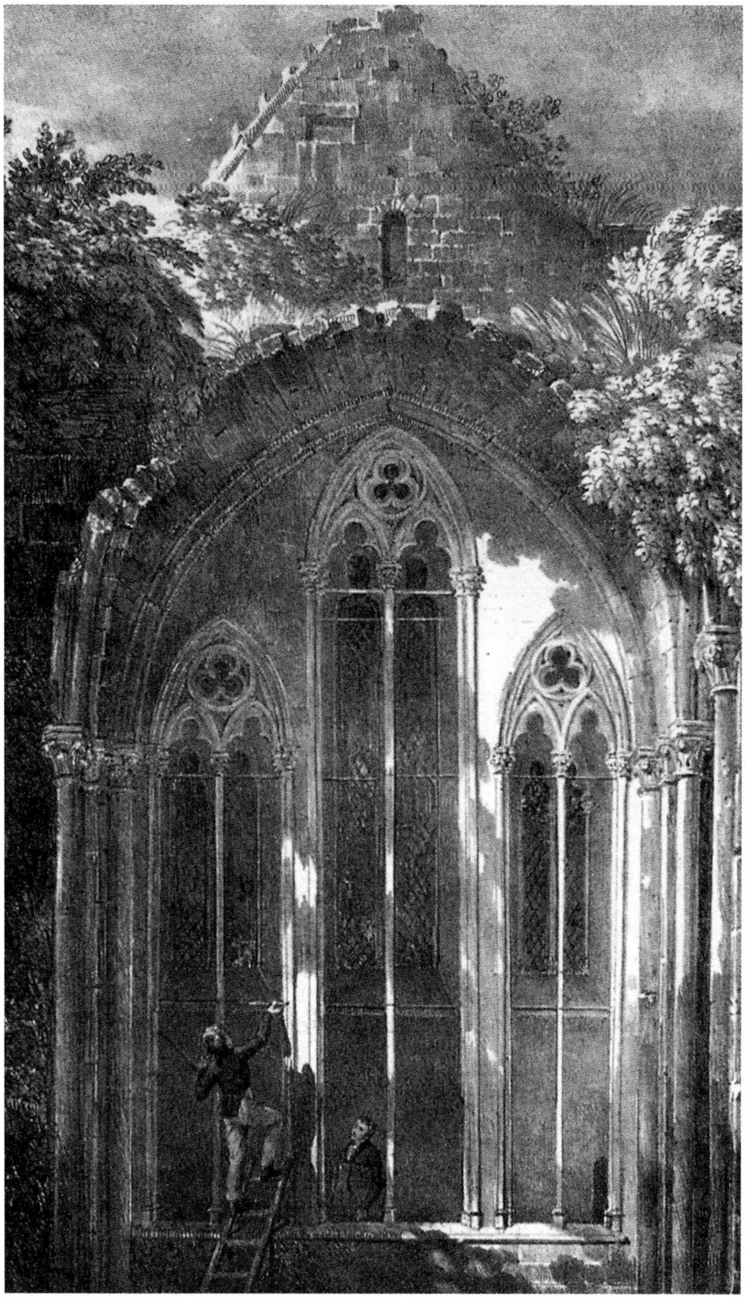

Évariste Fragonard, *Fragements de ruines. Grande église de l'abbaye de Saint-Wandrille*, 1820.
(*Voyages pittoresques et romantiques dans l'ancienne France,* Normandie)

Théodore Géricault et Charles-Louis Lesaint,
L'Église Saint-Nicolas transformée en magasin et écurie pour messageries, 1823.
(*Voyages pittoresques et romantiques dans l'ancienne France,* Normandie)

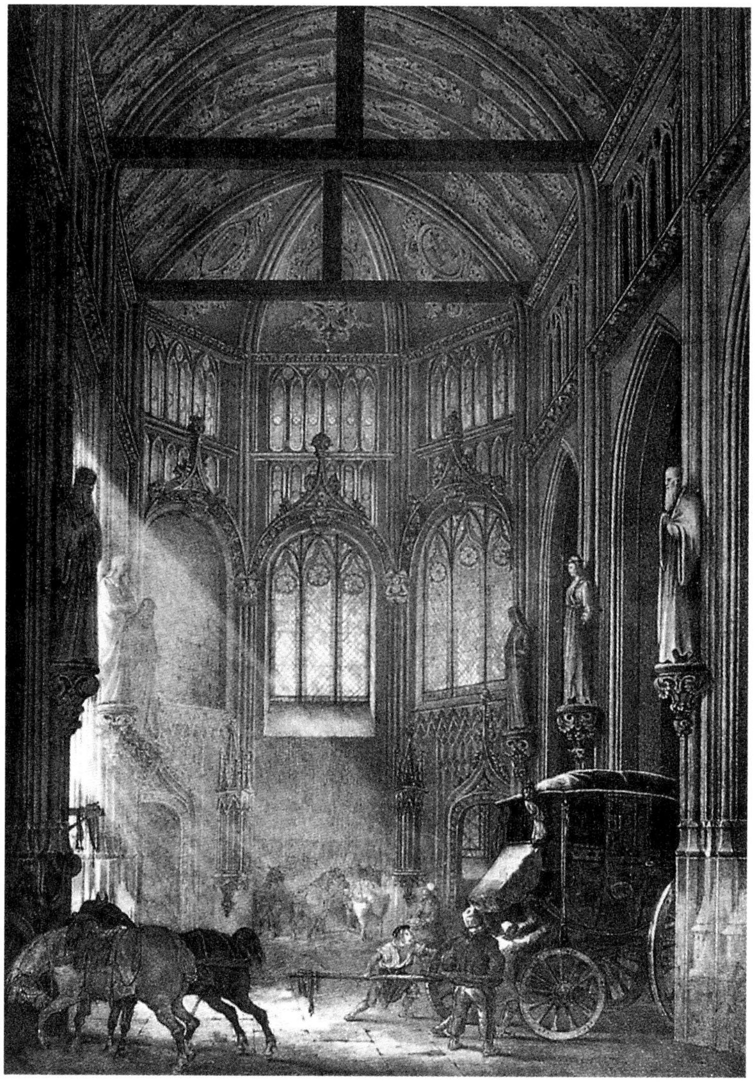

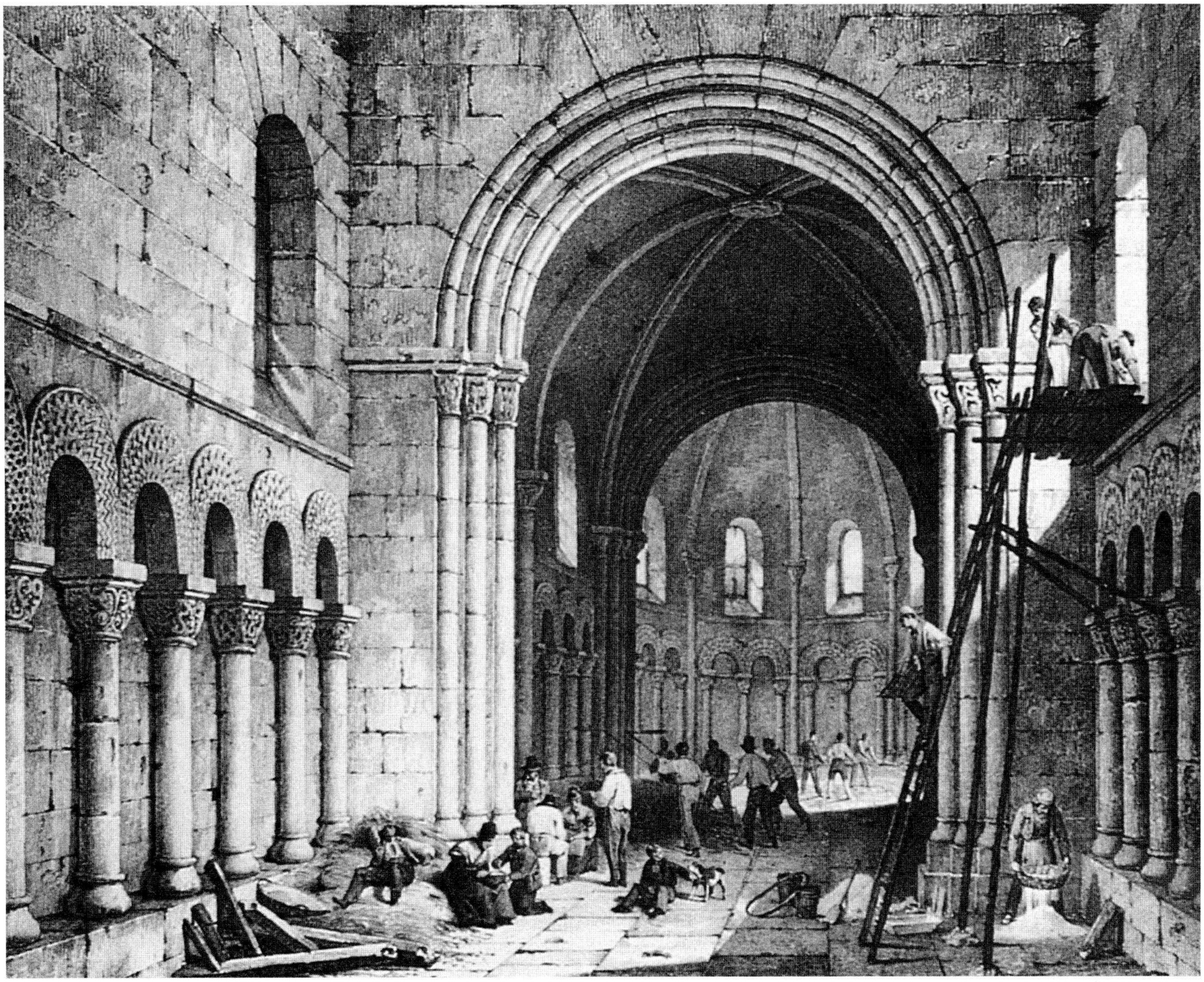

Alphonse Bichebois, Charles-Marie Bouton et Xavier Le Prince, *Prieuré de Saint-Julien*, vers 1825. (*Voyages pittoresques et romantiques dans l'ancienne France*, Normandie)

La gravure sur bois de paysage, elle, est assez abondante ; le Magasin pittoresque, *qui a entrepris en 1832 un tour de France général* [8], *répand et vulgarise le goût de ce genre de paysages. Mais il n'est qu'un art de reflet, une réminiscence des lithographes, et la technique du bois populaire, comme celui de ces publications à bon marché, n'est pas propre à rendre la finesse élégante des planches qui ont servi de modèle. En marge de la peinture, la lithographie de paysage est donc la meilleure expression, la plus originale et la plus habile, du paysage gravé.*

La littérature du sujet ne sera pas longue à énumérer : elle ne se compose, en effet, que des deux phrases précitées, écrites par M. Focillon et M. Laran, et des recherches sur le Centre et Paris auxquelles nous avons fait allusion.

Mais plusieurs ouvrages qui touchent à notre sujet nous ont été d'un grand secours : d'abord L'Art du paysage en France *de M. Prosper Dorbec* [9] *que nous devrons citer souvent, le* Charles Nodier *de M. Larat* [10], *plusieurs*

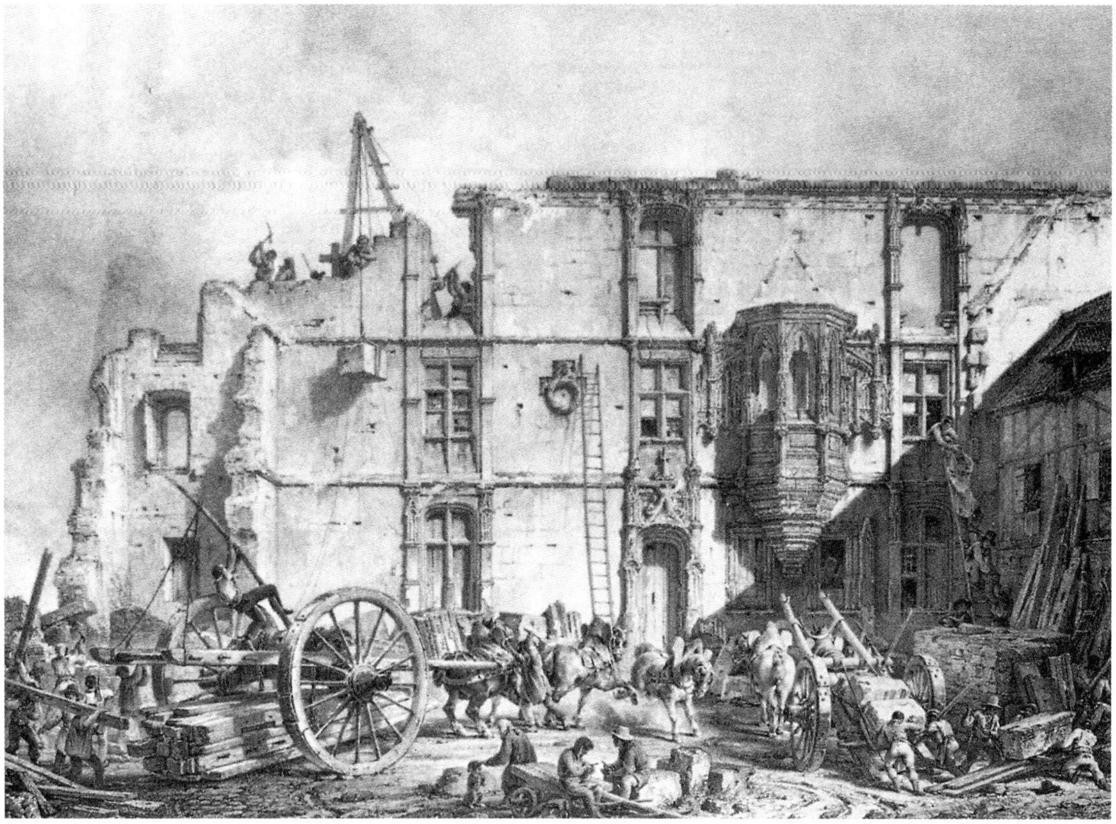

Baron Louis Athalin, *La Démolition de la grande maison aux Andelys*, 1824. (*Voyages pittoresques et romantiques dans l'ancienne France*, Normandie)

articles de M. André Rostand [11], *et l'ouvrage si admirablement documenté de M. Daniel Mornet sur le* Sentiment de la nature en France au XVIIIe siècle [12]. *Le* Journal des Artistes, *petite revue d'art publiée par Farcy et Guyot de Fère à partir de 1830, nous a été d'un grand secours ; c'est là, plus que dans* L'Artiste, *qu'il faut chercher l'histoire anecdotique des artistes romantiques ; deux articles de Thénot qui s'y trouvent aussi, consacrés au paysage, sont assez importants* [13]. *Il faut, enfin, dire combien cette étude doit à M. Jean Laran, conservateur adjoint au département des Estampes de la Bibliothèque nationale, qui, après l'avoir inspirée, en a encouragé l'exécution à la fois par ses conseils et par son exemple* [14]. *La Société de l'histoire de l'art français a bien voulu accueillir notre travail dans ses publications ; c'est pour nous un agréable devoir de la remercier bien vivement, et de dire notre très vive gratitude au Conseil d'administration, au secrétaire général, M. J. Cordey, à M. P.-A. Lemoisne et à M. J. J. Marquet de Vasselot.*

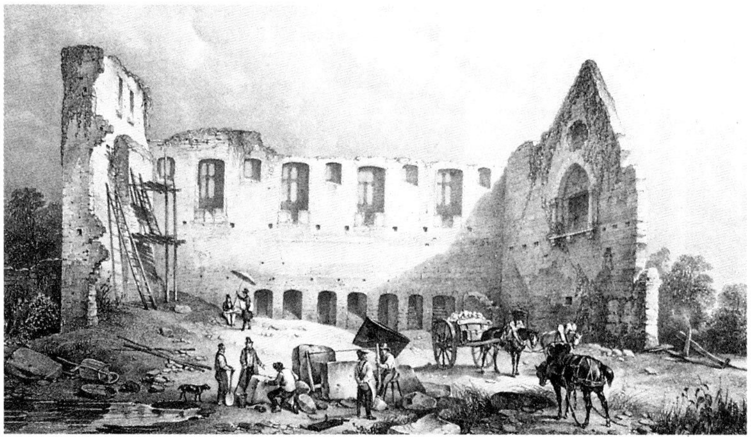

Victor Adam et Lecamus, *Intérieur des ruines du château de Gabrielle de Vergy, à Autrey*, vers 1825. (*Voyages pittoresques et romantiques dans l'ancienne France*, Franche-Comté)

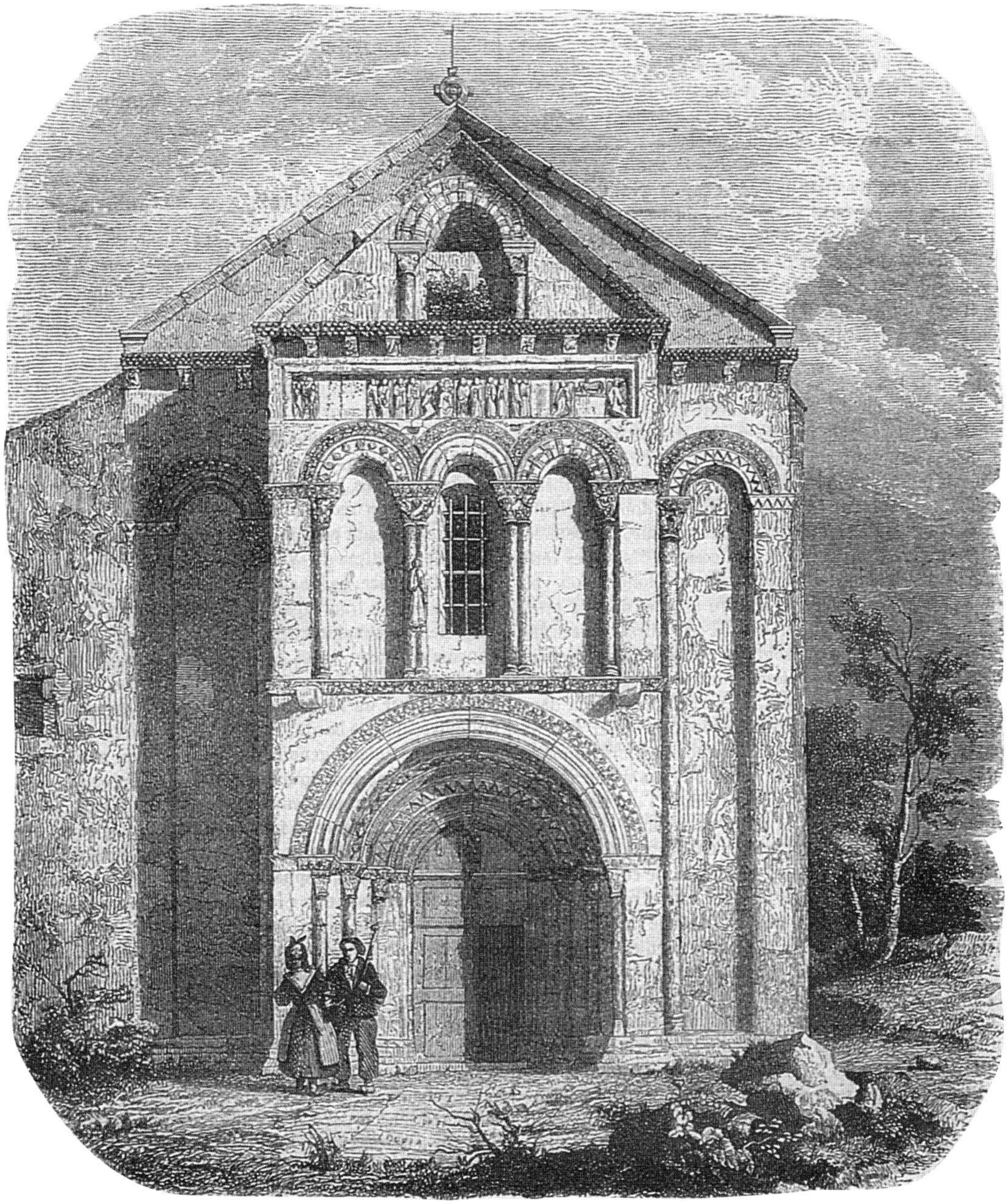

Léo Drouyn,
Église de Loupiac, département de la Gironde, 1844.
(Magasin pittoresque)

NOTES

1. Histoire de l'art, *VIII, I, p. 433.*

2. La Peinture au XIXe siècle *(I). Paris, Laurens, 1935, in-4°, p. 355.*

3. Le Vieux Papier *a, dès 1912, commencé un travail du même ordre sur les vues de Paris, c'est l'*Iconographie du Vieux-Paris, *par Bonnardot et Victor Perrot (pour le XIXe, cf. t. XIII, 1914-1916, p. 185-200, 315-321,523-530). Cf. encore* Bull. de la Société d'émulation du Bourbonnais, *1935-1936.*

4. *Nous avons naturellement pensé à utiliser les bibliographies départementales. Mais l'*Iconographie du département de la Somme *par Macqueron (1886), la* Bibliographie du Maine *par N. Desportes (1844), celles de l'Ain par Sirard (1851), de l'Agenais par Andrieu (1881-1891) et de la Seine-et-Marne par Th. Lhuillier (1857) ne nous ont pas donné les indications intéressantes que nous en attendions. Nous avons trouvé davantage dans la* Bibliographie de la France *de Girault de Saint-Fargeau (1845).*

5. *Nous avons eu la bonne fortune de trouver cette liste dans un article de Thénot,* Esquisse historique du paysage, 2e *article* (Journal des Artistes, *12 juin 1841*).

6. Les Monuments de la France… *par A. de Laborde. Paris, 1816-1836, 2 in-fol. (gr. par Piringer et Baltard d'après Bourgeois et Bence) ;* Le Choix de vues pittoresques d'Italie, Suisse, France et Espagne, *dess. d'après nature et gr. à l'eau-forte par le vicomte de Senones, 1820 ;* Les Vues pittoresques historiques et morales du cimetière du Père-Lachaise… *gr. par Jazet et les meilleurs artistes de Paris, 1821 ;* La Description historique des maisons de Rouen… *par Hippolyte Langlois, 1821 ;* Le Tableau historique et pittoresque de la route du Simplon… *Milan, Artaria, 1824 ;* Le Voyage dans les Pyrénées *de Cervini (avec gr. d'après Melling), 1826-1832 ;* Les Vues de Nantes, *gr. au burin par Chollet (1832) ; celles du Mont-Saint-Michel par Boisselat (1833), telles sont les principales publications pittoresques illustrées par des gravures ; c'est peu de chose par rapport aux 700 recueils de lithographies que nous aurons à analyser.*

7. *Les lithographes, reconnaissant la justesse des critiques de leurs adversaires, joignent parfois une ou deux planches gravées de détails à leurs recueils (penser aux cathédrales de Jolimont, 1824 et suiv.), mais ils y renoncent bientôt.*

8. *Voir un éloge de ce tour de France dans le* Magasin pittoresque *de 1844, p. 113.*

9. *Laurens, Paris, 1927, in-4°.*

10. *Champion, Paris, 1923, in-4°, 361 p. A compléter par T. Lebeuffe,* Un monument lithographique, les *Voyages pittoresques* de Taylor. *Belin, Paris, 1893 (sur les tirages et la vente des volumes de cette publication), et l'article* Taylor *de Béraldi,* Graveurs du XIXe siècle, *t. XI, p. 86-102.*

11. L'origine et la conservation des monuments historiques (Revue critique, *10 dé-cembre 1913) et* Le berceau de l'archéologie française (ibid., *10 novembre 1921).*

12. *Hachette, Paris, 1907, in-8°, 573 p.*

13. Esquisse de l'histoire du paysage, *30 mai et 12 juin 1841.*

14. *Dans l'*Inventaire du fonds français du Cabinet des Estampes, *dont le tome II va bientôt paraître, M. Laran a eu à cataloguer l'œuvre de bon nombre de nos paysagistes (Victor Adam, Arnout, Bayot, Benoist, Bichebois, etc.).*

Introduction

A eux seuls, les noms de Dürer, Titien, Ruysdaël, Poussin, Claude Lorrain et Canaletto attestent que les Romantiques n'ont pas découvert l'art du paysage [1], mais il n'est pas douteux cependant qu'il était réservé aux artistes du XIXe siècle de faire de cet art un genre indépendant, qui se distingue de la peinture de portraits comme de la peinture d'histoire, et s'aligne sur le même plan qu'elles. A l'origine de l'évolution du goût qui a amené ce résultat, la gravure du XVIIIe siècle a joué un rôle important qui doit être précisé avec quelque détail si l'on veut comprendre la naissance du paysage romantique, et plus spécialement du paysage lithographié.

L'estampe française du XVIIIe siècle a eu une action considérable sur la naissance du paysage moderne. Atteignant le grand public, elle a répandu et vulgarisé les premiers essais des peintres de paysage ; c'est grâce à elle que les fonds de tableaux de Van der Meulen ou de Desportes, avec leurs vues de sites urbains ou champêtres, les esquisses de Watteau ou de Boucher ont éveillé la sensibilité des hommes du XVIIIe siècle. Mlle Duportal a bien exposé l'importance de cette révélation par la gravure et en a montré les trois étapes : l'influence de Watteau vers 1750, celle des Hollandais peu après, puis celle de Joseph Vernet vers 1760 [2]. Il faudra évoquer aussi l'influence des vues d'optique représentant les monuments des grandes villes d'Europe, et on aura ainsi une idée de cette pénétration du paysage grâce à la gravure. D'autre part, M. Mornet et M. Monglond [3] ont étudié le sentiment de la nature au XVIIIe siècle ; ils ont constaté que ce sentiment est né vers 1740, avant Rousseau, qui en a été le meilleur écho, et que la vision des peintres concordait avec celle des auteurs : le paysage préféré est celui de Delille et d'Hubert Robert, une ruine généralement gothique[4], dans un jardin anglais, c'est-à-dire dans un site naturel arrangé un peu comme un décor [5]. Cependant, malgré les textes nombreux et bien curieux réunis par les deux grands érudits dont nous venons de parler, il faut bien reconnaître que, si le goût pour le paysage-genre est né vers 1750, son triomphe ne date que de l'époque révolutionnaire ; M. Dorbec donne de ce fait l'explication suivante : « La société qui se rendait aux Salons…, nous dit-il, était composée de militaires parvenus aux plus hauts grades, de banquiers et de spéculateurs enrichis, auxquels des parents modestes n'avaient pu faire donner tout au plus qu'une instruction rudimentaire [6] » ; le paysage, surtout lorsqu'il représentait des sites ou des monuments, bien connus de ce public parisien peu intellectuel et passionné pour la campagne, devait fatalement l'enchanter, alors que les tableaux d'histoire dont le sujet lui échappait l'ennuyaient à périr. Le paysage, et plus spécialement le paysage lithographié, puisque c'est le seul dont nous devions nous occuper, a donc dû sa naissance aux recherches du XVIIIe siècle finissant.

Comme sa forme normale est celle d'un *Voyage pittoresque et romantique*, il convient tout d'abord de rechercher l'origine de cette formule. L'expression apparaît dès le XVIIIe siècle. En 1747, Dézallier d'Argenville publie un *Voyage pictoresque de Paris, ou Indicateur de tout ce qu'il y a de plus beau dans cette ville en peinture, sculpture et architecture*. Le mot « pictoresque » avait alors, comme on le voit, et comme d'autres exemples cités par M. Daniel Mornet [7] le prouvent, le sens de : « ce qui concerne la peinture et les beaux-arts en général » ; un voyage pictoresque était une liste des églises et des palais dans lesquels on pouvait admirer des œuvres d'art. Mais, vers 1770, le mot change de sens, et Stendhal a raison de dire que, comme les bonnes diligences et les bateaux à vapeur, le pittoresque nous vient d'Angleterre [8], car c'est l'Anglais Thomas Gilpin qui semble l'avoir lancé dans ses *Observations relative to picturesque beauty*, publiées de 1770 à 1792. Selon Gilpin, le pittoresque s'oppose à la grandeur : la grandeur est provoquée par l'unité de couleur et la longue continuation des lignes, le pittoresque est « l'union d'une variété de parties formées par des objets rudes » ; des contrastes, des lignes brisées, « les restes élégants de l'ancienne architecture en ruines », des groupes heureux de personnages, tels sont les éléments d'un paysage « pittoresque [9] ». L'acception moderne du mot est née, elle est enregistrée par le *Dictionnaire de l'Académie française* dans son édition de 1778, et dès 1773 Bordier publie à Genève un *Voyage pittoresque aux glacières de Suisse*. En 1781, J.-B. de Laborde commence à faire paraître sa *Description générale et particulière de la France, ou Voyage pittoresque de la France* ; le succès de cette publication entraîne celui de son titre, et les *Voyages pittoresques* se multiplient à la fin du XVIIIe siècle : ce sont, en 1782, le *Voyage pittoresque et sentimental dans plusieurs provinces*, de Brune (le futur maréchal) ; en 1790, le *Tableau pittoresque de la Suisse*, du Mis de Langle, et le *Picturesque tour through Holland*, de S. Ireland ; en 1795, le *Voyage pittoresque du Rhône*, de Boissel ; en 1801, le *Viagio Pittorico della Toscana* ; à partir de 1800, c'est le titre presque obligé de toute relation de voyage publiée en France ou en Angleterre. Ajoutons, d'ailleurs, qu'aux *Voyages pittoresques* se joignent à l'extrême début du XIXe siècle les *Voyages romantiques* [10].

Mais il faut bien avouer que, malgré son titre, le *Voyage* de Laborde n'a rien de très pittoresque, et que ses planches gravées par Née, d'après les dessins de Lallemand, rappellent terriblement les anciennes vues topographiques des siècles passés. Un effort s'y manifeste, cependant, pour renouveler le genre : les lettres et chiffres qui déparaient les vues sont remplacés ici par des oiseaux ; un oiseau signifiera l'église, deux désigneront le château, trois la porte de la ville ; d'autre part, au premier plan, comme dans les tableaux de Lantara, une rivière serpente et anime un peu la composition [11] ; des petits groupes de personnages mettent une note amusante : un berger garde ses vaches, un cicerone explique le paysage à grand renfort de gestes, des seigneurs se promènent, un dessinateur prend des croquis. Mais les personnages sont artificiels et conventionnels ; dessinés à Paris, ils n'ont rien de caractéristique et l'on ne peut distinguer en eux le paysan du Morvan de celui de la Provence. Puis les monuments gothiques et les rochers sauvages que Gilpin considérait comme éléments indispensables du pittoresque font défaut : on ne voit que des portes romaines ou des rues bien alignées.

Ainsi les anciens *Voyages pittoresques*, dont celui de Laborde est à la fois le père et le meilleur exemple [12], ne sont que des essais encore timides et imparfaits. La formule est cependant intéressante ; Napoléon le comprend et pense à s'en servir. Encore Premier Consul, en effet, désirant connaître les ressources de la France, il décide de faire publier des *Descriptions abrégées* de chaque département. Cinq ou six paraissent en 1800, écrites par des fonctionnaires ou des littérateurs du département : le secrétaire général, l'ingénieur en chef des ponts et chaussées, la Société littéraire, etc.

Mais ces ouvrages, très incomplets, et conçus sur des plans différents selon leur auteur, ne satisfont pas Napoléon, qui en arrête rapidement la publication et les remplace par des *Statistiques départementales*, publiées par le préfet. Dès 1801 paraissent celles du Tarn et de la Vendée, puis en 1802 une vingtaine voient le jour ; après un ralentissement en 1803, la série reprend en 1804, et est presque achevée en 1810. Ce sont des œuvres officielles, du même plan, du même format, imprimées à Paris, et dont la série doit composer dans la pensée de l'Empereur une *Description générale de la France*. Elles contiennent des renseignements pratiques sur l'industrie, le commerce, les ressources économiques, mais aussi une partie touristique décrivant les paysages, indiquant les curiosités naturelles et les antiquités. Leur succès incite quelques sous-préfets à rédiger des descriptions plus détaillées de leur arrondissement qu'ils intitulent pompeusement des *Chorographies* [13].

Prenons pour exemple de ces *Statistiques départementales* celle de l'Oise, rédigée par le préfet, le citoyen Cambry. C'est un ami des arts, « homme de lettres estimable » selon Millin, membre de l'Académie des Antiquaires de Cortone, qui a déjà publié en 1783 un ouvrage sur Poussin (réédité en 1799), et en 1795 un *Catalogue des objets échappés au vandalisme dans le département du Finistère*, où il était alors préfet. Il possède une collection de tableaux, parmi lesquels figurent les œuvres des paysagistes français Demarne, Lantara, Swebach, à côté d'un Le Nain. Il nous explique dans son livre qu'il a commencé l'enquête sur son département en convoquant au chef-lieu les maires de toutes les communes, puis qu'il a envoyé dans chaque canton un questionnaire auquel trois « hommes éclairés » devaient répondre. Muni alors

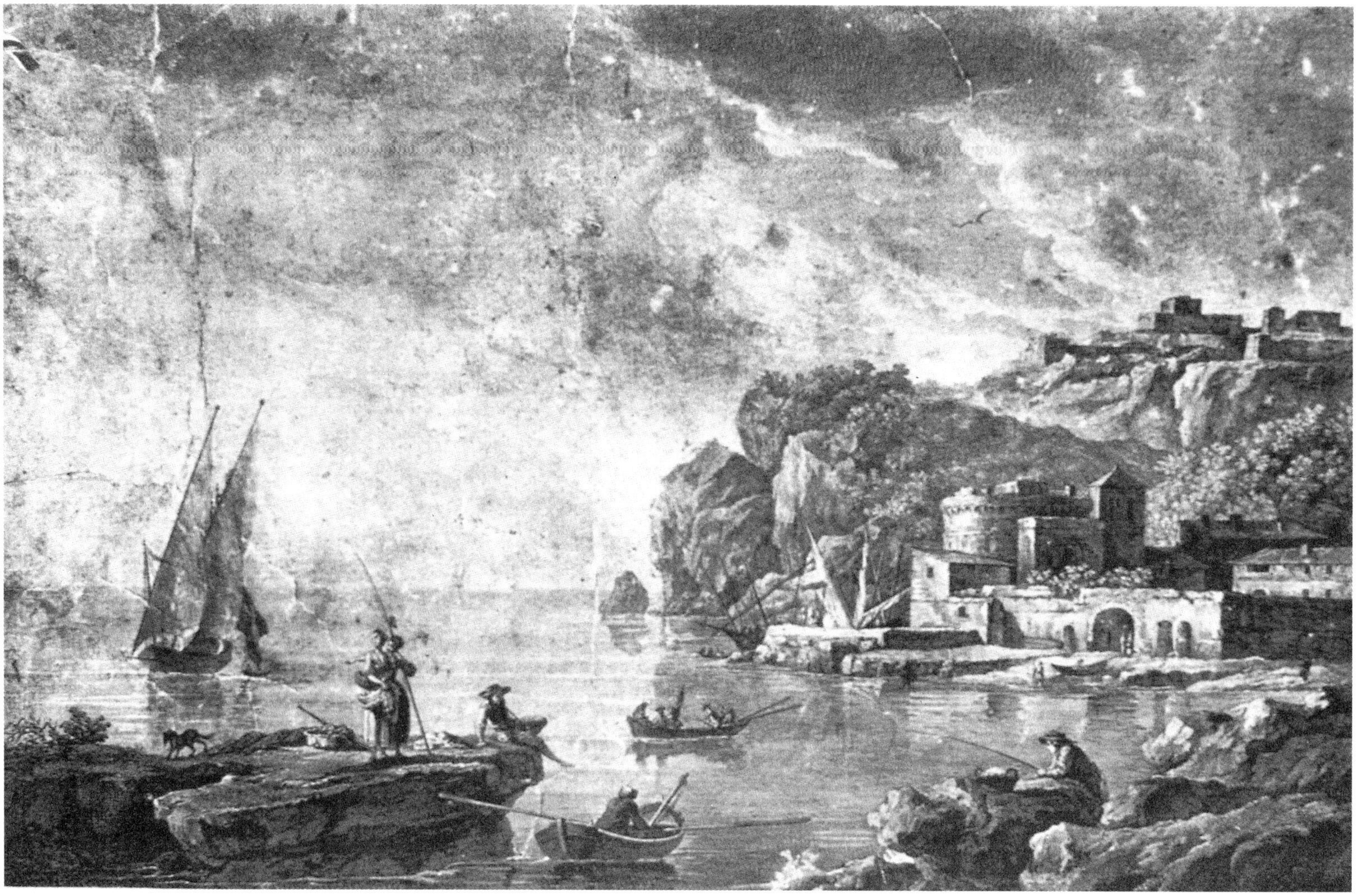

Nicolas Cochin et Joseph Vernet, *Première vue de Marseille*, 1760. Gravure.

des renseignements essentiels, il a ensuite parcouru le département en compagnie d'un chimiste, d'un botaniste et d'un peintre. Il décrira dans ses deux volumes de texte, auxquels est joint un album de planches gravées par Naudet, les plantes, la vie des grands hommes, les antiquités et les médailles, les formes du commerce et de l'industrie.

Les descriptions pittoresques de sites et de paysages tiennent une grande place dans son ouvrage. Il s'enthousiasme pour le jardin anglais de Bains, il est frappé par l'obscurité des forêts « qui ramène à des idées tristes et lugubres », il dîne au pont de Bernes à côté d'un « site d'opéra » : des masses de rochers moussus ombragés par de grands arbres. « Je n'ai point vu, dit-il, de lieux plus agréables, plus faits pour animer les poètes et les peintres. »

Les gravures de Naudet sont le commentaire de ces descriptions et de ces enthousiasmes, elles nous montrent à côté des planches consacrées aux antiquités et aux fabriques quelques scènes pittoresques : Cambry appuyé sur sa canne regardant les potiers au travail, descendant de sa berline de voyage pour admirer des vases antiques qu'on vient de découvrir, examinant à travers son face-à-main le « plantage du blé ». L'artiste indiscret que l'on voit souvent dessiner dans un coin nous révèle même que le préfet était accompagné d'une jeune femme en tunique à la grecque, dont Cambry n'avait garde de parler.

Cet exemple ne semble-t-il pas montrer que le principe des *Voyages pittoresques* à la Taylor est déjà né en 1801, et cela sous l'impulsion de Napoléon ? En même temps, d'ailleurs, que ces vastes *Statistiques* paraissent, sous l'inspiration des préfets – c'est-à-dire de l'Empereur – d'autres ouvrages analogues, par exemple le *Voyage des élèves du pensionnat de l'École centrale de l'Eure dans la partie occidentale du département.* Ce sont les jeunes gens qui ont remporté des prix dans le collège d'Évreux qui partent en expédition au printemps de 1800, pour visiter et dessiner les antiquités et les manufactures. Ils décrivent les châteaux en ruines, les églises admirables – quoique gothiques – les filatures et les tanneries. Ils admirent la campagne normande où « les habitations groupées sur le rivage offrent avec les arbres entremêlés de vergers un point de vue charmant », et une gravure les représente dessinant et mesurant un tombeau du Moyen Age.

Mais ce mouvement d'intérêt pour le paysage pittoresque est arrêté presque aussitôt après sa naissance. Les théories davidiennes n'admettant que le paysage historique ou héroïque, c'est-à-dire la représentation d'une scène classique dans un décor noble et impersonnel. David, disait Paul Huet, « crut voir l'Acropole d'Athènes dans les moulins de Montmartre et l'Apollon sous la carmagnole [14] ».

Et les paysagistes se font de plus en plus rares devant la violence des attaques davidiennes, et l'indifférence du public pour leur art. Les amateurs, en effet, se désintéressent complètement de la représentation de la nature, au point que ceux d'entre eux qui achètent des paysages sont considérés comme des excentriques, et presque montrés au doigt. Il en existe cependant quelques-uns qui, bravant le ridicule, collectionnent de ces tableaux ; parmi les sept ou huit amateurs qu'on peut signaler de 1807 à 1815 [15], le plus convaincu est un certain M. Brisebarre [16], inconnu d'autre part, mais touchant par sa ferveur : dans sa galerie, aucune scène de genre n'est admise, aucune peinture d'histoire, aucun portrait non plus, il n'achète que des paysages, et l'on voit ses murs couverts de petits hollandais, et surtout des tableaux de Bruandet, de Lantara, de Georges Michel, animés de figures par Swebach et Demarne, des vues de Suisse de Watelet, Pichot, Forest, Echard.

Ces marques d'intérêt pour le paysage sont curieuses à relever, mais il ne faut pas s'en exagérer l'importance. En réalité, les collectionneurs qu'on vient d'évoquer allaient au rebours du goût dominant ; la majorité des Français s'était détournée complètement du paysage. Il faudra, pour que ceux-ci s'y intéressent à nouveau, que joue une influence extérieure.

Or, après 1805, une réaction très nette s'était dessinée en Angleterre. Dans la partie du pittoresque, des artistes et des écrivains avaient découvert à la fois la beauté des sites naturels et l'importance des monuments gothiques. En 1807 paraissent à Londres les *Antiquities of Great Britain* [17], deux gros recueils de planches représentant les ruines des châteaux et églises gothiques. En 1811, John Sell Cotman publie ses *Etchings*, consacrés à la reproduction de ruines « gothiques » pittoresques avec des arceaux rompus, des vieilles portes romanes, des murs croulants couverts de lierre. Quelques années plus tard, toute une série d'ouvrages abondamment illustrés sur les cathédrales anglaises du Moyen Age voit le jour : d'abord Salisbury en 1814, puis Cantorbéry (1816) par Britton, York par le même, et Lincoln par Charles Wild (1819) ; la série s'achève vers 1823 [18].

Après avoir méthodiquement exploré leur pays, les Anglais passent la Manche et viennent chercher en France les motifs qui leur sont chers. E. Turner dessine en 1816 à Troyes une vieille maison à pans de bois, Henry Edrige parcourt la Normandie et l'Ile-de-France en 1819 [19] ; après Thomas Girtin, Samuel Prout et Crome le Vieux arrivent à Paris. L'ampleur des publications anglaises qui suivirent ces voyages est célébrée par un article de la *Quarterly Review* en avril 1821 [20] : l'auteur oppose le respect des Anglais pour les monuments du Moyen Age à l'irrévérence que leur témoignent les Français ; il expose ensuite avec fierté que, après avoir fouillé et décrit chaque place de leur pays, les Anglais, pour trouver du nouveau, doivent aller en Normandie, « la plus importante de nos provinces d'outre-mer ».

Les reproches adressés aux Français, justes jusqu'à cette époque, étaient injustes en 1821, car alors l'inventaire des richesses d'art de notre sol était commencé [21] – grâce à l'impulsion anglaise, on doit le reconnaître ; et c'est sous cette forme que le paysage a reparu en France : le paysage, pour toute la période romantique, c'est moins un site naturel qu'une église gothique, un château ou un village au milieu d'un décor d'arbres et de verdure. En effet, dès 1817, l'opinion française, indifférente dix ans auparavant aux recherches d'un Millin, s'était ressaisie ; pleine d'admiration pour les monuments anciens de notre sol, elle encourage ceux qui les dessinent et les défendent. On voit paraître une gravure de Garneray intitulée *Les Exploits de l'Armée noire* et représentant des chaudronniers, la pelle sur l'épaule, arrivant en troupe pour démolir le château de Montmorency ; cette estampe, témoignant l'indignation des Français devant la ruine du patrimoine artistique national, est bien l'indice d'un esprit nouveau. Dans le même temps, Beaugean publie un *Nouveau voyage pittoresque de France* dont les multiples livraisons, qui s'échelonnent de 1817 à 1824, glorifient les ruines gothiques de toutes les provinces dessinées par Goblain, Michallon, Guyot et Beaugean lui-même. Cette publication et son succès encouragent le ministre de l'Intérieur, Decazes, à demander aux préfets un rapport sur les monuments intéressants de leur département [22], afin de les protéger, car on s'aperçoit que d'innombrables monuments gothiques ont été achetés par des Anglais, qui les ont transportés dans leur pays [23].

C'est alors, au moment où les artistes s'empressent de dessiner des églises gothiques et où les littérateurs les encouragent par des publications sur le même sujet, qu'est mis au point un nouveau moyen d'expression, plus rapide, plus aisé d'exécution que la gravure sur cuivre, et se prêtant, d'autre part, à un tirage plus considérable : la lithographie. Elle va être immédiatement adoptée par les paysagistes qui, grâce à elle, pendant cinquante ans vont répandre en France le goût de l'archéologie et celui du tourisme.

1. Voir le grand livre de M. Émile Michel, *Les Maîtres du paysage*. Paris, Hachette, 1906, in-4°; le catalogue, par MM. Lapauze, Gronkowski et Fauchier-Magnan, de l'*Exposition du paysage français de Poussin à Corot* (1925), ainsi que la littérature qui a entouré cette importante manifestation, et aussi des ouvrages comme ceux de Guthmann, *Die Landschaftsmalerei der toskanischen und umbrischen Kunst von Giotto bis Raphaël*. Hiersemann, Leipzig, 1902, in-4°; de Félix Rosen, *Die Natur in der Kunst*… (de Giotto à Raphaël). Teubner, Leipzig, 1903, in-8° ; de Buscaroli, *La Pittura di paesagio in Italia*. Mareggiani, 1925, in-4°, et de Christian Zervos, *Paysages français du XVe siècle*, dans *Cahiers d'art*, 1927, in-4°. Sur le paysage antique, cf. Ch. Picard, *Histoire de la sculpture antique*, II. Laurens, Paris, 1926, p. 355, et R. Pagenstecher, *Ueber das landschaftsliche Relief bei der Griechen*, dans *Sitzungsberichte Heidelberger Akademie der Wissenschaften*, 1919.

2. *La Gravure de portraits et de paysage au XVIIIe siècle*. Van Oest, Paris, 1926, p. 21-26. On y voit, notamment, que la montagne apparaît dans l'art en 1763 grâce à l'influence des peintures chinoises que révèle Cochin.

3. *Préromantisme français*. Paris, 1930, p. 118 à 170 et suiv.

4. Voir *Le Goût du Moyen Age et des ruines dans les jardins du XVIIIe siècle*, par M. Ernest de Ganay (*Gazette des Beaux-Arts*, 1932, II, p. 183-197), et R. Lanson, *Le Goût du Moyen Age en France au XVIIIe siècle*. Van Oest, Paris, 1926, in-8°. L'influence du musée des Monuments français, dont on parle toujours, est attestée par une lettre de Lenoir au ministre de l'Intérieur (22 août 1813) demandant des gardiens et des crédits à cause de « l'affluence des peintres et dessinateurs qui viennent étudier le paysage dans le jardin du Musée » (Courajod, *Archives du musée*…, III, p. 138).

5. Il y aurait encore bien à dire sur les jardins anglais. Leur ancêtre n'est-il pas celui que La Bruyère conseille à Zénobie de tracer : un « vaste et délicieux jardin dont l'enchantement soit tel qu'il ne paraisse pas fait de la main des hommes » (*Caractères*, 8e éd., 1694, p. 262). Les peintres, notamment Hubert Robert et Vernet, ont aidé à leur naissance, Lerouge lui-même l'atteste (cf. notamment *12e cahier*, 1783, n° 24).

6. *Op. cit.*, p. 19.

7. *Sentiment de la nature*, p. 386.

8. *Mémoires d'un touriste*, I, p. 87.

9. Voir aussi de Gilpin, *Essay on prints containing remarks upon the principles of picturesque beauty*. Londres, 1768 (rééd. 1785, 1792, 1802 ; trad. allem. 1787 ; trad. franç. 1800). Les ouvrages suivants attestent la faveur de Gilpin, *The Tourist Grammar including an epitome of Gilpin principles of the Picturesque*, by T. D. Fosbroke. Londres, 1826 ; *The Wye town, or Gilpin on the Wye*, by Thomas Dudley. Rome, 1819, 1822, 1823.

10. Le mot, venu d'Angleterre, apparaît vers 1780 appliqué à un paysage ; il est banal en 1800. M. Monglond a trouvé un curieux exemple où les deux épithètes, pittoresque et romantique, sont accolées, c'est un passage des *Enlèvements* du prince de Ligne (fin XVIIIe siècle), il s'agit de jardins (*Préromantisme*. Grenoble, I, 1930, p. 244 ; cf. aussi p. 214, 216 et suiv.).

11. Plus encore que les tableaux de Lantara, les vues de Lallemand évoquent des gravures de la série de ports de France gravés par N. Cochin fils d'après J. Vernet (Marseille, par exemple, gravé en 1760) ou encore la vue d'Orléans d'après Desfriches, gravée par Cochin fils en 1766.

12. Penser aussi (dans une catégorie inférieure) au *Voyage dans les départements de la France*, par J. La Vallée et J. Le Breton pour le texte, Louis Brion pour le dessin, et Louis Brion père pour la géographie. Brion, Paris, 1792-1802, in-8° ; 2e éd., 1793-1803.

13. Des érudits se joignent à eux ; en 1811, un certain Jules Duroux publie un *Essai historique sur la Sénatorerie de Limoges*, que le préfet de la Haute-Vienne fait imprimer dans le format et le caractère de la *Statistique* du département (il sera le supplément du chapitre VII).

14. *Paul Huet d'après sa correspondance*… par René-Paul Huet. Paris, 1911, in-8°, p. 81

15. Ces collectionneurs nous ont été révélés par l'examen des catalogues de ventes entre 1805 et 1815 ; ce sont MM. de Ganay, ancien major de cavalerie (vente en 1807 : Bruandet, Lantara, Meyer), A.-E.-F. Nogaret (vente en 1807 : Bruandet, Lallemand, Demachy, Boissieu, etc.), Lafontaine (vente le 17 janvier 1810 : paysages hollandais dans le genre de Berghem, Bruandet, Demarne, etc.), Martin père (vente 1816), Firmin-Didot (collection constituée alors et vendue en 1825)…

16. *Catalogue des tableaux composant le cabinet de feu M. Brisebarre*, par M. Delaroche… 1814.

17. *Antiquities of Great Britain… by W. Byrne. F. S. A. from drawings made by Thomas Hearne F. S. A. with descriptions in English and French*. Londres, 1807, 2 vol. – Aussi en 1807 l'*Antiquarian and topographical Cabinet, containing a series of elegant views of the most interesting objects of curiosity in Great Britain* (dess. par S. Prout et Dayes, gr. par W. Cocke, Angus et Greig).

18. Cf. aussi les *Picturesque Buildings in York sketched and etched by H. Cave*. London, 1813, et l'*Ancient Topography of London*, by J. T. Smith. Londres, 1815.

19. Son carnet de croquis est conservé au British Museum.

20. *Normandy architecture of the Middle Age*, p. 112-147.
Parmi les principales, citons : Rév. Whittington, *An historical survey of the ecclesiastical antiquities of France*. Londres, 1809 ; *Picturesque views of public edifices in Paris by MM. Segard and Testard aquatinted by M. Rosenberg*. J. Moyes, Londres, 1814 ; *A tour through the whole of France*… Darton, Londres, 1815 ; *Graphic illustrations of the most prominent features of French capitale… from… designs taken in Paris during the… reign of Bonaparte*. Harper, Londres, 1816. D'autres pour les années 1816 à 1821 répertoriées dans le *Vieux Papier*, XII, 1913, p. 317-318. En 1823, *The Porte-Folio. A collection of engraving from antiquarian, archit. and topogr. subjects*, 4 vol. in-12.

21. Voir la réponse aux assertions de la *Quarterly Review* dans la préface au *Voyage… de Dibdin*, par Th. Licquent. Paris, 1825, p. VII-IX.

22. Voir Larat, *Charles Nodier*, p. 179. M. Larat rappelle que la circulaire de Decazes avait été précédée par une autre de Montalivet en 1810, à laquelle les réponses avaient été fort peu nombreuses.

23. Lacour, *Musée d'Aquitaine*, I, 1823, p. 281-286. Selon lui, l'exode des monuments gothiques a commencé en 1816.

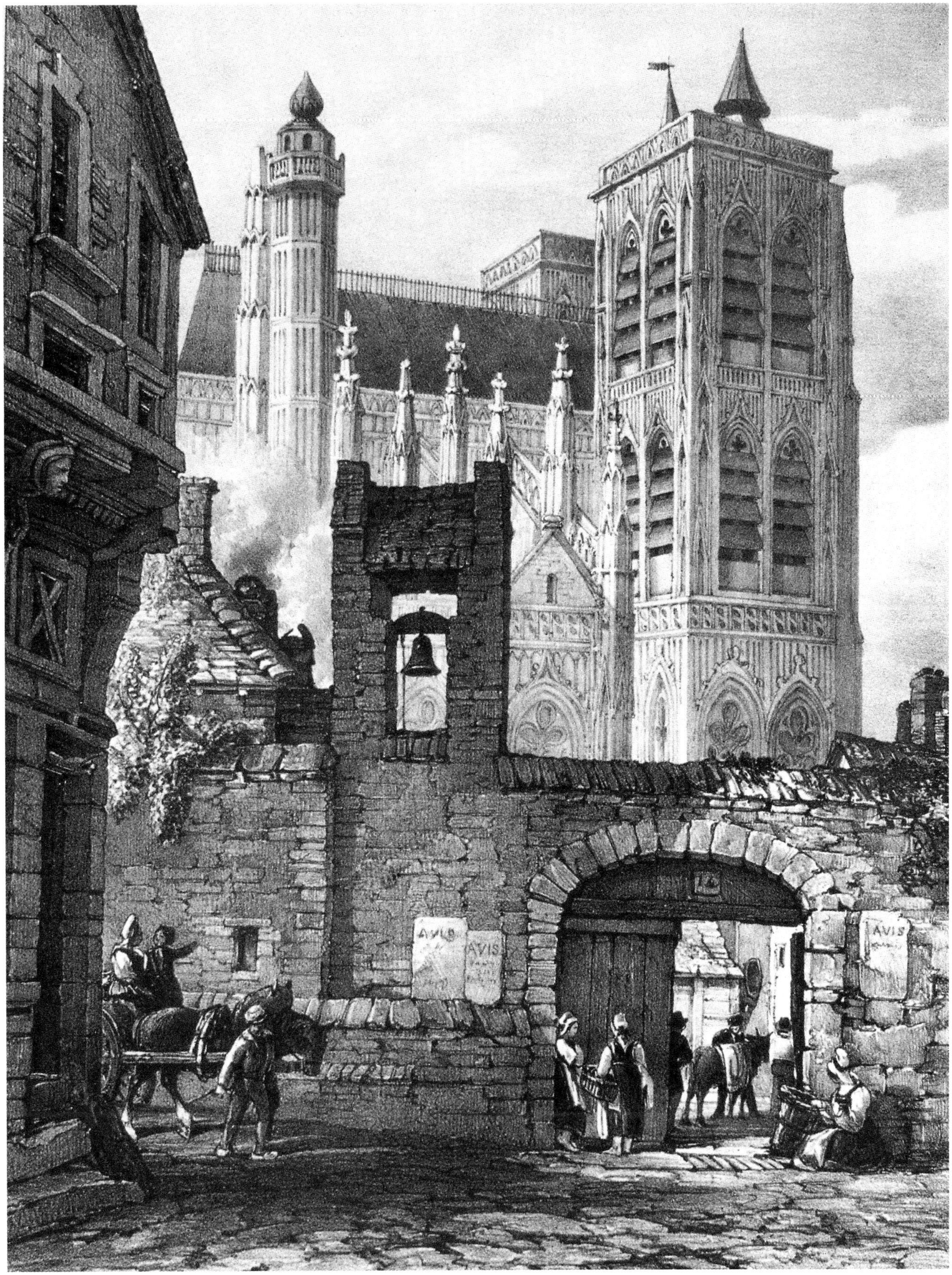

George Barnard et Samuel Prout, *Abbeville*, vers 1835.
(*Voyages pittoresques et romantiques dans l'ancienne France*, Picardie)

Planches

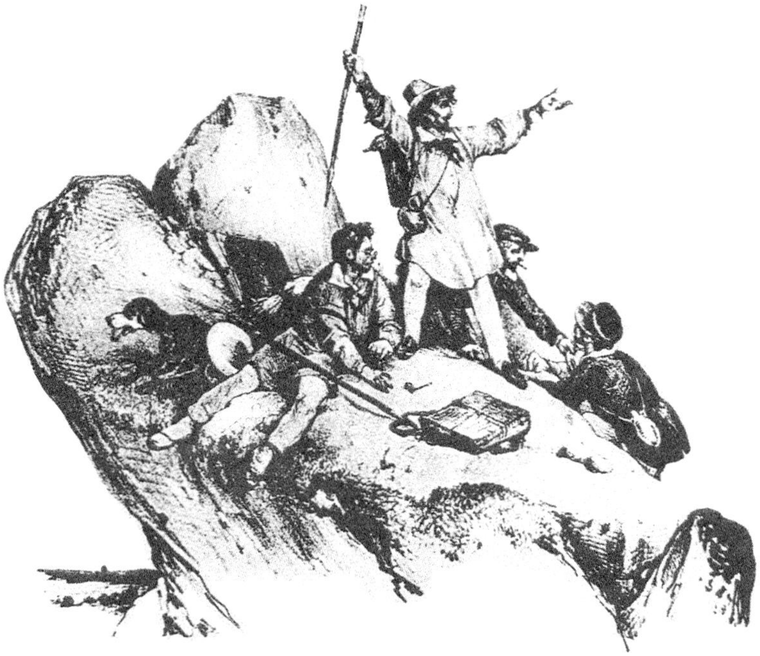

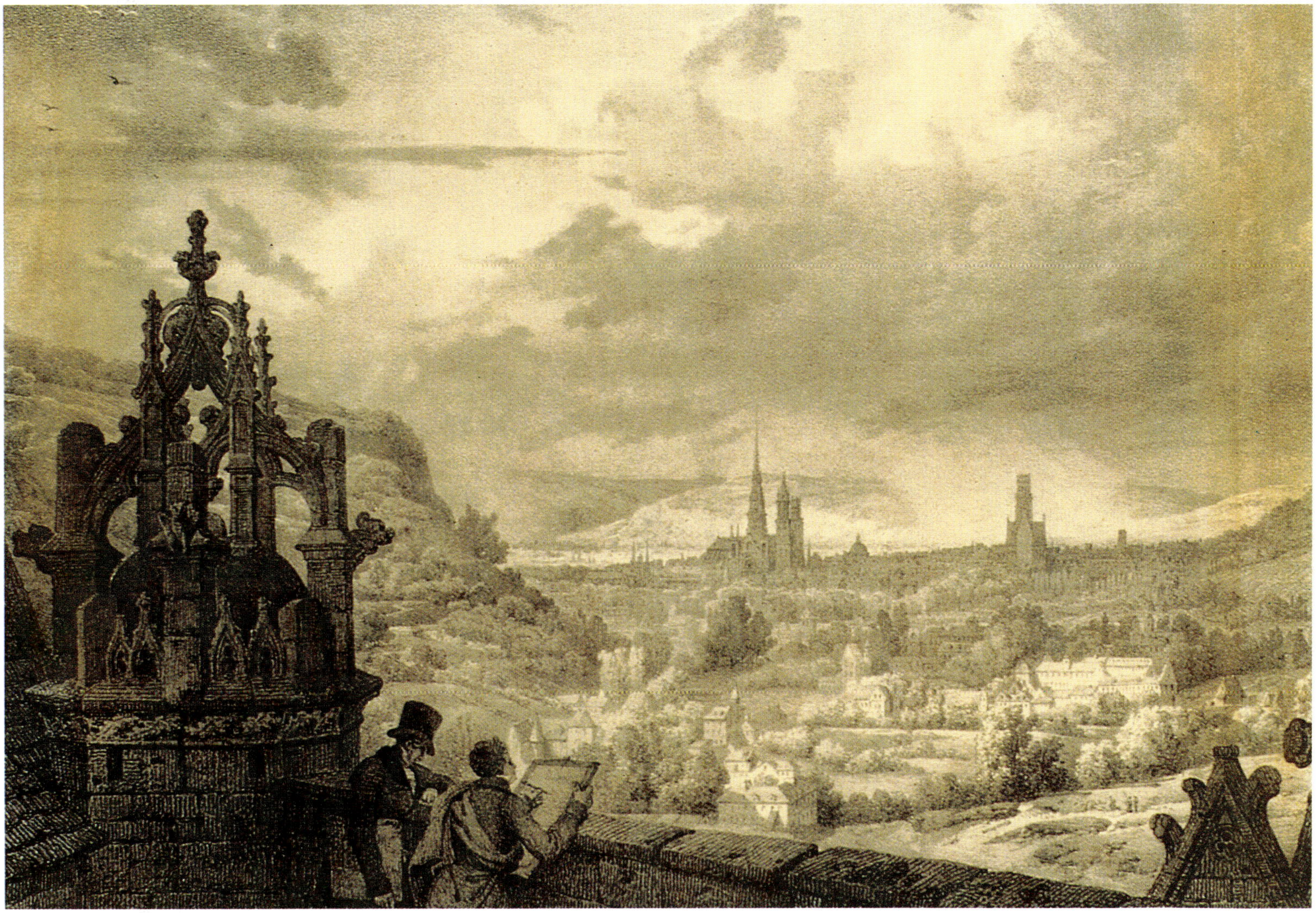

Louis Jules Frédéric Villeneuve, *Vue générale de la ville de Rouen,* 1823.
(*Voyages pittoresques et romantiques dans l'ancienne France,* Normandie)

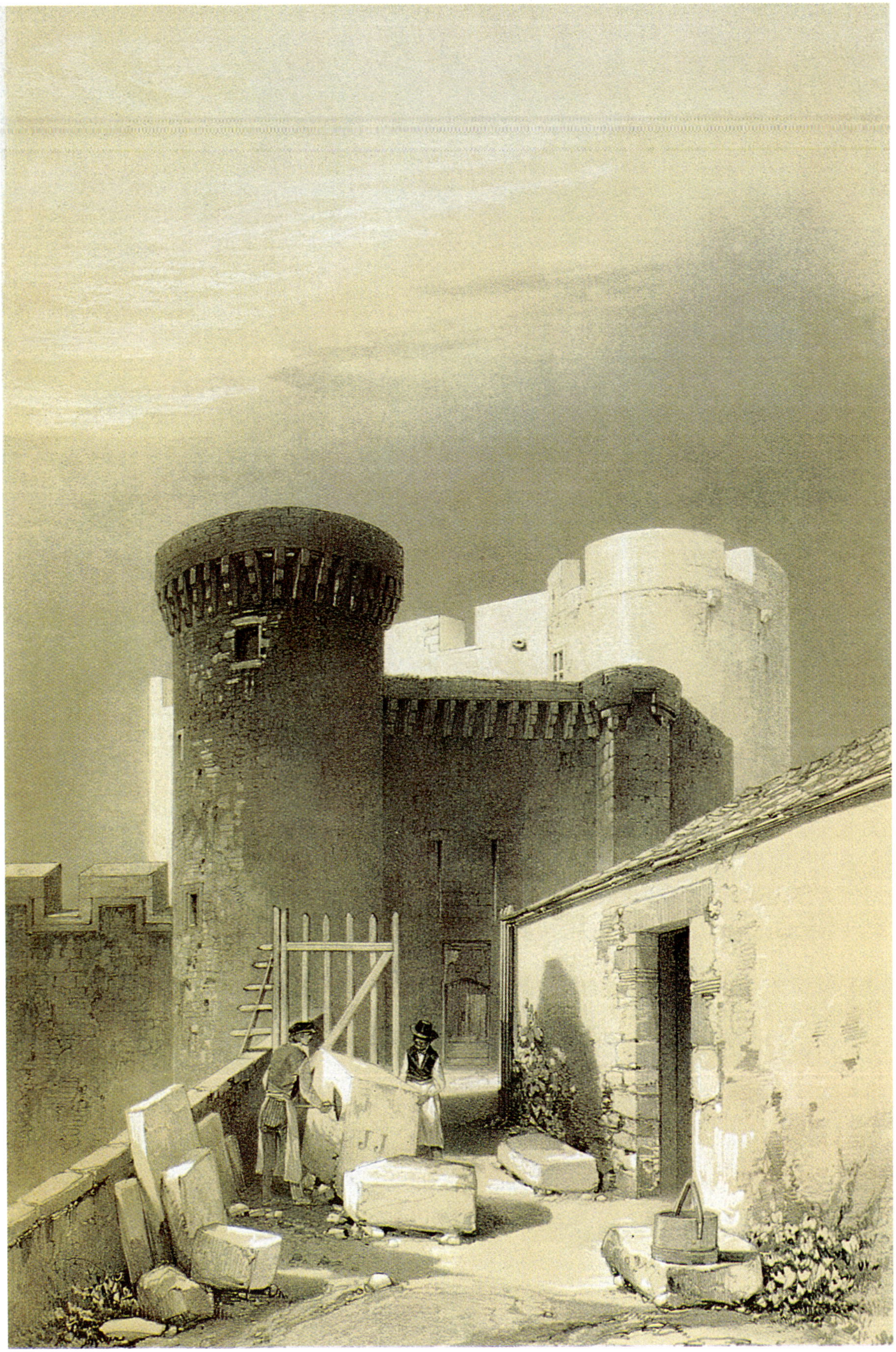

Louis-Julien Jacottet,
Donjon du château de Brest,
vers 1846.
(*Voyages pittoresques et romantiques dans l'ancienne France*, Bretagne)

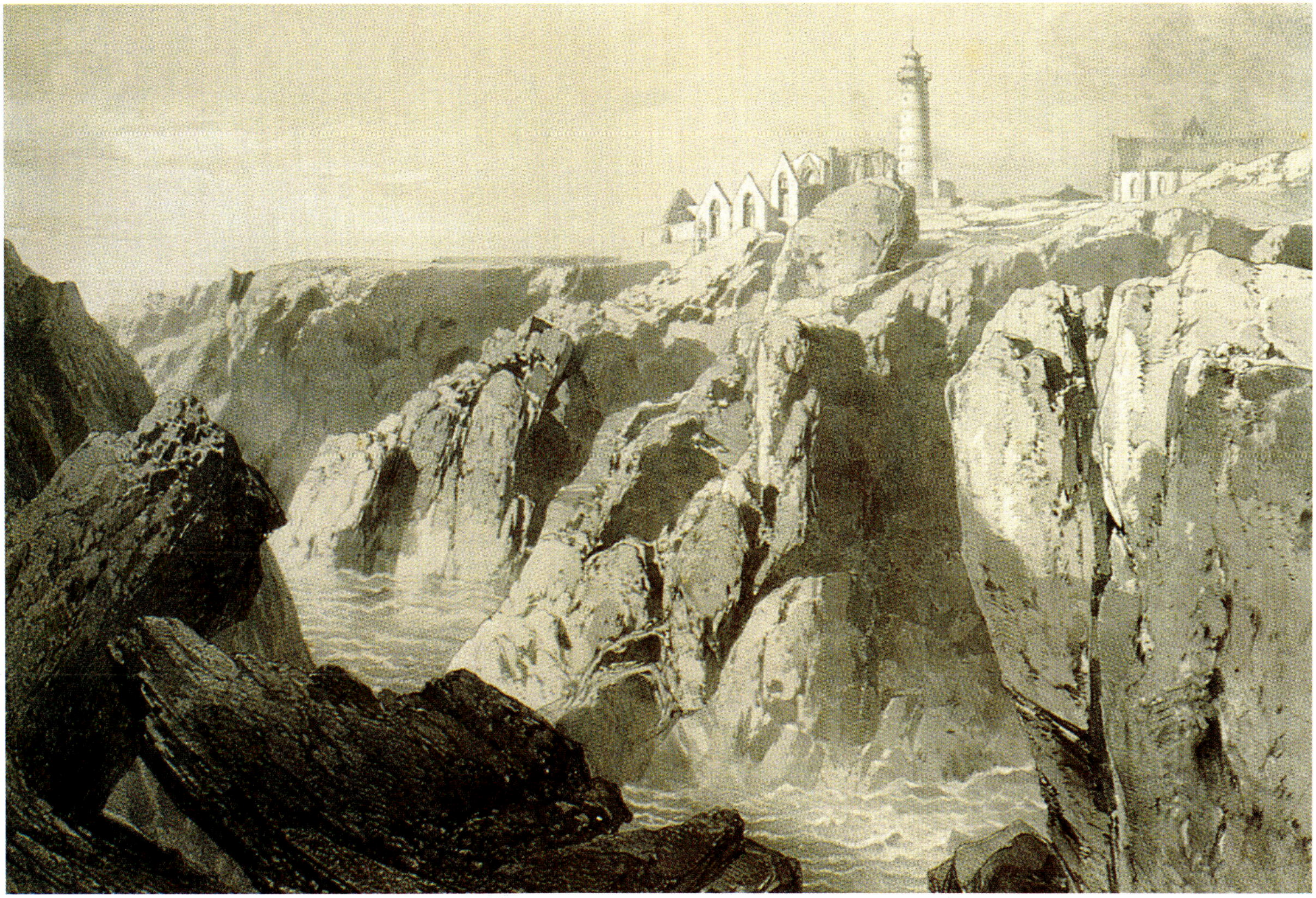

Eugène Ciceri,
Cap Saint-Mathieu,
vers 1846.
(*Voyages pittoresques et romantiques dans l'ancienne France,* Bretagne)

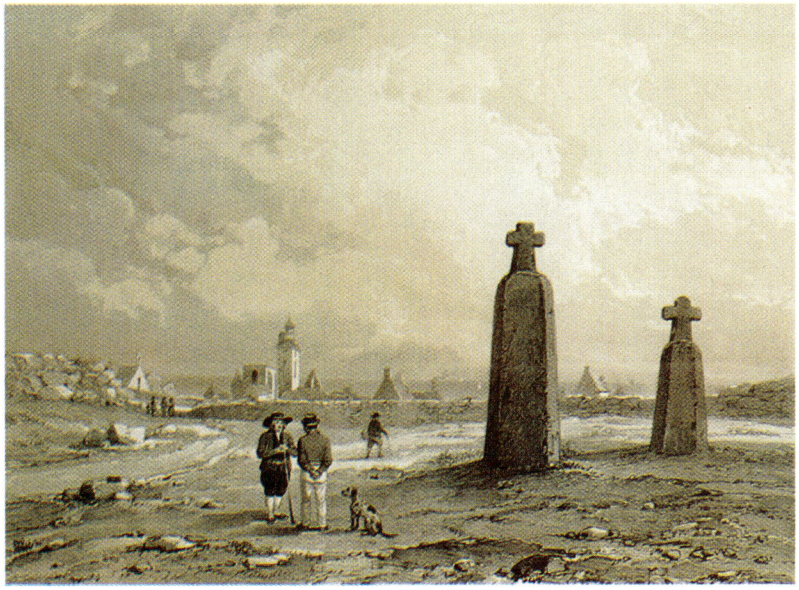

Adolphe Bayot,
Louis-Julien Jacottet
et Auguste Mayer,
Cap Saint-Mathieu, 1844.
(*Voyages pittoresques et romantiques dans l'ancienne France,* Bretagne)

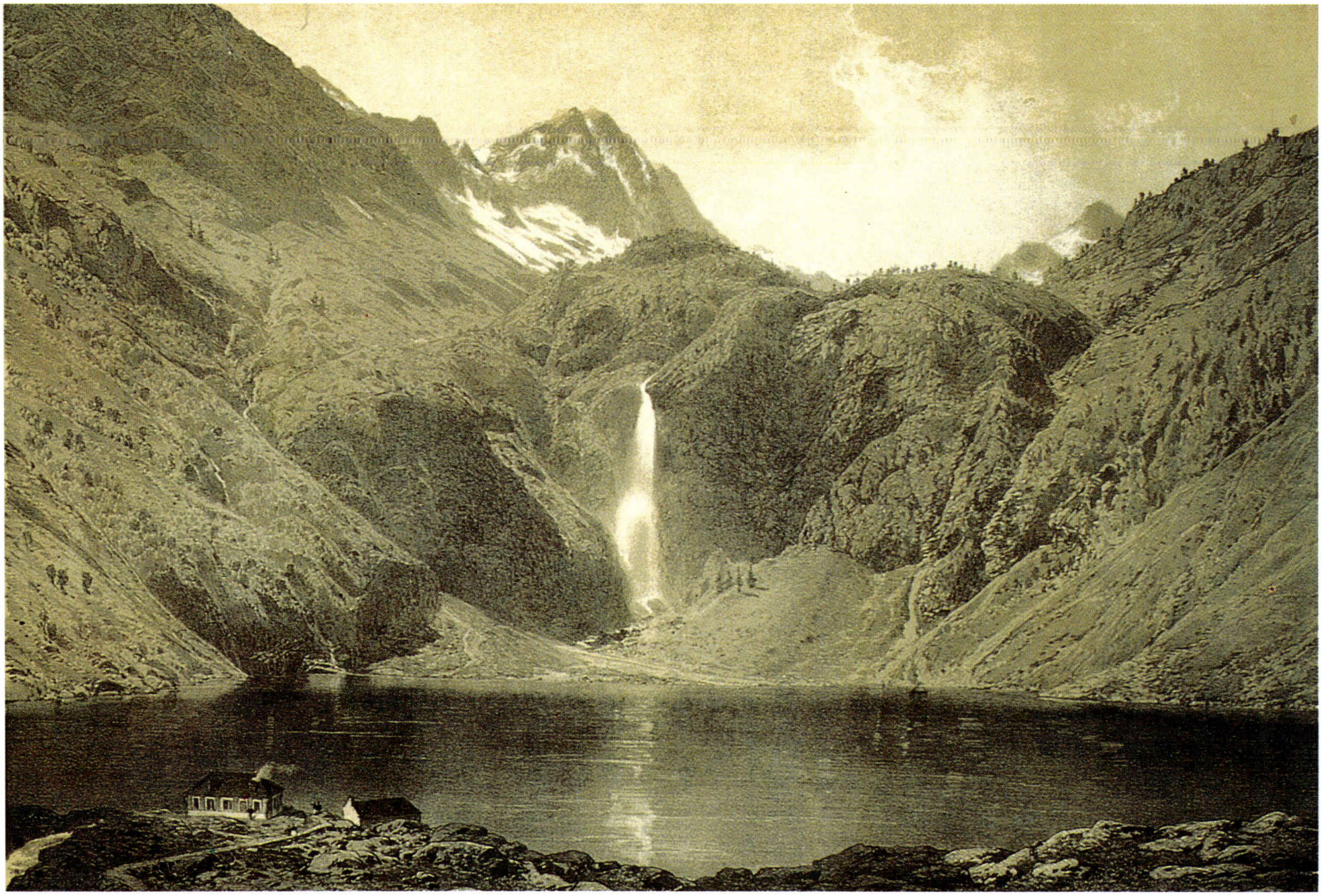

Eugène Ciceri, *Cascade et lac d'Oo (environs de Luchon)*, sans date.
(Chez Lafont, libraire à Luchon)

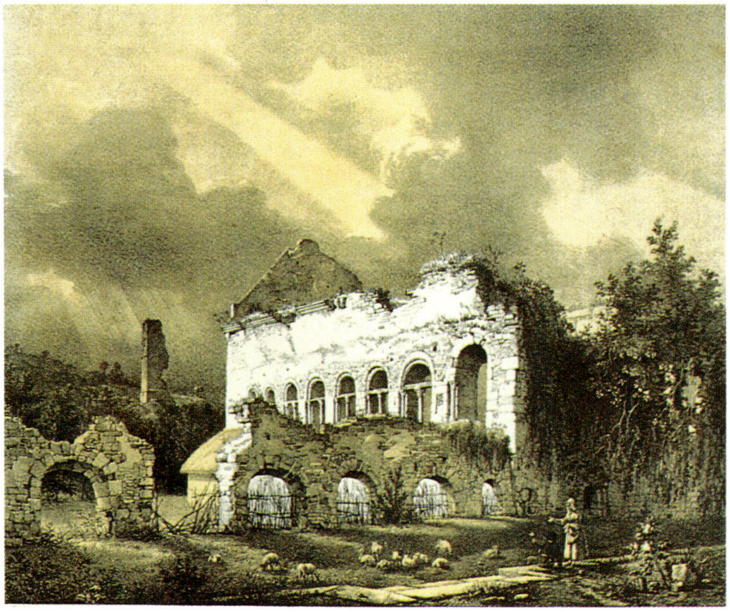

Jean Truchot, *Ruines du château d'Harcourt,* 1820.
(*Voyages pittoresques et romantiques dans l'ancienne France,* Normandie)

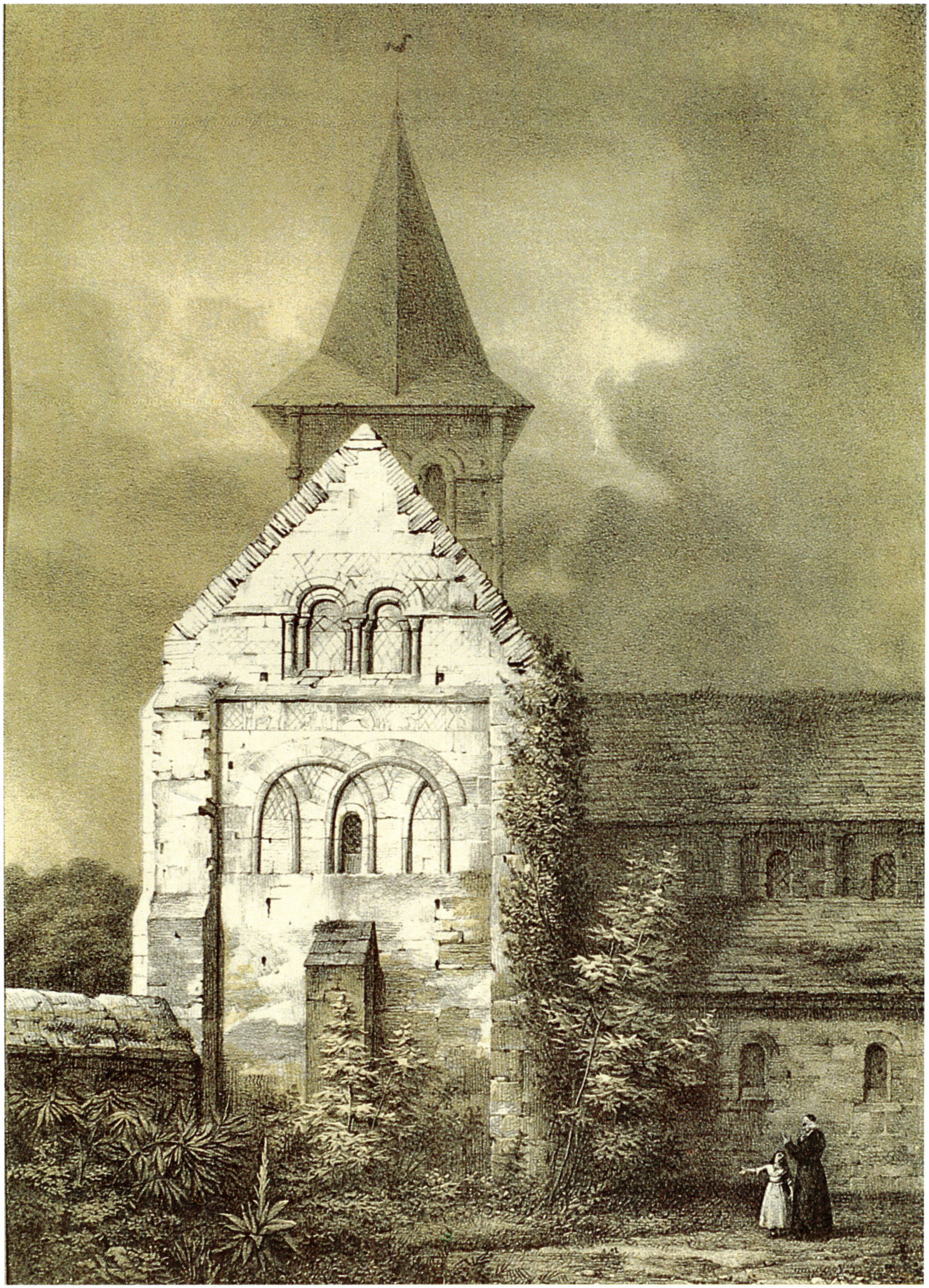

Julien-Michel Gué, *Église de Graville, côté du nord*, 1821. (*Voyages pittoresques et romantiques dans l'ancienne France*, Normandie)

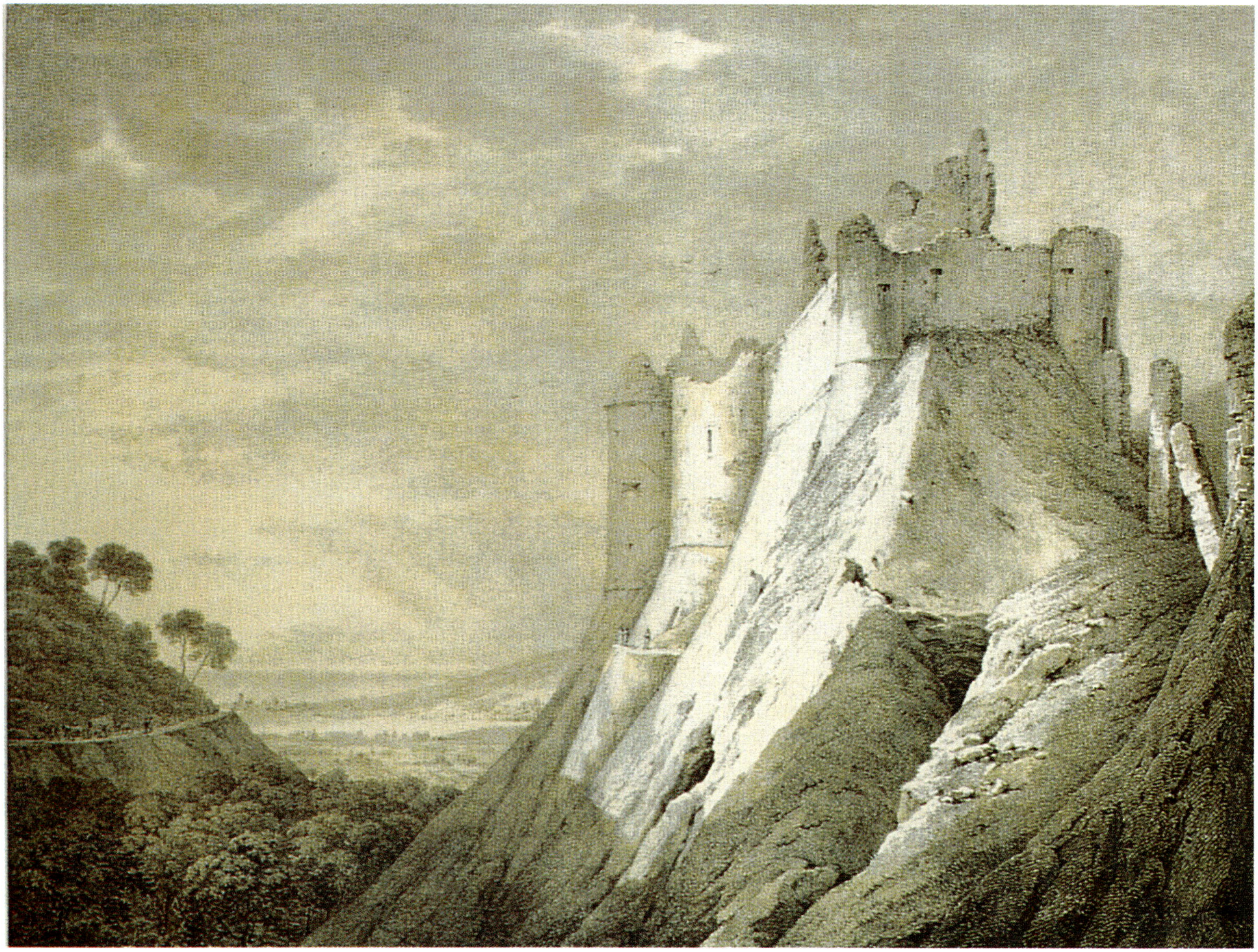

Baron Louis Athalin, *Ruines du château d'Arques, côté du midi*, 1819.
(*Voyages pittoresques et romantiques dans l'ancienne France,* Normandie)

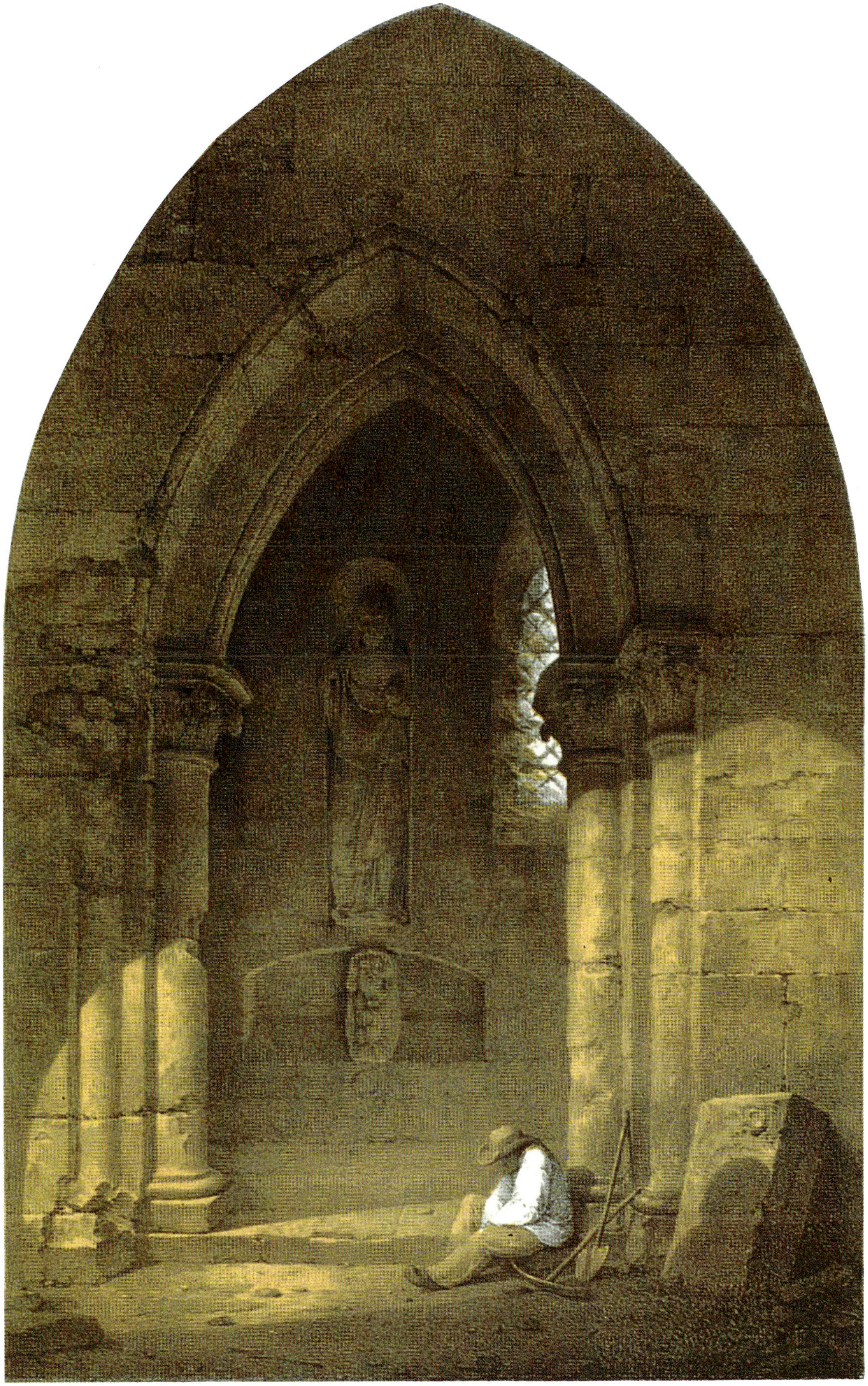

Jean-Baptiste Isabey,
Intérieur de l'église de Graville, 1821.
(*Voyages pittoresques et romantiques dans l'ancienne France,* Normandie)

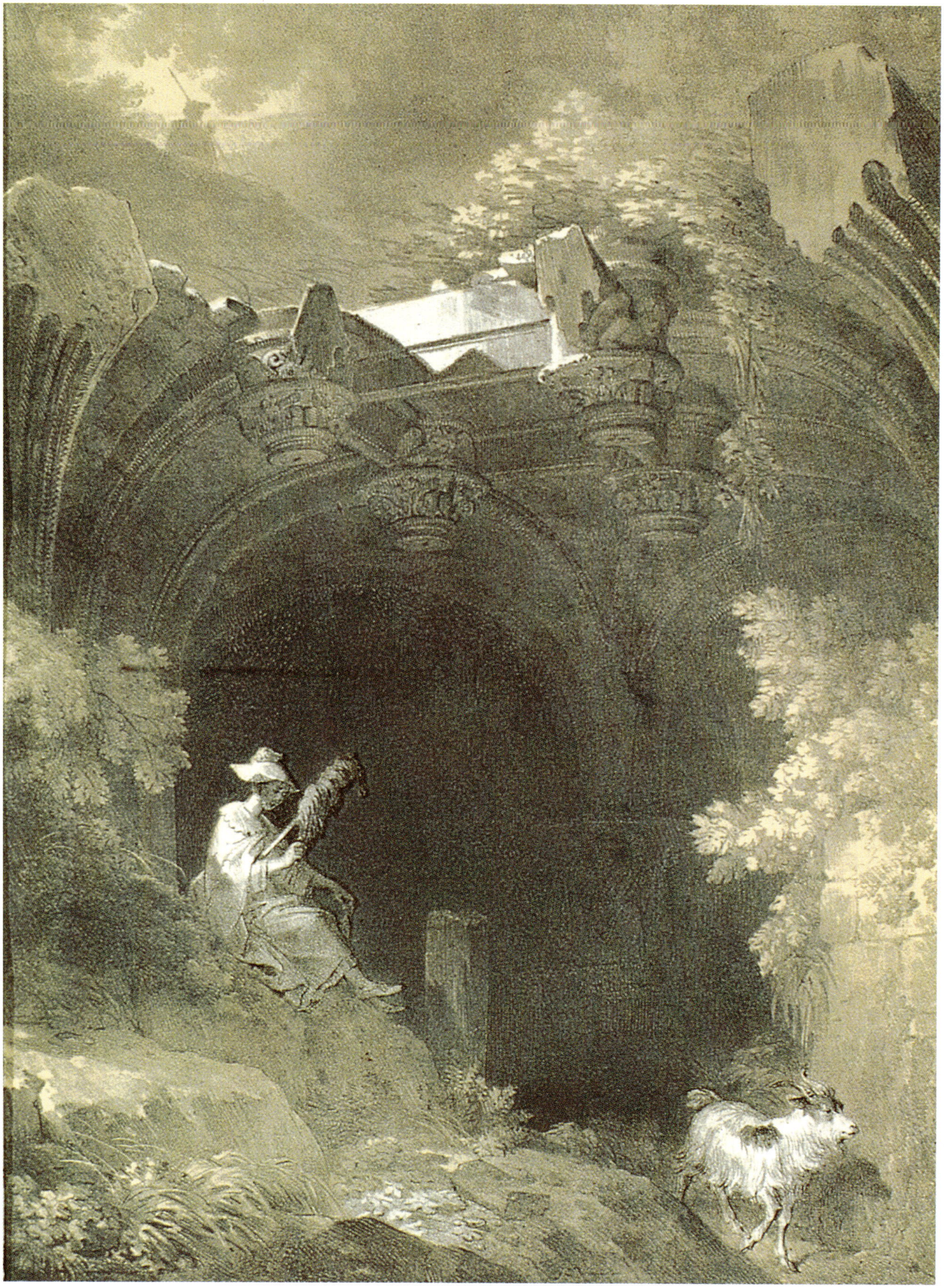

Évariste Fragonard,
Ruines du cloître de l'abbaye de Jumièges,
1820.
(*Voyages pittoresques et romantiques dans l'ancienne France*,
Normandie)

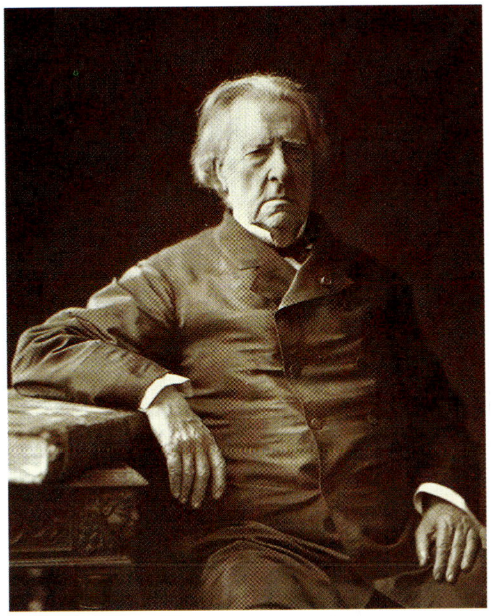

Le Baron Taylor,
photographié par Nadar, vers 1855.

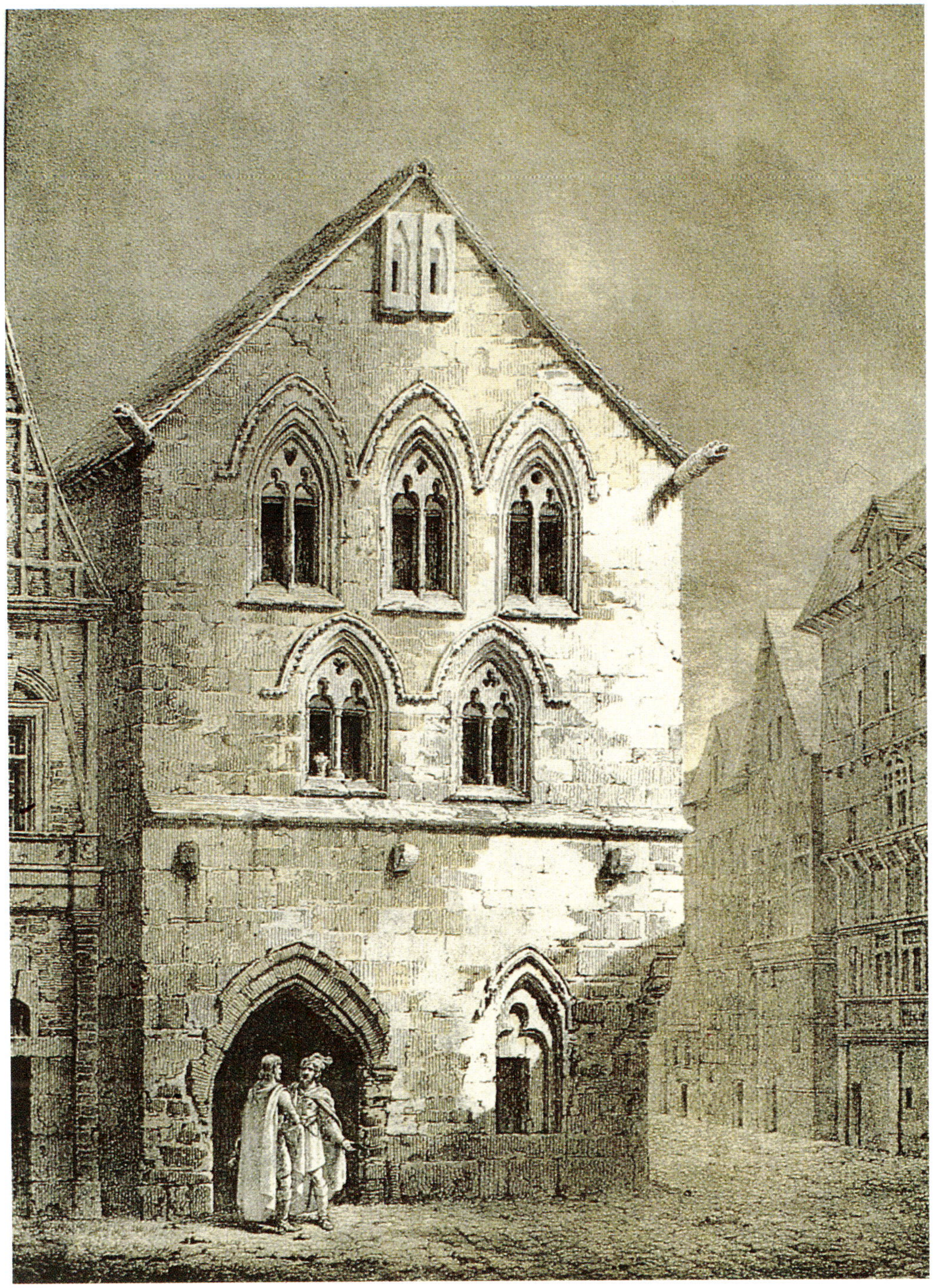

Baron Louis Athalin,
Maison des Templiers, 1820.
(*Voyages pittoresques et romantiques dans l'ancienne France*, Normandie)

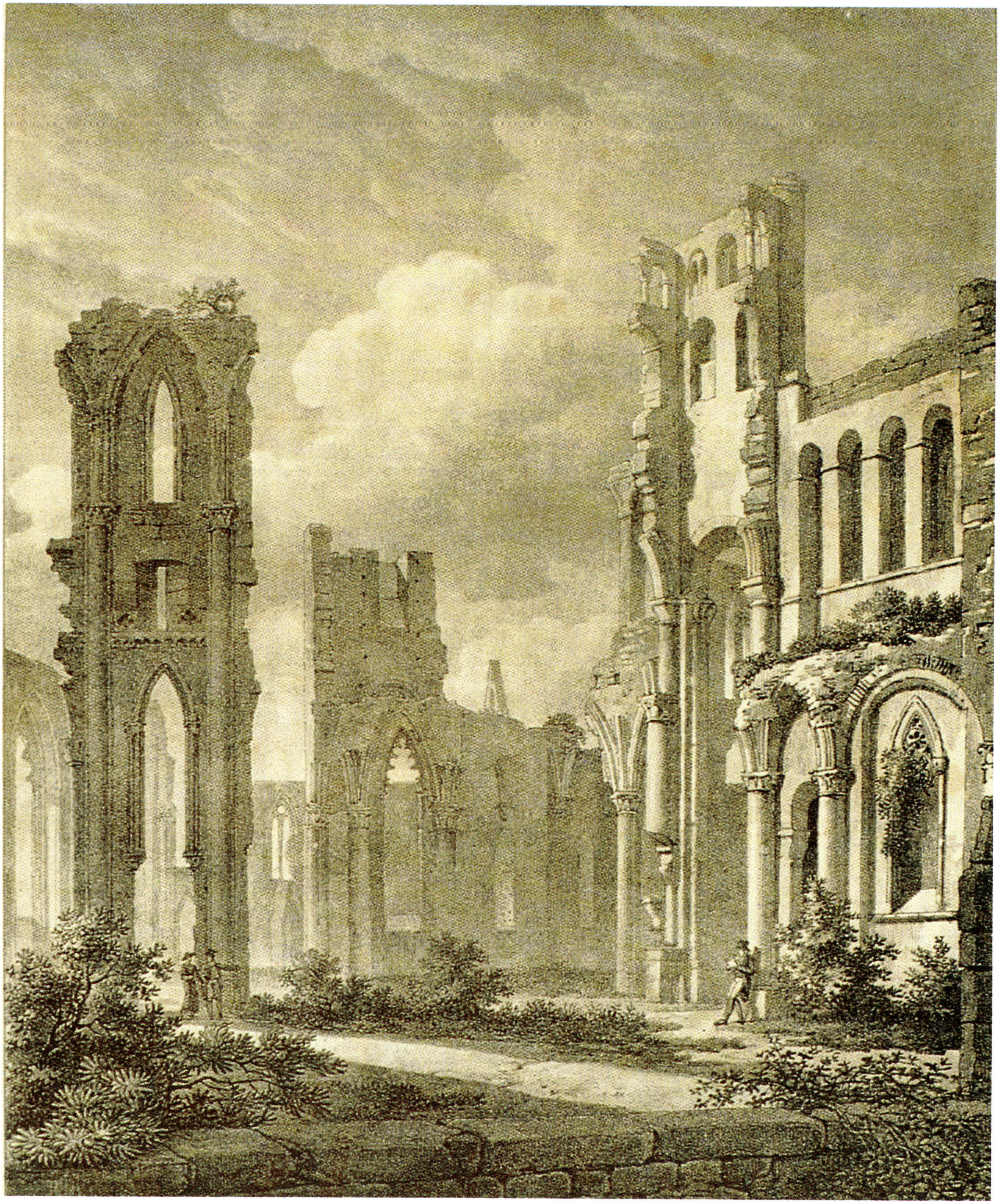

Louis-Pierre Baltard, *Ruines du chœur et de l'abside de la grande église de l'abbaye de Jumièges*, vers 1820. (*Voyages pittoresques et romantiques dans l'ancienne France*, Normandie)

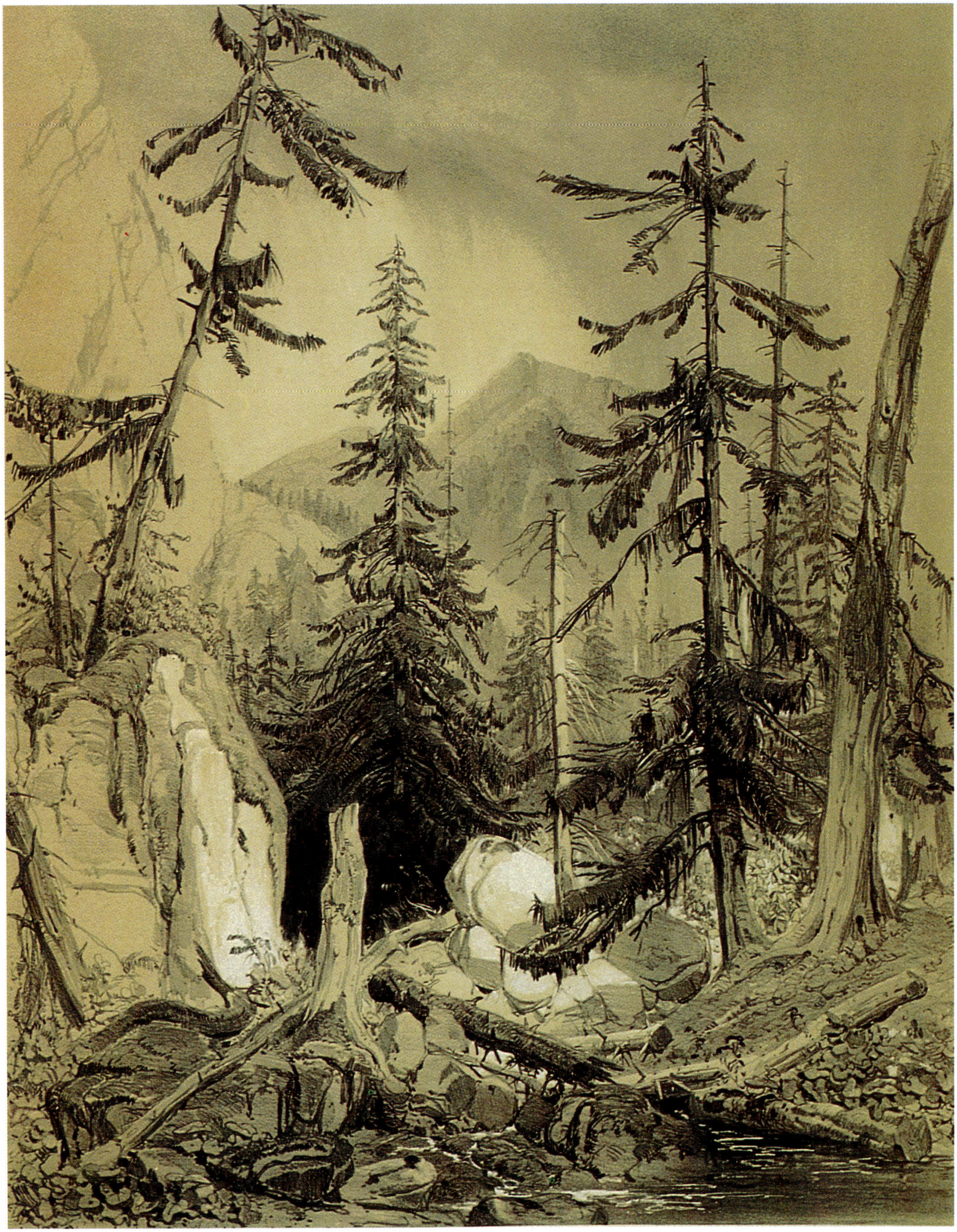

Léon Sabatier, *Forêt du Grand-Som, désert de la Grande Chartreuse*, vers 1854. (*Voyages pittoresques et romantiques dans l'ancienne France*, Dauphiné)

Les paysagistes

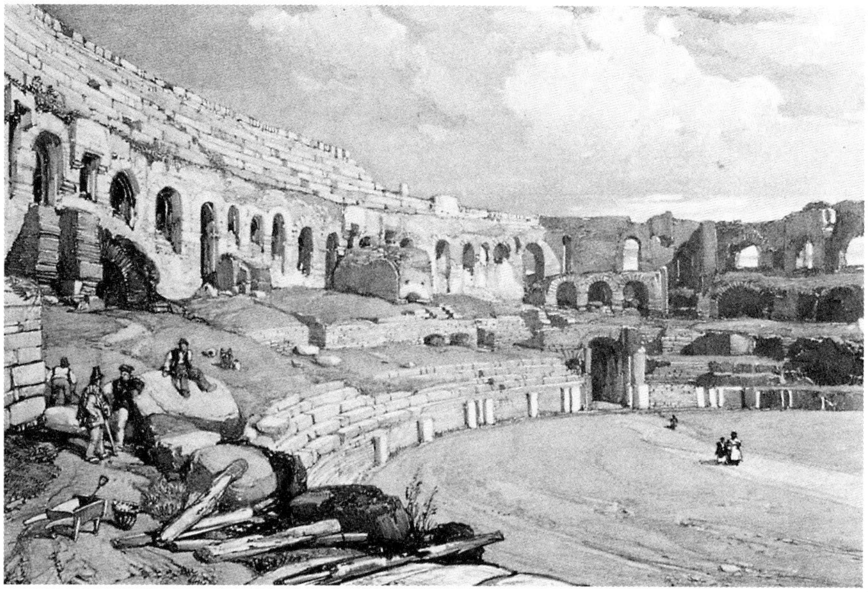

James Duffield Harding, *L'arène et l'amphithéâtre de Nîmes*, vers 1837.
(*Voyages pittoresques et romantiques dans l'ancienne France,* Languedoc)

Né presque au premier jour de la lithographie, et mort avec elle, le paysage pittoresque en est peut-être le meilleur symbole. Ces images charmantes, d'une exactitude souvent discutable, mais d'une écriture amusante, légère et toujours séduisante, ont amusé et instruit les Français pendant plus d'un demi-siècle. Leur influence sur les mœurs et les idées, la littérature et le tourisme, valent à elles seules la peine d'être étudiées. Avant d'en arriver là, et même d'examiner ce que représentent ces lithographies, quelques renseignements sur leurs auteurs sont indispensables. On ne le croirait guère en les voyant dans leur liberté et leur naïveté, mais les lithographies de paysage exigent la collaboration de trois sortes d'artistes : d'abord les dessinateurs de vue qui, au cours d'innombrables voyages, prennent sur place de nombreux et sommaires croquis ; puis, lorsque ces dessinateurs sont rentrés à Paris ou dans quelque grande ville, ils apportent leurs croquis à quelque éditeur, et celui-ci les confie à des lithographes de métier qui, aidés par des spécialistes de figures, retouchent et animent le paysage, lui donnant l'air plus achevé que nous connaissons.

Les dessinateurs de vues

De ces trois catégories, les dessinateurs de vues sont les plus amusants, et les plus convaincus. En effet, après 1815, les fils des soldats de Napoléon sentirent s'éveiller en eux des aspirations nouvelles : « Ils avaient rêvé pendant quinze ans des neiges de Moscou et du soleil des Pyramides. Ils n'étaient pas sortis de leurs villes, mais on leur avait dit que par chaque barrière de ces villes on allait à une capitale d'Europe. Ils avaient dans la tête tout un monde ; ils regardaient la terre, le ciel, les rues et les chemins [1]. » Les auteurs du temps parlent tous, comme Musset, de ce « besoin de voyager » qui avait saisi, vers 1816, les jeunes Français, tout vibrants des merveilleux récits de leurs pères, les conquérants de l'Europe. Sac au dos, ils veulent partir à la découverte des terres inconnues ; mais le monde entier ne leur est pas ouvert : ni l'Angleterre, ni l'Allemagne, ni l'Espagne ne les attirent, car dans ces pays, encore ensanglantés par la guerre napoléonienne, ils seraient fort mal accueillis. Ils doivent donc se limiter à la France, où ils ont d'ailleurs tout à découvrir, puisque les voyageurs du XVIIIe siècle se sont plu aux évocations lointaines : celle des « glacières » de Suisse ou des temples doriques de Sicile.
Décidés à partir, il leur faut consulter un guide pour savoir dans quelle province leur goût les portera. Ils ont à leur disposition l'*Itinéraire du royaume de France*, par Hyacinthe Langlois, dont la première édition paraît en 1816, la troisième en 1819 (d'autres se succéderont jusqu'à 1850, c'est-à-dire jusqu'à la publication des premiers *Guides Joanne*). Mais Langlois ne répondait pas exactement aux vues des paysagistes, car s'il indiquait les ruines antiques, les phénomènes géologiques, les manufactures et les auberges les plus remarquables, il ne donnait que fort peu de renseignements sur les sites pittoresques et les églises gothiques [2]. Aussi lui préférait-on un guide anglais, *The Gentleman's Guide in his tour to France* de Henry Coxe, paru en 1817 [3] ; qui, lui, parlait abondamment

des sites remarquables et des monuments du Moyen Age ; il allait jusqu'à analyser des sculptures romanes, celles de la cathédrale d'Autun, par exemple.

Ayant choisi d'après ce guide une région à visiter et un itinéraire pour s'y rendre, les paysagistes se préparaient à prendre la diligence. Si quelque chose leur manque, ils l'empruntent à leurs amis, témoin ce billet d'Eugène Isabey : « A M. Jules Janin, 17 ou 19, rue de la Paix. Mon petit Janin, peux-tu me prêter un manteau de drap, je pars samedi avec les Lafitte et Caillard » (Bibl. d'art de l'Université de Paris).

L'est de la France, dans la direction de Lyon, du Dauphiné, de l'Italie et de la Suisse, est desservi par des diligences qui partent de la rive gauche, rue Gît-le-Cœur (au n° 6, chez Azimon jeune, ou au II, chez Descorps). Des voitures accélérées partent de la rue Montmartre ou de la rue Saint-André-des-Arts. C'est que les voyages en diligence sont longs : il faut cinq jours pour aller de Paris à Bordeaux, à Lyon, à Besançon, à Strasbourg, quatre jours pour Nantes ou Clermont-Ferrand, une journée et demie pour Reims, une quinzaine d'heures pour Rouen.

La lenteur du voyage ne rebute personne, les voyageurs sont de bonne humeur, animés et joyeux. Le guide anglais de 1817 [4] décrit ainsi l'intérieur d'une diligence : « Tout y est vie, mouvement et joie. Dès que vous y entrez, vous êtes en parfaite familiarité avec vos compagnons de route. En un instant toutes les langues marchent, chacun s'applique à se rendre heureux et à contribuer au bien-être de ses compagnons. On parle, on plaisante, on rit, on chante, on récite des vers... Un jeu qui ressemble à nos propos interrompus est souvent joué en diligence et fait naître un grand agrément. » Ce témoignage est confirmé

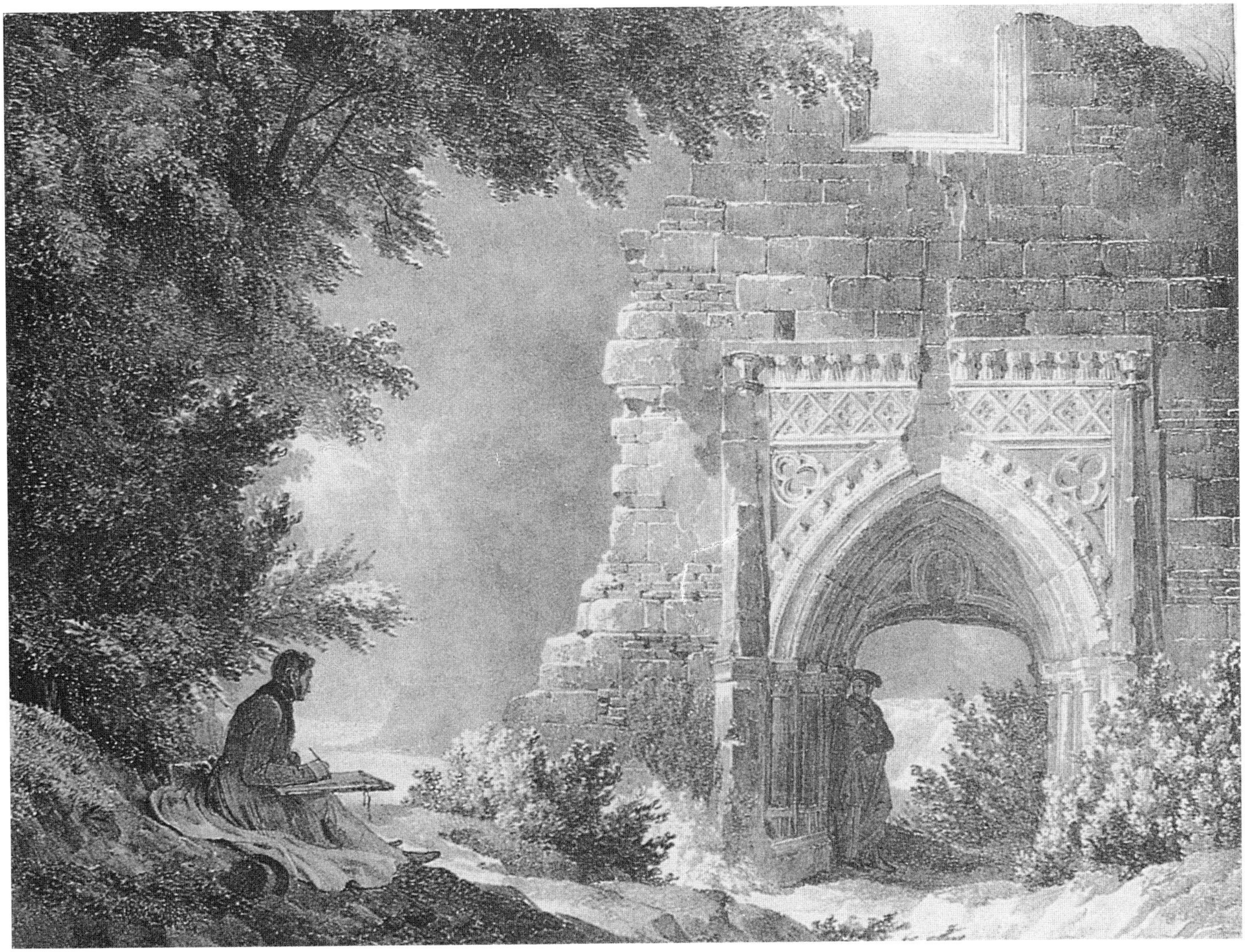

Évariste Fragonard, *Ruines du palais de la reine Blanche,* 1824. (*Voyages pittoresques et romantiques dans l'ancienne France,* Normandie)

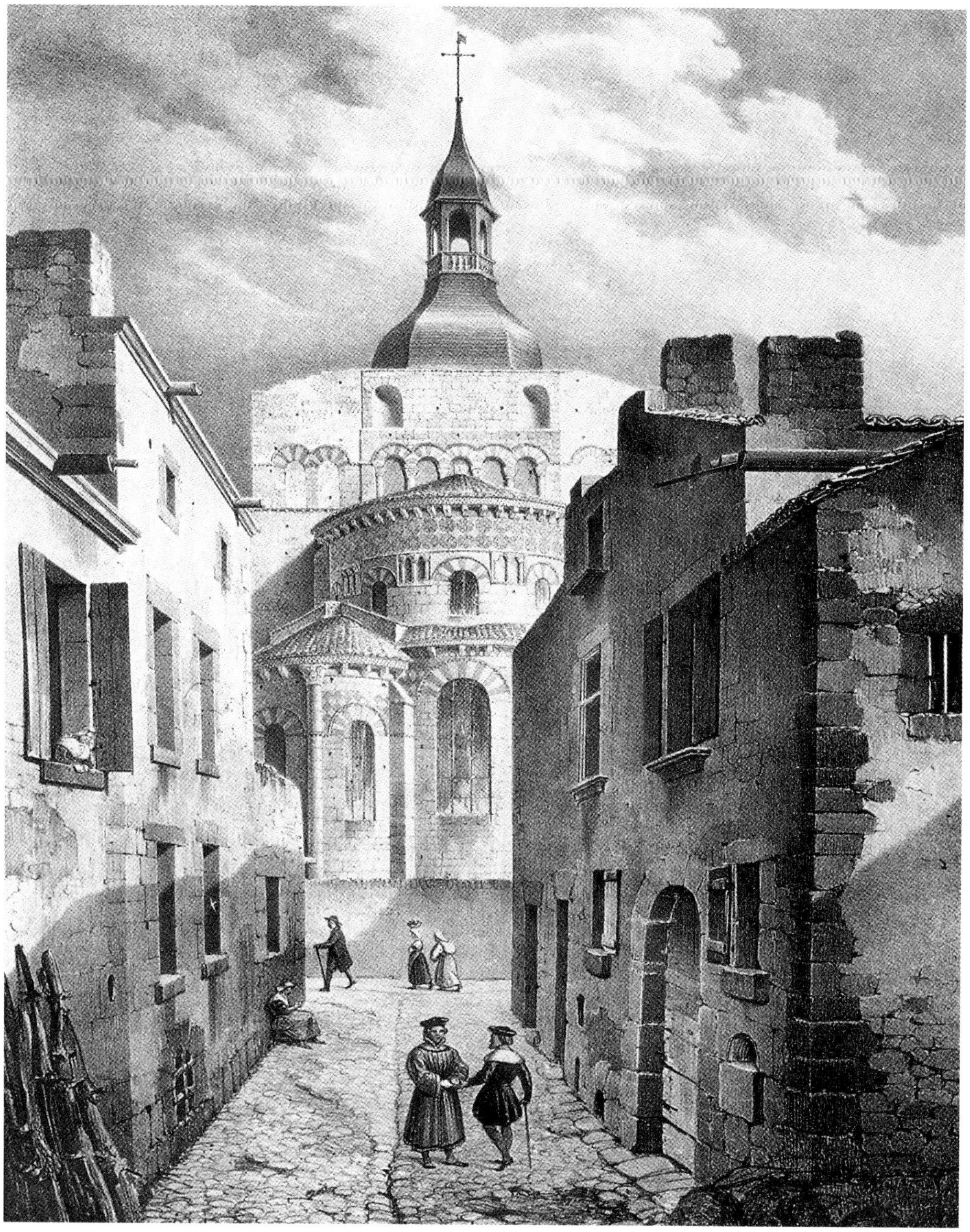

Jean-Baptiste Jorand,
Extérieur de l'abside et clocher de l'église Notre-Dame du Port à Clermont, vers 1829.
(*Voyages pittoresques et romantiques dans l'ancienne France,* Auvergne)

par le roman de Balzac, *Le Début dans la vie*, qui raconte un voyage en diligence de Paris à l'Isle-Adam, et les « charges » que se font les uns aux autres pendant les quelques heures du trajet le peintre, le clerc d'avoué, le gros fermier, Oscar Husson et le comte de Sérizy [5].
C'est dans ces diligences que monteront les jeunes artistes désireux de visiter la France ; elles les mèneront dans une grande ville plus ou moins éloignée de Paris selon l'état de leur bourse : Rouen, Bordeaux, Besançon, Clermont, d'où ils partiront à pied, avec leur redingote et leur chapeau haut de forme, un bâton ferré à la main, et leur album sous le bras. Agés de vingt ans au plus, joyeux et enthousiastes, dans l'euphorie que donne la marche à pied au grand air, ils vont droit devant eux, sans plan précis pour les guider, à la recherche du motif pittoresque : une église en ruines, un vieux château, une gorge sauvage, un torrent impétueux. Dans un coin de leurs lithographies, ils se représentent souvent eux-mêmes au travail devant le site qu'ils ont choisi, et ainsi on peut les imaginer à l'œuvre : on voit Renoux, adossé à un pilier, dessiner un effet de jour à travers une fenêtre du Château-Gaillard, Jean-Baptiste Isabey assis sur un éperon de rocher croquer sur son album un coin des « bains de Mécène » à Tivoli, Pharamond Blanchard installé sous son parasol esquisser à grands traits une vue panoramique de Voreppe, tandis que, debout à côté de lui, un petit paysan tient son cheval par la bride ; tout le matériel du peintre, le pliant, le chevalet, le parasol et la boîte de couleurs, est figuré sur la couverture d'un album de Michallon. Duclaux, en un amusant tableau du Musée de Lyon, a peint les artistes lyonnais réunis à l'Ile-Barbe ; les uns, groupés autour de la voiture qui les a amenés, font poser une jeune villageoise trayant une chèvre pour « un effet à la Berghem », d'autres, grimpés sur un rocher, esquissent un paysage qui aura, selon les principes de Valenciennes, une rivière pour premier plan ; un jeune homme à l'écart s'abandonne à une douleur romantique, pendant que ses camarades se poursuivent joyeusement.
L'itinéraire de ces joyeux voyages auxquels se plaisaient les jeunes artistes romantiques nous est connu grâce à quelques textes, surtout grâce aux nombreux dessins que M. Destailleur a donnés autrefois au cabinet des Estampes. On voit dans l'été de 1816 un modeste précurseur, Vauzelle, prendre la diligence jusqu'à Nantes, puis à pied, par Angers, Saumur et Tours, gagner Bourges, où il retrouve la voiture de Caillard. L'année suivante, Michallon,

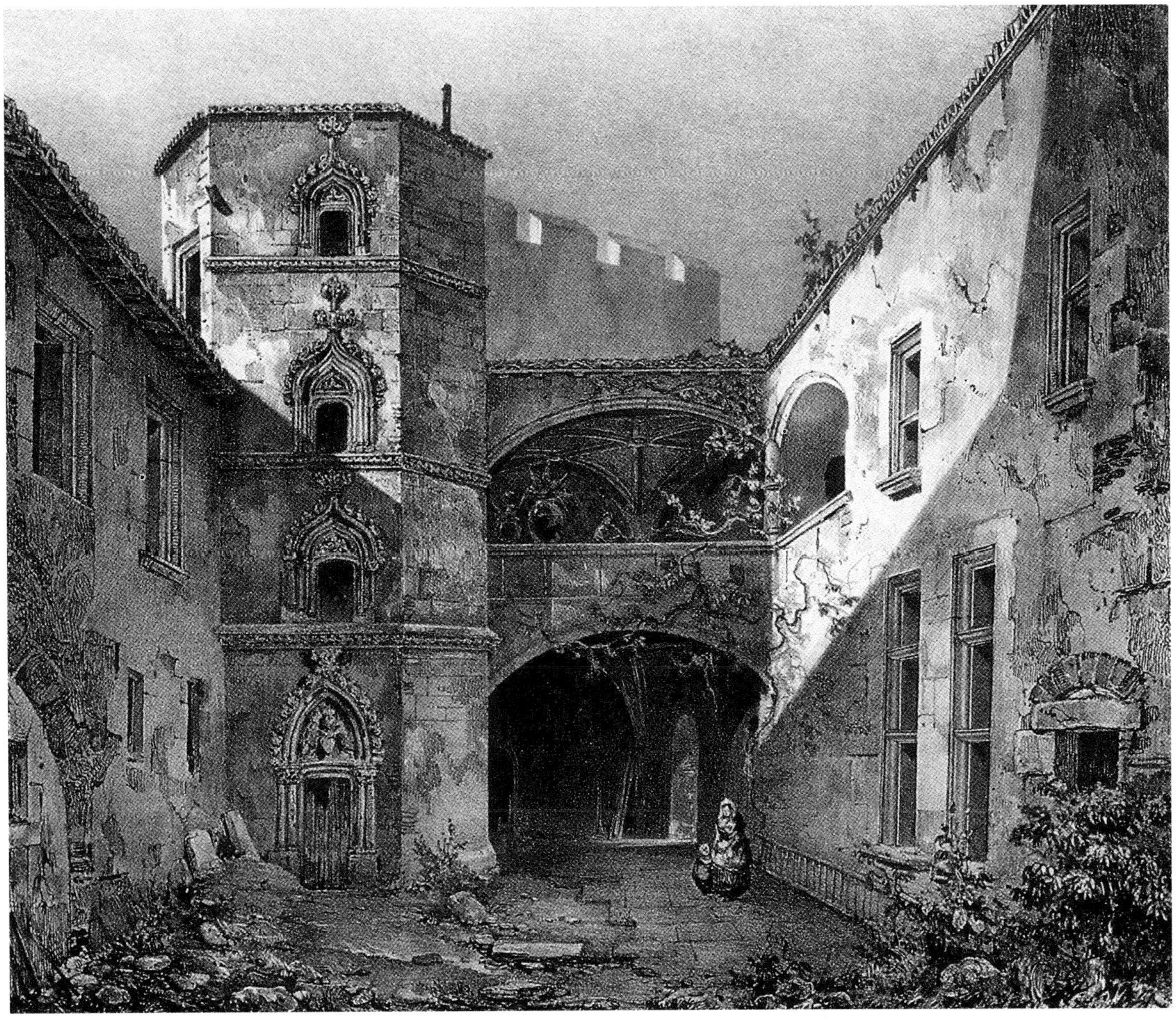

Ernest Jaime et Jean-Baptiste Jorand, *Grande cour du château de Tournoël,* 1821.
(*Voyages pittoresques et romantiques dans l'ancienne France,* Auvergne).

devançant Eugène Isabey, fait un voyage sur les côtes normandes, du Havre à Dieppe. En cette même année 1817, dédaignant la France, le comte de Forbin organise une expédition lointaine qui se compose des peintres de panoramas Prévost et Cochereau, de l'architecte Huyot et de l'abbé de Forbin-Janson : tous s'embarquent pour aller visiter le Levant, et rapporter de ce pays les matériaux d'un *Voyage pittoresque*. La traversée est dramatique ; à Milo, Huyot se casse la jambe ; il devra rester six mois au lit, en proie à des douleurs intolérables ; puis Cochereau, atteint de dysenterie, meurt sur le bateau en vue d'Athènes[6] ; malgré ce début dramatique, le comte de Forbin et Prévost rapportent de nombreuses vues qui, lithographiées par les principaux artistes (Vauzelle, Thienon, Bouton, Fragonard, Debucourt), constitueront le premier recueil important de paysages lithographiés (1819). Quelques artistes font pendant ce temps le classique voyage d'Italie, sans rencontrer dans ce pèlerinage traditionnel des aventures aussi extraordinaires ; ils passent, au contraire, des jours heureux, accueillis par des hôtes aimables comme ce Ser Checco de Tivoli, qui, voyant à son léger portemanteau, à son grand portefeuille et à son tabouret pliant que Castellan est un artiste, le traite dès son arrivée en ami [7]. On débarque généralement à Rome en avril, comme Jean-Baptiste Isabey, puis en mai on est à Naples ; en juin, fuyant la chaleur, on regagne Florence, et le voyage s'achève en juillet par Venise, la région des lacs et le Simplon. Des pays moins lointains tentent davantage les jeunes artistes, et Jean Gigoux, qui, en 1820, vient, à quatorze ans, de recevoir un prix de dessin de 100 francs, décide de visiter la Suisse pour dépenser ce trésor. Il part avec un camarade, à pied, n'emportant qu'un bâton et un album ; une étape les mène de Lausanne à Genève, une autre, beaucoup plus longue et plus pénible, de Genève à ce Sallanches qu'a révélé le Savoyard Bacler d'Albe qui y est né, une troisième de Sallanches à Chamonix. De là, il atteint le mont Saint-Bernard, puis « je projetai, dit-il, de descendre un peu en Italie… mais bientôt je m'égarai, et j'avais

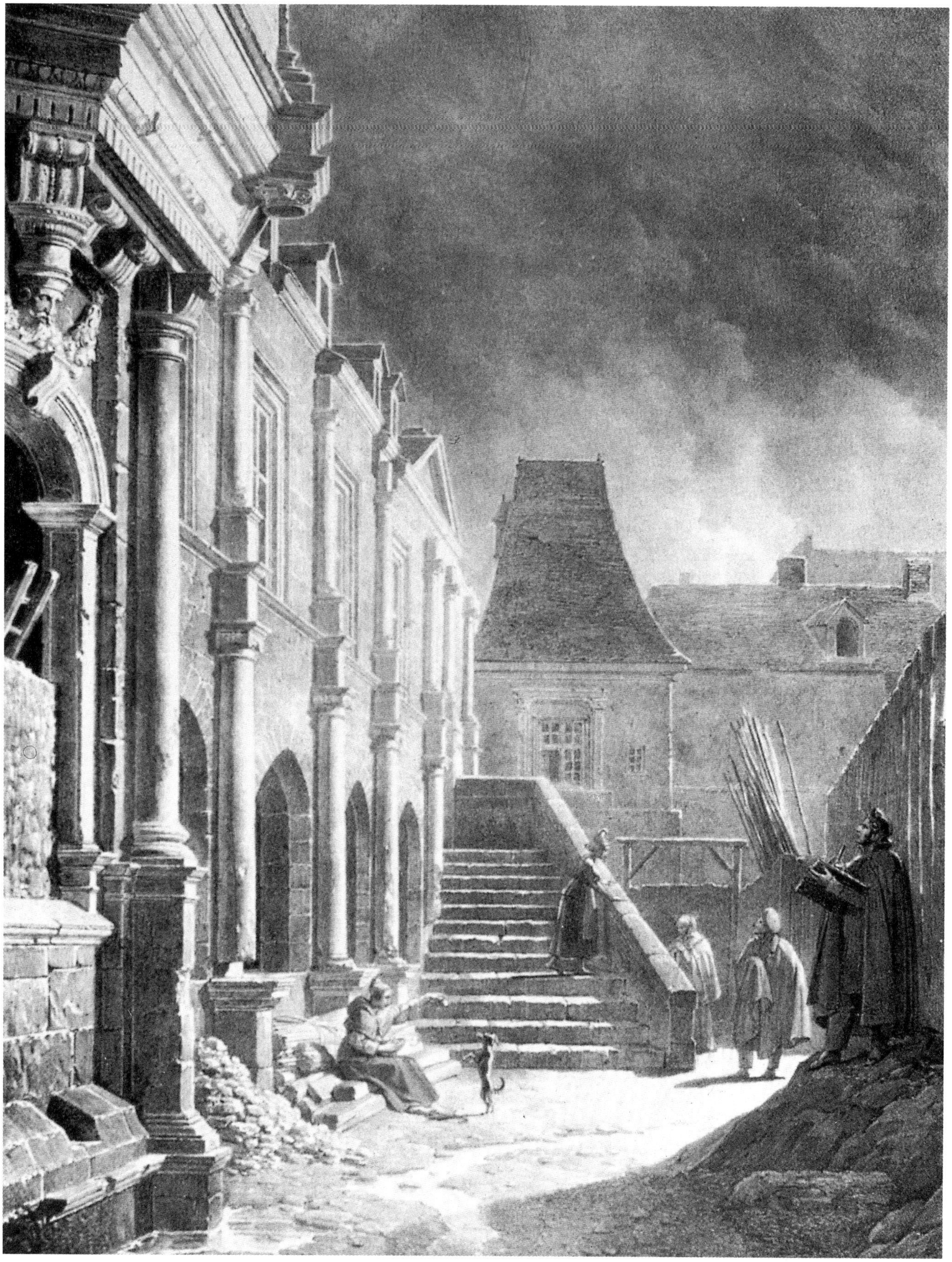

Évariste Fragonard, *Cour de l'abbaye de Saint-Amand*, vers 1825. (*Voyages pittoresques et romantiques dans l'ancienne France,* Normandie)

si peu d'expérience que je me mis à pleurer en appelant : Maman, maman ». Il finit par retrouver miraculeusement sa route et rentre à Besançon avec trois sous en poche [8].
En 1820 aussi, Delécluze, le futur critique des *Débats*, gagne par Orléans et Bordeaux la vallée d'Argelès ; arrivé là, il descend de diligence et, à pied, son portefeuille sous le bras, il se donne la joie de découvrir les paysages des Pyrénées, vantés par les Anglais. A son retour, ses croquis étonnent tout le monde, car le Sud-Ouest est encore inconnu des Parisiens, et il passe l'hiver à les montrer dans les salons du faubourg Saint-Germain [9].
En 1821, après Raulin, Vauzelle et Constant Bourgeois, Delécluze part pour l'Auvergne. Perdu dans les montagnes où il a la surprise de rencontrer quelques Anglais, il vit en solitaire, dessinant les « vues pittoresques et les phénomènes naturels ». Cette même année, en juillet et en août, Jorand aussi découvre la beauté sauvage du Puy-de-Dôme ; on le suit, grâce à ses dessins, du Mont-Dore à Clermont-Ferrand, puis à Riom, en passant par Volvic, le donjon de Tournoël et Piansac ; ses croquis, qu'il complétera en 1825 et surtout en 1826, seront à la base de la documentation des *Voyages pittoresques* de Taylor sur l'Auvergne parus en 1829.
En 1822, tandis que les artistes se contentent généralement de dessiner les environs de Paris, et que Michallon s'enthousiasme pour la forêt de Fontainebleau, Delécluze repart dans les Vosges, cette fois, à la recherche des « lieux solitaires, des beaux lacs mélancoliques ».
La poursuite des mêmes effets mène Villeneuve en Suisse (juillet-août 1822). Parti avec Raoul-Rochette et l'éditeur Engelmann, il « erre le crayon à la main et l'exclamation à la bouche sans pouvoir se fixer » ; grimpant sur des rochers, pénétrant dans les crevasses, l'oreille attentive au bruit qui annonce une cascade, il prend sans se lasser mille croquis. Les éléments déchaînés, les roches abruptes, rien ne l'arrête, et Raoul-Rochette raconte comment, pour peindre un pont pittoresque jeté sur un torrent, l'artiste s'était accroché à la pointe d'un rocher, tandis qu'Engelmann, cramponné à un tronc d'arbre, protégeait avec la sollicitude du bon commerçant le peintre et le dessin, de son parapluie qu'une averse torrentielle rendait indispensable.
En 1824, c'est le voyage héroïque de Gavarni aux Pyrénées qui ne prend fin qu'en 1828.

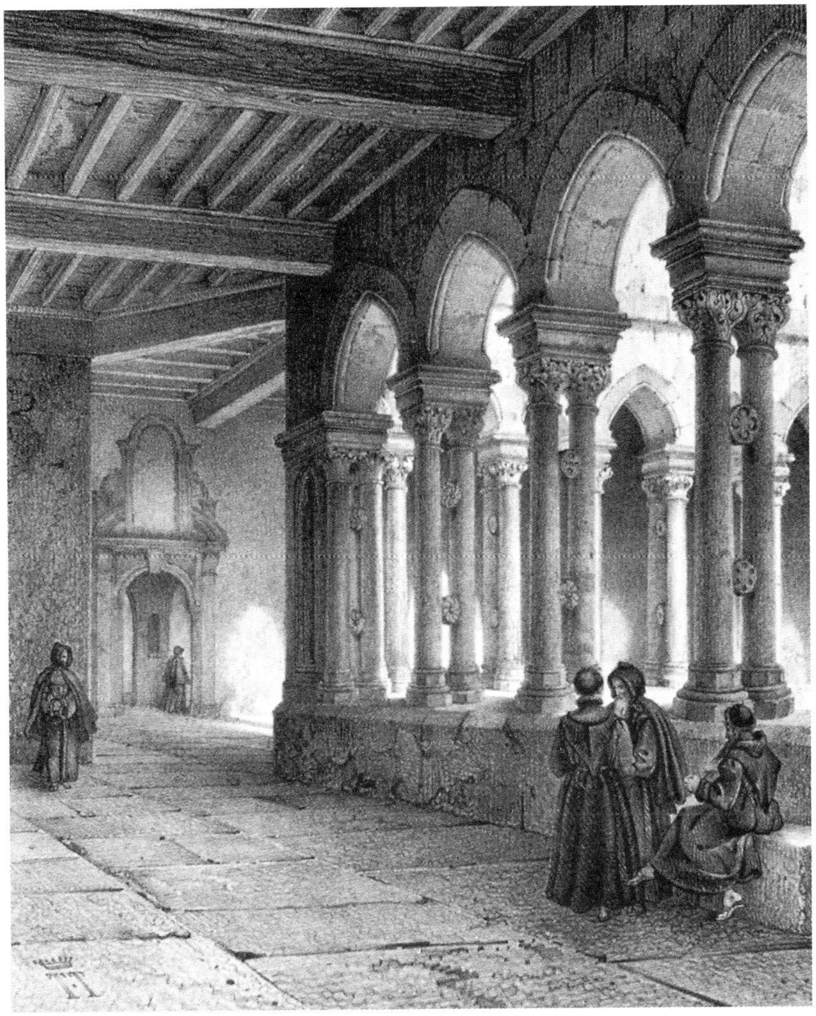

Comte Lancelot Théodore Turpin de Crissé, *Cloître des Célestins à Rodez*, vers 1844.
(*Voyages pittoresques et romantiques dans l'ancienne France,* Languedoc)

A pied, tenant à la main un bâton coupé dans la quenouille d'une fileuse, suivi de son chien Trilby, il parcourt le pays, escaladant le mont Perdu, retenu par de folles passions dans les auberges, tombant sur les troupes françaises qui partent vers l'Espagne, délirant devant les sommets, et se désolant de ne pouvoir en rendre la grandeur imposante. Toujours joyeux, il marche devant lui à l'aventure ; bientôt ses chaussures sont tellement trouées que, pour poser le pied sur le pavé des villes il doit se faire une semelle avec un vieux jeu de cartes ramassé sur la table d'une auberge [10].
Pendant que les sites retiennent les uns, les monuments intéressent les autres. L'équipe de Taylor en prend des vues pour conserver leur souvenir. A son exemple, les autres dessinateurs s'y consacrent, et on les rencontre dans toute la France, assis sur leur pliant devant des donjons ou des cathédrales gothiques. *Le Magasin pittoresque* [11] montre l'intérêt qu'ils suscitent, les attroupements qui se forment autour d'eux, les bourgeois leur parlant de la population et du commerce, l'antiquaire « de l'arc romain détruit récemment, de la cathédrale, des catacombes, de la base du clocher de Saint-Eusèbe ». On les encourage, car le public accueille avec avidité « les productions qui lui retracent l'aspect des anciens édifices, dont la structure savante ou singulière excite la curiosité, et mérite l'attention [12] ».
Seuls les paysans ne comprennent pas, ils s'étonnent de voir la campagne envahie par ces jeunes gens qui dessinent les tours en ruines, les églises éclairées par le soleil, ou les arbres chargés de fruits. Méfiants, voyant en eux « l'ingénieux de la route », ils leur demandent

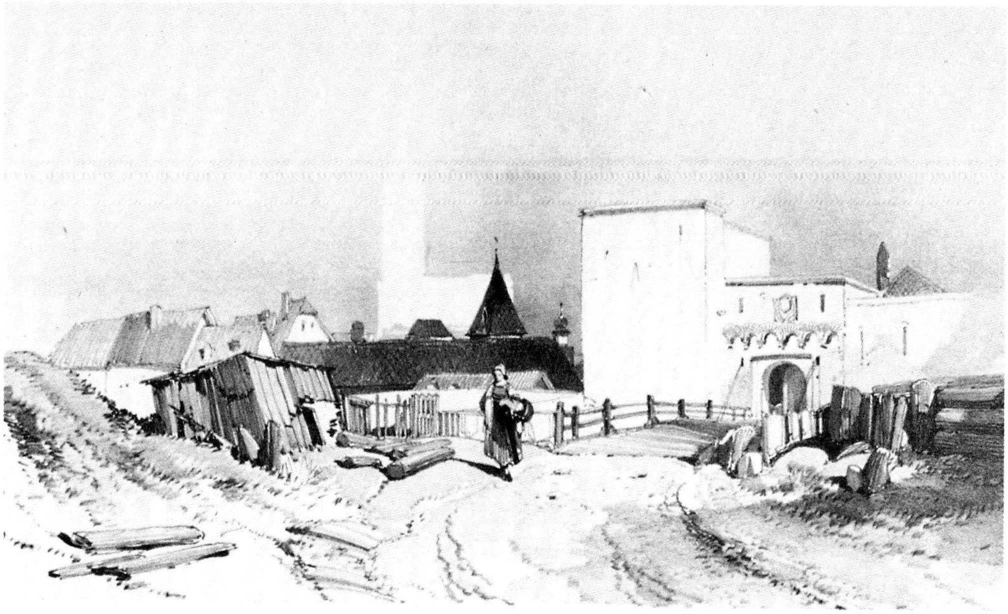

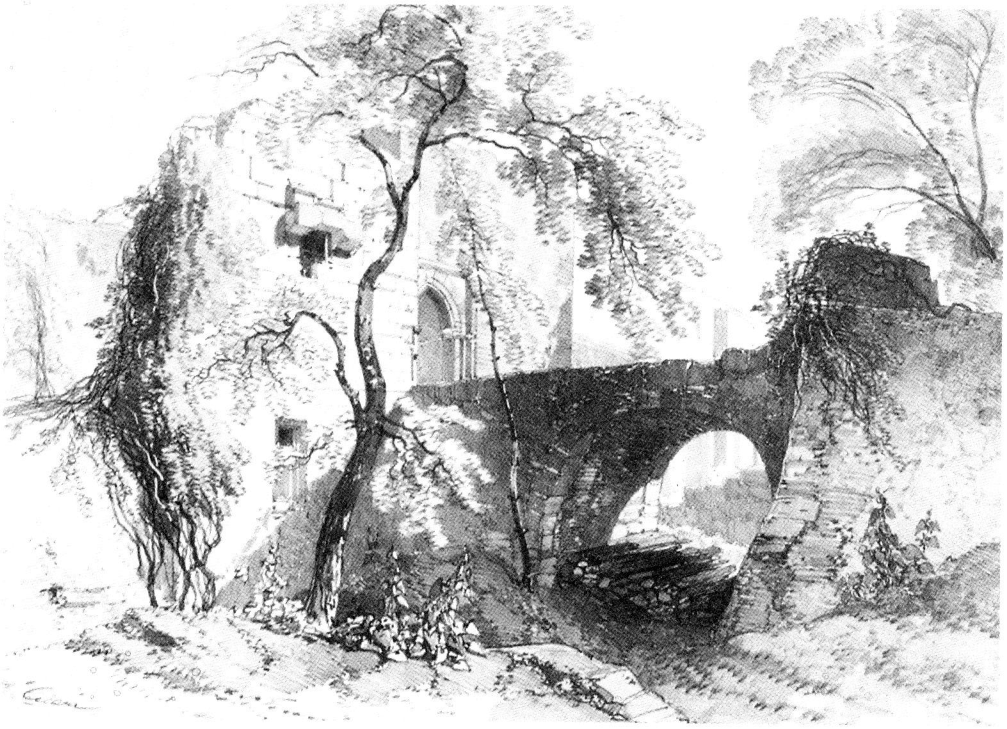

Eugène Ciceri, sans titre, sans date.

s'ils ne seraient pas des géomètres chargés « d'imiter le plan du château [13] ». Dans le Bugey, un campagnard propose à Leymarie de venir voir ses plantations de mûriers, bien plus intéressantes que les vieilles pierres, mais l'artiste refuse, répondant avec gravité par un horrible calembour digne du Mistigris de Balzac : « Les mûriers ne m'intéressent pas, je ne m'occupe que du bouleau [14]. »

En 1830, alors que les ruines gothiques et le « démon ogive » passent un peu de mode, des horizons nouveaux s'ouvrent devant les paysagistes : le nord de l'Afrique, qu'une expédition française va conquérir. L'attrait des pays inconnus et de l'aventure, joint au sens de l'actualité, pousse les artistes à partir avec les troupes. P.-J. Gilbert, Eugène Isabey et son élève Philippe Tanneur obtiennent du ministre de la Marine l'autorisation de faire partie du corps expéditionnaire ; Gudin, Tournié de Belville, Wachsmuth, Langlois, « officier supérieur et peintre de batailles », se joignent à eux. Bien que des caricatures malicieuses les représentent en ancêtres de Tartarin, affolés par les lions et les serpents, ces jeunes gens, « favoris de tous les bivouacs, bienvenus de toutes les tentes », se faisaient remarquer, au contraire, par leur intrépidité insouciante : « Partout où il y avait un paysage à saisir, écrit Nettement [15], une scène militaire à retracer, un effet de lumière à surprendre, on était sûr de les rencontrer [16] », fût-ce presque sous le feu des tirailleurs. Et Merle, dans *L'Artiste*, de renchérir et de proclamer que les croquis de Wachsmuth ont été « esquissés à l'ardeur du soleil et souvent sous les balles des Arabes aux avant-postes ». C'est Merle aussi qui décrit Gudin, se prenant au sérieux, et parcourant le champ de bataille monté sur un gros cheval, armé d'un sabre, d'un pistolet d'arçon et d'une lance de 10 pieds de long.

L'aventure de ces jeunes excentriques n'est pas à dédaigner, car c'est elle qui va donner à la peinture et à la gravure françaises une teinte nouvelle, celle de l'exotisme ; l'expédition d'Alger est donc à retenir.

En 1830, d'ailleurs, le paysage, si contesté à ses débuts, est désormais un genre non seulement accepté, mais extrêmement goûté. Sa vogue grandit chaque jour : les journaux illustrés en sont pleins [17] ; les recueils paraissent de plus en plus nombreux ; les amateurs, eux-mêmes gagnés, s'essaient au paysage. Dans la société parisienne, il est de bon ton de lithographier quelques planches : la duchesse de Berry a dessiné son château de Rosny, et Deroy a lithographié avec quelques retouches cette œuvre naïvement maladroite ; M. Turpin de Crissé, M. de Buchère de Lepinois, le vicomte d'Arlincourt, Louis Bonaparte, ex-roi de Hollande, et sa belle-fille, M. de Caraman, la comtesse de Larochejacquelin, tous commettent des paysages, imités par d'autres châtelains de moindre envergure [18]. Sur les conseils de leur professeur de dessin [19], les jeunes filles de province, Mlles Hermine et Sophie de Clamecy, Mlle Constance de V., Miss Mary Bond, font, elles aussi, de timides essais d'après les ruines gothiques de leur pays. Les militaires [20], les réfugiés polonais [21], les ecclésiastiques, avec une touchante émulation, tiennent à tracer une vue de la ville où il se sont fixés.
Ces lithographes amateurs ne se sont pas improvisés paysagistes, il leur a fallu d'abord apprendre un minimum de métier. Ce métier, ils ne l'ont pas demandé à un professeur, car ils ont voulu apprendre le dessin sans maître, mais ils l'ont trouvé en travaillant d'après les cours de paysage.
L'enseignement du paysage par les cours est assez ancien, on le voit apparaître, simultanément, semble-t-il, en France et en Angleterre vers 1800. La formule des cours ne se précise pas tout de suite : à l'origine, on croit que l'exemple des tableaux des anciens paysagistes enseignera leur art aux dessinateurs modernes ; c'est pourquoi on voit paraître à Londres la *Collection of landscapes after Claude le Lorrain* (1801), qui a pour pendant en France les *Ménales pittoresques et historiques des paysagistes*, par Bacler d'Albe (1803).
Mais cette méthode se révèle insuffisante, car les paysagistes ne sont pas assez entraînés, et les professeurs comprennent qu'ils doivent apprendre le dessin à leurs élèves de manière élémentaire avant de les lancer dans les grandes compositions ; Mandevare, alors, a l'idée des *Principes de paysage* (1804), c'est-à-dire des cours apprenant à dessiner les arbres, les barrières rustiques, les ponts, les cabanes, les chapelles gothiques, puis ensuite à combiner ces divers éléments pour en faire une vue pittoresque. Les cours, sous cette forme, ont tout de suite du succès ; ils sont gravés en manière de crayon [22] ; aussi, par un glissement tout naturel, lorsque le crayon lithographique sera inventé, les cours seront reproduits à l'aide de ce nouveau procédé ; et en 1817-1818, dès les débuts de la lithographie, paraîtront des cours de paysage lithographiés : ceux de Michallon, Bourgeois et Guyot.
Présentés sous la forme de *Fragments de paysages* ou de *Croquis progressifs*, ils se multiplient rapidement ; presque tous les lithographes en publient ; les producteurs principaux, souvent spécialisés dans ce genre, sont, dans les années 1820-1830, Constant Bourgeois et surtout Boisseau ; vers 1830, Sabatier et Jacottet ; après eux, Hubert et Thénot. Sous Louis-Philippe, un marchand s'est spécialité dans la vente et l'édition de ces cours, c'est Fleury-Chavant, qui habite 19, rue de Cléry ; il fait paraître en 1836 : le *Valenciennes des jeunes artistes*, le *Bouton* (abrégé élémentaire du dessin d'intérieurs), le *Joseph Vernet, croquis et études maritimes*, d'après Bonington, Mozin, Bentley et Gudin, le *Géricault des ateliers*, le *Victor Adam*, d'autres encore [23]. Le titre seul de ces publications montre que les cours de paysage ne sont nullement des œuvres originales,

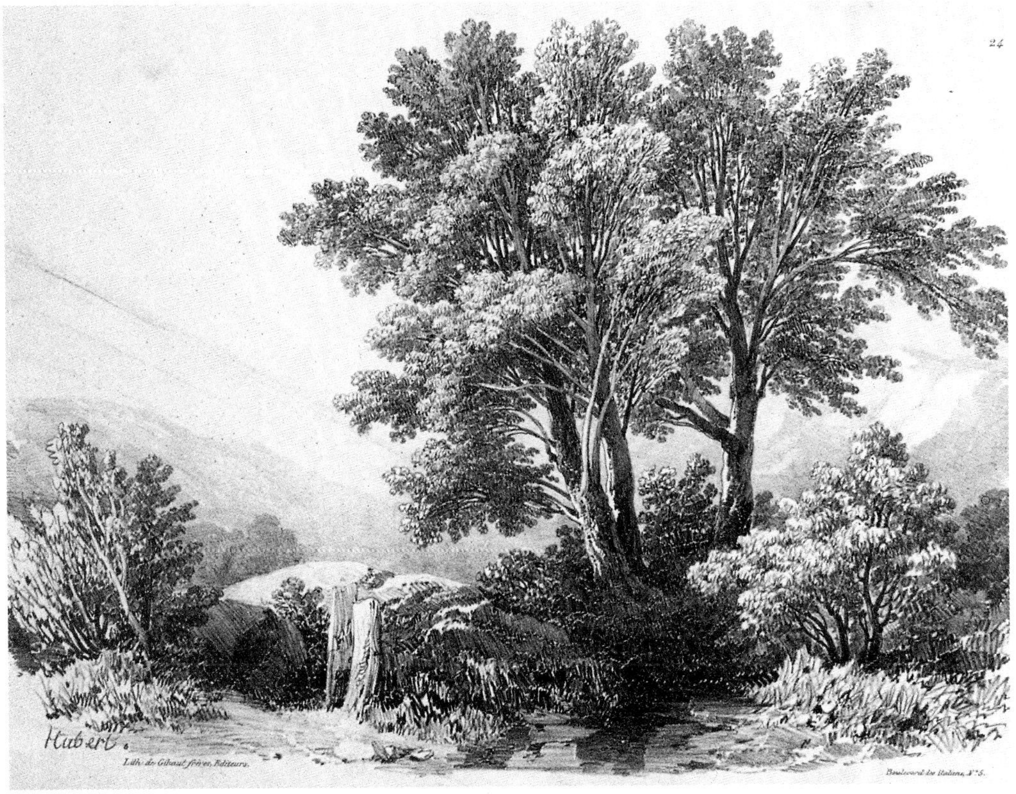

Hubert, sans titre, vers 1850.

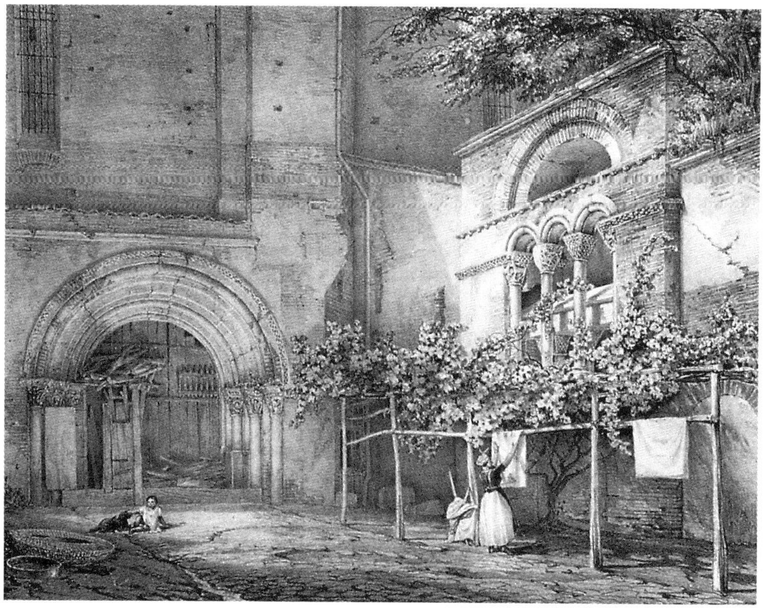

Nicolas Chapuy, *Tombeau derrière l'ancienne église Saint-Pierre, à Toulouse,* vers 1844. (*Voyages pittoresques et romantiques dans l'ancienne France,* Languedoc)

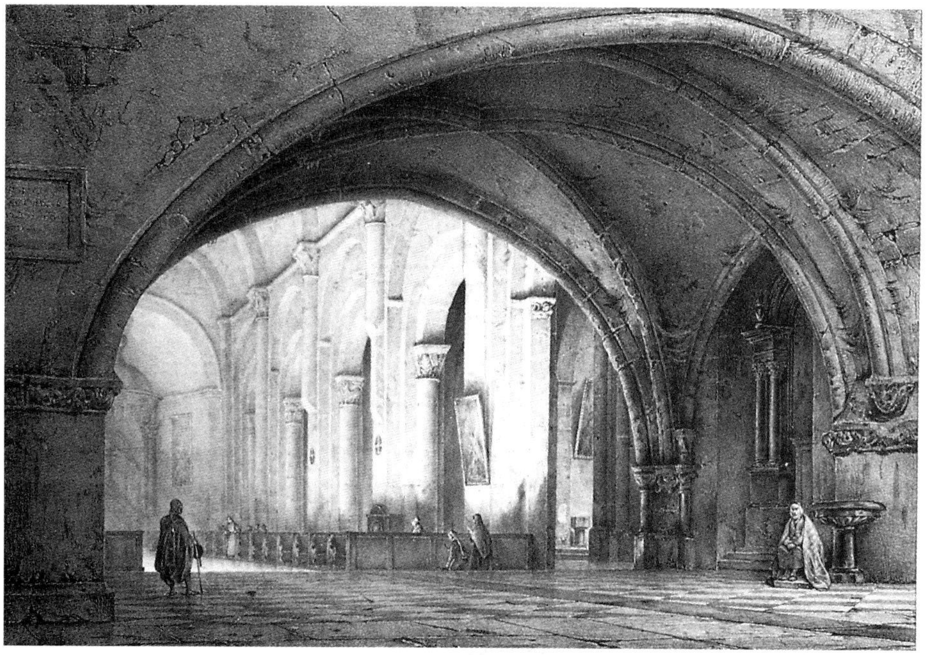

Nicolas Chapuy, *Vue intérieure de l'église d'Elne, Roussillon,* 1834. (*Voyages pittoresques et romantiques dans l'ancienne France,* Languedoc)

mais qu'ils transmettent et vulgarisent, avec un certain retard, les lithographies à la mode [24]. Considérés à ce point de vue, les cours sont déjà intéressants ; ils le deviennent plus encore, peut-être, si l'on s'aperçoit qu'ils ont servi, pendant cinquante ans, à apprendre, sous la forme du dessin de paysage, le dessin tout court. En effet, le paysage étant infiniment plus facile que la figure, c'est par lui qu'ont commencé les dessinateurs les plus malhabiles ; alors qu'un Delacroix travaillait, en pestant [25], d'après les têtes d'étude dessinées par les élèves de Girodet, Emma Bovary faisait un moulin d'après les *Fragments* de Pic de Léopol ou de Hussard [26], ces cours qui donnaient à côté de la lithographie un dessin au trait léger qu'il suffisait de repasser pour paraître avoir fait soi-même une œuvre originale.

Ces exemples, ces preuves du goût croissant du public pour les lithographies de paysage ont poussé les éditeurs romantiques à l'action : ils multiplient les recueils, et, non contents d'accueillir, comme ils le faisaient jusqu'à cette époque, les croquis pris au cours d'un voyage par quelques jeunes artistes, ils se décident à prendre un rôle actif. Désormais, ce sont eux qui embaucheront une équipe, et l'enverront dessiner telle ou telle région dont les vues sont susceptibles de plaire au public ; et le directeur technique de ces expéditions sera généralement Nicolas Chapuy, un architecte que, cependant, rien ne semblait prédisposer à des études de paysages.

Chapuy est un homme singulier, c'est un élève de l'École polytechnique, fier de son titre, un architecte du gouvernement qui a dessiné plusieurs autels gothiques, et que la violence de ses convictions bonapartistes a fait mettre à la retraite en 1815. Il s'improvise alors graveur, et à vingt-cinq ans, en 1823, tandis qu'il gravait avec conscience des planches destinées à illustrer un ouvrage sur les bateaux à vapeur [27], il fait par hasard la connaissance d'un archéologue alors célèbre, M. de Jolimont : celui-ci en peu de temps sait lui communiquer son amour du gothique et du pittoresque, et tous deux décident de composer ensemble toute une série d'ouvrages ; Chapuy dessinera et lithographiera ; Jolimont, qui, les années précédentes, s'est essayé sans grand succès à la lithographie, décrira les monuments. Et Chapuy commence à sillonner les routes de France : en 1824 à Amiens, en 1826 à Reims, en 1827 il est à Bourges, et aussi en Alsace. En 1828, il visite la Bourgogne et la Provence ; en 1829, il part dans le Sud-Ouest ; de Poitiers, il gagne Bordeaux et, passant par Nérac, Agen, Marmande, il arrive à Albi.

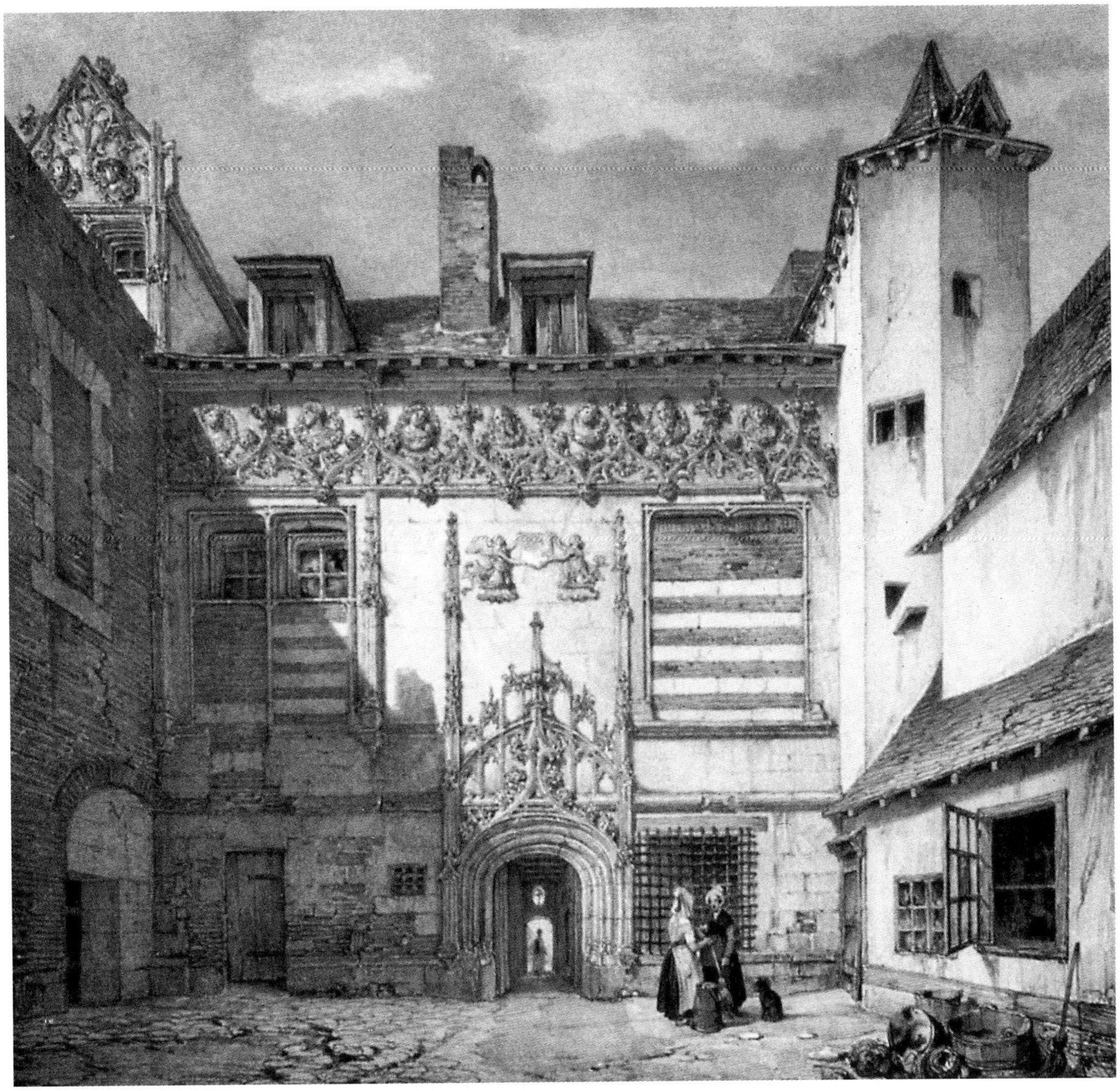

Nicolas Chapuy,
Cour de l'ancien bailliage à Amiens,
vers 1835.
(*Voyages pittoresques et romantiques dans l'ancienne France*, Picardie)

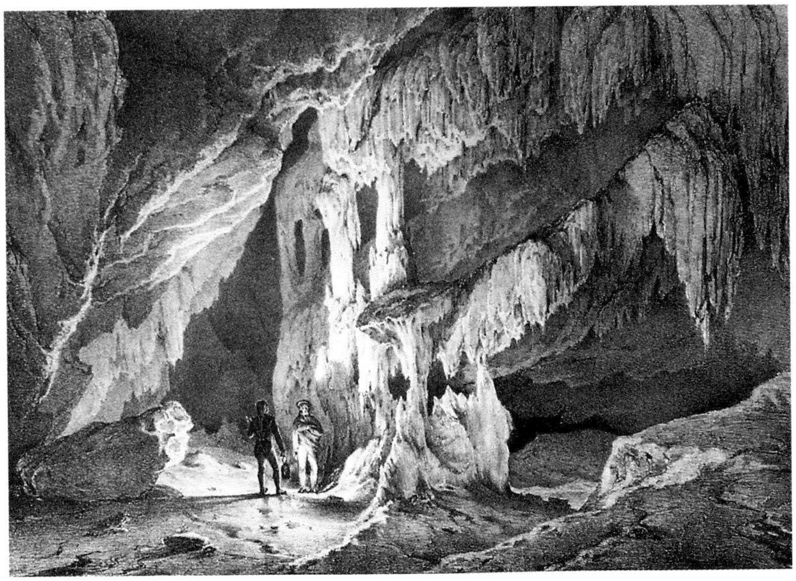

Nicolas Chapuy,
Grotte de Campan, Pyrénées, 1834.
(*Voyages pittoresques et romantiques dans l'ancienne France*, Languedoc)

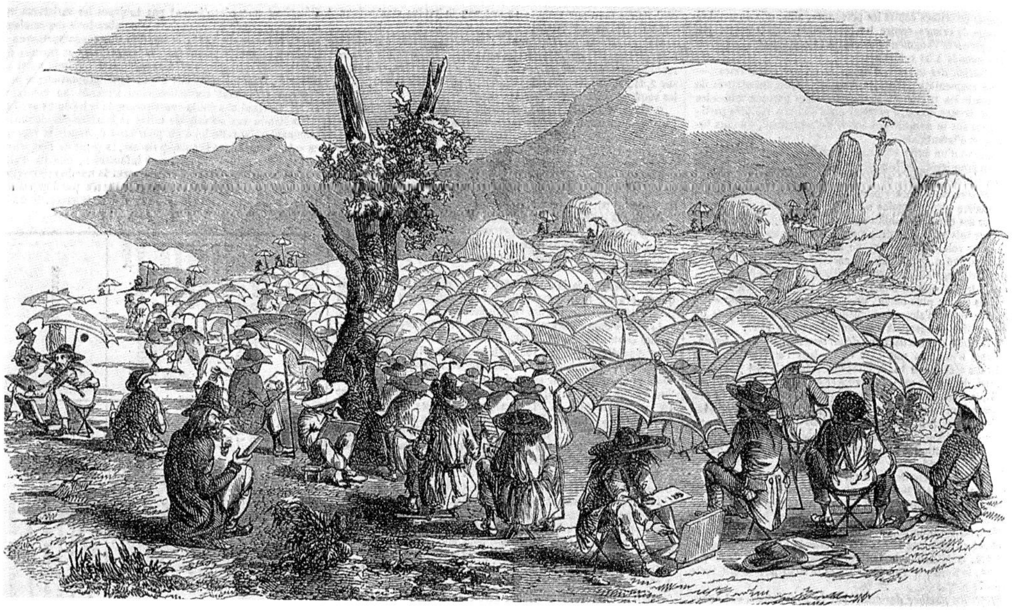

Les peintres de paysage dans la forêt de Fontainebleau.
Étude d'après nature par un marchand de parapluies et de parasols, 1849.
(*L'Illustration*)

De tous ces voyages en France il a rapporté, outre la matière d'une douzaine de monographies de cathédrales publiées avec Jolimont, de très nombreux dessins de paysages et d'architectures pittoresques qui gonflent ses cartons. C'est alors que les éditeurs découvrent le parti considérable qu'ils pourront tirer de sa collaboration ; Engelmann est un des premiers à l'employer en 1828. A partir de 1833, il collabore à presque toutes les publications, et c'est lui qui recrute les artistes, les choisissant d'après le genre du recueil, la région dont il s'agit, les spécialités déjà connues de chacun. Il a lui-même pour la France un bon nombre de croquis pris entre 1824 et 1830 qu'il fera servir dans les recueils postérieurs [28], mais il ne connaît pas l'étranger ; aussi y part-il bientôt pour le compte de l'éditeur Hauser, qui l'a chargé de plusieurs publications de longue haleine [29] ; en 1838, il est à Milan et sur le lac de Côme ; en 1839, il est remonté sur les bords du Rhin ; en 1841, de Marseille, il gagne, sans doute par mer, Pise et Florence et termine son voyage par Venise ; en 1842, il parcourt l'Espagne, en 1843 la Suisse, en 1844 l'Allemagne. Chapuy, malgré son activité et son universalité, ne peut tout dessiner, il doit s'entourer d'un certain nombre de collaborateurs ; un exemple, celui du *Moyen Age archéologique*, le montre à l'œuvre, opérant ce choix difficile. Le problème est compliqué : il s'agit de représenter des monuments du Moyen Age dispersés dans toute l'Europe ; pour compléter ses croquis, qui constitueront le fond de l'ouvrage, Chapuy s'adresse d'abord à des dessinateurs grands voyageurs comme lui, Benoist et Deroy. Puis il va demander des vues à des spécialistes, à ceux de ses camarades qui se sont consacrés à une région ou à une ville : c'est, pour l'Espagne, Girault de Prangey, qui a publié en 1838 ses vues de monuments arabes ; pour l'Allemagne, Mathieu ; pour la Normandie, Mansson ; pour la Champagne, Fichot ; pour Nuremberg, Billmark ; pour Châteaudun, Léger. Et l'album est ainsi constitué.
Chapuy n'est pas le seul à parcourir le monde pour le compte d'un éditeur ; il rencontre un émule en la personne d'Horace Vernet que Théodore Goupil emmène en Orient. Auteur et éditeur partent en 1839 ; le *Toulonnais* décrit l'arrivée en Provence de l'important Vernet « en costume d'officier de la garde nationale [30] » ; il s'embarque, visite l'Égypte, la Palestine et la Syrie ; subissant l'influence de la vision de Decamps, il s'indigne avec véhémence contre les voyageurs attachés aux pierres plus qu'aux scènes de la rue [31]. La curiosité des scènes amusantes peut, d'ailleurs, attirer aux peintres quelques désagréments en Orient ; Gudin l'a bien su, qui, introduit sans firman à Sainte-Sophie pour dessiner l'intérieur, a vu des « fanatiques » indignés se jeter sur lui, et n'a dû son salut qu'à une fuite éperdue ; Biard et sa femme ont couru des dangers d'un autre ordre lorsque, à leur retour du Spitzberg, leur berline tomba dans un précipice où un sapin providentiel empêcha l'aventure de devenir une catastrophe [32]. En France, si de pareilles mésaventures ne sont pas à redouter, les touristes peuvent en craindre d'autres, car leur apparence débraillée, leur barbe hirsute et leur air de conspirateur les rendent suspects à la police ; les journaux ne relatent-ils pas qu'à Troyes « six artistes à longue barbe et chapeau pointu viennent de mettre en émoi toute la ville, où ils s'étaient arrêtés pour voir quelques monuments du Moyen Age. L'autorité, alarmée par leur sérieux et leur teint poétiquement pâle, a cru devoir s'informer de leurs noms et projets [33]. »

Mais la conception à la Chapuy, au reste proche de celle de Taylor, qui consiste à visiter rapidement un pays et à y prendre quelques croquis sommaires qui, arrangés, complétés, retournés, serviront pour plusieurs albums, est assez vite discutée. On la blâme généralement, car elle ne donne pas des monuments ni des sites une image assez exacte, et c'est l'exactitude plus encore que l'art qui importe aux acheteurs de recueils. Une seconde critique est faite aux grands *Voyages pittoresques*, celle de mépriser tous les monuments postérieurs au XVe siècle [34] ; enfin, un reproche revient souvent, celui de négliger la France au profit de l'étranger. Alors, vers 1839, une nouvelle conception semble triompher : dans chaque région de France, un archéologue du pays rassemble quelques dessins du XVIIIe siècle représentant des monuments

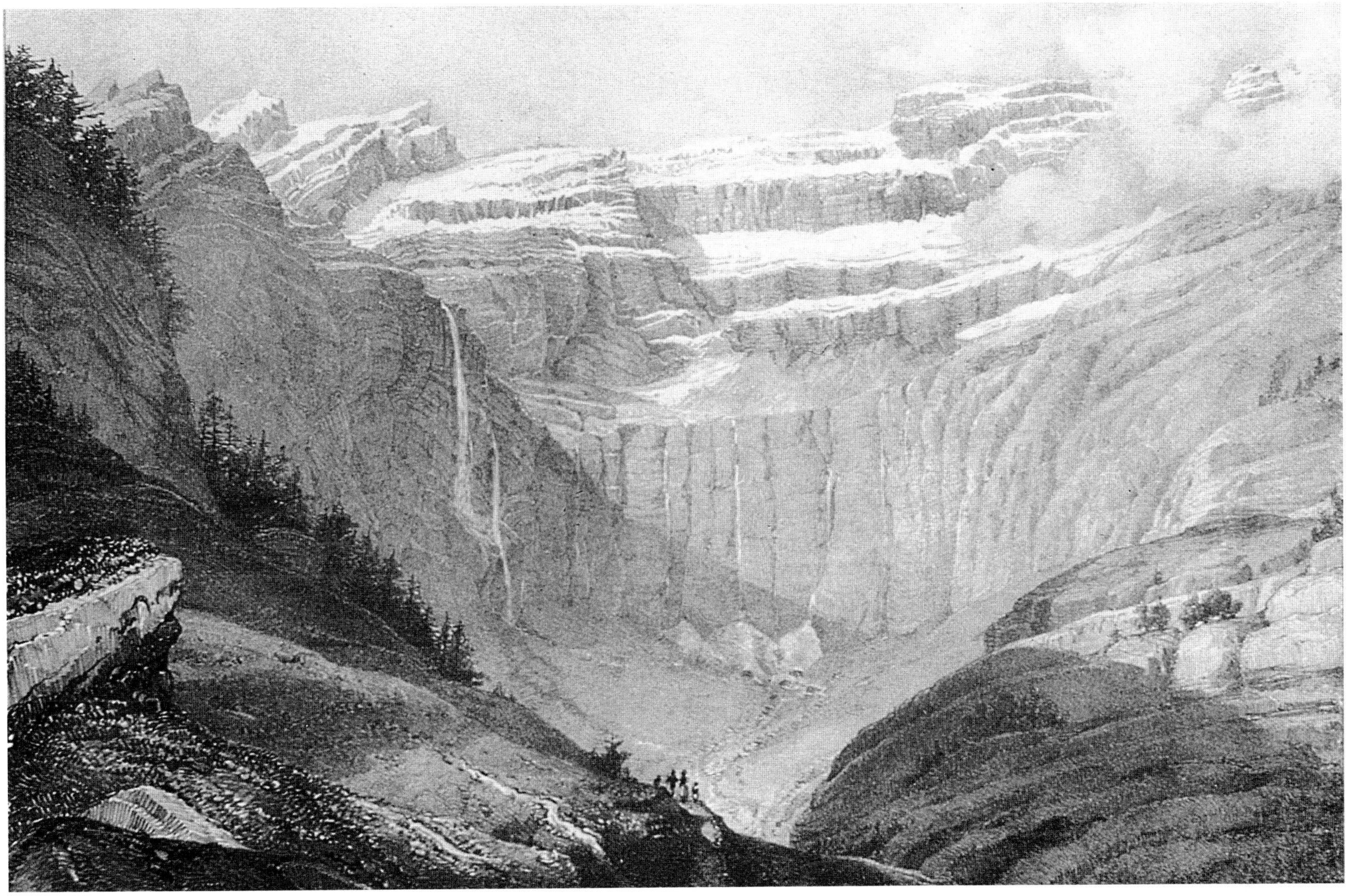

Louis Jules Frédéric Villeneuve, *Vue du cirque de Gavarnie et du Marbore,* vers 1835. (*Voyages pittoresques et romantiques dans l'ancienne France,* Languedoc)

détruits ; il prend lui-même avec ses amis de nombreux croquis que lithographiera dans une grande ville de province un ouvrier de second ou de troisième ordre qui a longuement regardé les recueils parisiens. De cette nouvelle méthode sort un type nouveau, le voyage dans un département ou dans une région qui perd le titre de *Voyage pittoresque* pour prendre celui d'*Album* : l'*Album de l'Ain* paraît en 1836, l'*Album du Dauphiné*, celui du pays de Reims, celui de la Haute-Loire, d'autres encore le suivront, surtout à partir de 1840. Le type de ces nouveaux recueils est l'*Ancien Bourbonnais*, belle publication publiée à Moulins en 1833 : les dessins ont été faits par Dufour, professeur de dessin à Moulins au début du siècle, et qui a vu intacts un certain nombre de monuments disparus depuis [35] ; Allier et Chenavard de Lyon en ont fait d'autres, ainsi que le jeune André Durand, admirateur enthousiaste de l'art du Moyen Age, et spécialiste jusque-là de la Normandie. Pendant que leurs camarades de province donnent de nombreuses vues de leur ville natale, les artistes de Paris, renonçant aux grands voyages, explorent seulement les environs immédiats de la capitale ; Ransonnette va jusqu'à Moret et Nogent-sur-Marne [36] ; Dunouy hante la vallée de la Bièvre, rayonnant autour de Jouy [37] ; les autres découvrent Fontainebleau [38], dont la forêt devient célèbre un peu avant l'arrivée de Daubigny et de Corot. Ce goût pour les environs de Paris va changer complètement le caractère du paysagiste ; celui-ci, de touriste

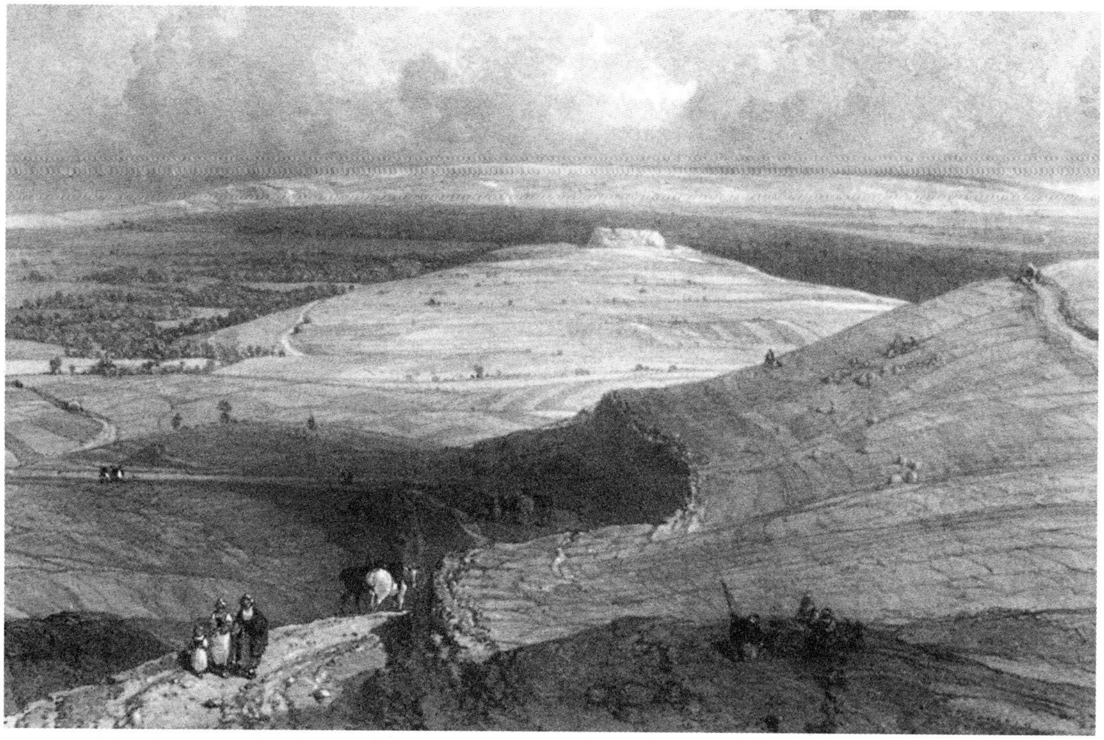

Eugène Ciceri et Louis Duthoit,
Tumulus romain près Neufchâtel (dit le mont à Violettes), vers 1845.
(*Voyages pittoresques et romantiques dans l'ancienne France,* Picardie)

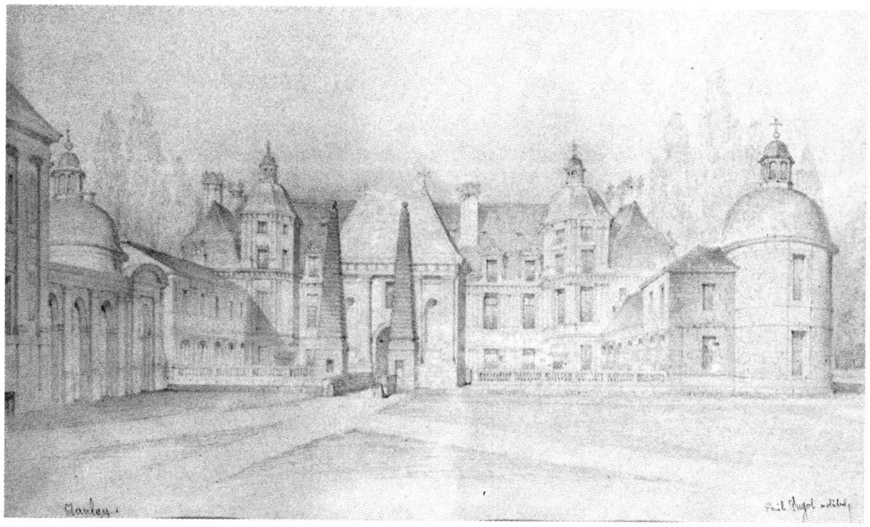

Émile Sagot, *Vue générale du château de Tanlay*,
sans date.
Dessin préparatoire.

infatigable, deviendra plus sédentaire et préférera au pittoresque des églises, des ruines et des châteaux, les sites naturels : d'archéologues, ils deviennent « herbagers [39] ». Un âge s'achève, le paysagiste pittoresque va mourir d'épuisement après cinquante ans d'existence. Son agonie est consacrée en 1855 par un mot de Gavarni ; sur une de ses lithographies de cette année, deux dessinateurs de vues cheminent ensemble le long d'une route interminable ; l'un, enthousiaste, s'écrie : « Les sites prennent une largeur! » – « Et une longueur ! », ajoute l'autre (symbole des temps nouveaux), harassé, ployant sous le poids de son carton.

Les lithographes

Ces dessinateurs enthousiastes qui, pendant un demi-siècle, ont parcouru la France en tout sens, et sont allés explorer aussi les pays étrangers, n'ont presque jamais présenté directement leurs œuvres au public : à part une très faible minorité, ils ont fait lithographier à Paris ou dans les grandes villes de province leurs dessins par des artistes spécialisés dans ce genre d'ouvrage. Cette attitude, qui paraît d'abord singulière, s'explique si l'on songe, d'une part, à la maladresse de bien des dessinateurs de vue, qui ne sont pas forcément des hommes de métier, et de l'autre à l'art de flatter le goût du public que possèdent seuls les artistes

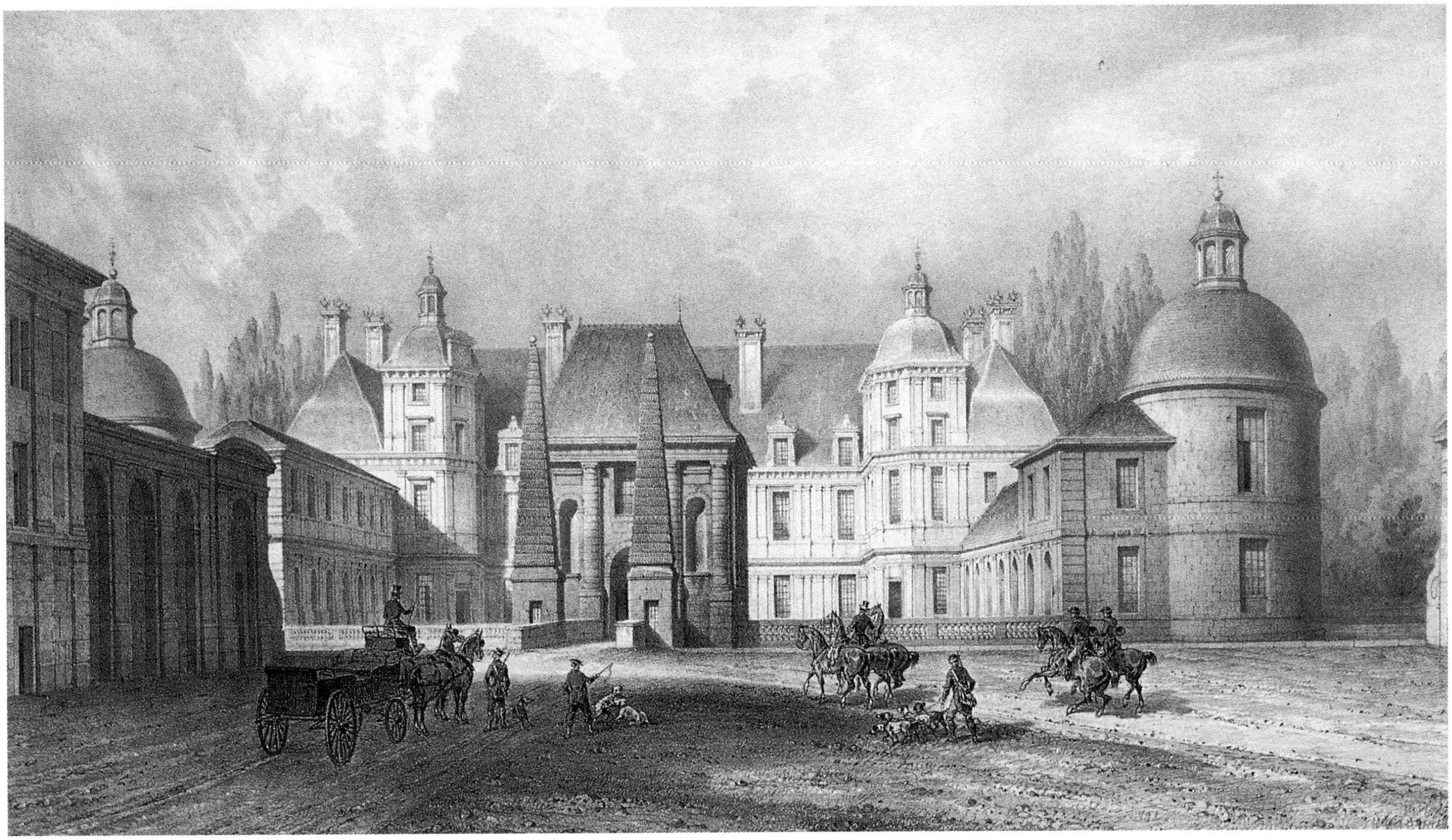

Émile Sagot, *Vue générale du château de Tanlay*, vers 1863. (*Voyages pittoresques et romantiques dans l'ancienne France,* Bourgogne)

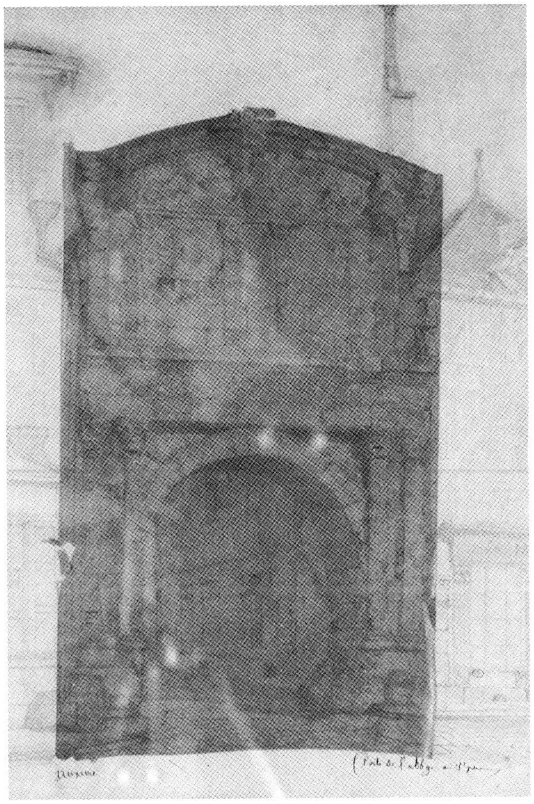

Émile Sagot, *Ancienne porte de l'abbaye Saint-Père, à Auxerre*, sans date. Dessin préparatoire.

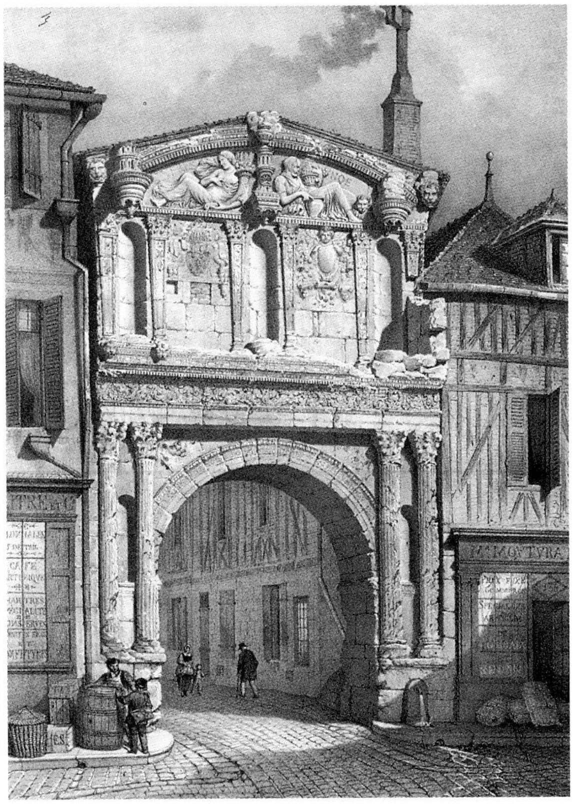

Émile Sagot, *Ancienne porte de l'abbaye Saint-Père, à Auxerre*, vers 1863. (*Voyages pittoresques et romantiques dans l'ancienne France,* Bourgogne)

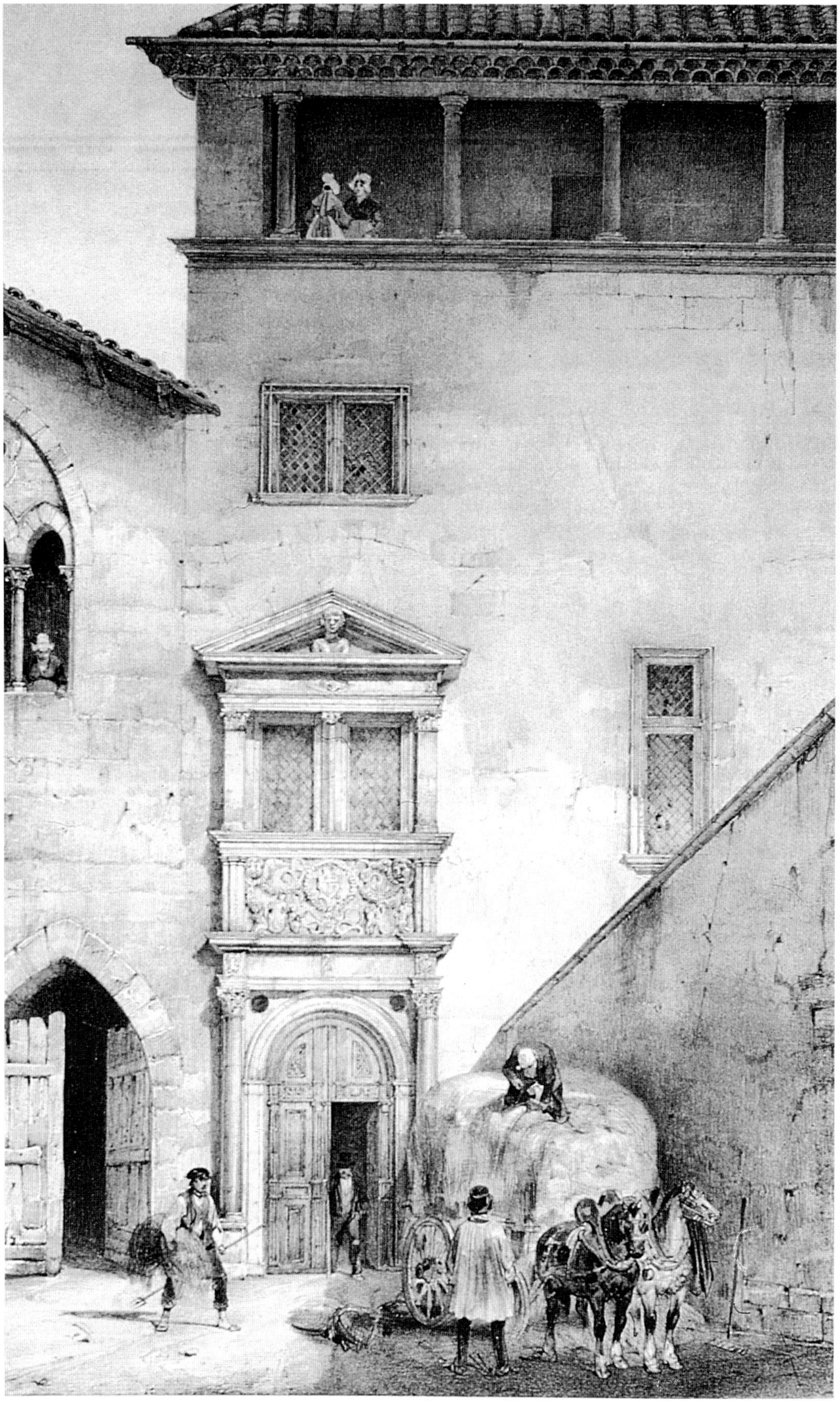

Charles-Claude Bachelier
et Nicolas Chapuy,
Maison de Gaillot de Genouilhac à Figeac, 1839.
(*Voyages pittoresques et romantiques dans l'ancienne France*, Languedoc)

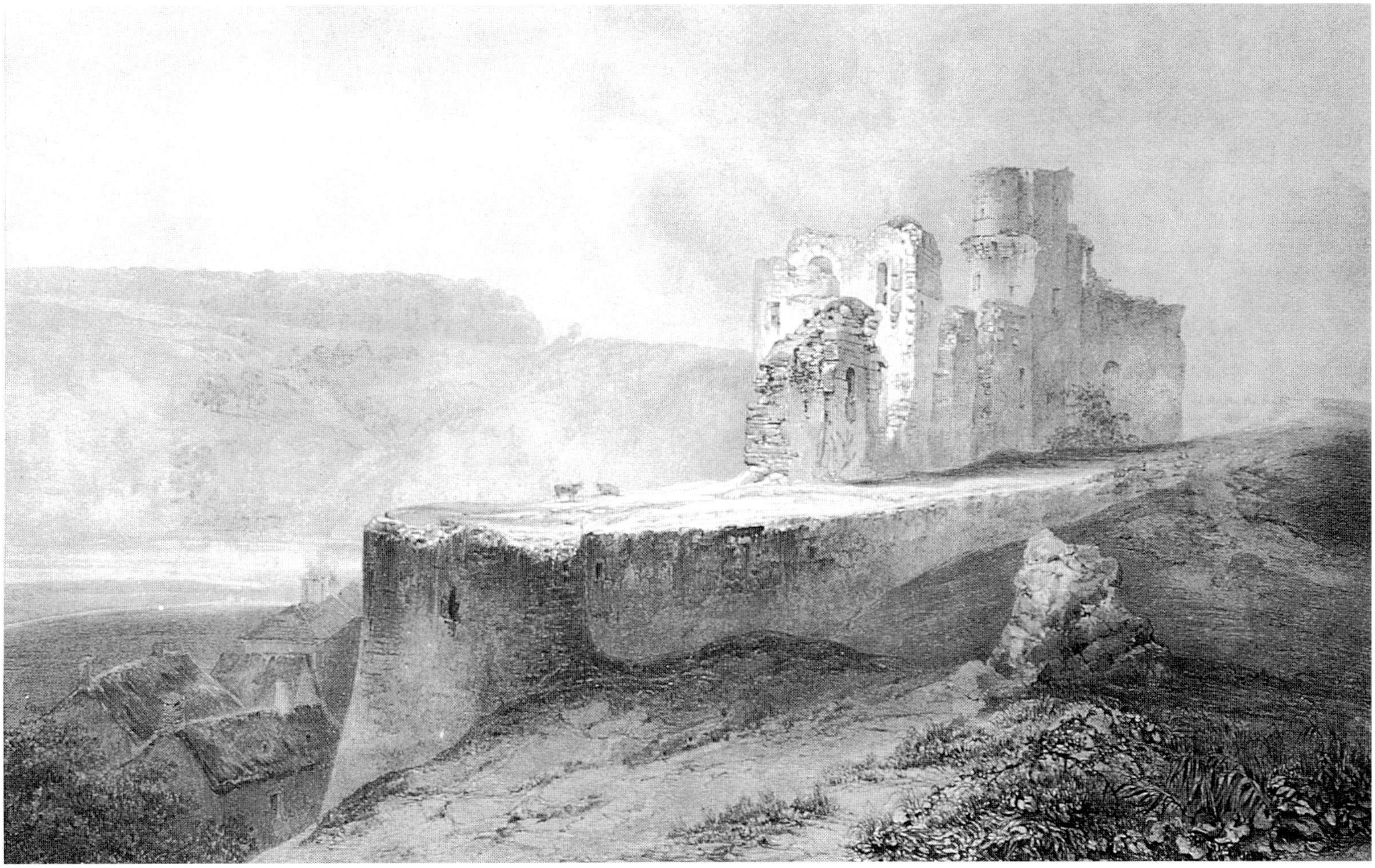

Jean-Louis Tirpenne, *Vue des ruines du château de Pierrefonds, prise des remparts,* vers 1845.
(*Voyages pittoresques et romantiques dans l'ancienne France,* Picardie)

de la capitale, qui vivent en contact permanent avec lui.

Les dessinateurs envoient donc au fur et à mesure qu'ils les ont terminées leurs esquisses à un lithographe de Paris ; le lithographe est adroit, d'un croquis informe il sait tirer une planche pleine de saveur ; c'est lui qui, sans trop en altérer l'aspect, remet d'aplomb les clochers, parsème de mousse les vieux murs, ajoute un toit Mansart ou une tourelle gothique à une bâtisse banale, dresse un cyprès, un platane ou un pin parasol au premier plan pour donner un peu de caractère. Les dessinateurs lui reconnaissent le droit de compléter, et même de refaire à sa guise, leurs vues ; on le voit bien en feuilletant à côté des lithographies des voyages pittoresques les croquis pris sur place en vue de ces publications et qui, grâce à M. Destailleur, sont entrés au cabinet des Estampes [40]. Parmi les lithographes professionnels, qui sont légion, nous citerons seulement les plus caractéristiques, sinon les meilleurs : Asselineau, Bachelier, Tirpenne, Régnier et Jacottet. Ce dernier est peut-être le plus curieux ; Louis-Julien Jacottet, peintre et professeur de dessin, est vraiment un industriel du paysage ; de 1824 à 1850, il publie chaque année au moins un album ; tous les dessinateurs viennent lui porter leurs croquis : Xavier Leprince ses vues de Lyon, Delbelle son album d'Uriage, Chapuy, Hubert, Paul Huet lui-même les dessins les plus divers ; les vues de l'étranger le séduisent plus encore que les vues de France, et sans avoir quitté Paris il représentera d'après Sawkins Cuba, d'après Glowacki Cracovie, d'après Panierai Lucques, d'après Tchernetsow Moscou, d'après Milbert le Niagara [41]. Cette pratique dont on vient de voir un exemple, ce paradoxe de confier à des artistes sédentaires le soin de compléter des croquis sommaires à l'excès, explique bien un certain manque de couleur locale, que nous aurons à relever dans les recueils consacrés aux paysages exotiques.

Une fois la pierre préparée par le lithographe, il reste une dernière opération à faire avant de l'envoyer chez l'imprimeur : il faut animer le paysage, le peupler de personnages.

Les faiseurs de bonshommes

En effet, le paysage romantique, dès ses débuts, est animé et égayé par de petits personnages ;

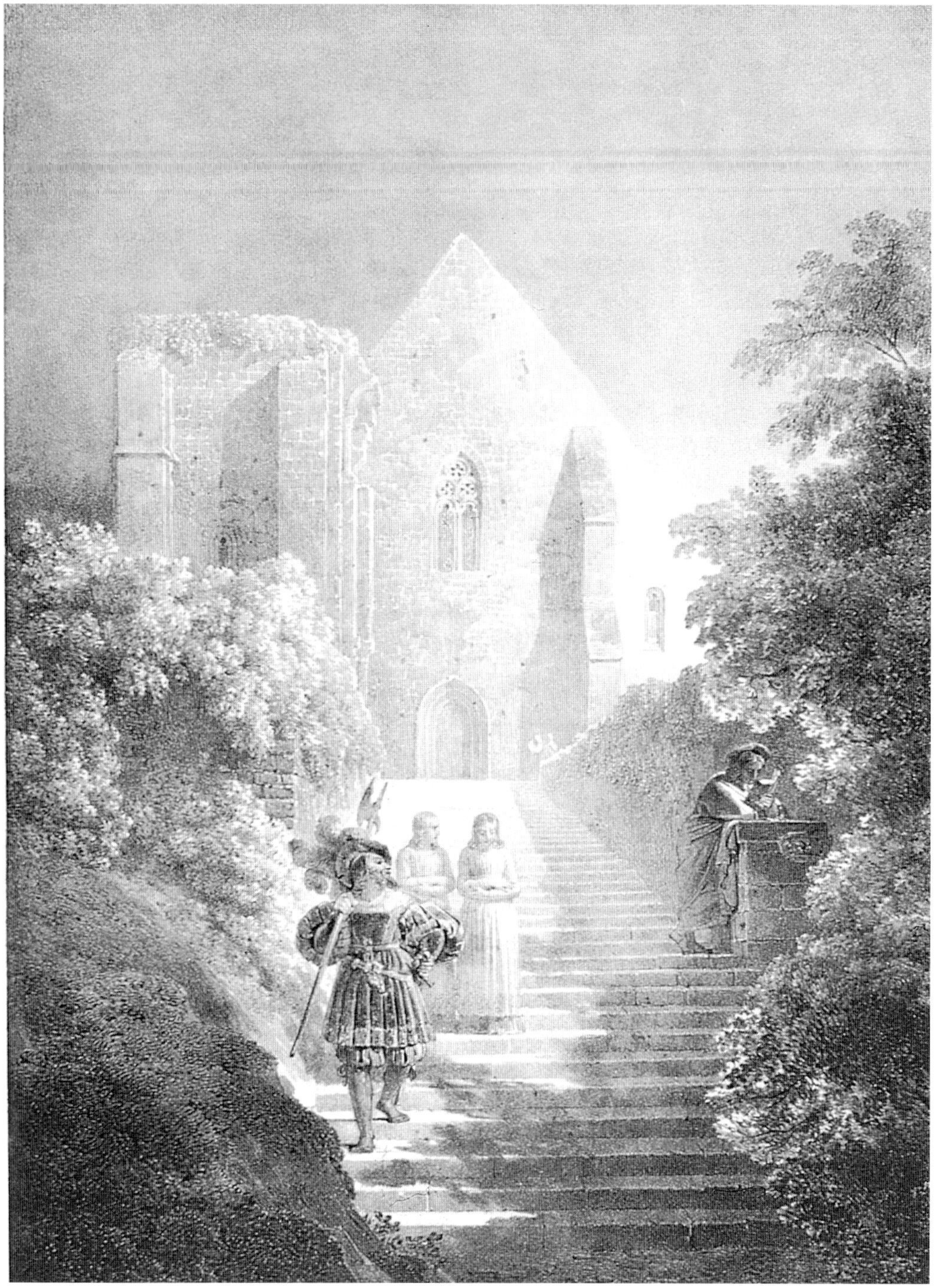

Évariste Fragonard, *Grand escalier de l'église de Graville*, 1821.
(*Voyages pittoresques et romantiques dans l'ancienne France,* Normandie)

les vastes paysages sont commentés par un archéologue pérorant devant des amis respectueux, les églises sont peuplées de fidèles en prières et de curieux le nez en l'air qui s'appuient sur leur canne, sur les routes passent à fond de train des diligences qui dépassent dans un nuage de poussière des carrioles rustiques et des paysans au costume amusant, et bien souvent au premier plan l'artiste lui-même, le bâton à la main et le sac au dos, s'exclame devant un site pittoresque.

L'habitude de peupler le paysage de ces personnages datait du XVIIIe siècle, de Vernet et d'Hubert Robert, mais ce sont les artistes romantiques qui ont systématisé et codifié cet usage, auquel le public tenait extrêmement. Tout d'abord, les lithographes composaient eux-mêmes ces petits personnages, Évariste Fragonard et Pernot se sont plu à imaginer des scènes romanesques ou attendrissantes dans des ruines gothiques ; mais l'abondance de la production, la diversité des sites représentés, le peu d'intérêt que prenaient à dessiner ces groupes les dessinateurs de vues, tout cela a amené les paysagistes à s'adresser à quelques artistes spécialisés [42], des faiseurs de bonshommes, dont le plus célèbre est Victor Adam.

A la fin de sa vie, celui-ci s'est représenté sous les traits du « père Adam » jetant à poignées sur la terre d'innombrables petits personnages : c'est un régiment de cavalerie, une procession, une foule devant une statue, un grouillement insensé qui symbolise bien son immense production [43].

Victor Adam (1801-1866) a eu deux maîtres : Carle Vernet et Bacler d'Albe. Le premier lui a donné le goût des chevaux de course, des bêtes élégantes montées par des dandys ; le second lui a appris le groupement habile des petites silhouettes de militaires affairées autour d'un canon, ou disparaissant à demi dans la fumée de la bataille. Sans avoir jamais quitté Paris, il a dessiné pendant un demi-siècle des personnages de tous les pays, des Africains, des Américains, des Lapons, des Turcs, des Chinois, donnant le goût de l'exotisme à plusieurs générations qu'ont enchantées les « figures par Victor Adam ».

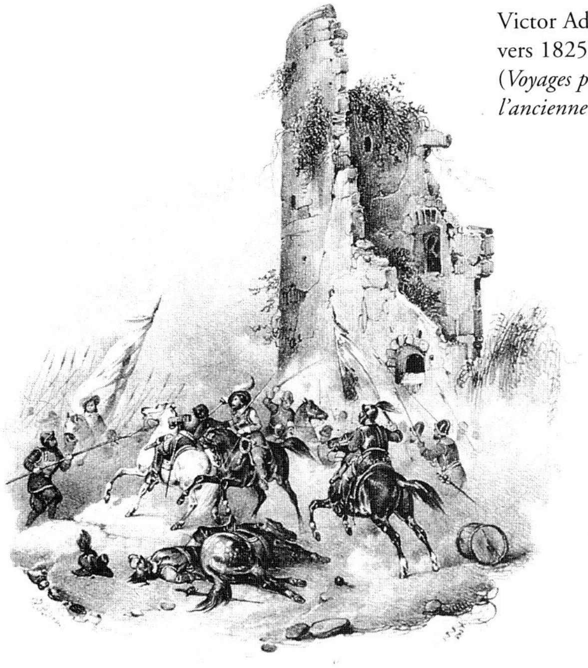

Victor Adam, *Ruines du château de Verce*, vers 1825.
(*Voyages pittoresques et romantiques dans l'ancienne France*, Franche-Comté)

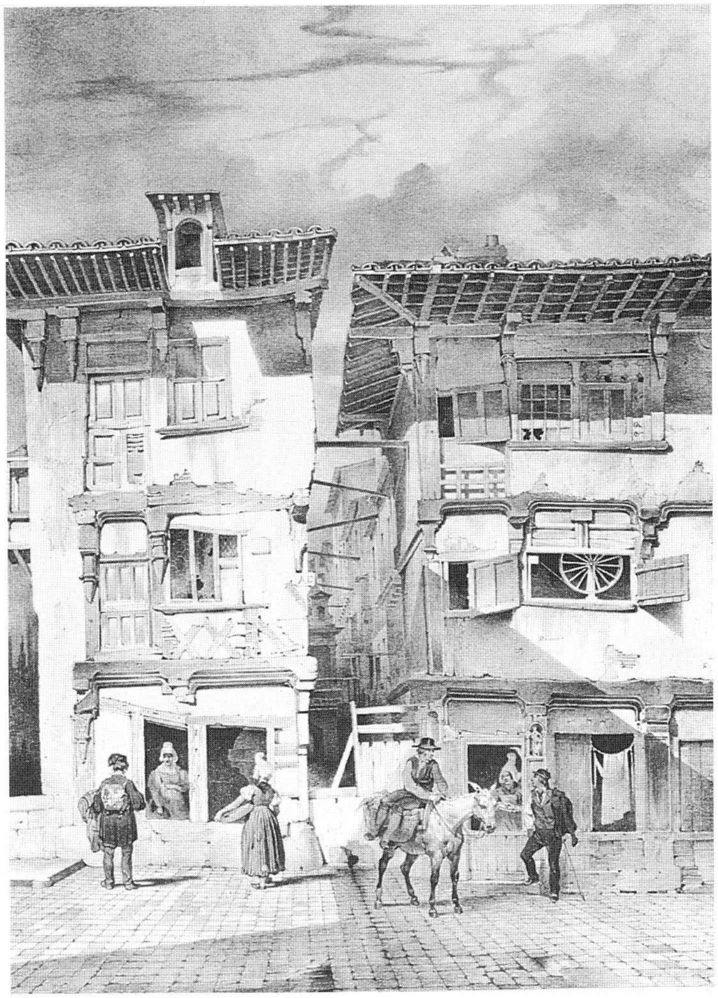

Adolphe Bayot et Léger,
Masures de la tête du pont Cartage, en amont de la Vilaine, à Rennes, 1844.
(*Voyages pittoresques et romantiques dans l'ancienne France*, Bretagne)

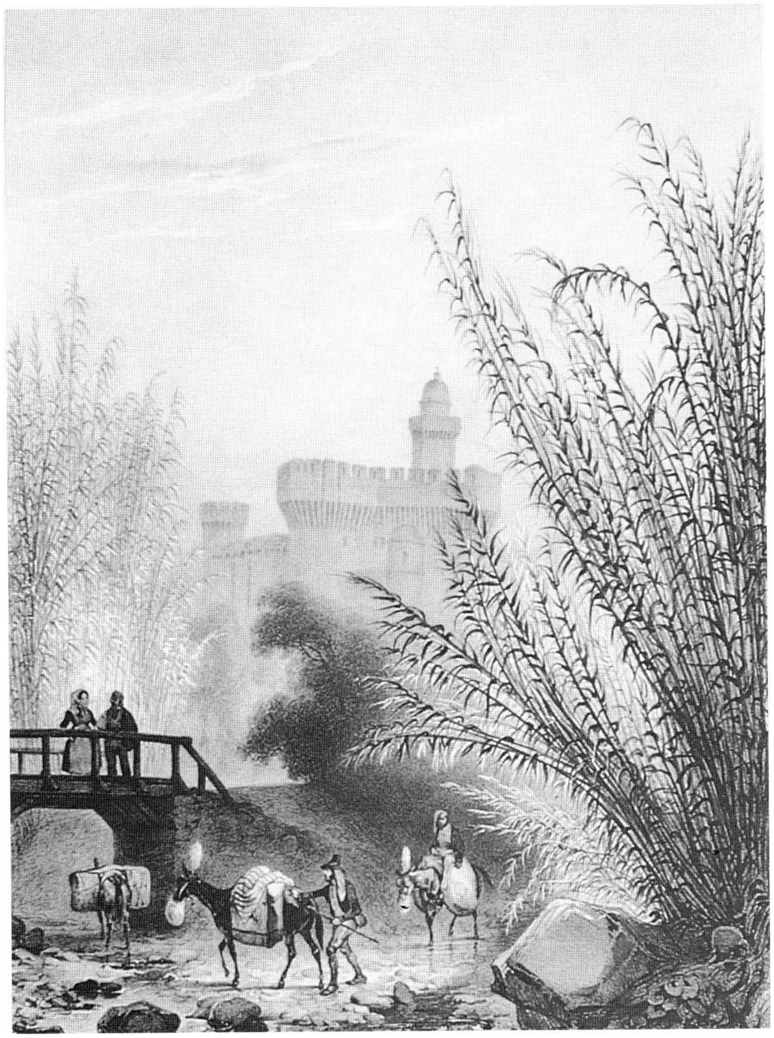

Victor Adam et Édouard Hostein,
Environs du Castillet, à Perpignan, 1833.
(*Voyages pittoresques et romantiques dans l'ancienne France*, Languedoc)

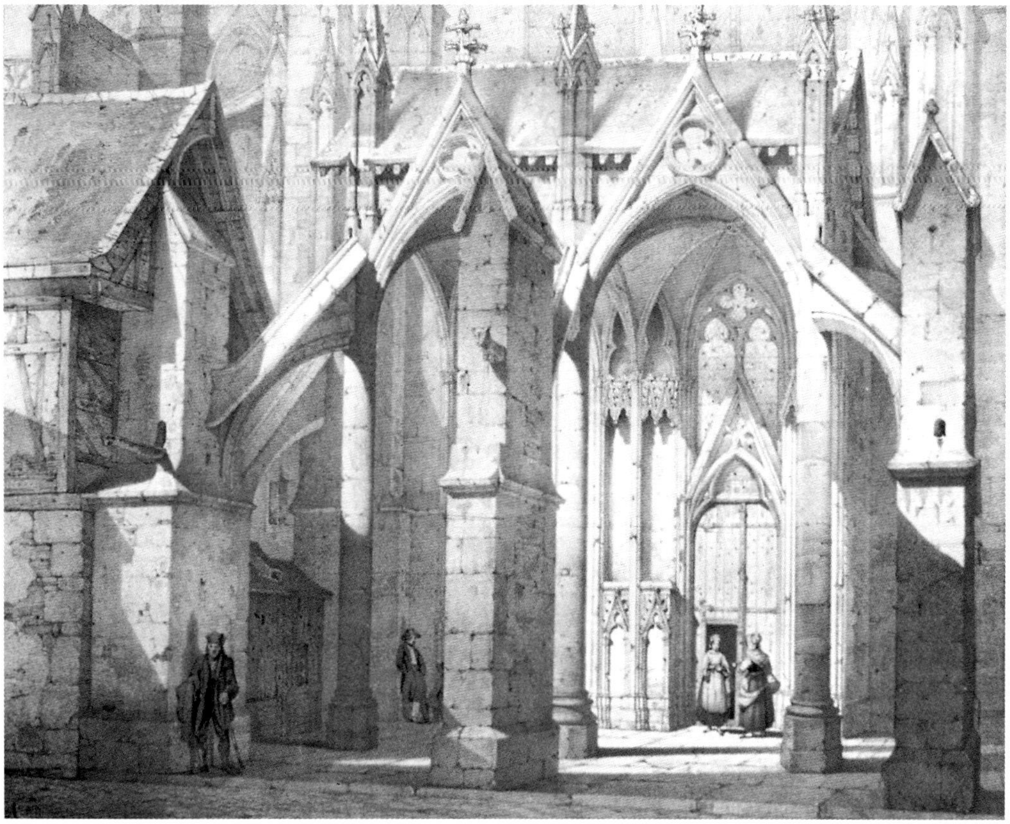

Auguste-François Laby et Émile Sagot, *Portique de Saint-Urbain, à Troyes*, vers 1857.
(*Voyages pittoresques et romantiques dans l'ancienne France,* Champagne)

Travaillant rarement pour lui-même, Victor Adam a animé de ses « croquades » les paysages de Bichebois, de Deroy, de Hostein, de Jacottet. Ce qu'il aime surtout à dessiner, ce sont les chevaux et les voitures ; on en voit dans tous ses croquis, et son *Panidochème, ou toutes sortes de voitures* (1828), est une de ses meilleures productions. Il nous a aussi conservé la vie pittoresque des rues de Paris, avec les petits métiers, les encombrements, les réverbères, les lourdes voitures écrasant les passants le long des maisons, et aussi les scènes tragicomiques de la Révolution de 1830 [44].
Assurément le plus répandu et le plus habile, Victor Adam a néanmoins quelques émules qui ne sont pas négligeables : deux élèves de Charlet, Valerio et Ferogio (le second non dépourvu de talent), et surtout Bayot. Celui-ci, un enfant de troupe qui a passé sa jeunesse au milieu des soldats, a appris tout seul à dessiner [45] ; dans ses premières planches (1829) on s'en aperçoit, et la gaucherie du dessin est extrême, mais à partir de 1827, devenu plus habile, il « se fait connaître de manière avantageuse ». Bayot n'essaie pas de faire du Victor Adam, bien qu'il peigne à peu près la même société ; ses personnages, qui sont toujours français, ont quelque chose de plus précis dans leurs costumes et dans leurs attitudes, ils occupent plus d'espace dans le paysage, qui, de temps en temps, devient simplement un fond destiné à les faire ressortir.
Au moment où va mourir la lithographie de paysage, vers 1850, apparaît quelqu'un qui s'annonce comme le successeur de cette génération de dessinateurs de personnages, Jules Gaildrau ; il travaille pour Sagot et Tirpenne, mais la décadence du genre le condamne bientôt au rôle subalterne de dessinateur de costumes, spécialisé dans les uniformes militaires.

NOTES

1. *Confession d'un enfant du siècle.*

2. Nous pensons ici aux trois premières éditions du Langlois, car la quatrième, corrigée par l'exemple de Coxe et par les exigences des lecteurs, est plus intéressante (c'est là où pour la première fois dans un guide un astérisque indique les sites les plus remarquables). Mais lorsqu'elle paraît, en 1822, le mouvement des voyages, encouragé par le guide anglais, est déjà déclenché, et, faute de l'avoir provoqué, Langlois le suit. Il déclare alors écrire « pour les jeunes gens pour qui tout ce qui fait tableau n'est jamais dépourvu d'attrait. Les Vosges, le Jura, les monts de l'Auvergne leur offriront des scènes frappantes, des lieux vraiment romantiques. » Sa terminologie reste archaïque, les lieux pittoresques ou sauvages sont pour lui « affreux, hideux, horribles ». Les lithographes l'ont dépassé. (Langlois est très inspiré du livre de Depping, *Merveilles et beautés de la nature en France*. Paris, 1811 ; 4e éd., 1818 ; réimpr. jusque 1845.)

3. Coxe est le pseudonyme de John Millard, auteur de plusieurs guides (Suisse, Italie). Son itinéraire de France, dont l'édition de 1817 est une refonte complète, avait été composé à la fin du XVIIIe siècle ; la quatrième édition paraissait en 1770.

4. *Gentleman's guide*..., P. XXIX.

5. Amusantes images de ces diligences par Victor Adam (notamment *Panidochème*, 1830) ; voir aussi l'enseigne des transports « l'Union », 13, rue de la Jussienne.

6. *Voyage*, p. 3 et 5 ; *Annales... de Millin*, V, p. 328-329.

7. *Lettres sur l'Italie*, II, 1819, p. 64.

8. *Causeries*, p. 10-12.

9. *Souvenirs de soixante ans*. Paris, 1858, p. 135.

10. P.-A. Lemoisine, *Gavarni*. Paris, 1925, I, p. 12.

11. 1835, p. 49.

12. Jolimont, *Petit album*, 1820, p. 3.

13. A moins qu'un bon Bourgeois ne s'exprime comme celui de Daumier : « Mais si, ma femme, je t'assure que Monsieur dessine un paysage... N'est-ce pas, Monsieur, que vous dessinez un paysage ? » (*Les Bons Bourgeois*, n° 23 ; L. Delteil, 1499.)

14. *Album de l'Ain*, 1837, p. 3.

15. *Histoire de la conquête d'Alger*. Paris, 1856, p. 345.

16. 1832, p. 269.

17. Sans parler de *L'Artiste*, voir *La Vigie de Dunkerque* (1833), le *Journal des jeunes personnes* (1836) ; la *Gazette des enfants* (1837), la *Galerie pittoresque de la jeunesse* en 1838 ; l'*Album* fait paraître un cours de paysage en 1844.

18. MM. de Courteilles, de Pontalba, le vicomte Becdelièvre, le vicomte de Canisy, la comtesse Desroys, Mme de Saint-Didier (un paysage du Comminges d'après Swinburne. Son mari, M. H. de Saint-Didier, installé alors en Franche-Comté, publiera en 1837 un *Itinéraire du Bugey*). Sur la couverture du *Cours de dessin* de Brunard (1837), une de ces dames, qui, assise au jardin, vient de dessiner son château, fait admirer cette œuvre à un jeune dandy. Lami a montré aussi, dans une des planches de sa *Vie de château* (1828), un peintre amateur dessinant en plein air (P.-A. Lemoisine, *Lami. Essai de catalogue*, 1914, n° 776).

19. Voir Coste, *Cours*, 1809 : « Outre les agréments du paysage, quels avantages ne procure-t-il pas aux jeunes personnes que leur éducation met à portée de le cultiver ». Au salon de 1814, Mme Charpentier expose le sujet suivant : *Une jeune fille dessinant un paysage*. Voir aussi, de Deveria, *La Leçon de paysage* (1834) ; Gavarni, *Ma femme dessine le paysage*, pièce inédite, vers 1835 (Armilhaut et Bocher, n° 2107), et Sainte-Beuve, *Nouveaux lundis*, V, p. 143 (H. Vernet recevant les conseils d'une jeune paysagiste). Sur les dangers que couraient sur les grandes routes les jeunes amatrices de paysage, voir E. About, *La Grèce contemporaine*, 1907, p. 328.

20. Capitaine Hoiry (1837), capitaine Neltrier (1840), lieutenant ingénieur-géographe Gavard (1839), lieutenant d'infanterie de ligne E. Duhousset, le sergent T. Laval, du 75e de ligne.

21. A Avignon et Troyes, qui donnent des vues de la ville où ils se sont installés (1833-1835).

22. Cf., par exemple, le *Recueil d'études choisies* de J. Couché : *Vues pittoresques, paysages et animaux, dans le genre du crayon, à l'usage des artistes, amateurs et écoles centrales*... Bance aîné, 1810.

23. Le *Victor Adam* était complété par un *Fielding* (dessins d'oiseaux de Chirac), un *Berghem* (animaux de Leberthais), le *Charlet des enfants* (scènes militaires par Challamel).

24. Certains *Croquis pittoresques* de Monthelier et Tirpenne (vers 1830) sont inspirés du premier volume des *Voyages pittoresques* de Taylor (1821) ; les six vues de Rouen sur une feuille de Deroy (vers 1830) se souviennent des lithographies de Jolimont (1822) ; Boisseau reproduit (*Ier cahier de paysages*, 1822, pl. 12) la quatrième vue d'Italie d'Henry (1820). Parfois, à défaut de cours, les débutants allaient chercher dans les journaux illustrés des lithographies à copier ; les élèves du collège de Bazas (R. Michelet et H. Gentil) reproduisent des lithographies de *L'Artiste* (1842) ; les œuvres de Constant Bourgeois (1819) inspirent une Mlle Fanny Richard en 1844 encore ; le succès des ancêtres du genre : Lallemand et Garneray, se maintient jusqu'à la seconde moitié du siècle (cf. un certain H. L. en 1841 et Sorrieu en 1851).

25. *De l'enseignement du dessin (Revue des Deux Mondes*, 1850) ; réimpr. dans les *Œuvres littéraires*. Paris, 1923, I, p. 10.

26. *Madame Bovary, ébauches et fragments*... recueillis... par Mlle G. Leleu. Paris, Conard, 1936, I, p. 175. Voir aussi p. 165.

27. J.-B. Marestier, *Mémoire sur les bateaux à vapeur des États-Unis d'Amérique*... Paris, Impr. royale, 1824, in-4° (ouvrage publié sous les auspices du ministre de la Marine). Cette biographie de Chapuy est tirée uniquement de l'étude de ses lithographies et des dessins conservés au cabinet des Estampes, dans la collection Destailleur, les Dictionnaires biographiques n'indiquant de Chapuy que ses dates (1790-1858), sa qualité d'architecte et son édition des œuvres de Palladio.

28. On notera qu'il n'est pas allé en Auvergne, ni en Champagne, ni dans le nord de la France.

29. Le *Moyen Age pittoresque*, terminé en 1841, auquel succède immédiatement (*L'Artiste*, t. XXII, 1841, p. 81), *Le Moyen Age archéologique*, qui se prolonge jusqu'en 1845, puis l'*España Artistica*.

30. *Journal des Artistes*, 12 novembre 1839. Sur ce voyage, voir le *Magasin pittoresque*, 1840, p. 360, et Sainte-Beuve, *Lundis*, V, p. 142.

31. « Au diable le Chateaubriand, le Forbin et autres marchands d'esprit, qui n'ont su s'exalter que sur des restes de pierre et qui n'ont pas compris ces scènes sous leurs yeux. » Sainte-Beuve, *loc. cit.*

32. *Journal des Artistes*, 4 août 1839, 5 janvier 1840. Arnoux et un de ses camarades, pour avoir fait des croquis dans une église, sont arrêtés et reçoivent l'ordre de quitter la Bavière dans les vingt-quatre heures. Famin, jeune architecte de l'École de Rome, est jeté en prison pour avoir été voir sans passeport les temples de Cori (*ibid.*, 3 août 1834 et 11 décembre 1836). Perrot, élève de Gudin, meurt en 1840 des suites de la fatigue causée par un voyage en Russie (*ibid.*, 21 octobre 1841).

33. *Journal des Artistes*, 20 novembre 1836.

34. Merle et Périé, *Description de Chambord*, 1821.

35. Dufour a failli faire paraître l'ouvrage en 1817 (*Annales encyclopédiques de Millin*, II, p. 344) sous les auspices de la duchesse de Berry, Lainé, ministre de l'Intérieur, l'encourageant ; mais Lainé, tombé, fut remplacé par Corbière, qui ne sut pas voir l'intérêt du livre. Sur la publication et ses péripéties, voir la préface ; la corriger par une note perfide du *Journal des Beaux-Arts* (11 décembre 1836), qui exalte Dufour aux dépens d'Allier.

36. Les dessins de la collection Destailleur permettent de le suivre jour par jour dans l'été de 1846 et celui de 1847.

37. *Cat. de la vente Dunouy*, 1842, et coll. Destailleur.

38. Castellan (*Fontainebleau. Études pitt. et hist.*, 1840, p. 467) voyait déjà de son temps sur les arbres de la forêt les chiffres, les noms et les dates gravés par les artistes qui « viennent étudier et chercher à rendre sur la toile les sites sauvages ». La première édition du *Guide dans la forêt*, de Dennecourt, est de 1839 ; d'autres se succèdent chaque année depuis 1843. Voir l'excellent livre de M. E. Michel, la *Forêt de Fontainebleau*, notamment p. 129-152. On notera que la forêt de Fontainebleau apparaît dans l'art dès le XVIIIe siècle : avant Bruandet, Lerouge dans ses jardins anglais en étudie les rochers (*Jardins*, 1783, n° 22). Sur la vie à Barbizon en 1849-1850, cf. Gassier, *Le Vieux Barbizon*, 1907.

39. Nom donné par un critique à Français ; cf. *Français... par un de ses élèves*. Paris, 1902, p. 81.

40. Voir la collection elle-même, 14 vol. cotés Ve. 26 c. à Ve. 26 f., et H. Moureau, *Catalogue de la collection de dessins sur les départements de la France réunie par M. Destailleur*. Paris, 1897, in-8°, 266 p. D'autres dessins analogues ont été dispersés à la vente de Lemaître, « graveur et éditeur des *Voyages dans l'ancienne France* » (1853), et à celle du baron Taylor (20 janvier 1883).

Les sujets et leur choix

Au cours du demi-siècle qui a vu la vogue de la lithographie de paysage, on pense bien que les artistes n'ont pas toujours choisi les mêmes sites, ni les mêmes monuments pour leurs albums ; c'est cette diversité, cette évolution aussi dans le choix que nous voudrions analyser. Il y a deux époques distinctes dans l'histoire du paysage lithographié comme dans presque toute l'histoire de la peinture française du XIXe siècle ; la première s'étend de 1817 aux années 1830, la seconde va de 1830 à 1850 ; dans chacune de ces époques, nous dirons quel fut le choix des sujets de nos lithographies, commençant par l'étude de celles qui représentent la France et finissant par celles qui retracent l'image des pays étrangers.

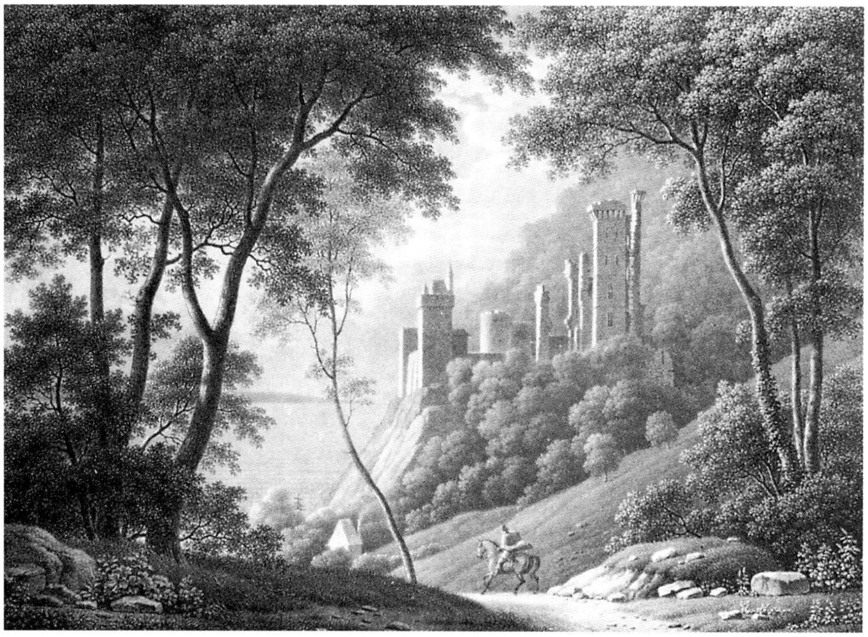

Robert et Régnier, *Ruines du château de Tancarville*, vers 1820.
(*Voyages pittoresques et romantiques dans l'ancienne France,* Normandie)

Les sujets : 1818 à 1830

Avant 1830, les artistes s'attachent surtout à la Normandie et à la région parisienne ; la facilité des communications et l'intérêt des monuments leur font visiter en détail les alentours immédiats de Paris, en exceptant Fontainebleau. Pour la Normandie, les recueils anglais qui en avaient déjà vanté les sites peuvent expliquer la vogue du pays ; dépassant la Normandie proprement dite, les dessinateurs vont d'ailleurs jusque dans le Perche et l'Anjou.

Le Nord, de l'Aisne aux Vosges, avec sa vie industrielle et ses églises du Moyen Age ; l'Auvergne, avec ses lacs dans un paysage désolé ; la région de Lyon et le Dauphiné, particulièrement la Grande-Chartreuse et Allevard, telles sont, après la Normandie, les contrées représentées dans les premières lithographies : on notera que la Bretagne, la Provence et le Sud-Ouest sont laissés à l'écart.

Quelque contrée qu'il représente, le paysage lithographié de la Restauration est toujours meublé de quelques fabriques. On pensait généralement, comme Stendhal, que « les beautés de l'art redoublent l'effet des beautés de la nature et préviennent la satiété, qui est le grand défaut du plaisir des paysages [1] ».

Les fabriques sont parfois un four à chaux, une cour de ferme, une chaumière [2] ; elles appartiennent le plus souvent à quelques types consacrés : une église « gothique », un château, une usine.

Les monuments du Moyen Age doivent avoir le maximum de caractère ; c'est pourquoi les artistes les choisissent généralement dans l'art du XVe siècle ou dans l'art roman. Dans le premier cas, on voit des fenêtres aux meneaux ajourés, des portails surchargés de la décoration la plus exubérante qu'a imaginée le génie gothique à la fin du XVe siècle ; au goût pour cette forme d'art se joint la passion de l'art hispanique, du décor mauresque ouvragé et découpé, proche dans son baroque de l'art flamboyant de France.

Le goût pour ce décor n'est pas chose nouvelle ; il s'est déjà manifesté à la fin du XVIIIe siècle dans les fabriques « gothiques » et les kiosques « mauresques » des jardins anglais.

L'intérêt pour l'art roman est plus nouveau assurément, mais il faut noter qu'une église romane, pour valoir la peine d'être représentée, doit être à demi ruinée, qu'elle doit former des enfilades sombres éclairées brusquement par un rayon de soleil [3], des cryptes souterraines,

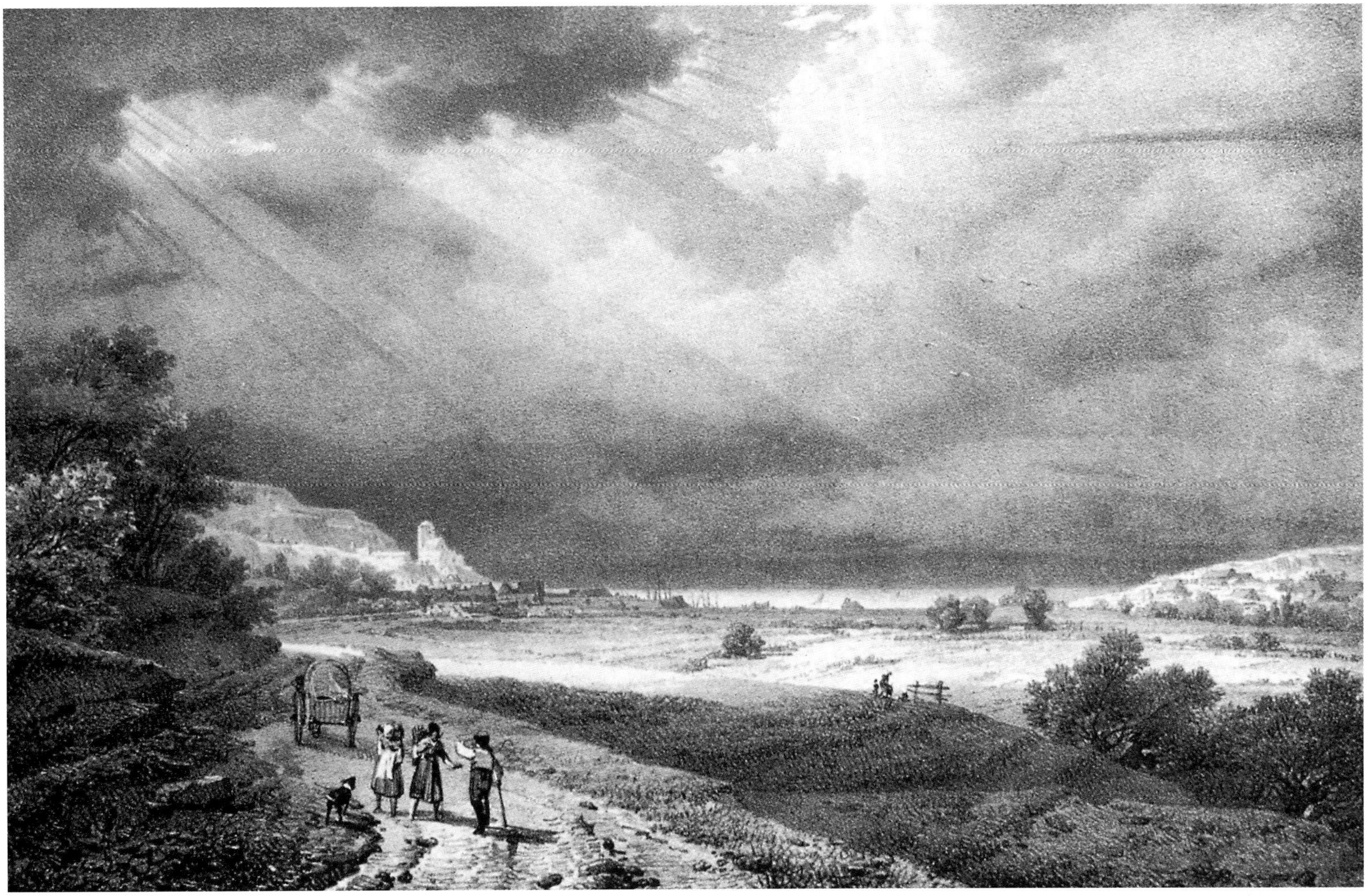

Louis Jules Frédéric Villeneuve,
Vue générale du Tréport, 1822.
(*Voyages pittoresques et romantiques dans l'ancienne France,* Normandie)

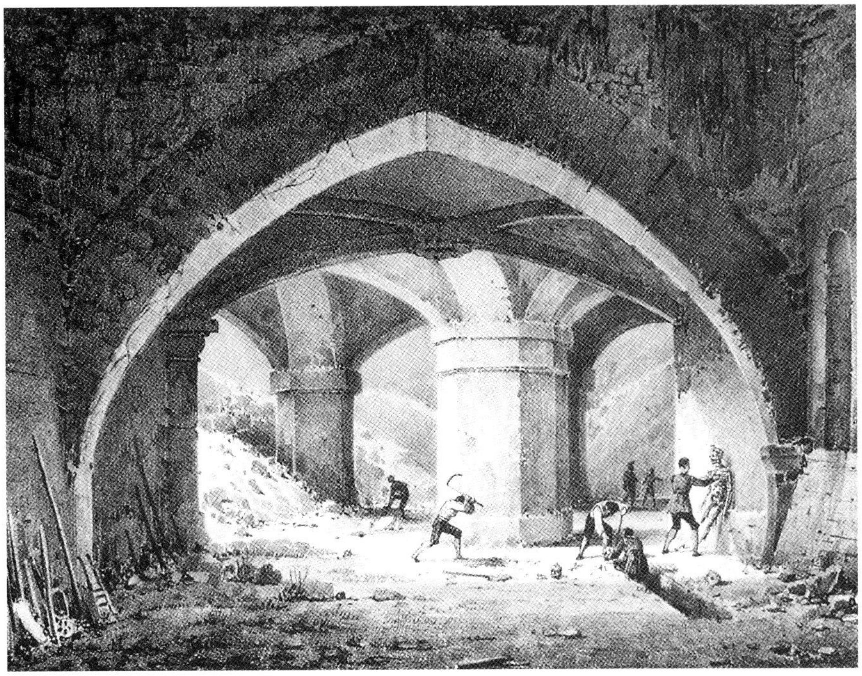

Alexis-Victor Joly,
Souterrains du Château-Gaillard, vers 1825. (*Voyages pittoresques et romantiques dans l'ancienne France,* Normandie)

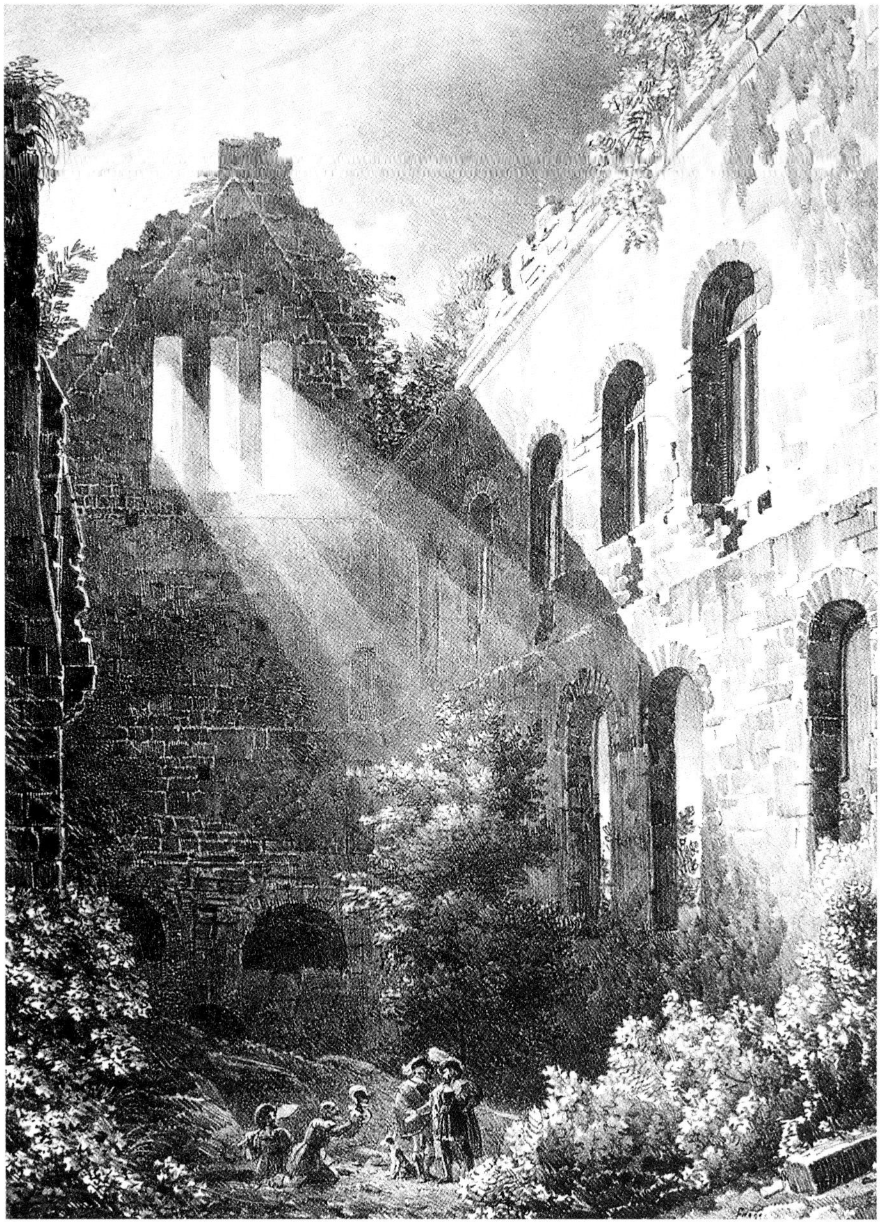

Évariste Fragonard, *Intérieur de la grande salle du château d'Harcourt,* 1820. (*Voyages pittoresques et romantiques dans l'ancienne France,* Normandie)

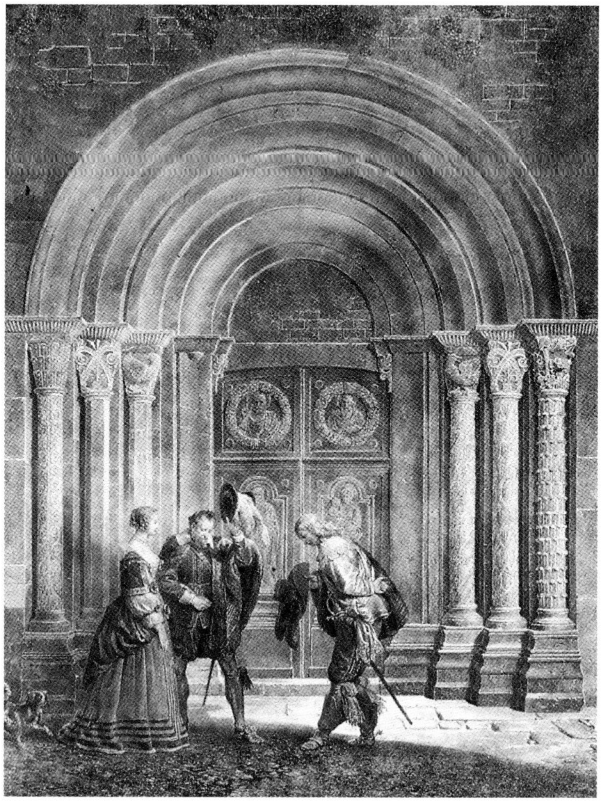

Évariste Fragonaud, *Portail de l'église de la Madeleine, à Tournus,* vers 1825. (*Voyages pittoresques et romantiques dans l'ancienne France,* Franche-Comté)

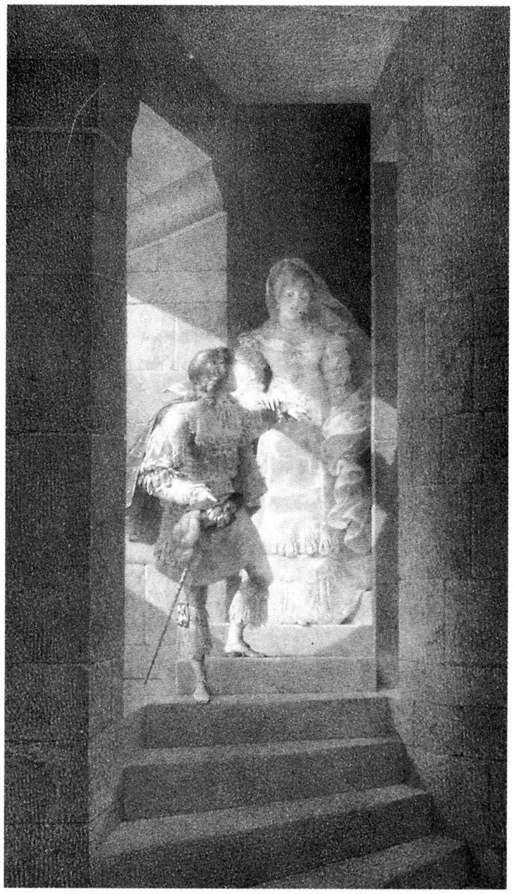

Jean-Baptiste Isabey, *Escalier de la grande tour, château d'Harcourt,* 1821. (*Voyages pittoresques et romantiques dans l'ancienne France,* Normandie)

des chapelles basses où un Fragonard fait évoluer des processions de moines à cagoules, des spectres dansant autour d'une fille endormie, des prisonniers plaintifs, ou les fossoyeurs découvrant le crâne de Yorick. Cette conception, qui vient de Piranèse à travers Granet, fait penser tout à fait à l'esthétique du théâtre, et il n'est pas indifférent de noter que celui qui s'y montre le plus fidèle, Bouton (aidé par Jaime, Bellan et d'Orschwiller), est un peintre de panoramas, le directeur du diorama [4]. Mais le gothique ne plaît pas à tout le monde, et certains bons esprits proclament que les plus belles fabriques sont les œuvres de nos grands architectes modernes, Lemercier, Mansart et Percier. Tel est le sentiment de Constant Bourgeois, tel est surtout celui de M. de Blancheton. Ce dernier, médecin de Louis XVIII, eut l'idée, vers 1824, de publier un grand ouvrage donnant les vues des châteaux français les plus intéressants par leur architecture et les souvenirs qu'ils évoquaient : au milieu de prairies, de parcs anglais ou de jardins à la française, on voit, lithographiés par les meilleurs artistes d'alors (Deroy, Asselineau, Tirpenne), les plus beaux châteaux des environs de Paris. En même temps qu'il prétendait remettre sous les yeux de ses contemporains des exemples de la belle architecture, Blancheton entendait conserver par ses dessins le souvenir de ces châteaux dont beaucoup devaient disparaître [5]. En 1829, Régnier et Champin publiaient, eux aussi, des vues de châteaux français, mais leur intention n'était pas aussi élevée que celle de Blancheton ; ils prétendaient seulement donner les *Habitations des personnages célèbres* : leur recueil, tout publicitaire à l'origine, est aujourd'hui bien précieux, car, grâce à lui, nous voyons comment étaient logés les grands romantiques, de la petite maison de Victor Hugo, rue Notre-Dame-des-Champs, à la propriété de Bernardin de Saint-Pierre, dans les environs de Paris [6].
Les usines, avec leurs énormes cheminées, leurs bâtiments réguliers et noircis, n'ont pas toujours choqué les yeux des artistes ; les esthéticiens, pendant longtemps, ont accepté ces témoignages et ces symboles du labeur industriel, et les ont

Évariste Fragonard, *Portail du couvent des sœurs du Voile noir, à Tournus,* 1824.
(*Voyages pittoresques et romantiques dans l'ancienne France,* Franche-Comté)

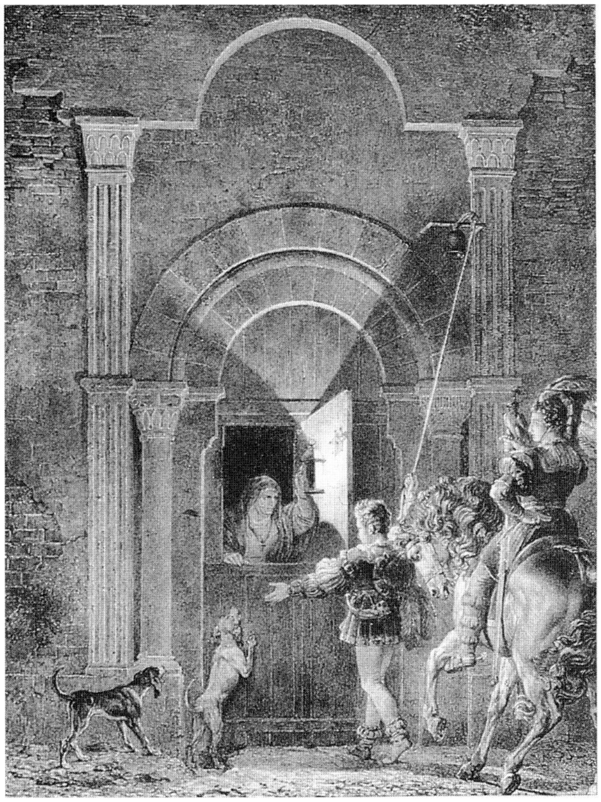

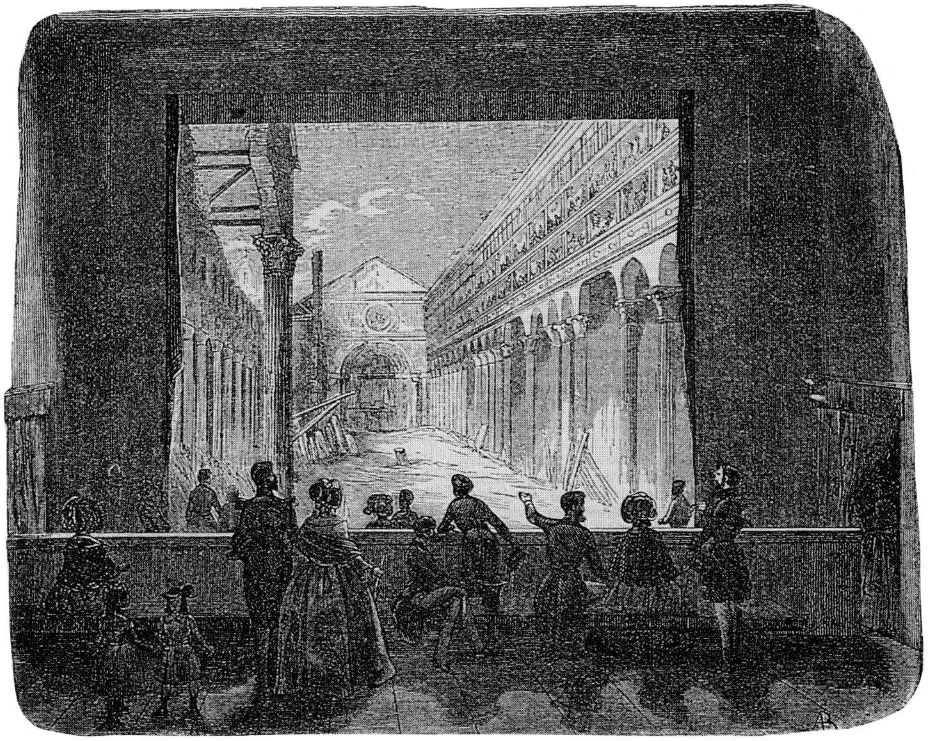

Vue intérieure du diorama, au moment de l'exposition du tableau représentant l'église Saint-Paul-hors-les-murs, après un incendie, 1843.
(L'Illustration)

même considérés comme des « embellissements du paysage », selon le mot de l'Anglais Pyne [7]. Pingret, Constant Bourgeois, Madou en ont souvent orné leurs paysages de 1819 à 1825 ; Raoul Rochette écrivait dans le même temps l'éloge des usines : « Aux fabriques ornementales étrangères des tableaux d'un Salvator ou d'un Poussin, je préfère ces fabriques plus utiles et qui n'en sont pas moins pittoresques [8]. » L'avis contraire, toutefois, ne tarda pas à triompher, et ce furent les bourgeois du règne de Louis-Philippe qui découvrirent que les cheminées d'usines gâtaient un agréable paysage ; leur écho, le *Journal des Artistes*, dans sa chronique du vandalisme, proclamait en 1836 : « Sur la route de Valenciennes à Bouchain s'élève la Pyramide de Denain ; mais une sucrerie de betteraves à deux pas de là abîme la vue [9]. » Ainsi catégoriquement proscrites, les usines disparurent des recueils de paysages ; il faudra attendre les progrès du naturalisme et les années 1860 pour les voir reparaître [10], avec le même sens social d'images du travail.

Le XVIIIe siècle avait légué aux premiers romantiques le culte des montagnes et des « glacières » de Suisse, mais l'enthousiasme pour ces hauts sommets, que les peintres et les poètes depuis 1780 ne cessaient de célébrer [11], ne devait guère durer : « J'ai beau me battre les flancs, disait Chateaubriand, interprète du sentiment de ses contemporains, pour arriver à l'exaltation alpine des écrivains de montagne, j'y perds ma peine [12]. » Et, en effet, avant de disparaître complètement en 1830, les voyages en Suisse ou en Savoie sont extrêmement rares ; le meilleur, celui de Villeneuve, n'ose même plus monter les glaciers, et se cantonne dans des vues de vallées alpestres avec des torrents et des sapins.
Le voyage en Italie est également un legs du XVIIIe siècle ; pas plus que celui de Suisse, il n'a rencontré, chez les dessinateurs de vues romantiques, de croyants convaincus : les paysagistes qui, jusqu'à 1823, publient des vues d'Italie sont généralement des représentants attardés de l'époque impériale ; Isabey père, par exemple, Pierre Lacour, ou Forbin.
Les artistes de la Restauration qui ont délaissé les pays traditionnellement admirés se sont plu à donner l'image de plusieurs contrées nouvelles – l'Angleterre, la Grèce, l'Amérique [13]. Pour l'Angleterre, la chose était toute naturelle, le voyage à Londres s'imposait pour voir au travail les paysagistes britanniques, auxquels les Français devaient tant. Aussi Jaime et Enfantin traversèrent-ils la Manche en 1825, suivis l'année suivante par Eugène Lami, à qui Bonington avait vivement recommandé le voyage ; ils en rapportèrent des vues des côtes anglaises, de la campagne, des monuments, et aussi l'image de scènes de mœurs caractéristiques dans les rues de Londres. Mais l'effort le plus intéressant est celui de Pernot, qui publiait en 1846 ses *Vues d'Écosse*, lithographiées à Paris d'après de maigres dessins pris par lui sur les lieux. Plusieurs planches sont l'œuvre de Bonington, qui a su se souvenir des gravures de Keepsakes d'après Turner, et a introduit ainsi dans l'art français un peu de la nostalgie rêveuse des lakistes anglais ; Pernot n'avait pas goûté cet effort, il reprochait âprement à Bonington « de se laisser aller trop au goût du pittoresque », sans comprendre que le pittoresque de ce grand artiste assurerait le succès de son recueil.
Quant à la Grèce, que les lithographes représentent à partir de 1824, ce n'est plus celle des ruines antiques que Choiseul-Gouffier et Fauvel avaient mise à la mode, c'est la Grèce « moderne » et héroïque, celle des *Orientales*, de Navarin et des Massacres de Scio. Mais ces voyages en Grèce ne purent donner l'essor à l'exotisme, car le meilleur même, celui de Dupré (1825), n'a pas une couleur locale suffisante. C'est cette absence de couleur locale qui nous frappe également dans les planches de l'étonnant voyage à Tombouctou de Caillaud, si vivant et si suggestif par son texte : la froideur des illustrations s'explique, si l'on réfléchit que Caillaud, qui dessinait mal, a confié ses croquis à des artistes parisiens : Arnout, Deroy, Sabatier, Victor Adam, qui, n'ayant jamais quitté la France, ignoraient totalement la lumière et la couleur de l'Afrique [14].
Dès les premières années de la Restauration, plusieurs peintres partent pour l'Amérique en mission officielle ; ils sont chargés de dessiner sur place la faune et la flore exotiques et d'en rapporter quelques échantillons au Muséum. C'est d'abord Jacques-Gérard Milbert, élève de Valenciennes, qui, chargé de recherches d'histoire naturelle, part en 1815 pour l'Amérique du Nord [15], et y reste jusqu'en 1822. Il publie en 1826 un recueil sur le fleuve Hudson et surtout en 1829 des vues terrifiantes des cataractes du Niagara. C'est ensuite, sans parler de Lesueur [16], Rugendas, un jeune naturaliste allemand qui vit de 1821 à 1825 dans les forêts vierges du Brésil ; ses dessins sont lithographiés chez Engelmann par de jeunes artistes parisiens en 1828. Leurs paysages d'Amérique représentent la forêt vierge, les liquidambars et les lianes géantes, les ruines indiennes et les cataractes rugissantes ; toutes images bien connues en France depuis Atala, et qui, par conséquent, ne produisirent pas l'impression que Milbert, à juste titre, pouvait escompter.

Les sujets : après 1830

Vers 1830, les thèmes des paysagistes changent, ainsi que leur conception du paysage : de nouveaux horizons s'ouvrent devant eux – grâce, sans doute, à la peinture, et les ruines romantiques font place à l'image des sites naturels ou d'un genre d'architecture différent. En ce qui concerne la France, le règne de Louis-Philippe découvre trois régions nouvelles : la Bretagne, les Pyrénées, la Provence. Laissant de côté les Pyrénées, que nous étudierons à propos du thermalisme, nous remarquerons que l'intérêt porté à la Bretagne, qui commence dès 1829 avec un recueil de vues de Dusaulchoy, prend une certaine ampleur au moment

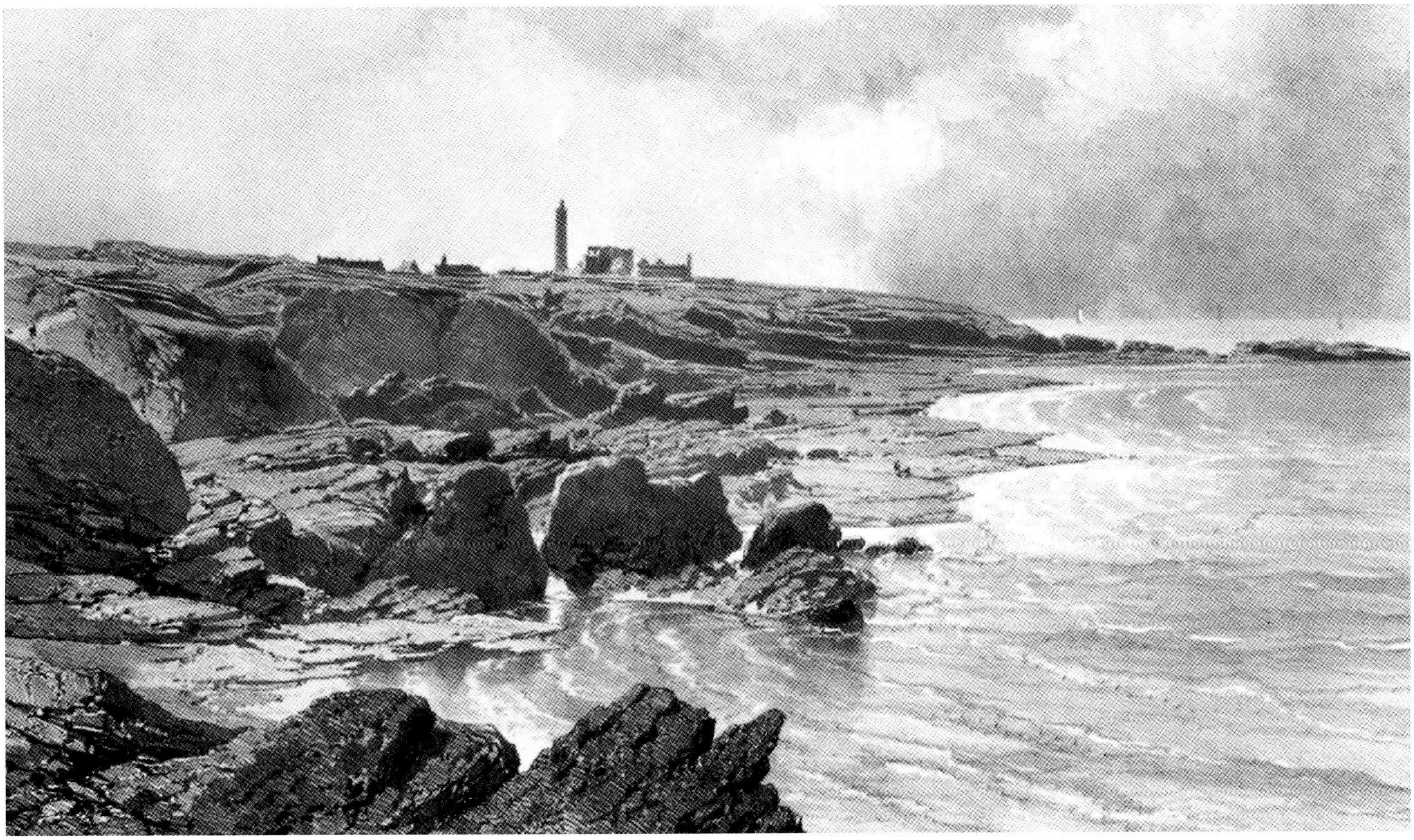

Eugène Ciceri,
Cap Saint-Mathieu,
vers 1846.
(*Voyages pittoresques et romantiques dans l'ancienne France,* Bretagne)

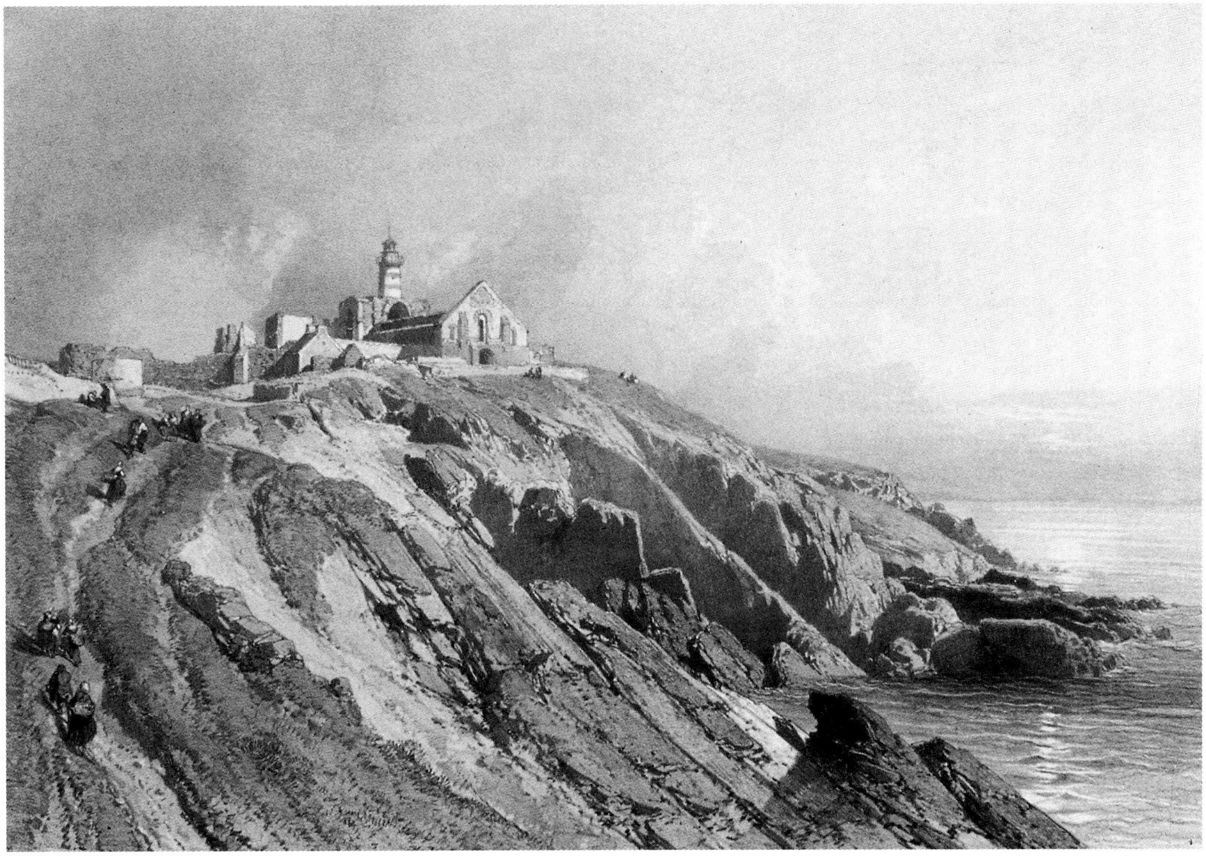

Eugène Ciceri,
Cap Saint-Mathieu,
vers 1846.
(*Voyages pittoresques et romantiques dans l'ancienne France,* Bretagne)

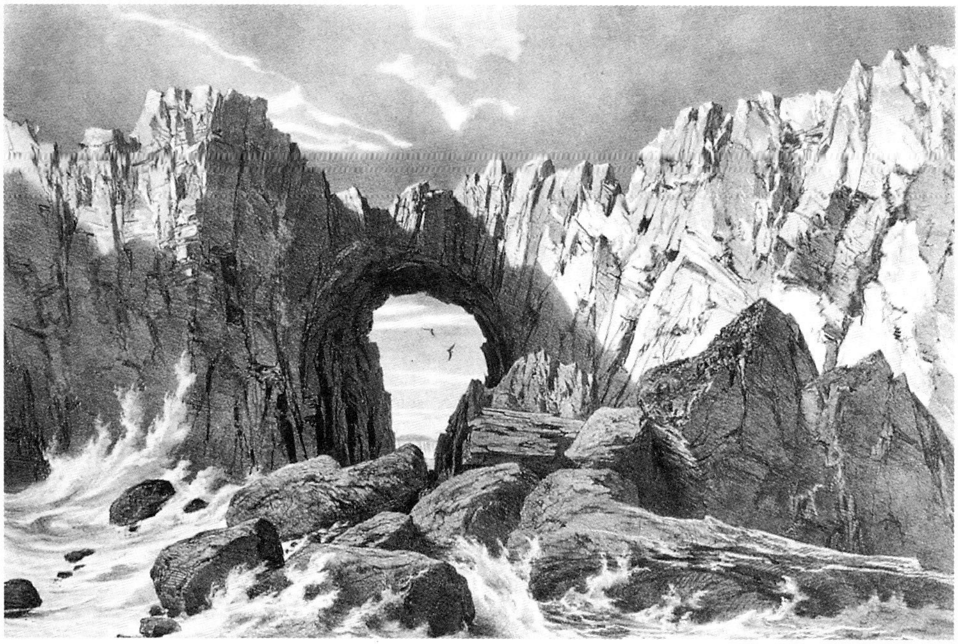

Adrien Dauzats et Auguste Mayer, *Rocher percé de la baie de Dinan, près de Camaret,* 1843. (*Voyages pittoresques et romantiques dans l'ancienne France,* Bretagne)

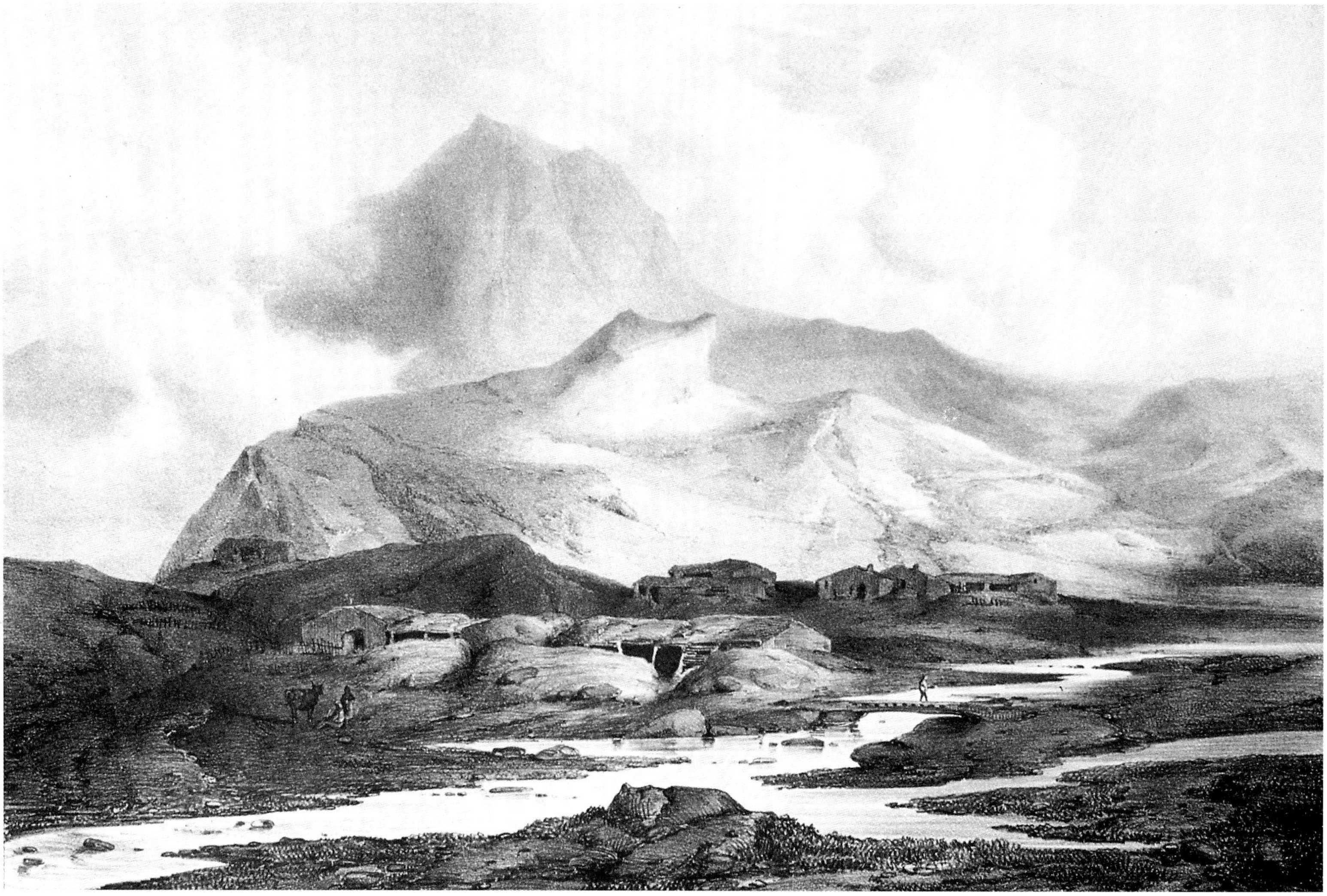

Pierre Toussaint Frédéric Mialhe, *Pic d'Espade. Bergeries au Tourmalet, Pyrénées,* vers 1835. (*Voyages pittoresques et romantiques dans l'ancienne France,* Languedoc)

de la publication tapageuse du voyage de Trobriand (1833-1835), et s'accentue sérieusement de 1840 à 1845, grâce à un jeune artiste angevin, Félix Benoist, enthousiaste de son pays d'adoption, et à l'actif éditeur de Nantes, Charpentier. La Provence vantée par les lithographes est d'abord la vallée du Rhône avec les sculptures de ses églises, et ensuite la côte d'Azur dont le séjour est prescrit aux malades après 1848. Enfin, notons un curieux essai de présentation des paysages sous un angle nouveau, les vues à vol d'oiseau lancées par Guesdon vers 1847, ces vastes vues panoramiques de grandes villes qui auront un succès prodigieux entre 1850 et 1860 [17]. Les recueils de vues sont à cette époque composés comme des itinéraires et des guides qui devront décider le touriste à entreprendre tel ou tel voyage et à lui rappeler, à son retour, les lieux qu'il a visités. L'exemple le plus typique est celui des indicateurs de chemins de fer, car pour réfuter la théorie de ceux qui disent : « Nous voici en chemin de fer, il n'y a plus rien à voir [18] », l'Administration des grands réseaux se décide à publier des itinéraires illustrés de ses lignes ; la plupart sont gravés sur bois, mais deux au moins sont lithographiés, dont celui du chemin de fer de Versailles (par d'Andiran, 1837) [19]. A côté de ces itinéraires, d'autres, d'un genre assez

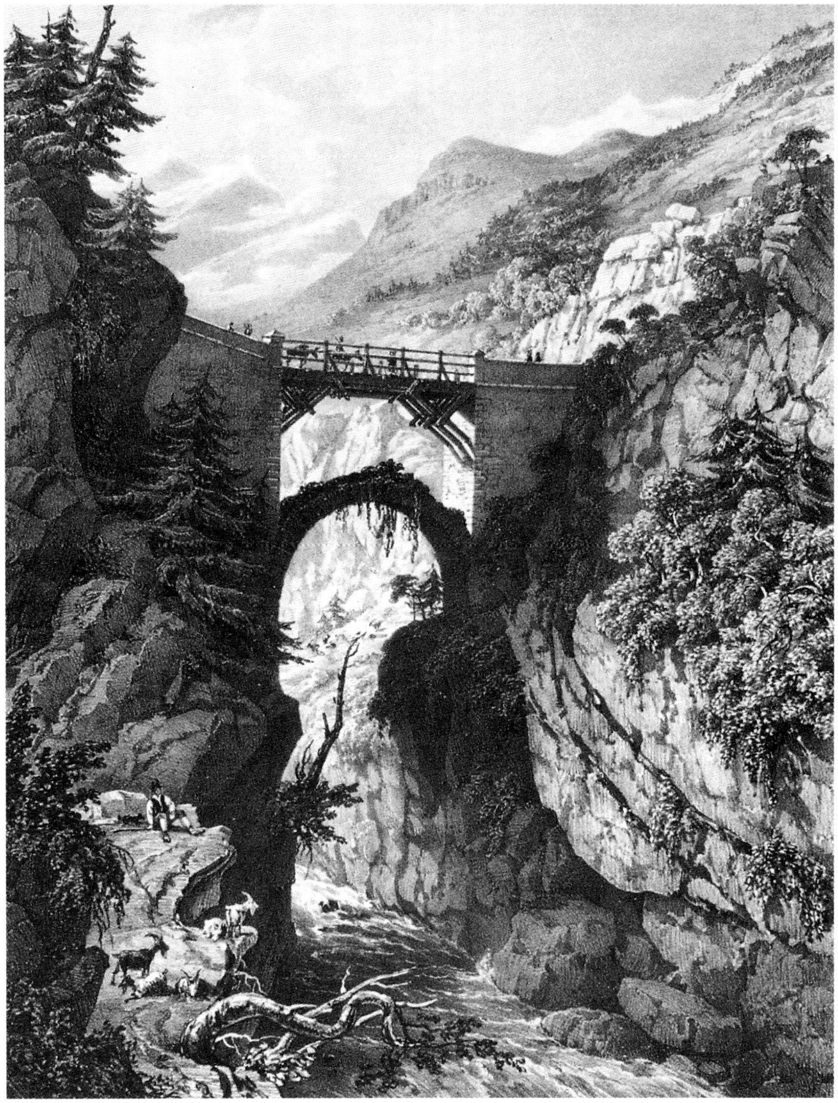

George Barnard, *Pont de Sia, Hautes-Pyrénées*, vers 1835. (*Voyages pittoresques et romantiques dans l'ancienne France,* Languedoc)

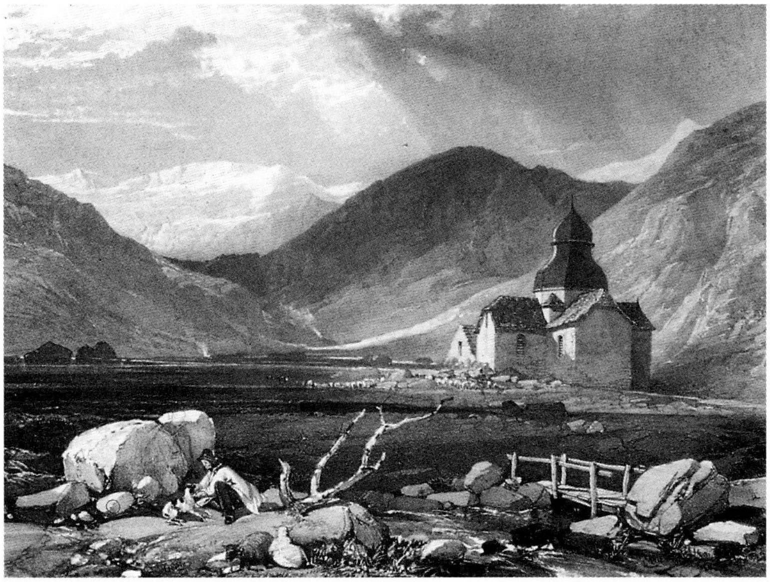

James Duffield Harding, *Chapelle d'Heas, vallée de Cedro*, vers 1835. (*Voyages pittoresques et romantiques dans l'ancienne France,* Languedoc)

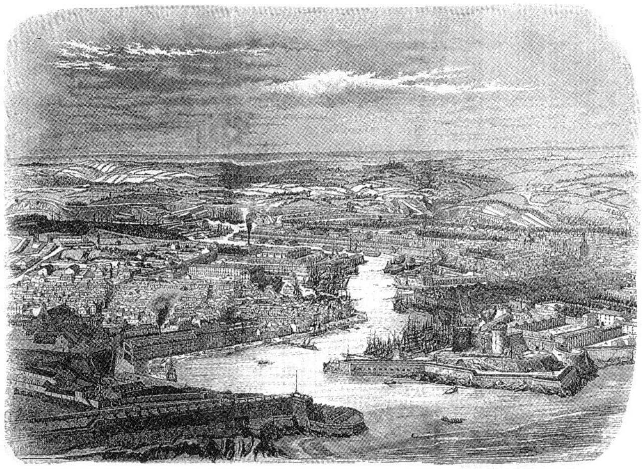

Brest à vol d'oiseau, 1849. *(L'Illustration)*

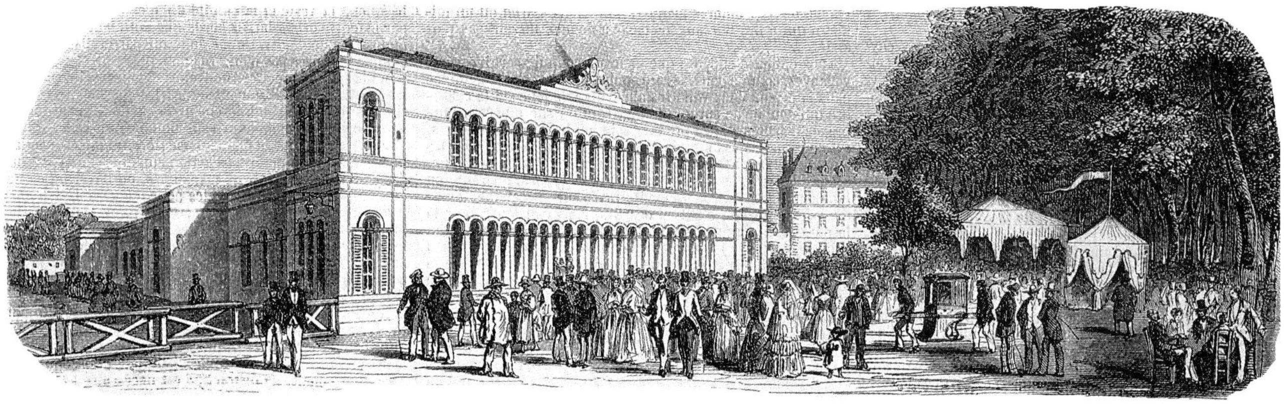

Vue générale de l'établissement thermal de Vichy, 1846. *(L'Illustration)*

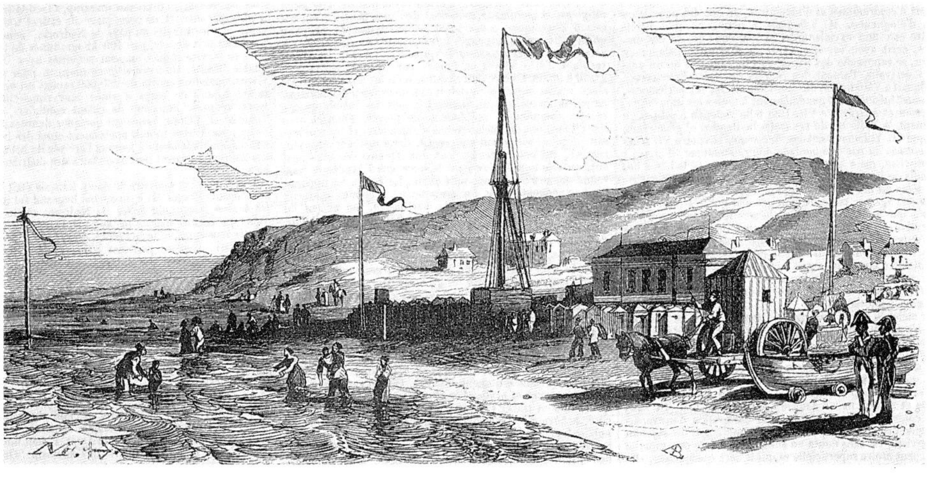

Vue des bains de mer de Trouville, 1844. *(L'Illustration)*

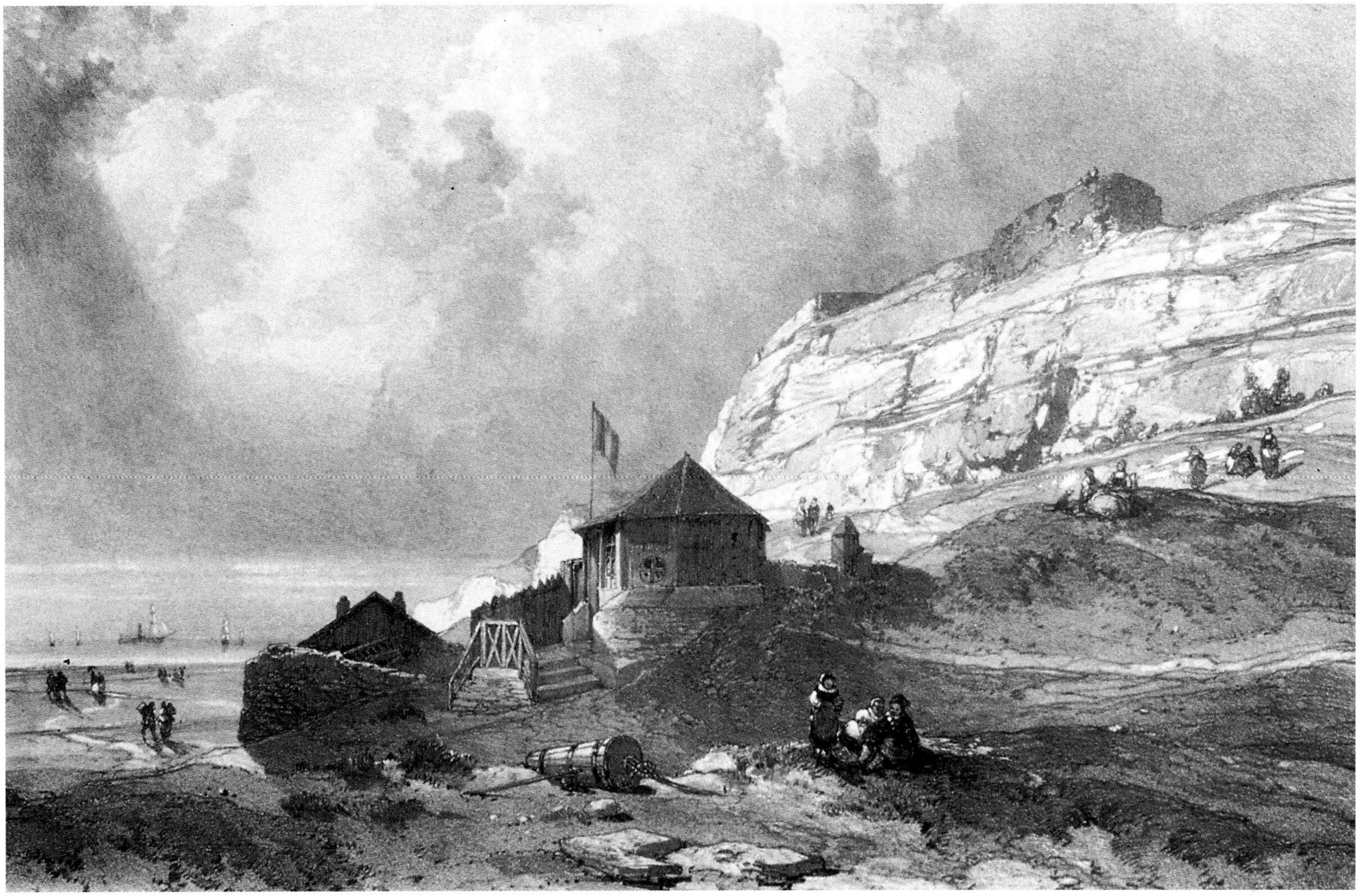

Louis Duthoit et Eugène Ciceri, *Restes de la tour d'Ordres à Boulogne*, vers 1845.
(*Voyages pittoresques et romantiques dans l'ancienne France,* Picardie)

approchant, eurent un grand succès après 1830 ; il s'agit des vues consacrées au cours d'un fleuve. Cette formule, dont le plus lointain exemple semble être le recueil des *Vues de la Vecht d'Utrecht à Muyden* (Amsterdam, 1719, 98 pl.), a été le triomphe de Deroy, qui a, de façon charmante, retracé les paysages que voient se dérouler la Seine et la Loire au long de leur cours (1831 et 1833) ; Chapuy, Hostein l'ont imité, ainsi que des graveurs sur bois, et l'on a vu paraître de 1835 à 1837 le cours de la Saône, celui de la Meuse. Turner lui-même, suivant l'exemple des lithographes français, publie en 1837 ses *Rivers of France.*

Les touristes voyageant pour leur agrément étaient toujours aussi nombreux, mais on commençait après 1830 à en voir de plus utilitaires ; ceux qui partaient soigner leur cœur, leur foie, leurs poumons, et qui, pour cela, allaient prendre les eaux. A tous ceux-ci la pensée de se soigner dans un site quelconque sans pittoresque et sans agrément est insupportable ; aussi naît une nouvelle catégorie de recueils, ceux de publicité déguisée, commandés par les directeurs d'établissements thermaux, qui présentent les stations sous leurs aspects les plus attrayants. En les feuilletant, on voit des cascades, des pics escarpés, des églises gothiques, et, dans ces paysages de montagnes aux lignes heurtées, circulent des femmes en costumes locaux amusants, des touristes à cheval ou en chaise ; l'établissement de bains caché dans les arbres ne joue qu'un rôle de fabrique. C'est ainsi que, dès 1830, Monthelier et Tirpenne vantent les agréments des eaux des Pyrénées. Le mouvement se développe surtout à partir de 1835 ; alors Lecoq engage les malades à partir pour l'Auvergne, sa *Description pittoresque* montre le Mont-Dore, Chaudesaigues

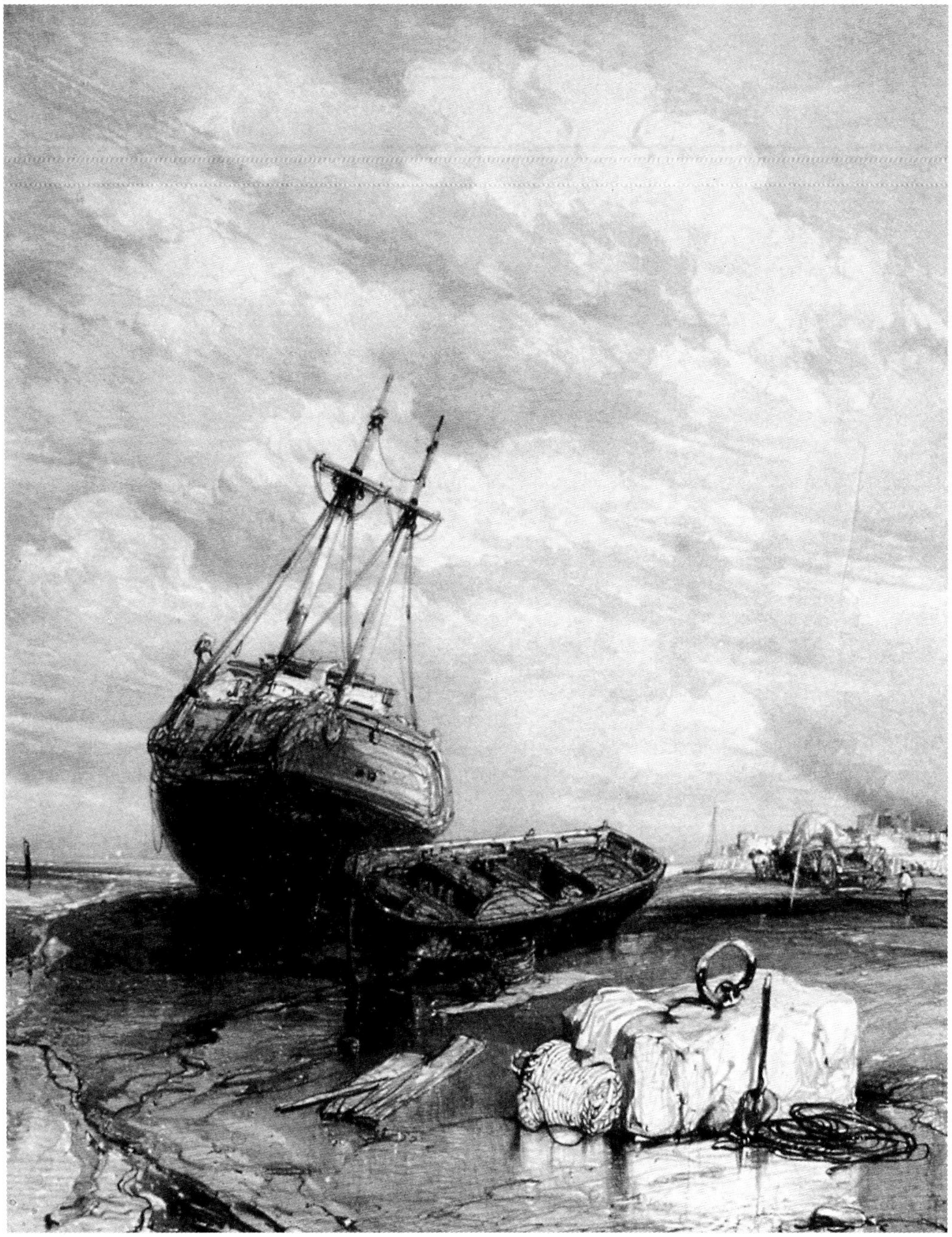

Eugène Isabey, *Marée basse*, sans date.

et Vichy [20]. Mais les sites sauvages de l'Auvergne n'attirent guère les baigneurs, séduits plutôt par les recueils consacrés à Bade (1836-1837), et aussi par ceux qui célèbrent les Pyrénées. Ceux-ci se multiplient, chaque année on en voit paraître au moins un [21], représentant les quatre stations à la mode : Pau, Bagnères-de-Bigorre, Eaux-Chaudes et Eaux-Bonnes ; après 1840, la commande est si abondante et si fructueuse que deux dessinateurs, Gorse et d'Andiran, s'installent à Pau, et se spécialisent dans les vues thermales de la région. Les eaux des Pyrénées éclipsent toutes les autres, bien que certaines tentatives de concurrence nous soient révélées par un album de Jacottet (1841) sur les bains de Lucques, et par plusieurs recueils de vues de ceux d'Allevard (1838-1845).

A celle des eaux succède bientôt la vogue des bains de mer. Les débuts de Dieppe, lancé par l'anglomanie de la duchesse de Berry, ont été maintes fois racontés [22], mais le succès de cette plage est un cas isolé, car en 1841 encore seuls prennent des bains de mer, selon le docteur Guilmin [23] : les scrofuleux, les gens menacés de cécité et ceux qui sont atteints de maladies nerveuses ; c'est parce qu'elle souffre d'une « affection nerveuse » que Virginie Aubain, la jeune fille d'*Un cœur simple* [24], va se baigner à Trouville. Les artistes, d'ailleurs, n'ont pas « lancé » la mer comme ils ont « lancé » certains sites, car la mer est difficile à peindre ; seules les tempêtes sont aisées à représenter, et c'est par elles qu'avaient commencé les peintres de marines du XVIIIe siècle [25] ; mais la mer plate, s'étendant au loin, effrayait les romantiques : « Nous avons toutes les peines du monde à peindre le calme des flots, disait Chateaubriand [26], à moins que nous n'y mêlions des souvenirs de terreur ; c'est ce dont on peut se convaincre par la description de ces calmes où l'on trouve presque toujours les mots de menaçant, de profond silence. » Les peintres de 1830 ont tourné cette difficulté en dessinant comme Isabey et Paul Huet des bateaux échoués sur le sable, comme Victor Adam le costume des pêcheurs et leurs caloges, comme Gudin, son élève Perrot et Morel-Fatio, des combats sur mer et d'effroyables tempêtes. Le premier, Mozin a donné vers 1835 ces « plages » selon la formule que reprendra Boudin : il avait découvert Trouville, qu'Alexandre Dumas allait mettre à la mode ; les lithographies de plage seront très nombreuses à l'époque du Second Empire ; avant ce temps, on ne peut guère citer que plusieurs « paysages maritimes » de Mozin (1842-1845) et quelques amusantes réclames pour Trouville, la Rochelle et le Croisic ; remarquons, d'ailleurs, que dans ces prospectus illustrés on ne vante pas la mer, mais le casino ; dans celui de Trouville, nous dit-on, on trouve quinze cents volumes de romans choisis, quatre grands journaux et un salon qui « offre un abri commode contre les ardeurs du soleil [27] ». Pour les côtes de Bretagne, elles ne devaient trouver des admirateurs qu'à partir de 1830 ; un tableau de Gudin exposé au Salon de 1830 apprit aux Français l'existence du Mont-Saint-Michel, ainsi que Grille de Bauzelin le raconte dans *L'Artiste* [28] ; mais nous avons dit que la vogue de la Bretagne ne commence guère qu'avec la vogue de Trobriant. Les lithographies de paysage qui avaient assuré la fortune des eaux thermales et celle des bains de mer se prêtèrent aussi à d'autres lancements : Lafitte, par exemple, lorsque, après avoir loti le parc du château de Maisons (1834), il y a créé un nouveau lieu de villégiature pour les Parisiens, commande à Pingret une suite de lithographies pour mettre à la mode cet endroit, et en 1838 l'album *Maisons-Lafitte* vante les petites maisons élevées par l'architecte Duval, les promenades dans la forêt, le mouvement suscité par l'arrivée de la diligence et celle du bateau à vapeur [29].

L'habitude de meubler le paysage de fabriques n'a pas disparu avec la Restauration ; mais le genre et le caractère de celles-ci s'est modifié. Les ruines, tout d'abord, ont généralement disparu, puis les églises ont changé d'aspect : ce sont maintenant des églises gothiques, en général du XVe siècle, avec des clés pendantes et des fenestrages flamboyants. Les maisons médiévales, d'autre part, remplacent les châteaux du XVIIe siècle ; les habitations à pans de bois, encore très nombreuses alors, connaissent une vogue inouïe, surtout après 1840 [30], tandis que les maisons romanes, peut-être moins pittoresques, sont négligées.
Les usines ont disparu, condamnées par les esthéticiens ; elles sont, en outre, éclipsées par d'autres constructions utilitaires plus nouvelles, notamment les ponts suspendus. Les revues d'art et les touristes se montrent enthousiastes à l'égard de ceux-ci ; Abel Hugo, dans sa *France pittoresque*, vante en termes presque lyriques celui de Beaucaire, long de cinq cent vingt mètres : « Les arcs de suspension posés sur chaque pile… ressemblent à des arcs triomphaux ; les chaînons sont formés de faisceaux de fil de fer et les balustrades en bois peint. Bien que la construction de ce pont soit simple et économique, son élégance égale sa solidité et son étendue [31] » ; « il n'est donc pas étonnant de voir la place considérable qu'occupent ces ponts dans le paysage des années 1840, avec leurs piles largement espacées et reliées par de longs câbles [32]. »
A côté de ces fabriques, d'autres apparaissent, plus intéressantes parce qu'elles portent en elles le germe du paysage moderne ; ce sont les maisons de paysans, ces sortes de cabanes au toit de chaume, au mur couvert de lierre qu'on voit dans les tableaux de Flers et de Cabat, ces rendez-vous rustiques de pêcheurs qui séduisent les « canotiers parisiens » de Daumier. Paul Huet en est sans doute le père, car on les trouve dans ses lithographies dès 1830 ; c'est là une réaction contre l'éternel gothique et contre le pittoresque, l'idée nouvelle se faisant jour qu'un site naturel se suffit à lui-même, idée que les peintres ont eue les premiers [33]. Là, en effet, les lithographes n'innovent pas, ils suivent simplement la mode, et ces maisons rustiques

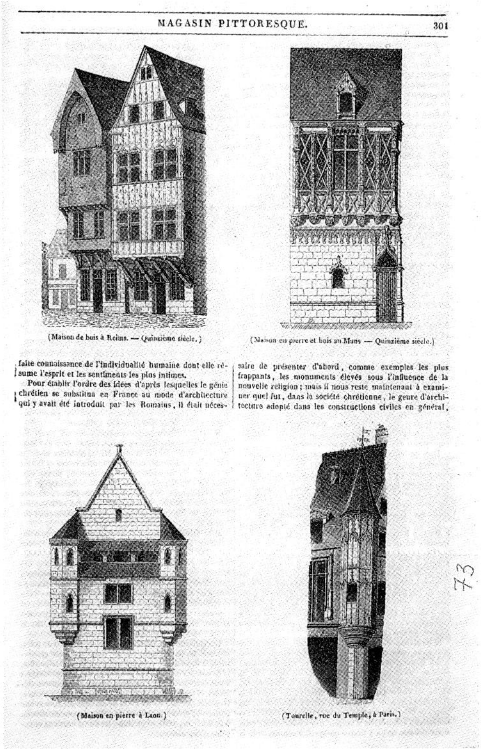
MAGASIN PITTORESQUE. 301

(Maison de bois à Reims. — Quinzième siècle.)

(Maison en pierre et bois au Mans — Quinzième siècle.)

faite connaissance de l'individualité humaine dont elle résume l'esprit et les sentiments les plus intimes.
Pour établir l'ordre des idées d'après lesquelles le génie chrétien se substitua en France au mode d'architecture qui y avait été introduit par les Romains, il était nécessaire de présenter d'abord, comme exemples les plus frappants, les monuments élevés sous l'influence de la nouvelle religion ; mais il nous reste maintenant à examiner quel fut, dans la société chrétienne, le genre d'architecture adopté dans les constructions civiles en général,

(Maison en pierre à Laon.)

(Tourelle, rue du Temple, à Paris.)

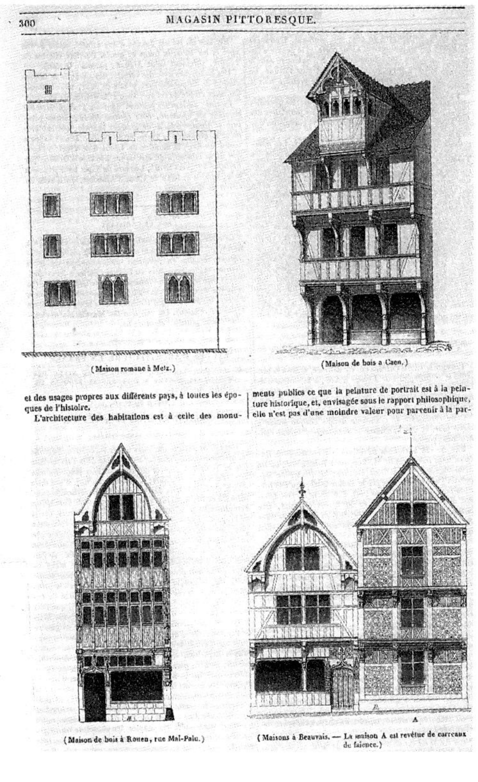
300 MAGASIN PITTORESQUE.

(Maison romane à Metz.)

(Maison de bois à Caen.)

et des usages propres aux différents pays, à toutes les époques de l'histoire.
L'architecture des habitations est à celle des monuments publics ce que la peinture de portrait est à la peinture historique, et, envisagée sous le rapport philosophique, elle n'est pas d'une moindre valeur pour parvenir à la par-

(Maison de bois à Rouen, rue Mal-Palu.)

(Maisons à Beauvais. — La maison A est revêtue de carreaux de faïence.)

Architecture civile du Moyen Age. Habitations particulières, 1840.
(Magasin pittoresque)

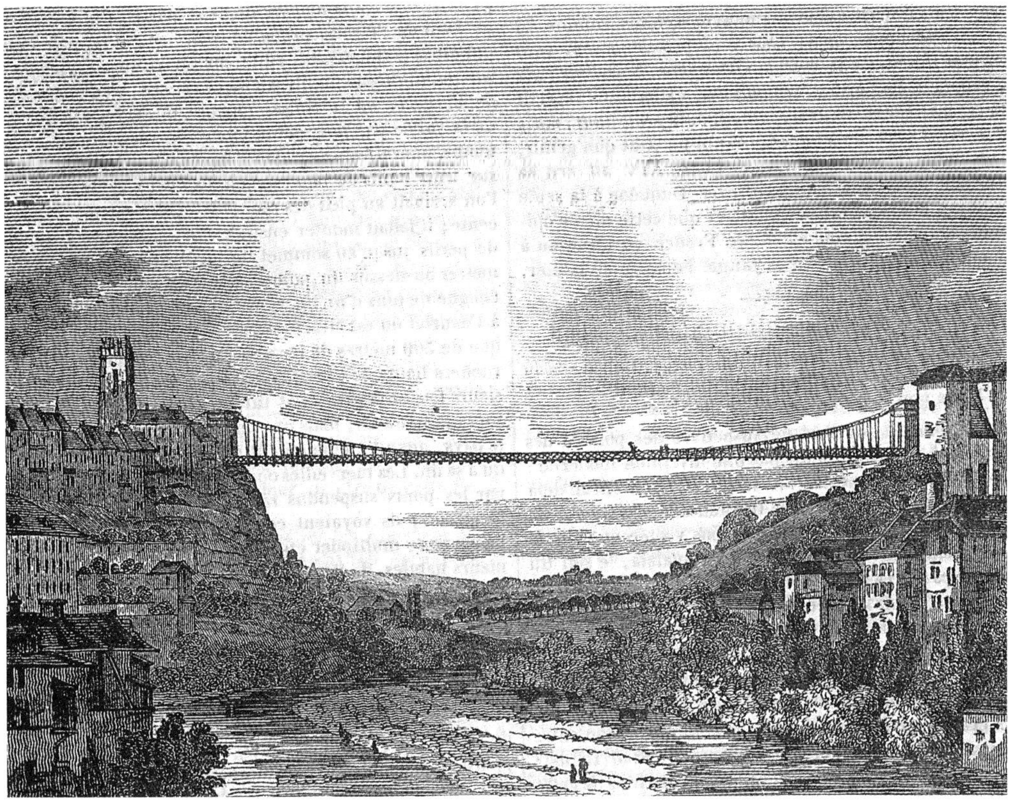

Vue du pont suspendu de Fribourg, en Suisse, 1837. *(Magasin pittoresque)*

n'auront auprès d'eux du succès qu'à partir de 1840 [34], et seulement un succès restreint.

Les paysagistes des années 1840, comme leurs devanciers, tout en se consacrant de plus en plus à la France, ont donné cependant un certain nombre de vues des pays étrangers. Là, comme pour les vues de France, une évolution se produit, et les régions qu'ils visitent ne sont pas toujours les mêmes qu'en 1820 ; à l'Angleterre, ils ajoutent l'Espagne, la Russie et surtout l'Orient.

L'Angleterre semble un peu délaissée après 1830 ; les légitimistes s'y rendent cependant : les vues d'Holyrood, palais moyenâgeux et sinistre où vit Charles X en exil, paraissent en très grand nombre, et le professeur de dessin du duc de Bordeaux, d'Hardivillier, fait tirer à un bon nombre d'exemplaires sa *Journée du jeune exilé.* Puis, en 1834-1835, plusieurs paysagistes, dont Sabatier et Jacottet, se rendent à Londres pour y voir des Constable, et surtout des Turner : ces pèlerinages ne se renouvelleront guère après 1840.

La Suisse fait sa réapparition après l'éclipse de la Restauration : on revoit les glaciers, et surtout les chalets [35] ; mais leur importance est toujours secondaire.

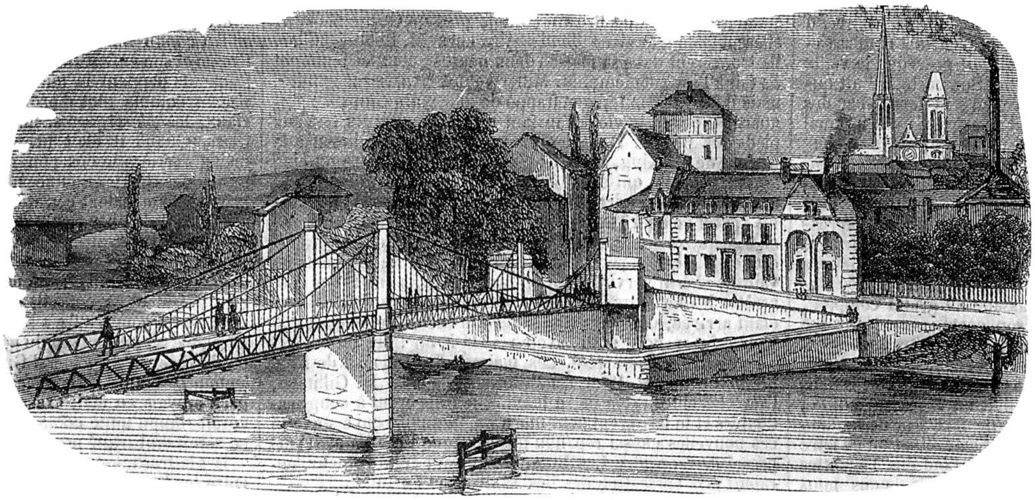

Nouveau pont suspendu construit à l'île Saint-Denis, 1845. *(L'Illustration)*

L'Espagne était restée presque inconnue des Français de la Restauration. Assurément, il y avait eu la campagne de 1823 où le duc d'Angoulême s'était distingué, et que les publications du capitaine Langlois et de Bacler d'Albe avaient célébrée ; mais ces vues de bivouacs et de quartier général ne pouvaient donner une idée du paysage ni des monuments d'Espagne. En 1832, la situation allait changer ; cette année, en effet, le roi Ferdinand VII fit appel à des Français pour travailler à la Lithographie royale,

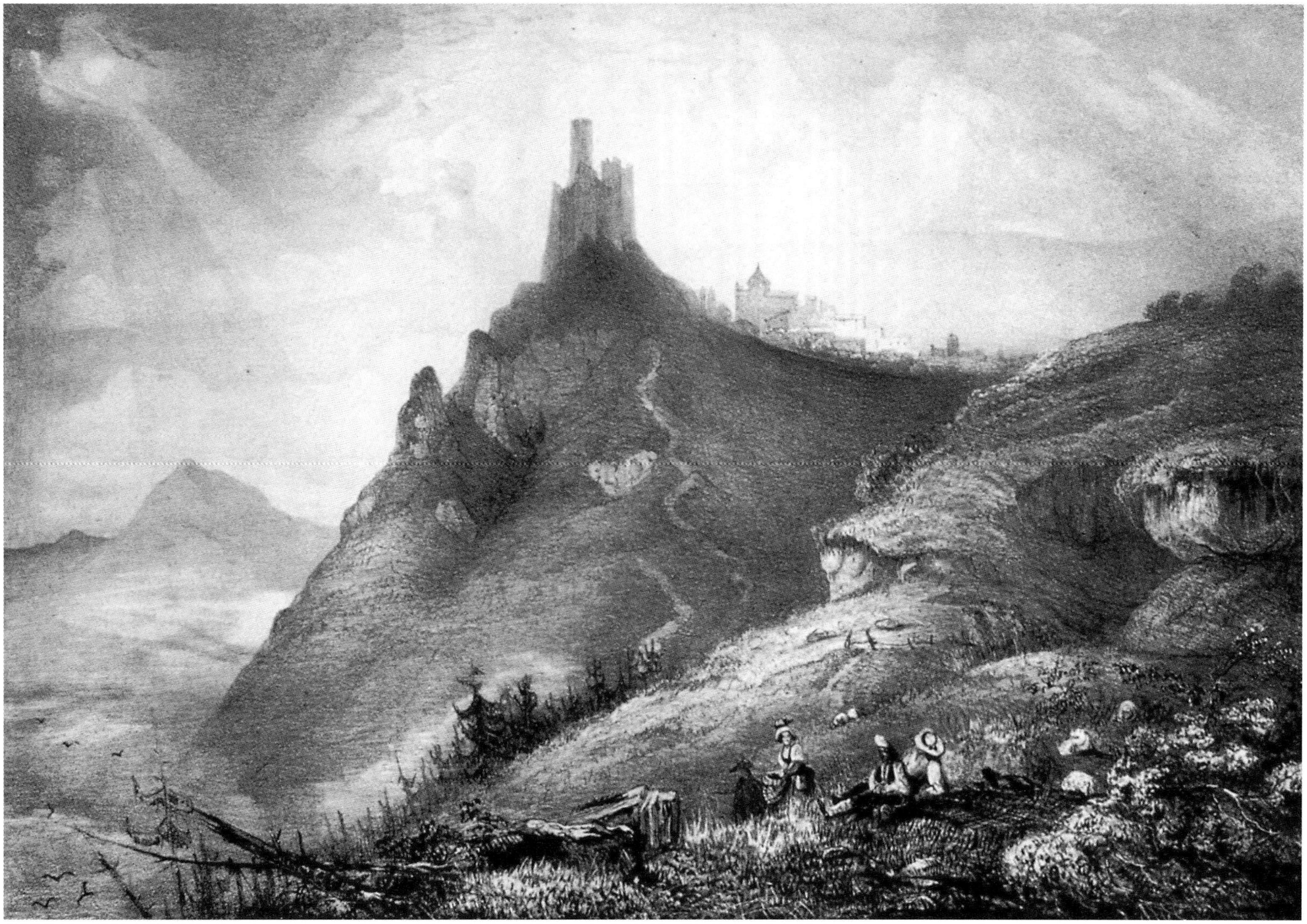

Paul Huet, *Château de Léotoing,* 1831.
(*Voyages pittoresques et romantiques dans l'ancienne France,* Auvergne)

et ceux-ci : Asselineau, Blanchard, Pic de Léopol, travaillent à Madrid sous la direction du peintre Brambilla ; ils lithographient les châteaux royaux et des vues de Madrid. En 1832 aussi, Girault de Prangey fait un grand voyage en Espagne ; il dessine sur place les monuments « arabes et moresques » de Grenade, Cordoue et Séville. Peut-être cette révélation de l'Espagne par les recueils de Girault de Prangey (1836) a-t-elle suscité la vogue de ce pays, qui aboutit en 1837 par l'ouverture à Paris du Musée espagnol ? Quoi qu'il en soit, l'amour de l'Espagne fut entretenu encore par la publication en 1842, chez Hauser, des beaux recueils de l'*España Artistica* de G. P. de Villa-Amid. La Russie rappelait aux Français de 1820 de trop tristes souvenirs pour qu'ils songeassent à en retracer l'aspect ; seuls Faber du Faur et Bacler d'Albe ont tenu à publier des recueils où, d'après leurs propres souvenirs, ils évoquaient la retraite des soldats de Napoléon. Cependant, après 1830 la Russie devient à la mode ; les suites qui en représentent quelques aspects deviennent assez nombreuses ; elles sont exécutées soit d'après des croquis envoyés à Paris par les grands seigneurs ou les artistes russes : le prince Gagarine, Tchernetsow et Macklow, soit par des Français qui ont fait un séjour à Moscou ou à Saint-Pétersbourg, comme Chapuy ou Van der Burch. Dans ces différentes suites, on est étonné de ne trouver ni le caractère exotique des villes, ni l'aspect si particulier de la steppe russe ; ce ne sont généralement que des vues de monuments des grandes capitales ; or, ces monuments étant presque tous élevés par des architectes français ou des élèves russes de Ledoux, les vues de Russie ne pouvaient que décevoir les Français du XIXe siècle. Seul des dessinateurs, Raffet fit un grand voyage ;

avec le prince Demidoff il alla jusqu'en Crimée, et son recueil (1840) est le seul à présenter une véritable couleur locale.

La Pologne captive après 1831 avait toutes les sympathies du peuple français, qui avait accueilli un bon nombre de ses enfants [36], et, pour profiter de cet attendrissement général, les éditeurs d'estampes publièrent quelques suites des vues de ce pays ; mais leur caractère sommaire, leur imprécision (toute naturelle, puisqu'elles n'étaient pas faites d'après nature) ôtèrent toute portée artistique à cette manifestation politique. Un voyage en Suède (1843) et un en Scandinavie (1848) sont encore à citer, mais non pas à retenir, de même que les ouvrages sur l'Amérique : sur le Brésil celui qui est fait d'après les croquis de Taunay (1833) ; sur le Mexique d'après ceux de l'architecte Nebel (1836) ; sur le Niagara par le médiocre Blouet (1837) ; de tous ces derniers, il faudrait répéter ce que nous avons dit pour l'époque précédente, leur intérêt assez mince, malgré leur nouveauté apparente ; rappelons le sentiment d'un critique de 1844 : « MM. Lapito, Giroux, Hostein… ne sont pas revenus de ce pays qui est tour à tour la France, l'Espagne, l'Italie et l'Égypte, avec les mêmes arbres, les mêmes eaux, le même soleil [37]. »

Plusieurs artistes, cependant, avaient tenté de leur montrer le chemin en s'attaquant à la tâche ardue de représenter « des terrains enflammés sous le ciel bleu, c'est-à-dire plus clairs que le ciel [38] ». Decamps, d'abord, qui, selon le mot de Fromentin, avait pensé qu'avec beaucoup d'ombre il pourrait traduire un peu de soleil ; sur le mur clair de ses corps de garde exotiques, il avait fait ressortir de vigoureuses silhouettes sombres [39]. Eugène Isabey avait tenté autre chose ; parti dessiner le désert africain en 1830, il avait voulu en rendre l'atmosphère grise, comme saturée de poussière ; dans sa lithographie qui représente le camp de Staoueli (1831), derrière des tentes blanches s'étend un immense horizon grisâtre et poudreux qui se confond presque avec le sol. Mais les indications subtiles de ces chefs de file n'avaient pas été suivies par leurs élèves, que des effets plus faciles pouvaient satisfaire : il n'y aura pas d'effort exotique dans la lithographie de paysage.

NOTES

1. *Promenades dans Rome*, I, p. 17.

2. Parfois des monuments funéraires (1821, 1824).

3. Jolimont (*Description… du Calvados*, 1825, p. 42) raconte que l'église Sainte-Paix de Caen a été achetée par un peintre, M. Floriot, « que son goût pour la peinture rendait amateur des fabriques pittoresques » et qui, au lieu de la faire restaurer, la laissa tomber en ruines, venant souvent devant ses arcades rompues « exercer son art et se livrer à la méditation ». Les archéologues ne le désavouaient pas et Caumont écrivait (*Journal de Rouen*, en 1829) : « Les ruines considérées sous le rapport pittoresque sont d'une ordonnance plus magique dans un tableau que les monuments dans leur entier. »

4. Bouton le dirigea avec Daguerre de 1823 à 1830. L'influence des panoramas sur la représentation des paysages a été notée par M. Focillon ; ajoutons un exemple qui en fera sentir l'importance : une lithographie de Charlet représente la foule se pressant au diorama devant une vue du port de Boulogne, et, selon la légende imprimée, on reconnaît parmi les curieux un artiste « dont l'imagination s'exalte et s'anime à la vue de nouveau chefs-d'œuvre de MM. Daguerre et Bouton ». L'influence s'exerce aussi en sens inverse, car le cosmorama expose en 1830 un Tombouctou d'après Caillé et le diorama une vue de Venise d'après Bonington.

5. De ce souci de conservation du souvenir tout au moins des monuments, nous avons donné de nombreuses preuves ; ajoutons pour les châteaux quelques exemples : la *Vue du château de Saint-Chamond, dess. d'après nature en 1787 et détruit depuis par les Vandales révolutionnaires.* lith. de T. F., vers 1830 ; *Vue de l'ancien château de Joinville, d'après un plan dressé en 1749… que possède M. Boitel à Joinville*, lith. an. Chaumont, impr. Thériat, vers 1840 ; *Châteauroux en 1784*, lith. par I. Meyer d'après une aquarelle faite par L. Bataille en 1784, Paris, 1849 ; des lithographies de Tripon d'après Baluze (1837) et de L. Bonnaire d'après Chatillon (1843). On aboutit ainsi aux restaurations (souvent hasardeuses) de Pernot (1833, Saint-Dizier ; 1839, Paris).

6. C'est une forme de ce paysage historique cher aux lithographes de la Restauration et dont le meilleur exemple est peut-être l'ouvrage de Meliand, qui donne l'image des sites de la Vendée

rendus célèbres par la guerre des chouans. On peut y rattacher les nombreuses lithographies qui montrent un paysage « au moment où » il se passe quelque scène touchante : la *Vue de la porte Saint-Cyprien de Tours au moment de l'entrée dans cette ville de S. A. R. Madame... présentée, dédiée, et remise à cette Auguste Princesse par Anne Commas, femme Guibal* (1828) ; *La duchesse arrivant à Saint-Florent-le-Viel*, par A. Noël (1823) ; *La dauphine arrivant au Pont-du-Gard*, par Jusky, etc.

7. W. Pyne, *Microcosm, ou dessins de figures et de... manufactures pour l'embellissement du paysage*, 1814. Dawson Turner parle aussi du pittoresque des usines ; cf. *Account of a tour in Normandy*... Londres, 1820, I, p. 47.

8. *Lettres sur la Suisse*, 1825-1830. Même idée chez Blancheton et chez l'abbé Michon (*Statistique de la Charente*. Paris, 1844, p. 333) : « Si l'économiste blâme le luxe des fabriques destinées aux modestes spéculations de l'industrie, l'archéologue, l'homme de l'art, ne peut que féliciter son pays du goût de ces constructions. » Qu'on pense à François Bonhommé, qui commence dès 1836 son *Histoire pittoresque de l'industrie*, et à ses vues d'usines où des ouvriers travaillent.

9. Numéro du 20 juillet. Voir aussi, par exemple, *Auvergne et Provence. Album*..., vers 1848, p. 4.

10. Notons, cependant, quelques usines lithographiées à Mulhouse par R. Hubert (1836), à Lyon par J. P. V. (1837), à Nérac par Sabatier et dans l'Indre par L. Schérer (1850).

11. Les glacières de Suisse révélées par la *Bergère des Alpes* de Marmontel (1759) et la *Nouvelle Héloïse* de Rousseau (Mornet, *Sentiment de la nature*, p. 50-59) avaient connu un regain de célébrité avec les séjours de la cour impériale aux eaux d'Aix ; cf. les gouaches de Turpin de Crissé, publiées par J. Bourguignon (1807).

12. *Mémoires d'outre-tombe*, éd. Biré, V, p. 571. Sentiment déjà exprimé dans le *Voyage au mont Blanc*, publié en 1805 et réédité en 1827. L'opposer à la conception du XVIIIe siècle, si profondément entrée dans les mœurs que Brissot lui-même peut écrire : « Placez-moi en face des Alpes, de leurs torrents, de leurs sommets blanchis, je ne tiens plus à la terre, je suis loin de mon corps... » (*Mémoires*, I, p. 228 ; cité par Monglond, *Préromantisme*, II, p. 270).

13. Noter aussi, cependant, quelques voyages au bord du Rhin (à Heidelberg et Francfort ; les Allemands en publient bien plus que les Français). On peut dire que l'Allemagne aurait été ignorée des premiers romantiques sans M. de Graimberg ; celui-ci, un amateur né en 1774 près de Château-Thierry, s'était installé en 1810 à Heidelberg et, périodiquement, il publiait un recueil de vues de cette ville hautement romantique. M. de Graimberg était une curiosité et les touristes allaient lui faire visite dans les ruines du château où il vivait en compagnie d'un paon (*Magasin pittoresque*, 1835, p. 93).

14. On peut dire la même chose pour l'*Inde française* de Géringer et Burnouf et la *Chine* de Malpière (1827).

15. En 1800 déjà, désigné pour accompagner une expédition aux terres australes, il était tombé malade en route et s'était arrêté deux ans à l'île de France, d'où il avait rapporté un album paru en 1812. Voir sur lui une *Notice* de Jules Janin. Paris, 1840.

16. *Dessins de Charles Lesueur* (conservés au Musée du Havre) *exécutés aux États-Unis*, publiés avec une introduction de M. Jean Guiffrey. Paris, vers 1930. Clarac visite le Brésil en 1816-1817 ; il en rapporte la matière d'un recueil qu'il ne publie pas ; une seule vue fut gravée par Fortier, à qui elle coûta trente mois de travail (Salomon Reinach, *Répertoire... de la statuaire*..., I, p. XXIII).

17. Sur ces vues et le secours que leur apportait la photo, voir le célèbre Daumier : *Nadar élevant la photographie à la hauteur de l'Art* (1862).

18. N. Martin, *L'Artiste*, 1844, p. 10.

19. Et le *Keepsake illustré du chemin de fer de Paris à Bordeaux*, Blois, vers 1845 (lith. par Deroy, Philippe et Félon).

20. Autres albums sur Vichy en 1846, 1849 et années suivantes ; sa vogue succède à celle des Pyrénées.

21. 1835, Jacottet ; 1836, Fourcade ; 1837, d'Andiran ; 1849, Hostein ; 1840, Mlle Sarrazin de Belmont ; 1841, Paris ; 1842 à 1845, autres nombreux. Ils ont tant de succès qu'on les vend encore vers 1870. Le *Guide Joanne* des Pyrénées (éd. de 1868, p. 143, 322, 406) indique à Pau et à Bagnères des libraires qui tiennent ces publications, que celles de Ciceri et de V. Petit sont venues compléter sans les éclipser.

22. Voir, notamment, Jules Berthault, *Villégiatures romantiques*. Paris, Le Goupy, 1927, p. 59 et suiv., et les *Croquis de Dieppe* de Victor Adam (1829).

23. *Observations pratiques sur les bains de mer*. Nantes, 1841, in-12.

24. Flaubert, *Trois contes*. Paris, 1877, p. 20-24.

25. Sur les marines au XVIIIe siècle dans la littérature (Bernardin de Saint-Pierre) et la peinture, cf. Mornet, *Le Sentiment de la nature*..., p. 289-290.

26. *Lettre sur les paysages*, dans les Mélanges... Paris, 1829, p. 9.

27. *Bains de mer de Trouville près Honfleur*, placard avec lithographie, juin 1838.

28. II (1831), p. 169, avec lithographie par Deroy. Là encore les artistes ont célébré le site avant que les archéologues ne le décrivent, puisque l'*Histoire pittoresque du Mont-Saint-Michel* de Max Raoul n'a été publiée qu'en 1833, et celle de Desroches en 1838.

29. Après ces lithographies publicitaires artistiques, il faut évoquer les lithographies purement commerciales ; la lithographie, en effet, a beaucoup servi pour la réclame et aussi pour conserver le souvenir de faits ou de monuments : rappelons les prospectus d'hôtels et de cafés, ceux des maisons à vendre, des maisons de santé et des collèges ; les planches, enfin, qui ont eu une grande vogue après 1830, représentant les séminaires et les institutions religieuses.

30. 1835, Challamel ; 1839, *Le Vieux Paris* de Pernot ; *Magasin pittoresque*, 1840, p. 299-304 ; 1841, *Études* de Lefranc ; 1842, *Souvenirs* de Néris ; 1847, *Méthode de peinture à la gouache* d'Hubert, etc. On notera que les premiers volumes de Taylor avaient essayé de mettre ce genre de maisons à la mode, et que Victor Hugo en avait dessiné une à Genève en 1825 (R. Escholier, *V. Hugo artiste*, p. 56).

31. II (1835), p. 38. Aussi le *Journal des Artistes* du 1er novembre 1835 et l'*Itinéraire du Bugey* d'H. de Saint-Didier (1837, p. 115).

32. *Pont de fer construit à Paris chez M. Delessert*, 2 lith. de Villeneuve, avant 1829 ; *Pont suspendu sur le Rhône entre Beaucaire et Tarascon vers 1829*, 2 lith. (une de Léandre Giacconde, autre de C. Morel) ; 1834, *Pont Louis-Philippe sur le Gard. Montpellier*, impr. Magny ; 1835, *Pont suspendu de Fribourg*, lith. par Perrot ; *Vue de l'île Barbe et du pont en chaînes de fer forgé construit sur la Saône*... lith. par Guindraud, fig. par V. Adam ; vers 1838, *Vue du pont de Condrieux sur le Rhône*. Lyon, impr. Robin ; 1839-1841, une dizaine de lithographies représentent le *Pont suspendu de Cubzac* ; 1841, *Pont en fer de la Haute-Chaîne à Angers*, etc. Les graveurs sur bois, eux aussi, tiennent à reproduire les ponts suspendus de l'île Barbe (cf. *Magasin pittoresque*, 1833, p. 96, 311 ; 1834, p. 557 et 558 ; 1837, juillet).

33. M. Dorbec a justement relevé l'importance d'un tableau du Salon de 1801 : « Prairie qu'on fauche terminée par un rideau de petits arbres », par Bidauld (*Art du paysage*, p. 18).

34. 1833, *Cours de paysage* de Jacottet ; 1838, *Études* d'Édan ; 1841, *Cours de paysage* de Bichebois, *Études* de Van der Burch, *Croquis* de Clerget ; 1842, *Études* de Lefranc, et *Canotiers* de Daumier...

35. Chapuy (1835) ; Muller, *Études progressives*, 1848, etc... Étude sur eux dans la *France pittoresque* d'Abel Hugo (1835, II, p. 118).

36. Rappelons les dessinateurs polonais que nous avons signalés représentant avec une saveur particulière les aspects de notre Provence.

37. *L'Artiste*, 1844, p. 163.

38. Dorbec, *L'Art du paysage*, p. 134.

39. Les premiers « Africains », le commandant Leblanc et Wachsmuth, avaient profité des leçons de Decamps ; Raffet aussi *(Portes de fer)*, avec ses grappes de soldats noirs à l'escalade, ancêtres des foules qui grouillent chez Doré.

Style et technique

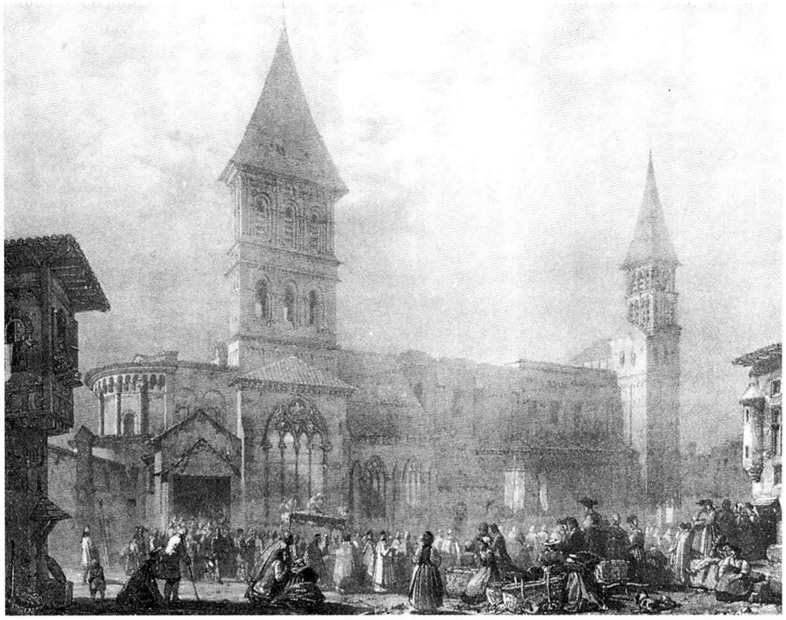

Richard Parkes Bonington, *Vue générale de l'église de l'abbaye de Tournus,* 1825.
(*Voyages pittoresques et romantiques dans l'ancienne France,* Franche-Comté)

Chacun de ces paysages que nous venons d'évoquer offre un intérêt, au moins par le sujet qu'il représente ; mais tous n'ont pas une égale valeur artistique, c'est pourquoi il convient maintenant de rechercher quels ont été les meilleurs paysagistes, ce que chacun d'eux a apporté, de distinguer les maîtres des élèves et d'étudier le mode de propagation des influences.
En 1817, lorsque paraissent les premiers recueils de paysages, on peut dire qu'il y a des lithographes, mais qu'il n'y a pas encore de lithographie. En effet, les premiers artisans ne savent rien tirer de leur pierre ; leur couleur est tantôt un blanc trop cru et trop éclatant, tantôt un blanc grisâtre assez rebutant ; le dessin est timide et gauche ; les sujets, d'autre part, sont souvent mal choisis, et comme au hasard. Le paysage, pour un Évariste Fragonard ou un Pernot, n'est qu'un prétexte à montrer des scènes attendrissantes ou macabres dans un décor de ruines, ou dans le cadre d'un parc anglais ; pour un Constant Bourgeois ou un Pingret, il consiste à grouper de façon artificielle dans un horizon largement étendu (selon les leçons de Valenciennes) des arbres, des usines, des châteaux. On peut dire vraiment que la lithographie de paysage tâtonne jusqu'à la publication du premier volume des *Voyages pittoresques* de Taylor, c'est-à-dire jusqu'à l'apparition des premières planches de Bonington.
Bonington [1], fils d'un de ces dessinateurs de vues anglais que nous avons vu jouer un rôle important à l'origine des *Voyages pittoresques*, avait quitté son pays natal à l'âge de seize ans, en 1818. Installé d'abord à Calais où il se liait avec Francia, il était bientôt venu s'installer à Paris. Taylor, en lui confiant quelques lithographies, avait, par une divination admirable, trouvé l'artiste qui allait rendre universellement célèbres les gros volumes de ses *Voyages pittoresques*. La part de Bonington n'y est pourtant pas considérable : une quinzaine de lithographies éparses dans les deux premiers recueils, mais elle a été suffisante, puisque, par ses résonances, elle a créé le genre et l'expression qui allaient avoir cours pendant cinquante ans. Bonington, en effet, a fixé les thèmes qui seront ceux du paysage pittoresque jusqu'à sa fin (Taylor aussi a eu, naturellement, une part dans ce choix) ; mais surtout il a créé le style qui permettra de les rendre : ses lithographies lumineuses, avec les gris nacrés qu'y note M. Laran, s'ajoutant à des blancs et à des noirs jamais opaques, créent une palette complète et nuancée.
Delacroix disait, en parlant de Bonington : « Il y a terriblement à gagner dans la compagnie de ce luron-là [2] », et ce fut aussi le sentiment de tous les paysagistes romantiques. Eugène Isabey,

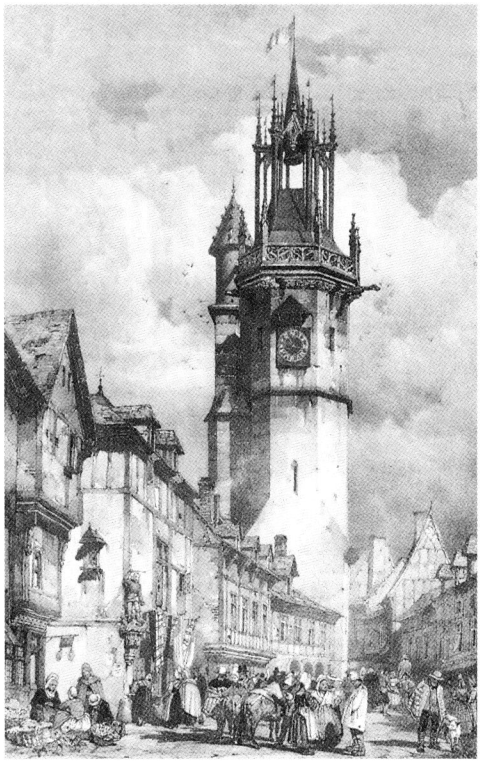

Richard Parkes Bonington, *Tour du Gros Horloge sous la domination des Anglais en 1417, à Évreux,* 1824.
(*Voyages pittoresques et romantiques dans l'ancienne France,* Normandie)

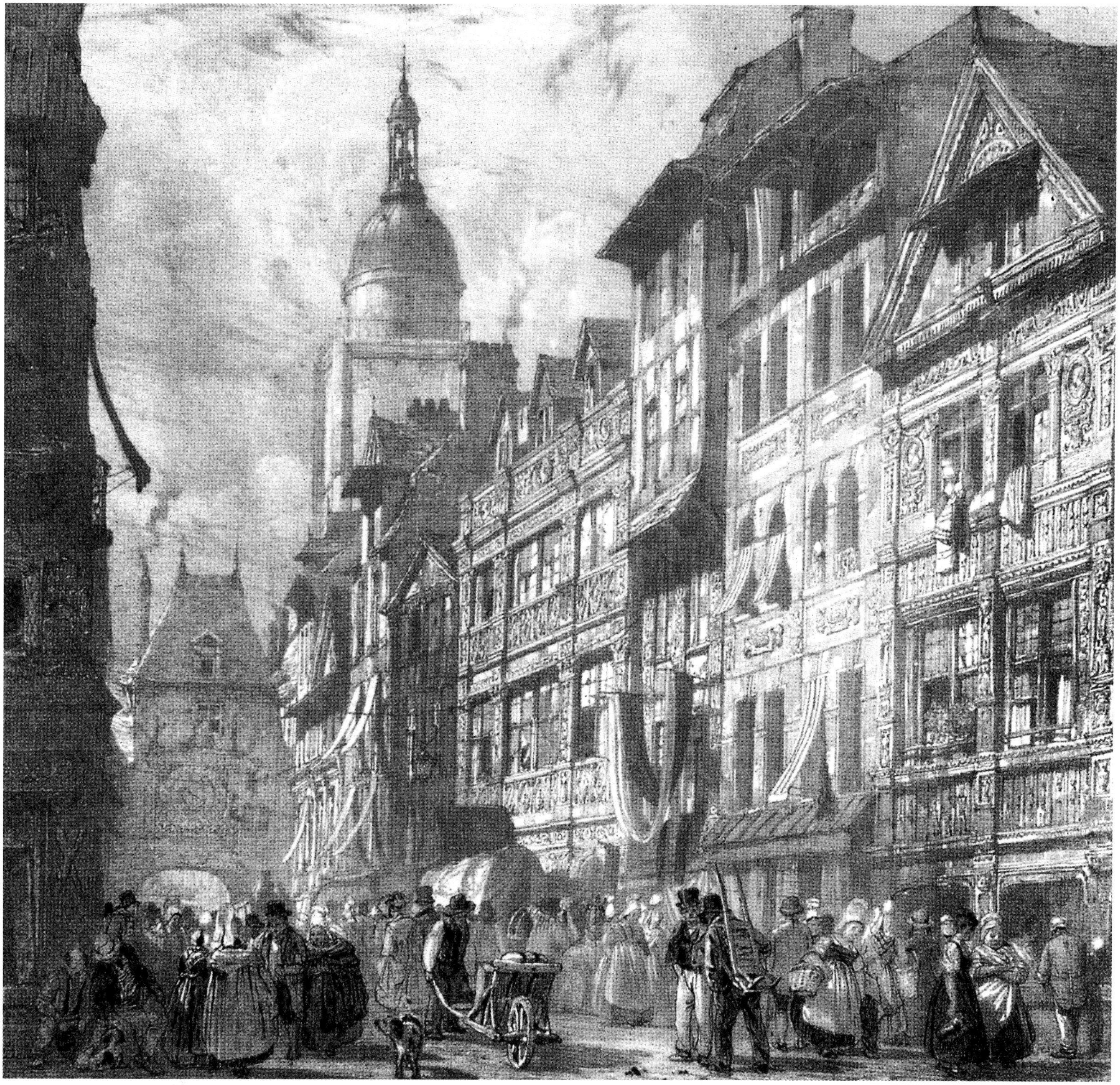

Richard Parkes Bonington, *Rue du Gros Horloge, à Rouen,* 1824.
(*Voyages pittoresques et romantiques dans l'ancienne France,* Normandie)

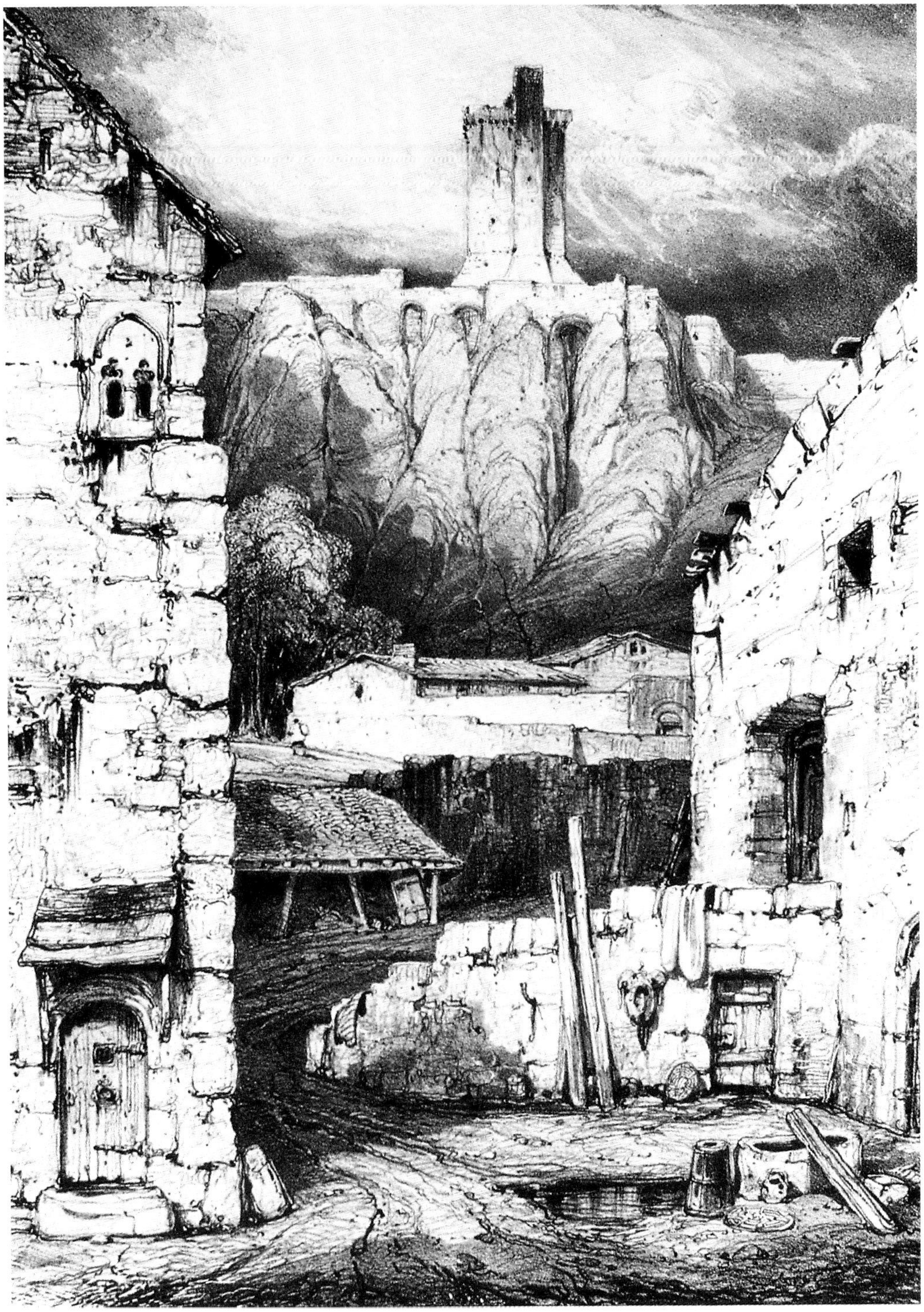

Eugène Isabey, *Donjon du château de Polignac,* 1830.
(*Voyages pittoresques et romantiques dans l'ancienne France,* Auvergne)

tout particulièrement, se fit le disciple du jeune Bonington ; ses bateaux échoués sur un rivage que bordent de vieilles maisons ventrues et des églises aux clochers aigus procèdent directement des œuvres de son ami anglais.

Mais Isabey crut devoir abandonner les gris délicats pour des noirs violents, souvent moins heureux. Isabey est le père de toute une lignée de marinistes, qui va de Lepoittevin et Roqueplan au médiocre Gudin et à ses élèves [3] ;

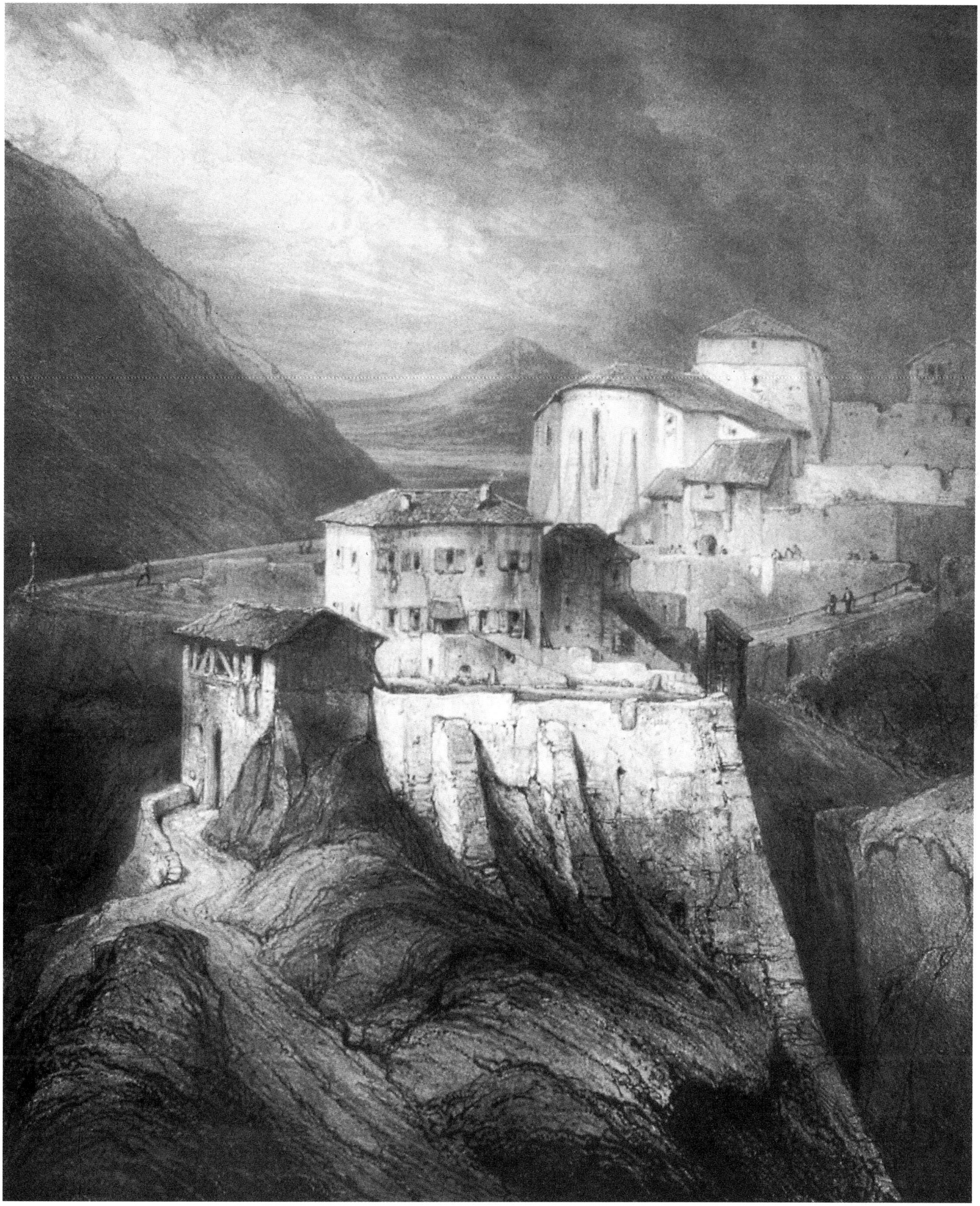

Eugène Isabey, *Église Saint-Jean, à Thiers,* 1831. (*Voyages pittoresques et romantiques dans l'ancienne France,* Auvergne)

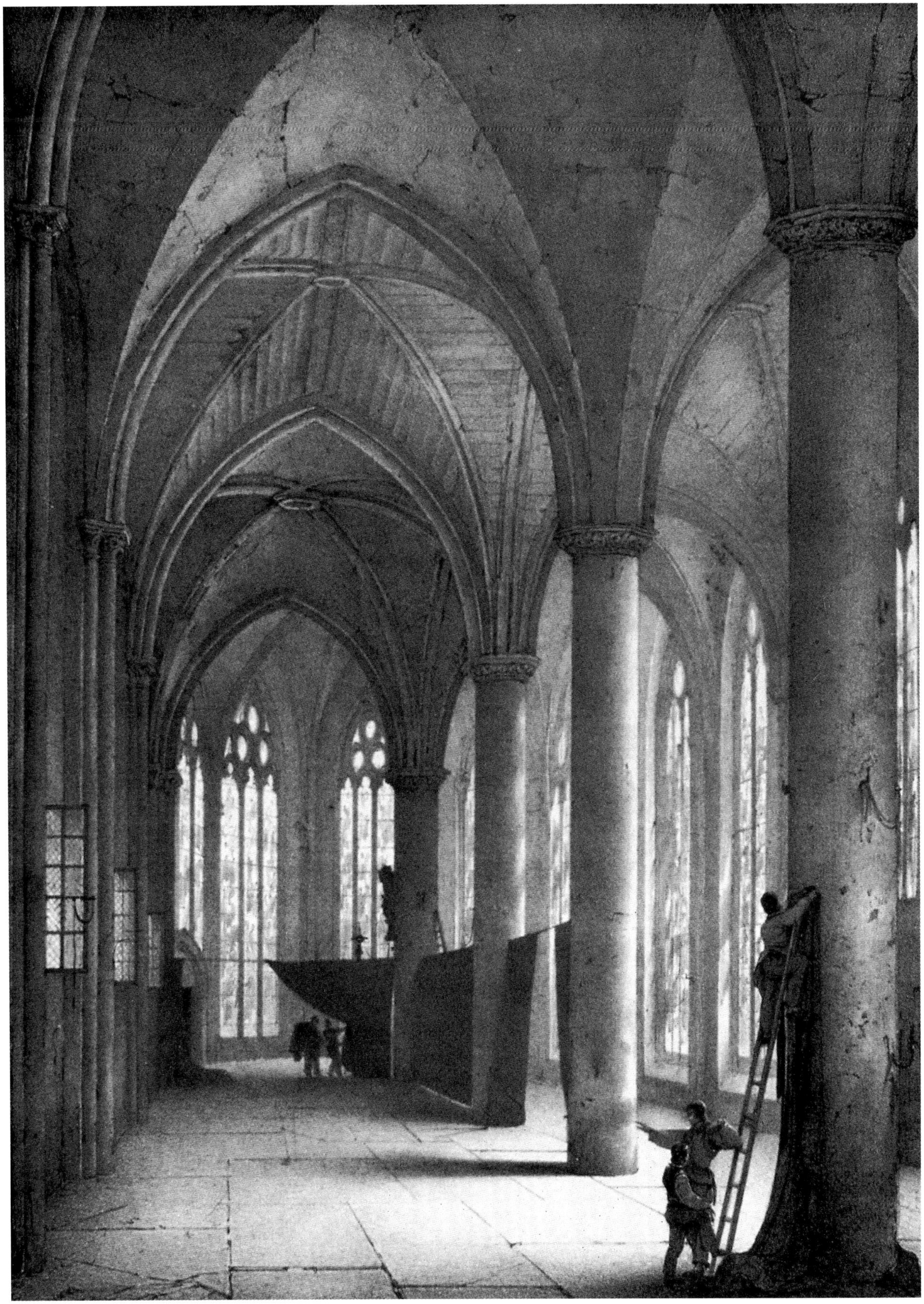

Charles-Marie Bouton,
Intérieur de l'église des Jacobins, à Toulouse, 1833.
(*Voyages pittoresques et romantiques dans l'ancienne France,* Languedoc)

les violentes oppositions d'ombre et de lumière qui lui sont chères viennent peut-être, d'autre part, de Piranèse par l'intermédiaire de Granet [4]. Paul Huet, qui commence à produire vers 1829, apporte, lui aussi, une note nouvelle à la lithographie de paysage par son emploi systématique de la « manière noire lithographique ». Un Deroy (à son tour imité par Sorrieu), un Jacottet se sont montrés, le premier surtout, très sensibles à ce procédé que les recherches d'Orschwiller (1829) [5], de Tudot [6] (1832), de Joly [7] vont perfectionner et vulgariser.

Leur maître à tous est Decamps, qui n'a fait qu'une dizaine de lithographies, mais leur a montré le chemin dès 1824, et a exercé, vers 1830 et dans les années suivantes, une influence considérable, à la fois par l'accent gras et ferme de son trait, par l'autorité de la tache de couleur, et par sa conception violente et vivante de l'Orient.

Puis, vers 1835, se fait sentir l'action des gravures et aussi des toiles de Turner. Ce phénomène, qui semble au premier abord assez inattendu, s'explique si l'on songe que les artistes français passaient facilement la Manche, et qu'à Londres, où ils ne manquaient pas de se rendre, des expositions dont les journaux français rendaient compte [8] avaient révélé plus d'une toile de Turner. Il n'est donc pas surprenant de voir Jacottet, qui va en Angleterre en 1835, et lithographiera une vue de Florence d'après lui, se souvenir quelque temps des leçons de Turner. Dans le même temps, Tirpenne tire d'un croquis de Chapuy une vue de Naples assez turnérienne. A Huet, les critiques reprochent, sans trop de lucidité semble-t-il, de copier aussi les Turner.

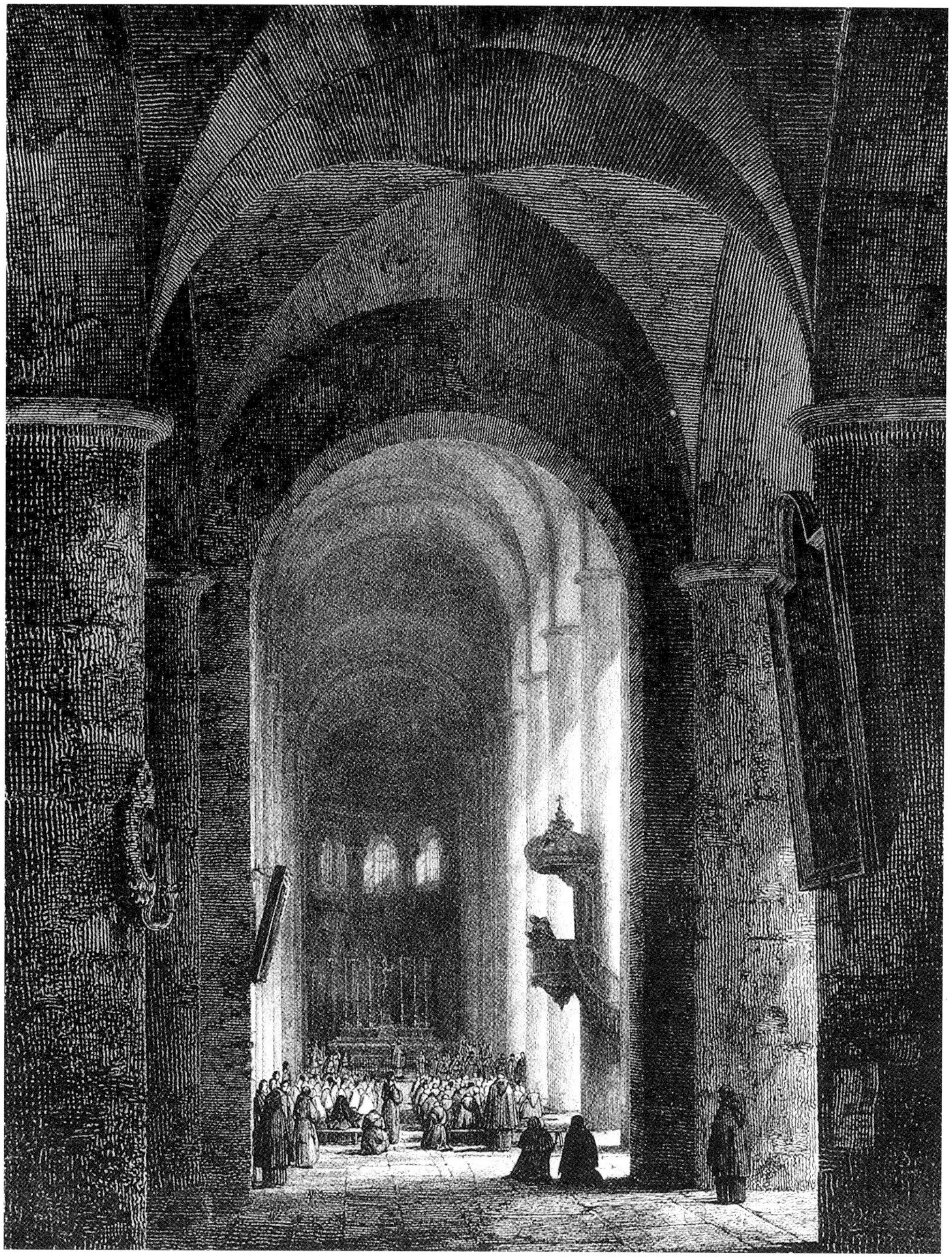

François-Marius Granet, *Intérieur de l'église de l'abbaye de Tournus*, vers 1825.
(*Voyages pittoresques et romantiques dans l'ancienne France,* Franche-Comté)

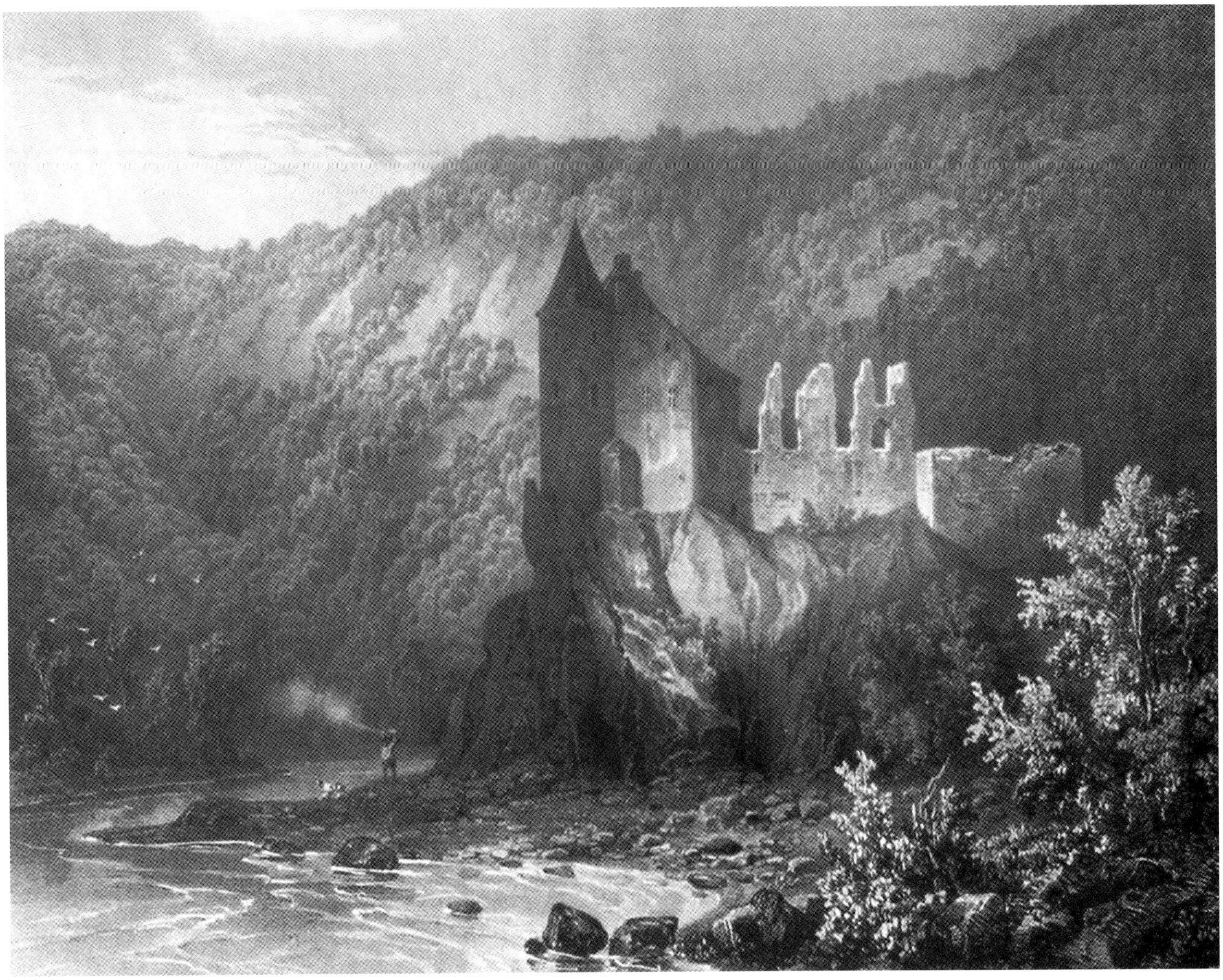

Isidore Deroy, *Château de Voulte Polignac,* 1831. (*Voyages pittoresques et romantiques dans l'ancienne France,* Auvergne)

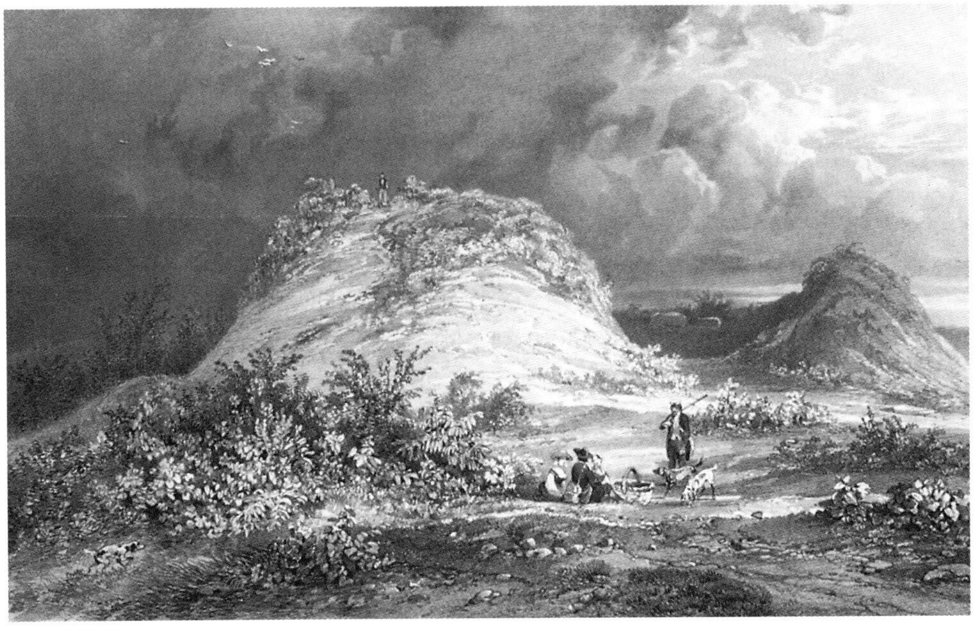

Julien Jacottet, *Ruines du château d'Artus, près de Huelgoat*, vers 1846. (*Voyages pittoresques et romantiques dans l'ancienne France,* Bretagne)

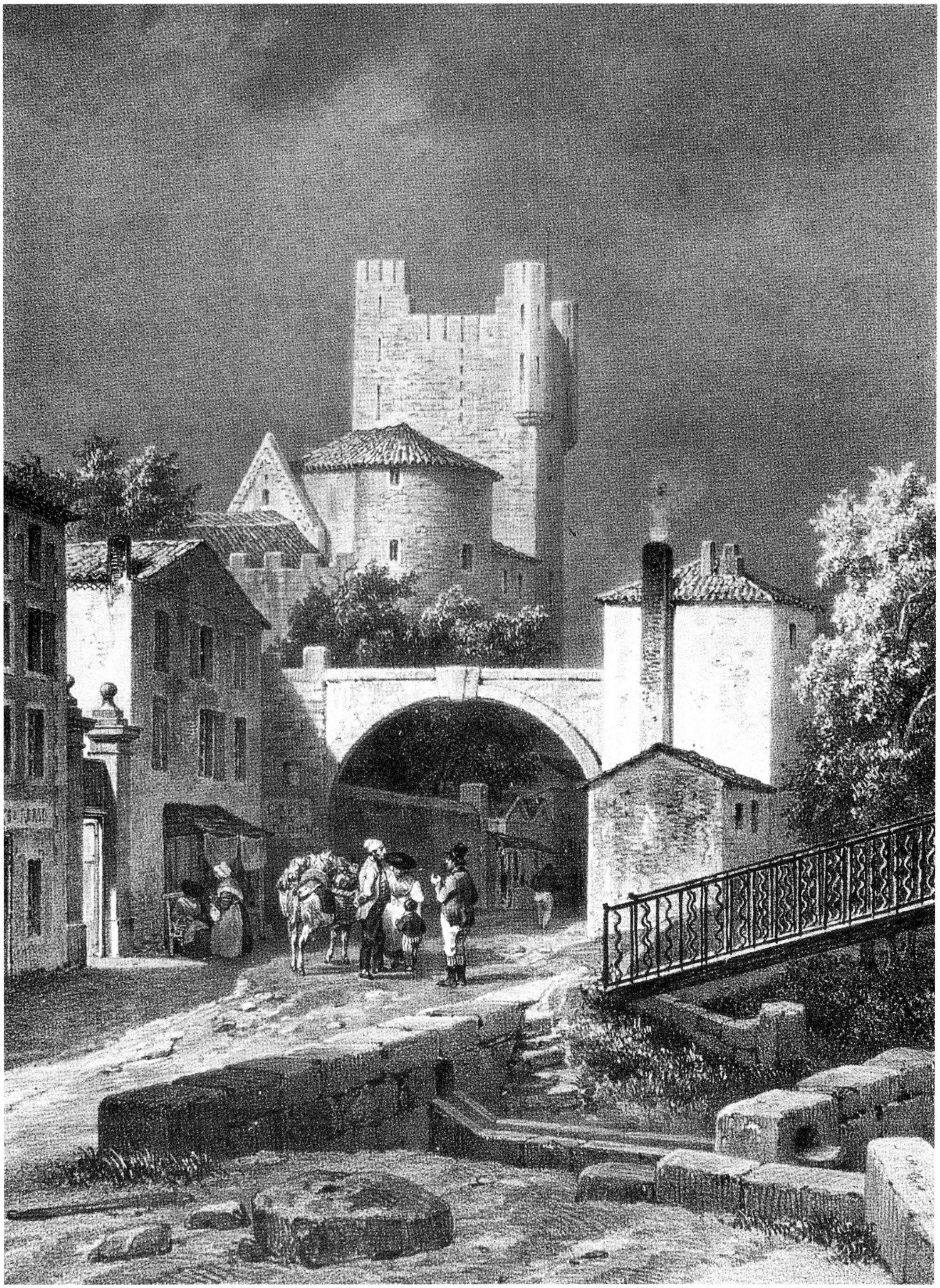

Isidore Deroy,
Tour du palais archiépiscopal, à Narbonne, 1834.
(*Voyages pittoresques et romantiques dans l'ancienne France,* Languedoc)

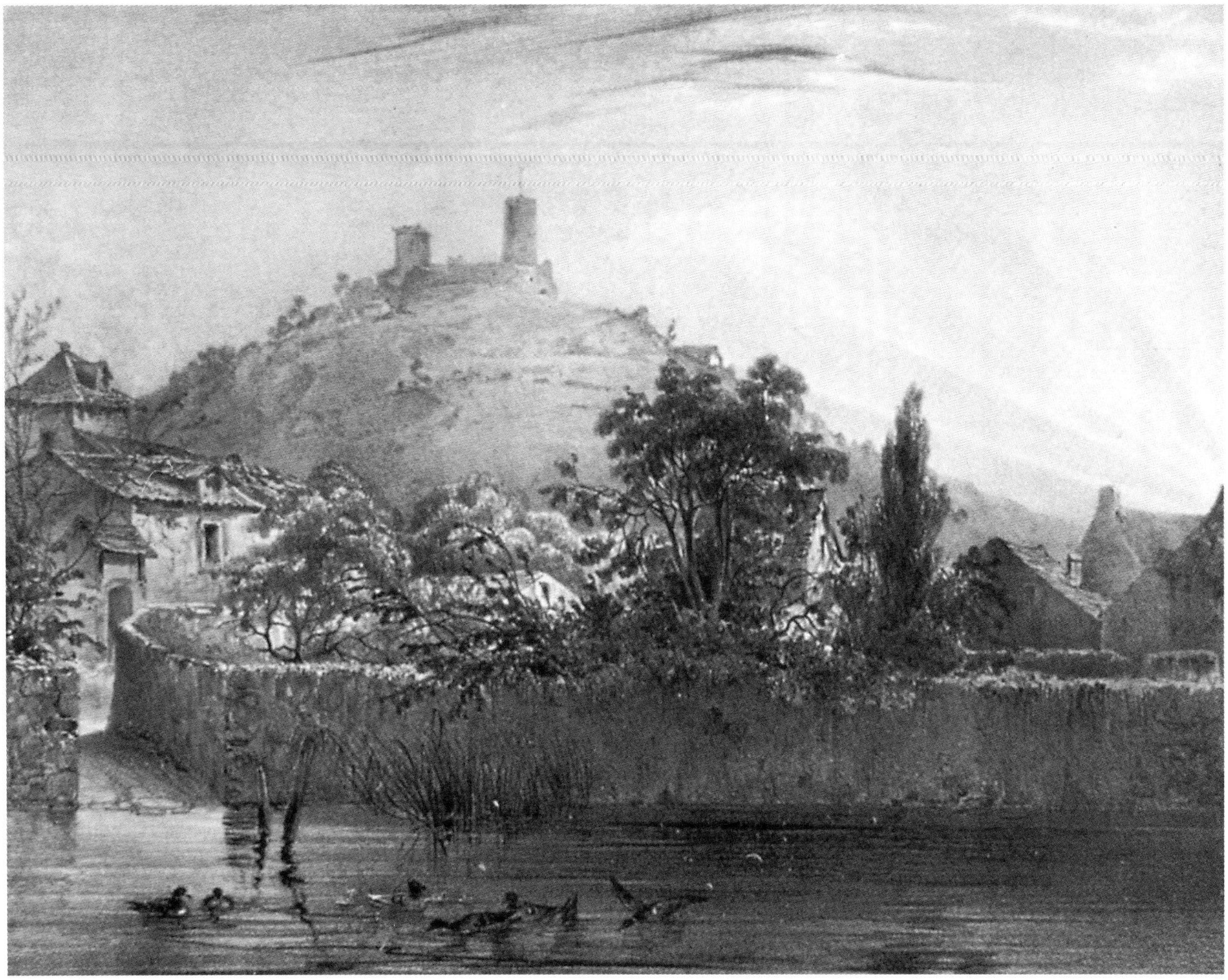

Jean-Louis Tirpenne,
Les Tours de Saint-Laurent à Saint-Céré, 1833.
(*Voyages pittoresques et romantiques dans l'ancienne France,* Languedoc)

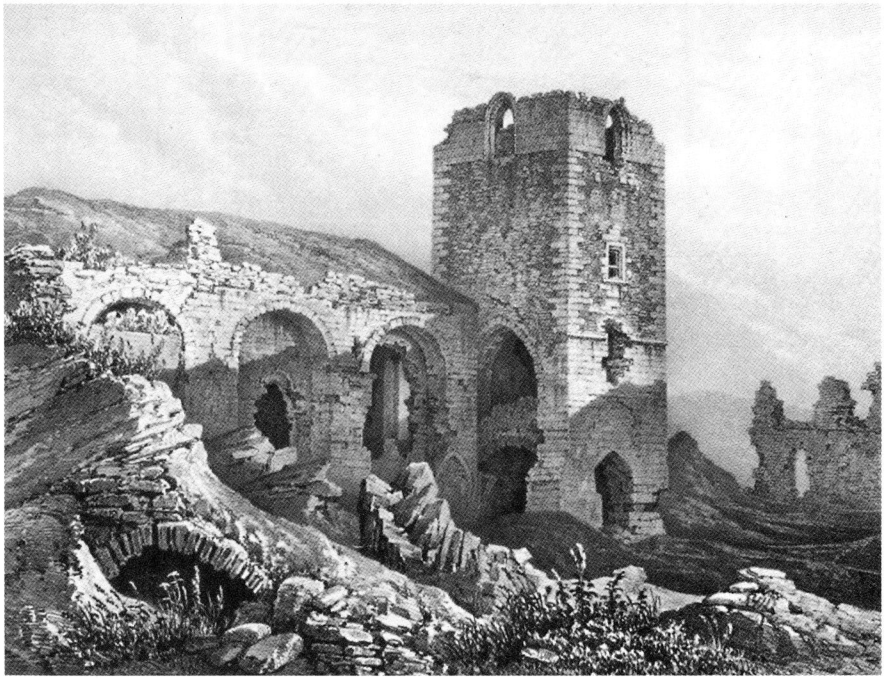

Louis-Philippe-Alphonse Bichebois,
Abbaye d'Aubrac, côté latéral, 1833.
(*Voyages pittoresques et romantiques dans l'ancienne France,* Languedoc)

Pendant que les maîtres font ces grandes expériences et ces découvertes, les élèves continuent de travailler, se ralliant à un procédé ou à l'autre, et faisant de ce genre né en Angleterre un genre vraiment et spécifiquement français [9]. C'est la grande époque des Chapuy, des Tirpenne, des Deroy, des Bichebois.
Vers 1843 paraît un nouvel artiste qui, sans s'égaler à Bonington ou Decamps, oriente cependant le paysage lithographié dans une voie nouvelle : Eugène Ciceri. Ce fils d'un peintre de décors oublie heureusement toutes les leçons de son père et commence par se mettre à l'école d'Eugène Isabey, son oncle. Puis, reproduisant les tableaux de Dupré et Troyon montrant des troupeaux qui paissent dans la campagne ou de grands arbres au bord de l'Indre, il essaie d'amener les lithographes de paysage à abandonner la recherche du pittoresque au profit de celle de la véritable nature, qu'avaient alors découverte Corot, Rousseau et Daubigny [10]. Ciceri tente de rendre, par les nuances de la gamme assez étendue qu'offre la gravure, du blanc au noir, certaines modulations de la peinture. Cependant, la maison Goupil

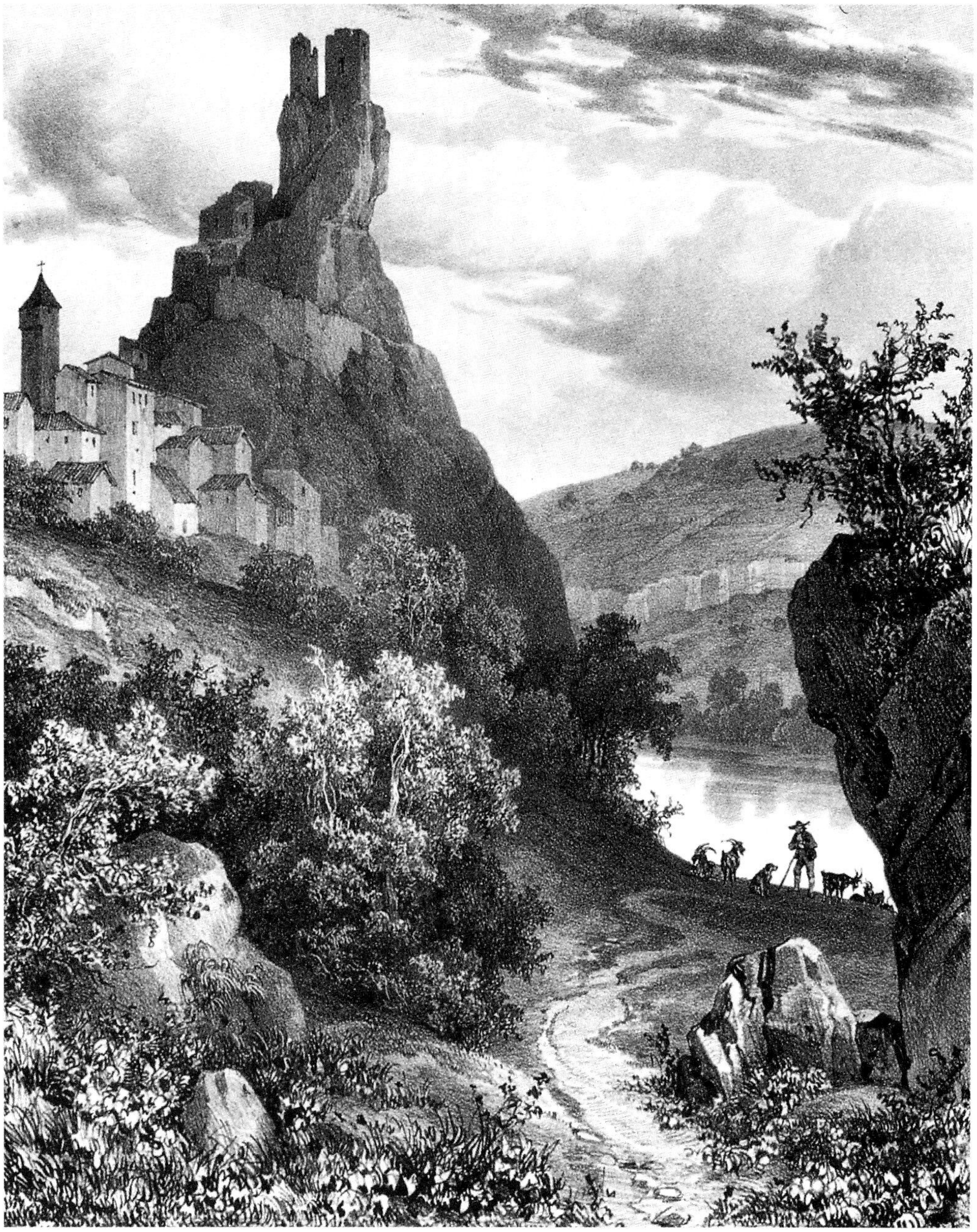

Isidore Deroy, *Ruines du château de Penne*, vers 1844.
(*Voyages pittoresques et romantiques dans l'ancienne France,* Languedoc)

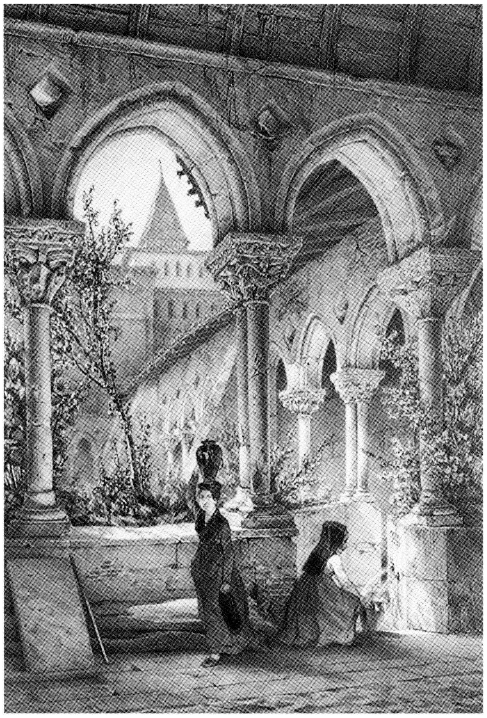

Nicolas Chapuy,
Cloître de Moissac, vers 1834.
(*Voyages pittoresques et romantiques dans l'ancienne France,* Languedoc)

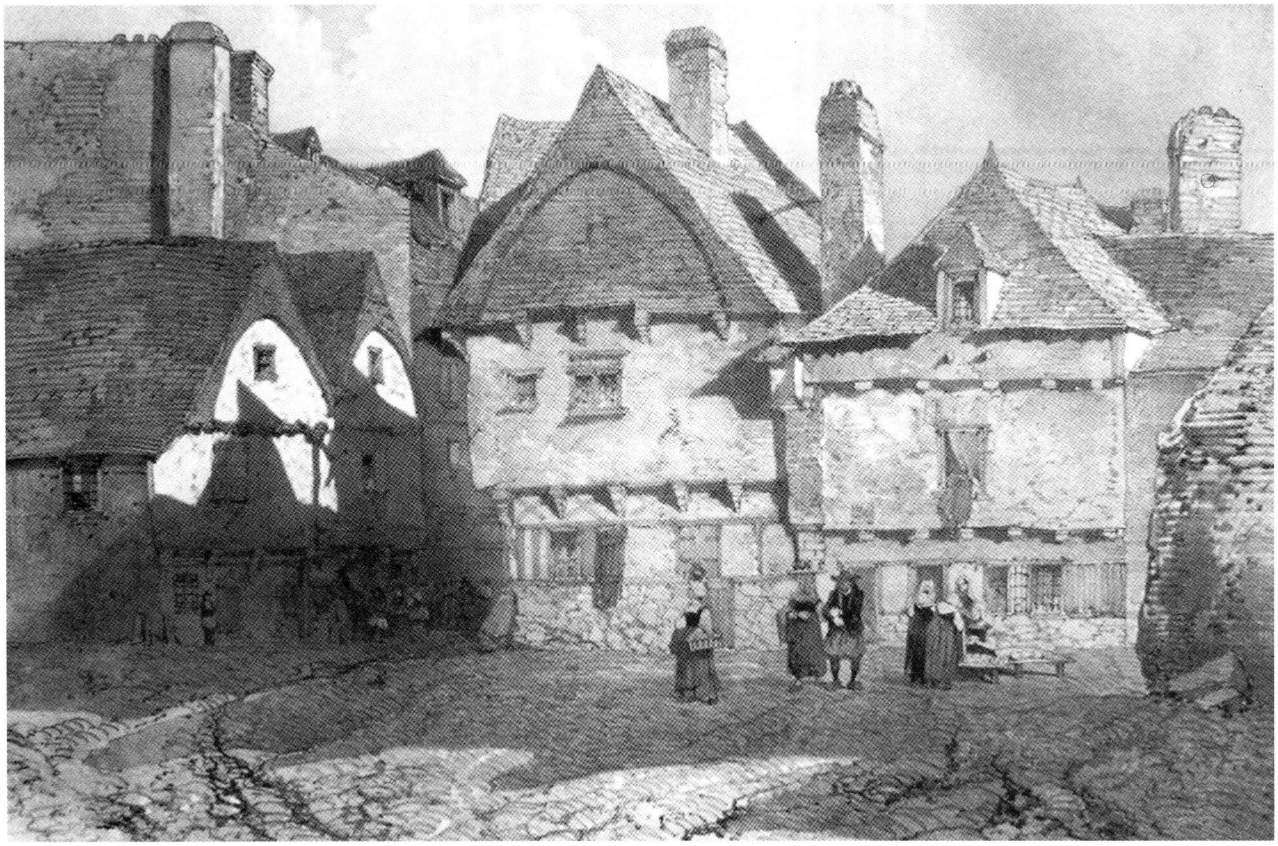

Eugène Ciceri,
Maisons à Vannes, vers 1845.
(*Voyages pittoresques et romantiques dans l'ancienne France,* Bretagne)

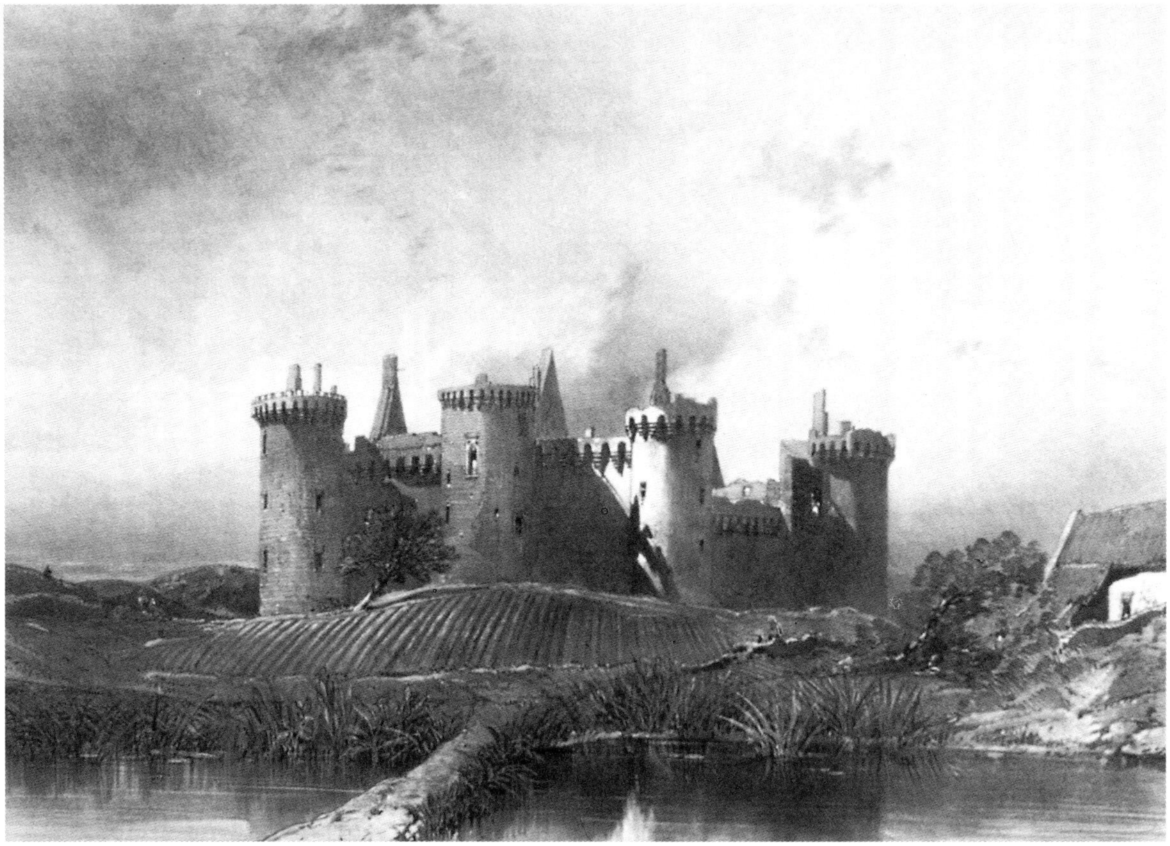

Eugène Ciceri,
Château de Susinio,
vers 1845.
(*Voyages pittoresques et romantiques dans l'ancienne France,* Bretagne)

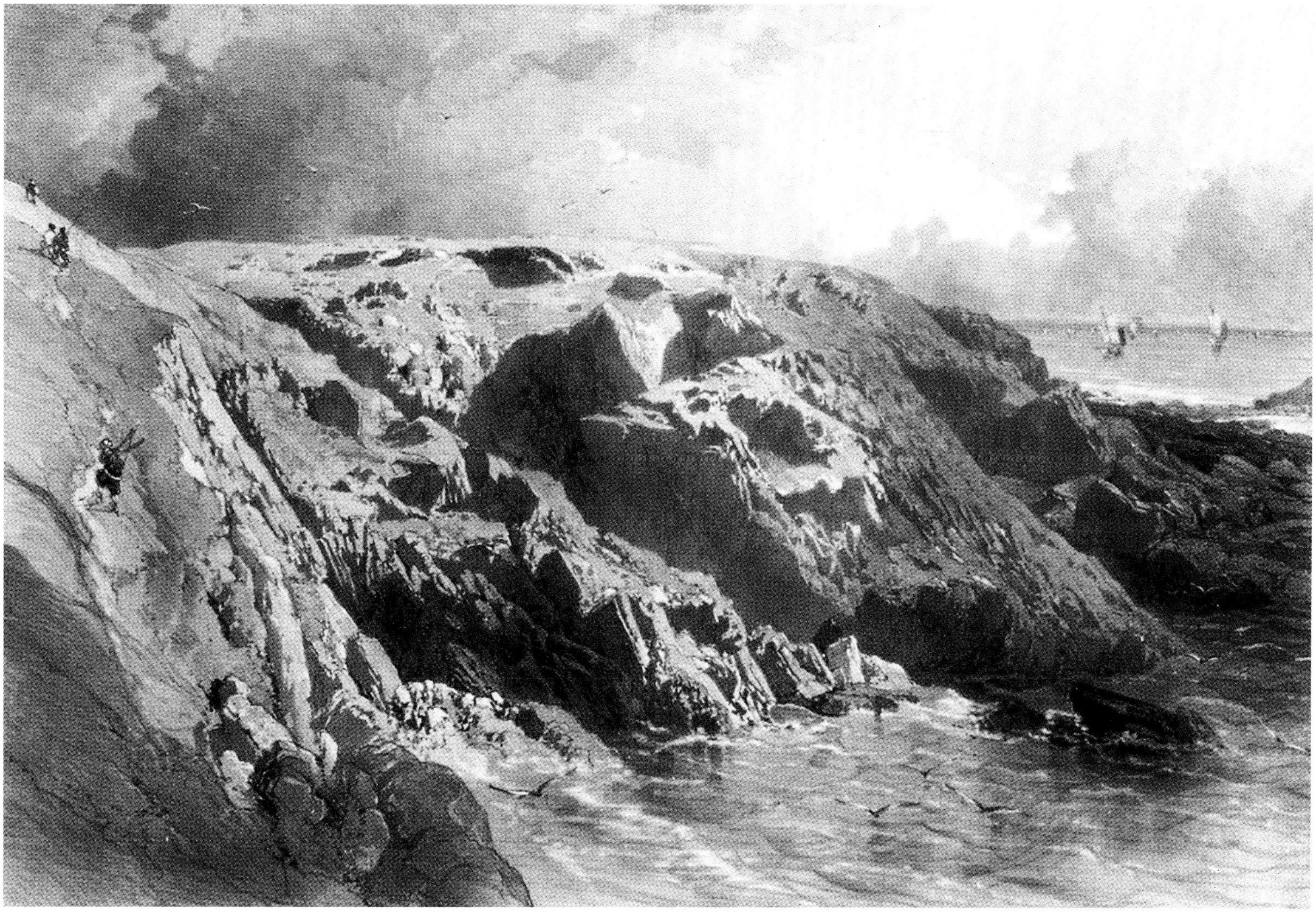

Eugène Ciceri, *Côtes du Finistère, cap Saint-Mathieu*, vers 1846. (*Voyages pittoresques et romantiques dans l'ancienne France,* Bretagne)

pour laquelle il travaille, et le public à qui ses planches sont destinées, semblent refuser de le suivre sur ce terrain, et il reprend les vues de villes sur une hauteur, les monuments gothiques au bord de l'eau, les montagnes de Suisse ; le sentiment avec lequel Ciceri les traite diffère sensiblement de celui des autres lithographes de profession, et trahit malgré tout un intérêt pour la peinture de son temps. Ses tentatives s'apparentent à celles de l'équipe de l'éditeur Bertauts qui, après les *Artistes contemporains,* donnera les beaux volumes de *Souvenirs d'artistes* : les Mouilleron, Français, Baron et Leroux, interprètes de Delacroix, Decamps et Diaz. Mais leur essai n'aboutit pas, le pittoresque l'emporte avec Victor Petit et Sagot, et la lithographie de paysage sombre vers 1860, dans le temps où, à l'opposé du goût régnant, ses artisans s'obstinent à un pittoresque démodé qui mêle aux reconstitutions de cathédrales gigantesques l'évocation de maisons à pans de bois plus croulantes que nature.

La technique, on vient de le voir, a donc suivi une évolution qui l'a amenée à une recherche de plus : la couleur qui se fait de plus en plus nuancée. Mais la lithographie colorée ne suffit pas au public : celui-ci n'est pas sensible à la subtilité des teintes, il lui faut quelque chose de plus frappant et de plus élémentaire, c'est pourquoi on en arrive à la lithographie coloriée [11]. Presque à l'origine, les éditeurs recherchent des procédés en couleurs. Le plus simple est le camaïeu, qui ne nécessite que deux planches, l'une portant le dessin, l'autre fournissant les demi-teintes sous la forme d'un aplat généralement imprimé en bistre : les blancs étant réservés, on obtient un aspect proche de celui d'un dessin au crayon noir avec rehauts de craie sur un papier de couleur. Ce procédé, employé par Engelmann dès 1818, a été lancé par l'équipe du baron Taylor : dans le premier volume des *Voyages pittoresques*, Truchot, Gué,

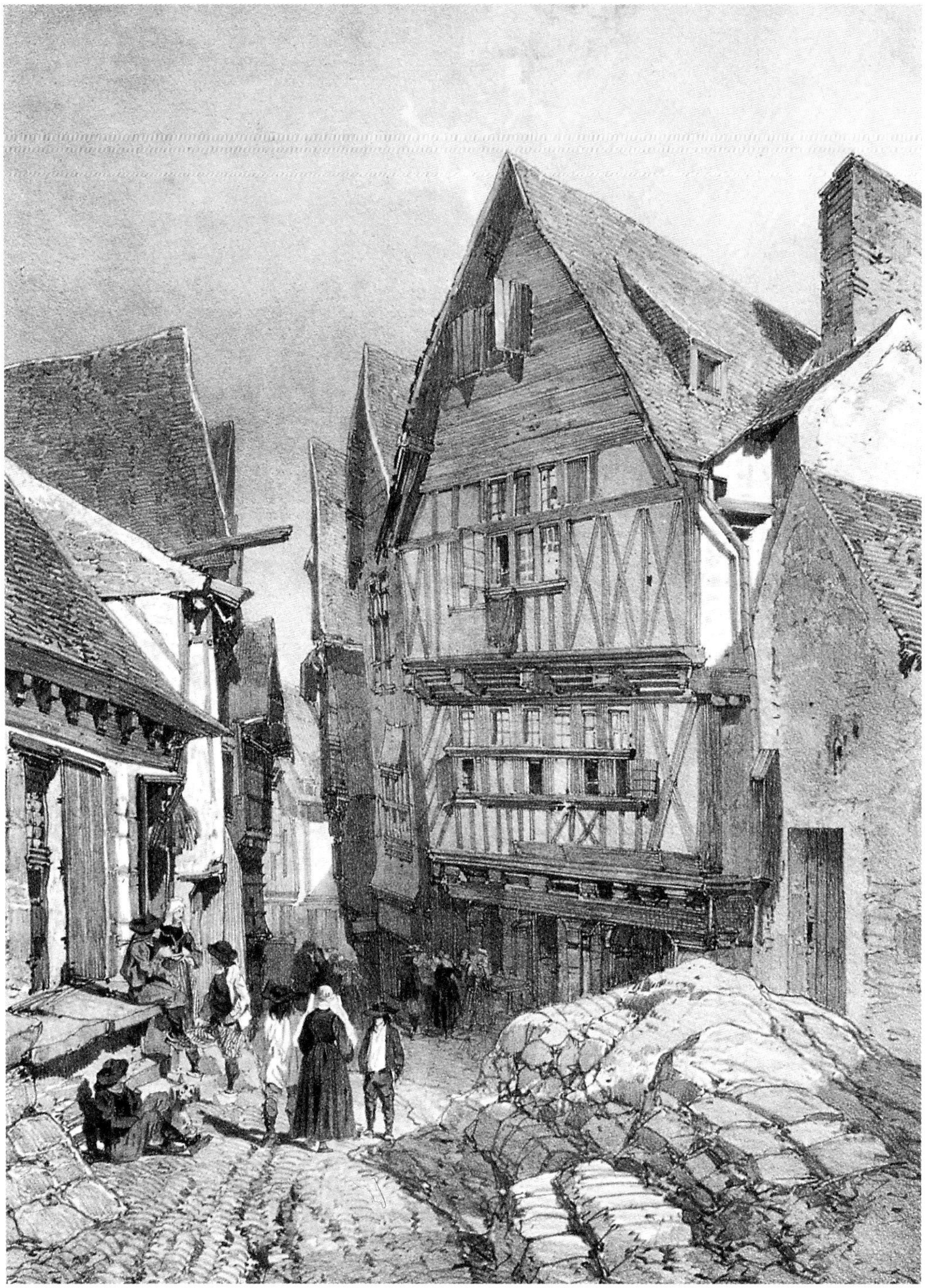

Eugène Ciceri, *Une rue à Morlaix,* vers 1846.
(*Voyages pittoresques et romantiques dans l'ancienne France,* Bretagne)

Nihalin, Isabey père, Évariste Fragonard, tous s'y pesaient ; mais leur blanc est exagérément cru, et leur jaune grisâtre n'est guère plus agréable. Cependant, la célébrité du recueil aide à la vogue du procédé, et l'on peut citer quelques autres camaïeux dans les années suivantes [12]. Le camaïeu semble avoir été employé à cette époque comme pis aller par des dessinateurs qui ne savaient donner à leurs pierres qu'une teinte blanchâtre uniforme, mais, lorsque Bonington aura montré qu'on peut en tirer des tons chauds et dorés, le procédé en couleurs paraîtra artificiel et inutile, d'où sa rapide éclipse.

Il ne reparaîtra que dix ans après, à partir de 1835 [13] : alors, dans un *Voyage pittoresque* en Bourgogne, Mazaroz signe une médiocre vue en jaune et blanc du château de Montjeu ; puis en 1837 dans le *Voyage en Orient* de Laborde [14], en 1839 dans le *Vichy* d'A. Michel, quelques camaïeux sont joints timidement aux autres lithographies. Cette manière devait être répandue en 1840 par la nouvelle équipe : Wyld, Ciceri, Ferogio et Mozin qui l'utilisent, à l'exclusion de toute autre, dans leurs albums ; la publication de l'*España Artistica* (1842) allait en consacrer l'usage, et, depuis 1843, le camaïeu triomphe [15]. Les albums « aux deux crayons » vont avoir jusqu'en 1860 une vogue chaque jour accrue. Le procédé est alors perfectionné ; pour obtenir une plus grande variété de tons, on encre différemment le haut et le bas de la planche, avec un dégradé au milieu : le ciel est bleu et le sol brun ou vert [16].

L'impression en plusieurs couleurs devait suivre logiquement le camaïeu, et en effet, après de longs essais, Engelmann inventa un procédé qu'il baptisa « chromolithographie », pour lequel il prit un brevet le 15 janvier 1837. Un des premiers essais de chromo est le *Moulin à Barcelonnette*, « peint et chromolith. », par R. Hubert, chez Engelmann en 1838 ; le même Hubert récidive peu après, et nous montre cette fois une usine de Mulhouse en vert, blanc et rouge (Engelmann, 1842). Mais la chromolithographie ne triomphe qu'à partir de 1853, et des livraisons innombrables de la *France de nos jours* d'Asselineau et de Deroy.

NOTES

1. Cf. *R. Parkes Bonington... by* A. Dubuisson, *translated with annot. by* C. E. Hugues. Londres, 1924, in-4°.

2. *Correspondance*, éd. A. Joubin, I, p. 176 (lettre de 1826).

3. Hervier s'inspire dans ses gravures des lithographies d'Isabey. Il faudrait comparer les premiers dessins de Victor Hugo à certaines lithographies d'Isabey et déterminer leurs dates respectives ; on serait peut-être ainsi amené à constater l'antériorité d'Isabey.

4. Bouton, nous l'avons dit, a joué un certain rôle dans la diffusion des « intérieurs » à la Granet (influence sur Savette, Schmidt, qui est d'ailleurs décorateur de théâtre) ; Méliand, Rey, Chapuy dans ses débuts ont subi aussi l'influence de Granet.

5. Cf. *Journal des Artistes*, 23 octobre 1829.

6. *Ibid.*, 4 mai 1832.

7. *Néographie de Joly*. Gihaut frères, 1833.

8. *L'Artiste*, VI, p. 162 ; IX (1835), p. 211 ; XIII (1837), p. 242 ; XVIII (1841), p. 233 ; XXIII, p. 100 ; XXIX, p. 142. Aussi Gustave Planche dans un article de la *Revue des Deux Mondes* du 1er juin 1835, cité par M. Dorbec (*L'Art du paysage*, p. 72). Notons que le premier Français qui ait goûté les paysages de Turner est sans doute Vivant Denon, qui, avant 1826, avait acheté plusieurs de ses gravures, et remarquons après M. Dorbec que Turner est passé à Paris en 1832, mais que son séjour est passé presque inaperçu (Delacroix, cependant, a reçu sa visite).

9. La lithographie de paysage semble spécifiquement française ; à l'étranger, où elle a d'ailleurs du succès (les recueils paraissent souvent en même temps à Paris, à Londres et à New York), elle ne rencontre que des imitations et non une véritable concurrence. En Angleterre, elle est presque inconnue ; des Anglais fixés en France (Bonington, Wyld, les Fielding) sont quasi seuls à la pratiquer (cf. *Original views of London as it is, drawn... by Th. Shotter Boys*... Londres, 1842. – Samuel Prout, *Sketches in France, Switzerland and Italy*. Londres, 1934. – *Sketches on the Moselle, the Rhine and the Meuse by Clarkson Stanfield*... Londres, 1838. – *Views in the Madeiras... after drawings... by the Reverend J. Bulwer*... Londres, Dublin, Paris et Mulhouse, 1827, etc.) ; en Allemagne, le plus grand artiste est Andreas Achenbach, qui est venu en France, et a vu des Eugène Isabey (C. Glaser, *Die Graphik der Neuzeit*. Berlin, Cassirer, 1925, in-4°, p. 180-181) ; en Belgique, c'est Louis Haghe, qui a collaboré aux *Voyages pittoresques* ; en Espagne, nous avons vu les Français venir apprendre leur métier aux lithographes en 1832 (deux Espagnols lithographient avec eux, J. Jorro et A. Blanco), et en 1848 seulement paraîtra l'*España pintoresca y artistica* de Lopez (d'après le daguerréotype) ; en Belgique, les *Vues pittoresques des principaux monuments... de Gand* (1836), par Manche, sont inspirées maladroitement de Deroy ; au Mexique, en 1841, époque de la publication des *Monuments de Mexico* (repr. dans Man. Toussaint, *La Litografia en Mexico*, 1934), on en est encore à un stade proche de celui des artisans français de 1820 (Vauzelle, par exemple). Seule la Suisse produit deux lithographes originaux, dans des genres tout différents, Calame et Töpffer (la *Tournée en Suisse* de ce dernier est de 1836 et son *Voyage autour du mont Blanc* de 1843).

10. Daumier aussi, qui est peut-être avec Decamps le meilleur lithographe de paysage ; les vues de la campagne parisienne qui servent de fond à la série des *Canotiers* (1843) ou à celle des *Bons Bourgeois* (1846) suffisent à le prouver.

11. Le témoignage de Balzac montre bien à quel public s'adressait la lithographie en couleurs : c'est Mme Matifat, la femme du droguiste de la rue des Lombards, qui achète des lithochromies pour montrer qu'elle aime les arts (*La Maison Nucingen*, 1837).

12. 1823. Une planche du *Voyage en France* de M. C. M. : *La Tour du Prisonnier à Gisors*, lith. par Constant Vignier d'après le dessin fait à Gisors par M. Nicolas Boudin, professeur. – 1824. *Vues des environs de Rome* de Lacour (de Bordeaux). – 1825. Une *Vue de forge*, par Madou, d'après H. de Howen, et plusieurs autres planches du *Voyage pittoresque dans les Pays-Bas*.

13. Citons, cependant, un exemple en 1828 : *L'Entrée intérieure du château de Gréaux*, par F. B.

14. Aussi une *Vue de Sisteron*, par V. Lefranc. Dopter, 1837.

15. 1840 : Perrot, *Marines* ; 1842 : *Le Château de Beaucaire*, lith. par Villemin d'après Chapuy.

16. Rappelons que, d'après le *Journal des Artistes* (5 février 1832), MM. Quinet et Boissy reçurent en 1832 deux médailles de bronze de la Société d'encouragement à l'industrie pour leur procédé de lithographie en couleurs.

Publication et vente des recueils de paysages

Les recueils de paysages étant accueillis au début avec quelque méfiance par le public, les éditeurs des premières années de la Restauration ne voulurent pas en faire les frais, et les auteurs des lithographies durent les publier eux-mêmes. C'est ce qui arriva à Taylor lui-même, dont le recueil, pourtant, aussitôt publié, devait connaître une vogue inouïe. Ses *Voyages pittoresques* étant à la fois les ancêtres et le sommet du genre, il convient d'en voir, avec quelque détail, l'éclosion ; cet exemple valant naturellement aussi pour les autres recueils moins célèbres. Tour à tour peintre de décors avec Alaux et Ciceri, créateur du diorama, auteur de romans et de mélodrames macabres, officier supérieur, diplomate, administrateur du Théâtre-Français, directeur des Beaux-Arts (en fait, sinon en titre) pendant trente ans [1], Taylor dans sa vie mouvementée n'a eu que deux passions : faire des voyages, et en écrire le récit ; aussi a-t-il parcouru plusieurs fois l'Europe, à la recherche d'antiquités et de raretés, et nous a-t-il laissé de nombreux récits de voyage. A l'âge de dix ans, déjà, il décrivait sur le mode épique une course de Sèvres à Nanterre [2] ; à quatre-vingts ans passés, il rédigeait encore quelques-unes de ses impressions de touriste. Parmi son innombrable production, un ouvrage devait immortaliser son nom, celui qu'un soir de 1819, en causant avec Nodier, il eut l'idée de composer : *Les Voyages pittoresques et romantiques dans l'ancienne France.*

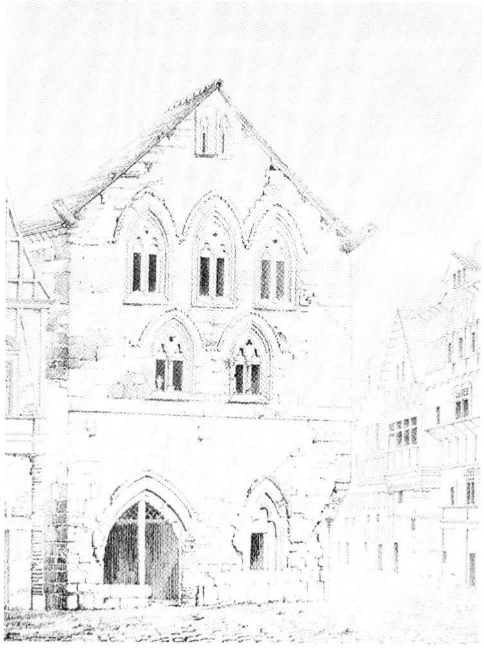

Baron Taylor, *Maison des Templiers,* 1819.
(*Voyages pittoresques et romantiques dans l'ancienne France,* Normandie)

Pour profiter de la vogue naissante des monuments du Moyen Age, il s'agissait de parcourir la France à la recherche des monuments gothiques, puis de les réunir, les reproduire et les expliquer. Le texte ne l'embarrassait guère ; c'était la partie accessoire de l'ouvrage ; il s'en chargea, aidé de nègres plus ou moins obscurs. Mais les planches posaient un problème infiniment plus délicat : la gravure au burin, en effet, usitée généralement pour les recueils de vues, lui semblant d'un prix trop élevé, et ne lui paraissant pas répondre au genre de son ouvrage, il se décide bientôt pour la lithographie, dont il devait faire la fortune.

Ainsi naquirent les *Voyages pittoresques* dont Taylor ne devait voir l'achèvement qu'à la fin de sa longue vie [3], et dont le retentissement allait être si grand [4].

Les éditeurs, voyant le succès de Taylor, comprirent l'intérêt qu'ils pourraient retirer du goût du public pour le paysage ; bientôt plusieurs d'entre eux se spécialisèrent dans la publication de recueils de vues : c'est, à Paris, Gihaut, Chaillou-Potrelle, Bichebois, Tirpenne, Genty, vers 1850 Bry et Lemaître ; en province, Brunet à Lyon, Charpentier à Nantes, Périaux à Rouen et Marteville à Rennes.

Ces éditeurs ont joué un rôle important dans l'histoire du paysage, car ils ont imposé aux artistes qui travaillaient pour eux à la fois un certain genre de sujets et un certain style pour les traiter. Gihaut, par exemple, l'éditeur élégant qui habite au cœur de Paris, 5, boulevard des Italiens, ne veut que des croquis rapides, des « croquades » faites comme en se jouant ; il les demande à Isabey, Lami, Decamps : sachant son public friand de nouveautés, il lui offre la primeur du procédé de Joly, « la Néographie ». A Gihaut se rattachent les Fonrouge, les Gaugain, les Aumont, qui encouragent et répandent jusqu'à Londres et New York les petites scènes à la Victor Adam. Chaillou-Potrelle, rue Saint-Honoré, commande, au contraire, des paysages plus précis, plus soignés dans le détail exact des lieux et des arbres ; pour lui travaillent Tirpenne,

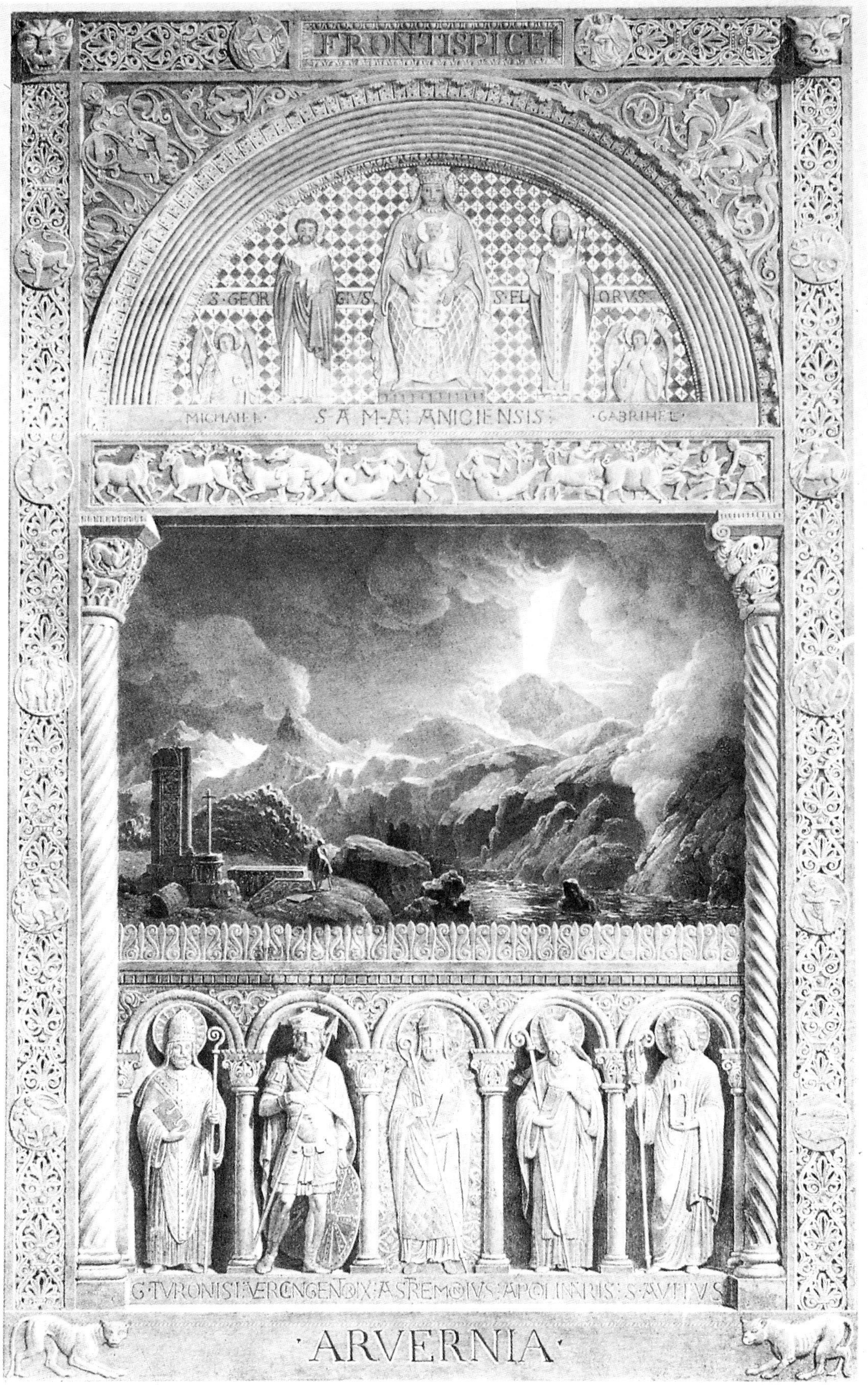

Évariste Fragonard,
Jean-Baptiste-Joseph Jorand,
Baron Taylor,
frontispice des *Voyages pittoresques et romantiques dans l'ancienne France,* Auvergne, 1829.

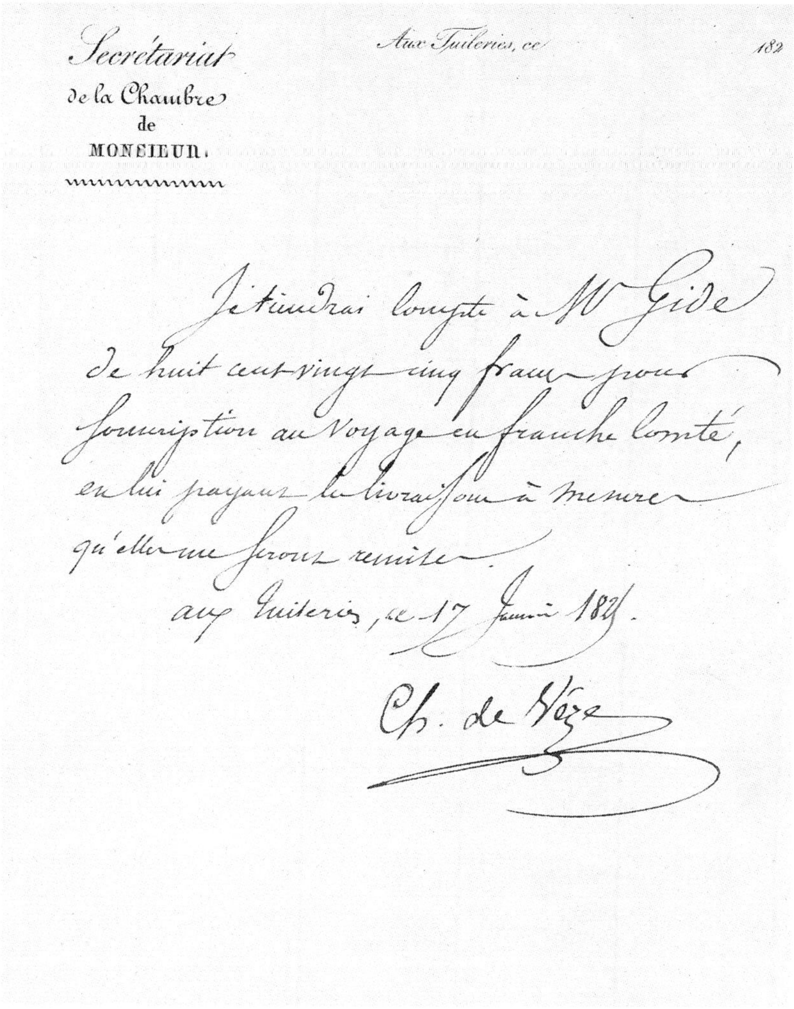
Secrétariat
de la Chambre
de
Monsieur.

Aux Tuileries, ce 182

Je tiendrai compte à Mr Gide
de huit cent vingt-cinq francs pour
souscription au Voyage en franche comté,
en lui payant les livraisons à mesure
qu'elles me seront remises.
aux Tuileries, le 17 Janvier 1821.

Ch. de Vèze

Souscription à l'en-tête de Monsieur, frère de Louis XVIII,
pour les *Voyages pittoresques et romantiques dans l'ancienne France,* Franche-Comté, 1821.

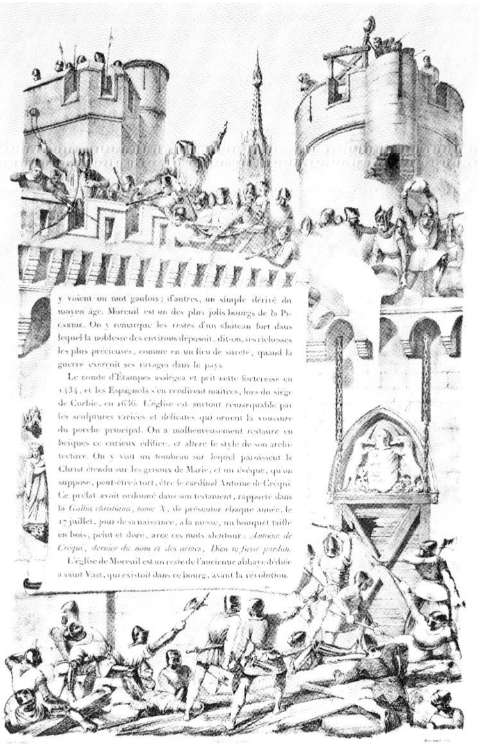

Eugène Viollet-le-Duc
et Pharamond Blanchard,
décor d'encadrement,
vers 1840.
(*Voyages pittoresques et romantiques dans l'ancienne France,* Normandie)

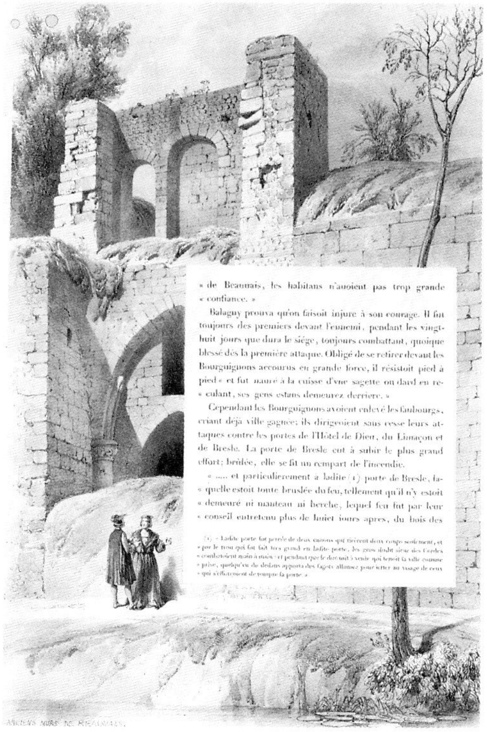

Pharamond Blanchard, *Anciens murs de Beauvais,*
décor d'encadrement, vers 1845.
(*Voyages pittoresques et romantiques dans l'ancienne France,* Picardie)

Sabatier, Van der Burch. C'est surtout l'exactitude que demandent aussi les éditeurs provinciaux, Brunet de Lyon, par exemple, ou Sébire de Nantes, mais l'associé de Brunet, Fonville, et le concurrent heureux de Sébire, Charpentier, amènent une certaine détente et un certain air parisien dans ces maisons adonnées jusque-là à un genre proche de la carte postale. Lorsqu'un de ces éditeurs avait constitué un recueil de dessins et qu'il les avait fait lithographier, il lui fallait trouver un titre pour l'ouvrage, ce titre devait comporter un substantif, un adjectif et un nom de lieu. Pour le substantif du début, on avait à choisir entre cinq ou six : *Vues, Souvenirs, Promenade, Voyage, Itinéraire.* L'adjectif était toujours le même : « pittoresque » ; il précisait la manière dont les vues étaient représentées ; Balzac, raillant sa fréquence, écrivait : « N'avons-nous pas vu la librairie exploiter le mot pittoresque quand la littérature eut tué le mot fantastique [5] ? » Le nom de lieu était toujours précis, c'est qu'il répondait comme le reste à un besoin commercial : des *Vues pittoresques* pouvaient toujours se vendre à Paris, mais des *Vues pittoresques de Touraine* se vendaient en plus à Tours, Orléans, et dans tout le bassin de la Loire.

Le titre, déjà, aidait à vendre l'ouvrage ; mais il n'était pas suffisant à lui seul pour assurer une vaste diffusion ; c'est pourquoi intervenaient un certain nombre de procédés publicitaires. La publicité autour de la publication du recueil de paysages était assurée d'abord par l'exposition au Salon : l'éditeur envoyait « dans un même cadre » plusieurs planches de l'ouvrage, ou bien le lithographe exposait sa production de l'année, en spécifiant à quels recueils elle était destinée. D'autre part, des journaux se chargeaient du lancement ; le *Journal des Artistes*, notamment, s'y consacrait presque tout entier. Un exemple de ces réclames en montrera le système. Il s'agit de lancer, en 1828, le *Voyage pittoresque en Dauphiné* de Dagnan ; le Dauphiné est à la mode, l'album se vendra donc dans la bonne société parisienne, mais pour cela il lui faut un parrainage illustre. C'est pourquoi nous apprenons le 9 mars que la duchesse de Berry a accepté la dédicace de l'ouvrage ; le 16 mars, elle demande à revoir le portefeuille de Dagnan, et lui commande deux tableaux de chevalet sur le Dauphiné ; le 23 mars, la souscription s'ouvre ; le 27 avril, Madame est satisfaite de la première livraison qui vient de paraître. L'ouvrage se vend bien ; aussi, en publiant la sixième livraison, le 14 décembre, l'auteur annonce qu'il va recueillir des vues des bords de la Loire ; le 11 janvier 1829, il offre à Madame le portefeuille de ses croquis, et le second recueil, lancé de la sorte, paraît à partir du 8 mars [6].

Ainsi annoncés, les recueils paraissent par livraisons de quatre ou cinq planches, avec une ou deux pages de texte, espacées de quinze jours à un mois, et coûtant à Paris 5 francs chacune, en province beaucoup moins cher [7]. Le cas d'ouvrages paraissant en une fois sous la forme d'un atlas ou d'un recueil complet est extrêmement rare, la règle est le système des livraisons. Une fois l'ouvrage paru entièrement, on le fait relier, et dans certains cas, lorsqu'il y a un grand nombre de volumes, l'éditeur fait fabriquer un meuble spécial pour les contenir. Vers 1830, l'ébéniste Morel annonce aux souscripteurs de la *Description de l'Égypte* qu'il fait fabriquer à leur intention un grand meuble en acajou massif « d'après les temples de Thèbes et de Denderah », et qu'un fauteuil dans le goût égyptien d'après des peintures de Thèbes leur permettra de lire à leur aise les énormes volumes, record de la librairie française.

Le tirage et le nombre des acheteurs étaient naturellement très variables. Cependant, quelques listes de souscripteurs nous renseignent assez bien sur la diffusion de ces albums et le genre de leur public. Les *Monuments de l'Aisne* de Pingret, publiés à Paris en 1821 chez Engelmann, ont eu un succès considérable, mais qui n'a pas dépassé le département ; les trois cents souscripteurs sont surtout les propriétaires des châteaux, ou des filatures de Saint-Quentin, Laon, Soissons, que l'auteur a complaisamment représentés ; puis viennent le préfet du département et ceux des départements voisins, d'anciens militaires, et trois peintres : le professeur de dessin de Laon, celui de Soissons et Maillard, « artiste de Paris ». Le *Voyage pittoresque en Touraine* de Noël (1824-1826) n'a pas dépassé non plus la limite de la province qu'il décrit : l'archevêque et ses coadjuteurs, le principal du collège, des fonctionnaires,

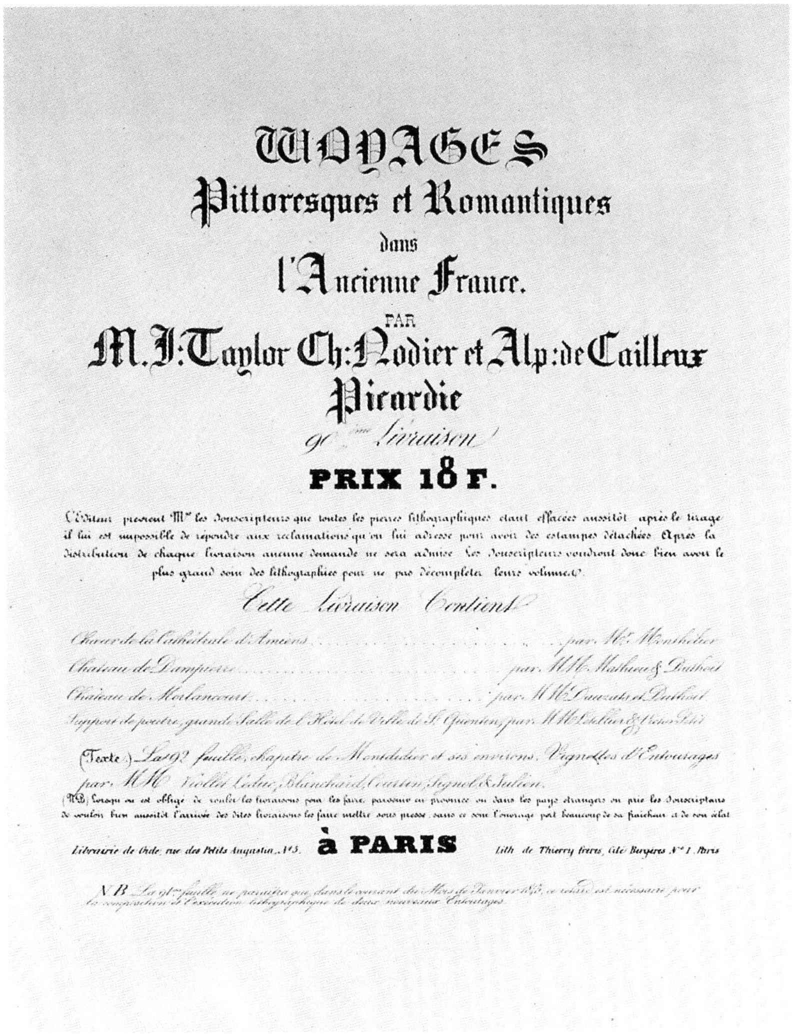
VOYAGES
Pittoresques et Romantiques
dans
l'Ancienne France.
PAR
M. J. Taylor Ch: Nodier et Alp: de Cailleux
Picardie
90me Livraison
PRIX 18 F.

L'Editeur prévient Mrs les Souscripteurs que toutes les pierres lithographiques étant effacées aussitôt après le tirage il lui est impossible de répondre aux réclamations qu'on lui adresse pour avoir des estampes détachées. Après la distribution de chaque livraison aucune demande ne sera admise. Les Souscripteurs voudront donc bien avoir le plus grand soin des lithographies pour ne pas décompléter leurs volumes.

Cette Livraison Contient

(Texte) La 92e feuille, chapitre de Montdidier et ses environs. Vignettes d'Entourages par MM. Viollet Leduc, Blanchard, Coatten, Signol & Julien.

(NB) Lorsqu'on est obligé de rouler les livraisons pour les faire parvenir en province ou dans les pays étrangers on prie les Souscripteurs de vouloir bien aussitôt l'arrivée des dites livraisons les faire mettre sous presse, sans ce soin l'ouvrage perd beaucoup de sa fraîcheur et de son éclat

Librairie de Gide, rue des Petits Augustins, N° 5. à PARIS Lith. de Thierry frères, Cité Bergère N° 1. Paris

Couverture d'une livraison des *Voyages pittoresques et romantiques dans l'ancienne France,* Picardie, 1835.

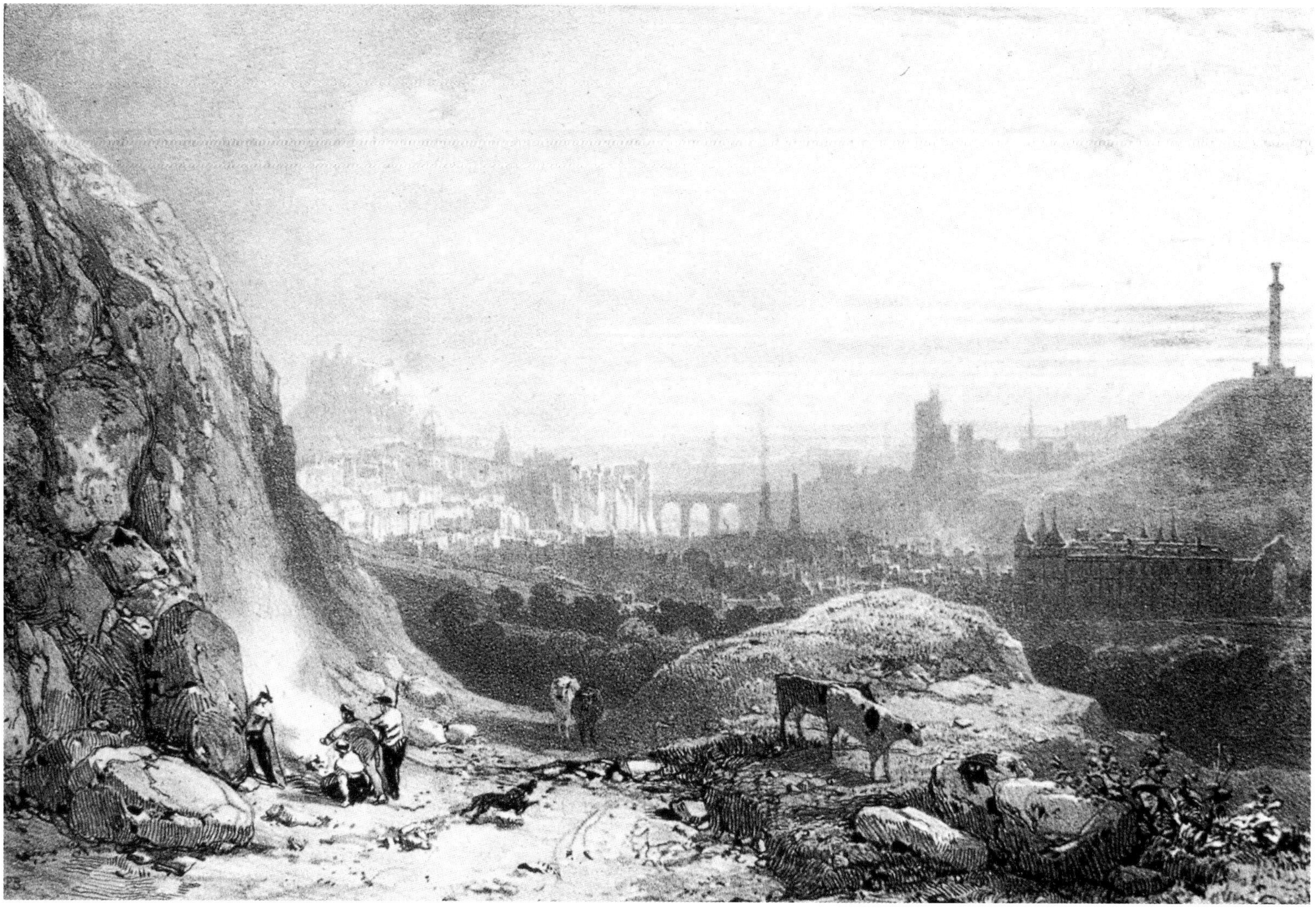

Richard Parkes Bonington et Alexandre Pernot, *Édimbourg*, 1826. *(Vues pittoresques de l'Écosse)*

des négociants, les membres des familles notables, ainsi que trois graveurs de Tours : Vergniaud-Romagnesi, Pauquet, Pomel, ont été avec un M. Noël, professeur de dessin à Bayeux et sans doute parent de l'auteur, les seuls acheteurs du volume. Les *Vues d'Annonay* par Imbard (1828) et les *Stations pittoresques dans la cathédrale d'Auch* de Lettu ont eu un succès local analogue ; le dernier, cependant, souscrit par le sculpteur Cortot, M. Sumers, « peintre anglais », et le journaliste Louis Huart, a pu être connu à Paris. Un album un peu meilleur que les précédents eut, par hasard, beaucoup plus de succès, l'*Angers pittoresque* de Tardif-Desvaux (1843), lithographié par Félix Benoist : en plus des souscriptions ordinaires des commerçants et bourgeois d'Angers (les banquiers, le pharmacien, le cordonnier, le professeur de musique, Donas, ancien graveur, M. Turpin de Crissé), il reçut celles des libraires de Nantes et de Paris, des amateurs de Montpellier et Figeac.

Il semble donc qu'à part quelques exceptions, les ouvrages publiés en province n'ont guère atteint le public parisien ; celui-ci n'a connu, en réalité, que les grands recueils publiés à Paris, et notamment les *Voyages pittoresques* de Taylor. La liste des souscripteurs au second volume de cette belle publication (1825) montre que toute la société parisienne, l'aristocratie, les poètes romantiques, les architectes, les sculpteurs, et les peintres a au moins feuilleté le recueil. Plus tard, le même public se passionnera pour les *Croquades* de Victor Adam, pour le *Voyage en Bretagne* de Trobriant, les *Monuments de Cordoue* de Girault de Prangey, la *Vendée* du baron de Wismes et les voyages en Algérie au temps de la conquête.

Pourquoi donc les Français des années 1820 à 1850 achetaient-ils ainsi ces albums ? C'était d'abord par vanité, pour pouvoir montrer à leurs amis le château ou l'usine dont ils étaient propriétaires, le coin pittoresque de la rue

où était installé leur commerce, l'église où ils entendaient la messe. Ce sentiment naturel et très répandu, s'il a fait vendre des centaines de lithographies en province, n'a pas vraiment aidé à la diffusion des albums, ni contribué à leur gloire.
C'était, ensuite, parce que les peintres y trouvaient des idées de compositions pittoresques, des détails précis d'architecture et de végétation qui pourraient donner sans grand frais à leurs tableaux une amusante couleur locale ; aussi on annonçait couramment un ouvrage en disant que « les planches offrent aux dessinateurs qui voudraient les copier une multitude de sites propres à les exercer [8] ».
Mais on les considérait surtout comme une invitation au voyage ; ils engageaient à découvrir la France dont ils vantaient les sites et les monuments ; ce rôle social, avec toutes les conséquences qui en découlent, mérite d'être analysé de près ; nous tenterons de le faire dans les pages qui vont suivre.

NOTES

1. Cf. sur le baron Isidore Taylor, qui mériterait de trouver un biographe, Jules Romain, *Notice sur le baron Taylor*, dans les *Annales de la France contemporaine*, IV, 1844 ; Mirecourt, *Taylor*, 1854 ; les *Funérailles du baron Taylor*, par le vicomte Delaborde et Jules Simon, 1879 ; la *Notice sur le B*[on] *Taylor*, par le vicomte Delaborde. F. Didot, 1880, in-4°, 23 p., et les *Souvenirs… de Chenevières*. Paris, 1888, 3e partie, p. 30-51. [N.d.É. : La Fondation Taylor nous signale les ouvrages suivants, parus depuis l'édition originale du présent ouvrage : Paul Guinard, *Dauzats et Blanchard, peintres de l'Espagne romantique*, Presses universitaires de France, Paris, 1967 ; Jeannine Baticle et Cristina Marinas, *La Galerie espagnole de Louis-Philippe au Louvre*, Réunion des musées nationaux, Paris, 1981 ; Juan Plazaola, *Le Baron Taylor, portrait d'un homme d'avenir*, Fondation Taylor, Paris, 1989 (d'après la thèse du même auteur, *Le Baron Taylor et les débuts du théâtre romantique*, Université de la Sorbonne, Paris, 1957) ; Noëlle Guibert et Jacqueline Razonnikoff, *La « Boutique romantique » du baron Taylor ou la Comédie-Française de 1825 à 1838*, catalogue d'exposition, Fondation Taylor, Paris, 1990 ; collectif, sous la direction de Bruno Foucart, *Adrien Dauzats et les* Voyages pittoresques et romantiques dans l'ancienne France *du baron Taylor*, Fondation Taylor, Paris, 1990 ; Claude Schopp, *Frères d'armes de la révolution romantique. Lettres d'Alexandre Dumas au baron Taylor et à Adrien Dauzats*, Fondation Taylor, Paris, 1993 ; collectif, sous la direction de Bruno Foucart, *Le Baron Taylor, l'association des artistes et l'exposition du bazar Bonne-Nouvelle en 1846*, Fondation Taylor, Paris, 1995.]

2. Selon Delaborde, qui a eu entre les mains cet amusant essai, Taylor évoquait l'immensité du paysage, les « précipices » qui entourent le mont Valérien, les monuments de Nanterre enfouis dans une forêt vierge.

3. Cette gigantesque entreprise ne fut pas la seule de Taylor ; on connaît de lui bien d'autres récits de voyages avec lithographies ou gravures : si l'*Album de trois voyageurs* (Taylor, Nodier, Hugo) *à la vallée de Chamonix* (1825) resta à l'état de projet, on vit paraître, de 1826 à 1870, le *Voyage en Espagne*, la *Syrie, l'Égypte et la Palestine* (avec L. Reybaud, 1838), les *Pyrénées* (1843), l'*Alhambra* (lith. par Asselineau, 1853), l'*Égypte* (ibid., 1858), et plusieurs livres sur Reims, la Champagne et la Suisse. Rappelons que les illustrations de l'*Histoire pittoresque d'Angleterre* du baron de Roujoux (1835) ont été choisies par Taylor et Nodier.

4. Voir leur éloge dans les journaux (*Moniteur des Arts*, II, 1845, p. 12-13) et dans les recueils nés à leur imitation (Bouillet, *Guide de Clermont*, 1836, p. 29). Les autres auteurs de recueils prétendent n'écrire que pour compléter le Taylor, en donnant des vues des monuments de la Renaissance que Taylor laisse de côté (Merle et Périé, *Description de Chambord*, 1821), ou en publiant un recueil d'un prix plus modeste, accessible à toutes les bourses (R. de Vilback, *Voyage dans les départements formés de l'ancienne province du Languedoc*, 1825 ; Laborde, *Monuments de France*, 1826). Maillard de Chambure écrit dans son *Voyage pittoresque en Bourgogne* (1833) que le *Voyage* de Taylor, « essai brillant et malheureux », dont l'idée revient aux Anglais, ne sera jamais achevé et qu'il faut que des archéologues locaux le recommencent pour chacune des provinces ; après Golberg et Schweighaeusser, qui ont donné un *Voyage en Alsace*, il donne le sien en Bourgogne. Taylor, très sensible à ces critiques, y répondit en 1854 dans la préface de sa *Franche-Comté* : son projet, dit-il, date de 1810 ; il n'est pas inspiré des Anglais, et il a été mené jusqu'à sa fin.

5. *L'Illustre Gaudissart*, 1832. Notons que, à partir de 1837-1840, le mot pittoresque est en régression, et que le substantif n'est plus « *Vues* » ni « *Voyages* », mais de plus en plus « *Album* » (*Album du Dauphiné, du pays de Reims*, 1835 ; *A. de l'Ain*, 1836 ; *A. de la Haute-Loire, A. Limousin*, 1837 ; 1840, *A. Lyonnais ;* 1843, *A. du Cher, de la Mayenne*, etc.).

6. On annonce de la même façon les *Souvenirs de Touraine* (1824) et ceux du *Poitou* (1828) de Noël ; mais, là, un élément de plus aide à la réclame des ouvrages : l'auteur est un soldat de Napoléon, qui a perdu un bras à Bautzen et s'est consacré ensuite à la peinture qu'il avait autrefois étudiée chez David (Guyot de Fère, *Annuaire*, 1841, p. 81-83).

7. *La Grèce moderne*. Senefelder, 1876, 5 pl., 5 fr. Le tirage sur Chine coûte plus cher : l'*Itinéraire pittoresque de l'Hudson* (1826) vaut 15 fr. la livraison de 4 pl. En province, moins cher : l'*Album pittoresque de l'Eure* de Galot coûte 1 fr. 20 la livraison de 4 pl. (1834). Le prix varie avec le luxe et la notoriété de chaque voyage.

8. *Vues pittoresques de l'Ecosse* de Pernot (1826), annoncées dans le *Journal général d'annonces* du 31 mai 1826.

Influence littéraire, artistique et sociale

Au XIXe siècle, on ne peut pas séparer l'étude de la littérature de celle de l'art ; tout se tient, comme on l'a souvent observé ; la littérature exerce sur l'art une grande influence, et l'art sur la littérature une plus grande encore. M. Hourticq et M. Laran ont montré ce que Flaubert doit à Decamps, à Daumier, à Gavarni ; on sait, d'autre part, ce que Huet, Louis Boulanger, Johannot, doivent à Victor Hugo. L'étude des lithographies de paysage apportera une nouvelle contribution à l'histoire de cette influence réciproque.

On verra tout d'abord sous leur action la littérature de voyages évoluer de façon sensible. En effet, les *Voyages pittoresques*, très nombreux vers 1817, sont au début des récits sans illustrations, prétextes à effusions sentimentales, à considérations sur la religion : les images sont inutiles, nous dit-on, le texte en décrivant, et en évoquant. Mais bientôt les littérateurs reconnaissent l'absolue nécessité des lithographies pour éclairer leurs descriptions : Stendhal, à plusieurs reprises, dans les *Mémoires d'un touriste*, supplie son lecteur de « jeter les yeux sur une estampe, si mauvaise soit-elle [1] », pour comprendre la forme des monuments dont il veut faire sentir la beauté.

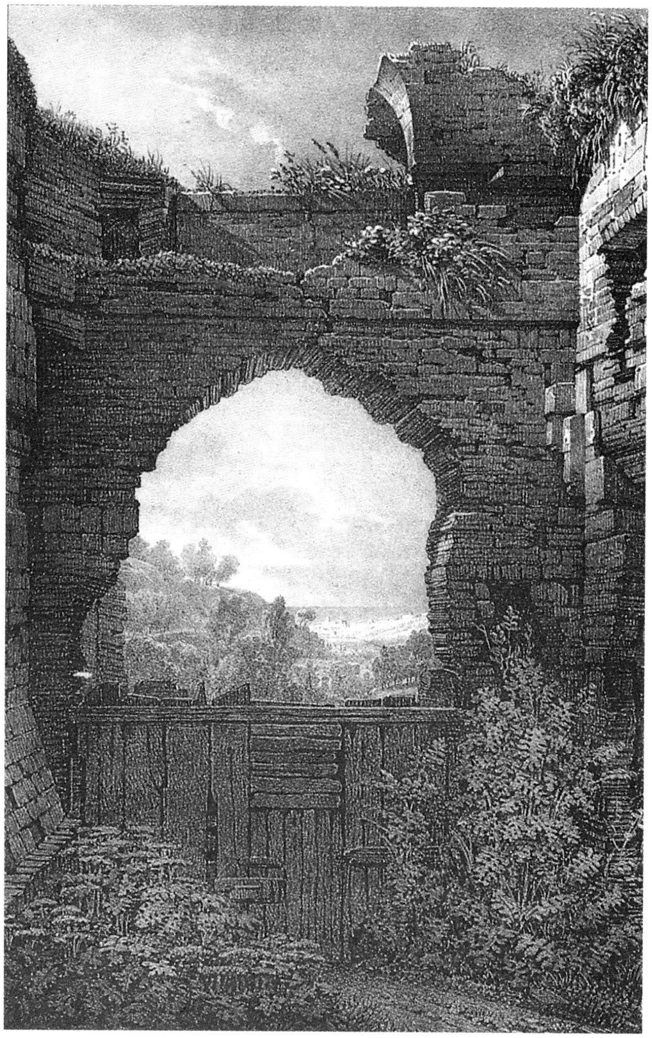

Louis Jules Frédéric Villeneuve, *Entrée du château d'Arques,* 1821.
(*Voyages pittoresques et romantiques dans l'ancienne France,* Normandie)

Puis ils vont même jusqu'à dire qu'une lithographie vaut mieux qu'une description : « Les croquis de voyage sont plus intéressants qu'un journal », dit Delacroix [2] ; dans son ouvrage sur la cathédrale d'Auch (*Muséum sacré*, 1837), l'archéologue Lettu proclame que « ce n'est point par des phrases mortes et froides, mais avec le crayon, qu'on fait les meilleurs descriptions », et l'historien de la sculpture en Beauvaisis, Woillez, est de son avis (1849) [3]. Poussant la théorie jusqu'à l'extrême, on proclame que la description est inutile, puisque le dessin a tout dit ; le texte disparaît donc, ou, lorsqu'il existe, il commente non plus le paysage réel, mais la lithographie qu'il accompagne ; et on peut lire dans l'*España Artistica* (1850) que « le rédacteur des notices, marchant comme toujours dans la voie que lui indique le peintre, rendra compte des divers objets représentés dans le dessin [4] ». Ce n'est plus un récit de voyage illustré, c'est un album de vues commenté et présenté par un critique d'art.

Le développement prodigieux de ces recueils de lithographies ne pouvait laisser indifférents les poètes et les romanciers romantiques, avides de couleur locale ; et, dès 1820, on peut constater qu'ils prennent dans les planches de ces albums plus d'un décor pour les scènes qu'ils décrivent.

Victor Hugo avoue, dans *Le Rhin*, avoir été frappé dès son enfance par une image accrochée au-dessus de son lit, et représentant « une vieille

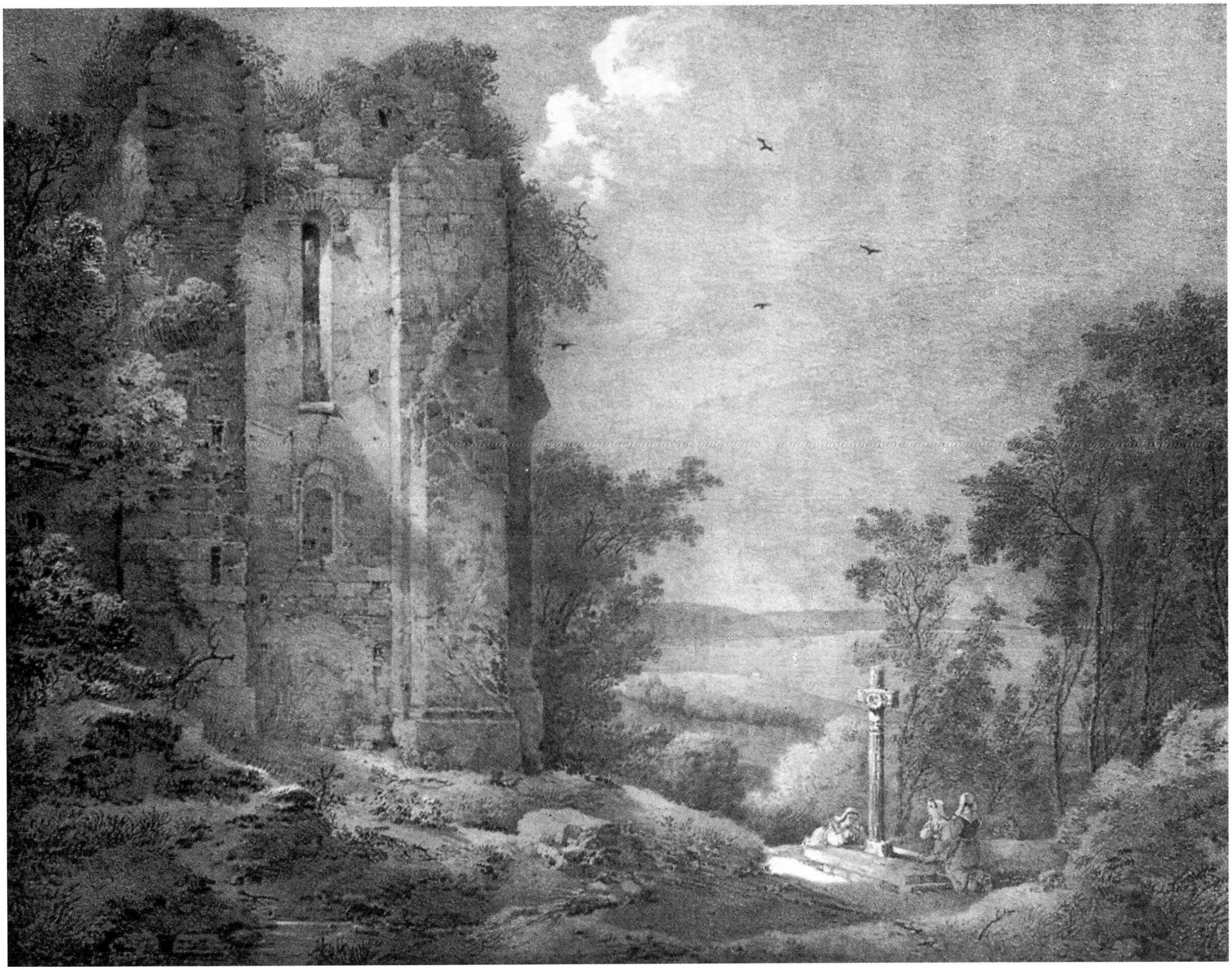

Louis Thienon, *Ruines du clocher de l'église de Graville,* 1821. (*Voyages pittoresques et romantiques dans l'ancienne France,* Normandie)

tour isolée, moisie, délabrée, entourée d'eaux profondes et noires qui la couvraient de vapeurs, et de montagnes qui la couvraient d'ombre ». Cette image a eu sur lui une influence prodigieuse, elle a suscité sa conception du paysage romantique ; n'en retrouve-t-on pas, par exemple, le souvenir très précis dans les *Odes* de 1823 (V, II) :

Qu'une tour en ruine au flanc de la montagne
Pende, et jette son ombre aux flots d'un lac d'azur.

De même, il faut rappeler que Renoux a dessiné sur pierre des scènes de crimes ou d'orgies se déroulant au crépuscule dans des ruines gothiques, peu avant que Victor Hugo n'écrive des vers comme ceux-ci (*Odes*, V, 10) :

… Sur d'informes décombres
Tour-à-tour à mes yeux passaient de pâles ombres ;
D'un crêpe nébuleux le ciel était voilé ;
Et, de spectres en deuil peuplant ces déserts sombres,
Un tombeau dominait le palais écroulé.

Toute sa vie, Victor Hugo est resté fidèle à cette vision de sa jeunesse ; pour lui, le paysage a toujours été « romantique », même alors que la mode en était passée. Dans son voyage au bord du Rhin, en 1842, il a encore présentes à la mémoire les lithographies du premier volume de Taylor et Nodier (paru en 1821) [5] ; ce ne sont qu'églises en ruines encombrées par les ronces, « diablesses de tours éventrées et formidables », pierres brisées qu'on retourne pour y lire une inscription ; « une grande baie qui jadis avait été une porte m'a ouvert passage sous une voûte où pénétrait par une crevasse un éclatant soleil » ; nous connaissons ces effets, ils ont été à la mode vers 1821-1825. L'esthétique du Rhin était démodée à l'époque

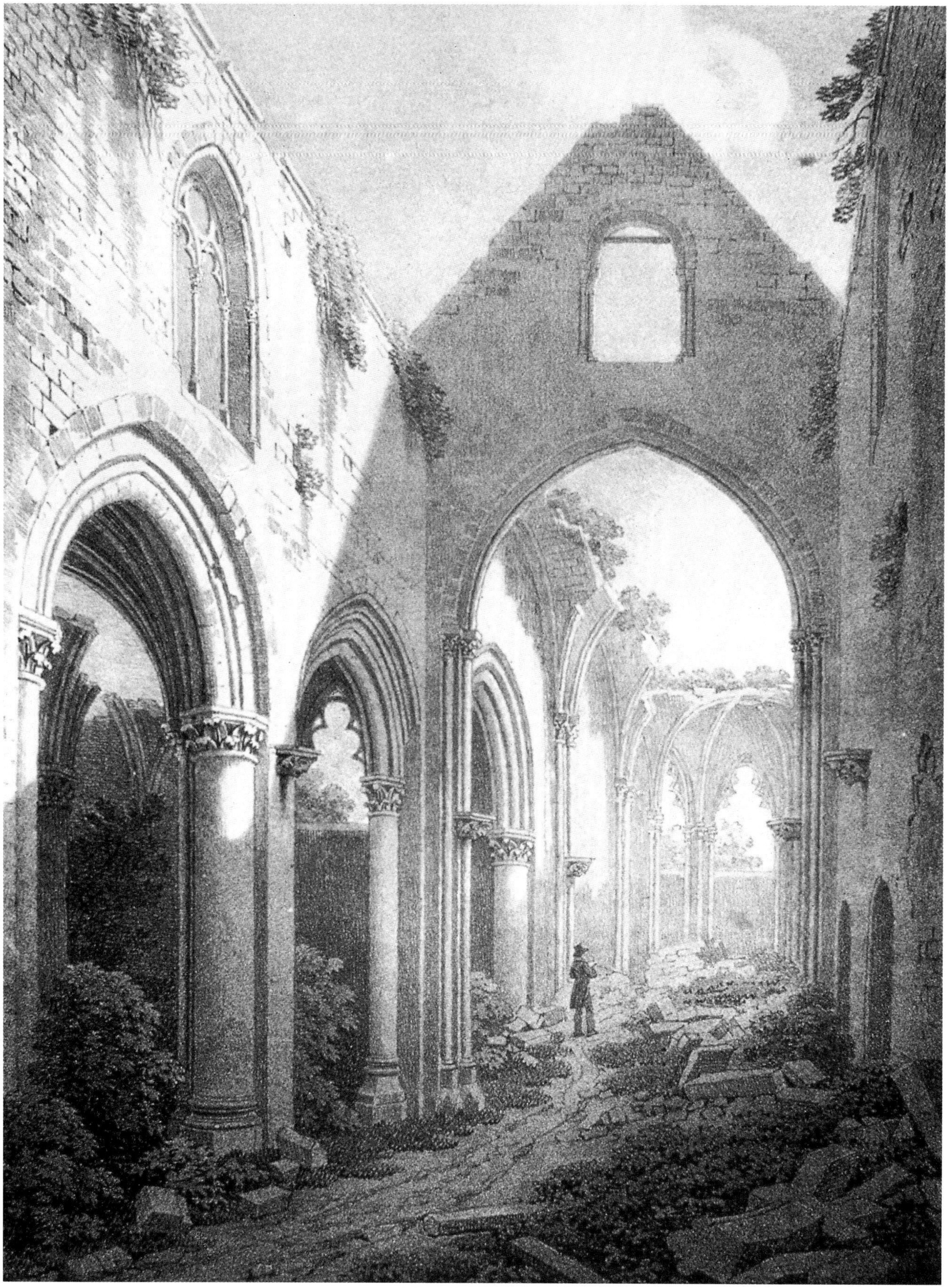

Jean-Lubin Vauzelle,
Ruines de Jumièges, 1820.
(*Voyages pittoresques et romantiques dans l'ancienne France,* Normandie)

de sa publication, qui est celle de la découverte, des montagnes et non plus celle des ruines gothiques, c'est ce qui explique le succès assez relatif de l'ouvrage.

Comme Hugo, Balzac, lorsqu'il décrit un paysage, songe généralement à une lithographie ; avant d'évoquer celui par lequel s'ouvre *Le Lys dans la vallée*, il avait, pour rafraîchir ses souvenirs, consulté les *Vues pittoresques de Touraine* de Dagnan. La maison aux pans de bois des Sauviat, dans *Le Curé de village*, est la sœur cadette de celles représentées par les lithographes depuis 1835. Le témoignage de Balzac lui-même atteste l'influence que nous indiquons ; il connaissait bien les albums de vues pittoresques, puisque, dans la *Vieille fille*, le pauvre Athanase Granson se noie « dans l'endroit le plus pittoresque de la Sarthe, sur une rive d'où les dessinateurs qui se sont occupés d'Alençon se sont placés pour prendre des points de vue [6] ».

Bien d'autres textes empruntés à des auteurs plus modestes prouveraient encore que les descriptions des poètes ou des voyageurs étaient inspirées par des lithographies ou des peintures. M. de Karaczay, auteur d'un *Voyage en Sicile* (1826), décrit ainsi une chapelle gothique : « L'intérieur compose le tableau le plus pittoresque. Lorsqu'un rayon de soleil pénètre au travers des lierres et des broussailles dans cette église taillée dans le roc, sa lumière mystérieuse éclaire avec magie l'autel doré et l'image de la patronne de Palerme » (le site et le rayon de soleil se retrouvent dans les lithographies un peu antérieures de Bouton et d'Isabey). En 1825, on publie une Savoyarde à deux voix, la *Maison brûlée*, inspirée d'un paysage, puisqu'elle était « composée à la vue d'un tableau de M. de Bonnefond [7] ».

Les mots de tableau, crayon, croquis, servent à désigner tout ouvrage descriptif, tout guide, toute histoire d'une ville ou d'un site : en 1822, Érasme Duchâteau fait paraître un *Tableau de la ville d'Armentières et de ses environs, poème descriptif en dix chants* ; en 1826, le marquis de Villemont publie un *Crayon du département du Puy-de-Dôme* ; en 1828 paraissent les *Tableaux poétiques* de M. le comte Jules de Rességuier ; en 1844, *Belley et ses environs, « poème en 14 tableaux »*, par P. Olivier ; en 1830, une série d'articles du *Journal des Artistes* intitulés comme un recueil de paysages : *Sites, mœurs et coutumes les plus remarquables de France*, décrivent, d'après des lithographies, l'Alsace, la Bretagne, le Dauphiné [8]. Ainsi bien souvent l'image a précédé la description, et l'a inspirée ; Sainte-Beuve l'avait déjà remarqué, et il faisait observer « dans les pages de Janin des coins de vignettes à la Johannot [9] ».

Si cette influence des artistes sur les littérateurs est incontestable, celle qui s'est exercée en sens inverse ne l'est pas moins. Les romanciers et les voyageurs signalent volontiers aux lithographes des scènes ou des sites à représenter ; Castellan annonce qu'il écrit pour eux, et se vante dans ses *Lettres sur l'Italie* (1819, II, 145) de ne décrire que les monuments « qui, par leur singularité, ou par la beauté de leur aspect, sont du domaine du peintre de paysage » ; de même Lamartine, qui dit lui-même que son *Voyage en Orient* est écrit à l'intention des peintres.

A partir de 1820, ils tentent d'arracher les artistes aux évocations italiennes et les engagent à découvrir les beautés de la France. Dans *La Femme de trente ans*, Balzac pense amèrement « au mépris que nous professons pour notre pays… Je maudissais, dit-il, ces pauvres riches qui, dégoûtés de notre belle France, vont acheter à prix d'or le droit de dédaigner leur patrie en visitant au galop… les sites de cette Italie devenue si vulgaire. » Paul Huet fait la même remarque : « On va bien loin chercher des motifs, on n'en trouve pas de plus beaux que ceux qu'on peut rencontrer à Paris et aux environs [10]. » D'innombrables ouvrages paraissent sous la Restauration qui semblent écrits pour indiquer aux dessinateurs des sujets intéressants : M. Henry, l'auteur d'un *Guide en Roussillon*, signale que la situation de Collioure est « une des plus pittoresques qu'on puisse

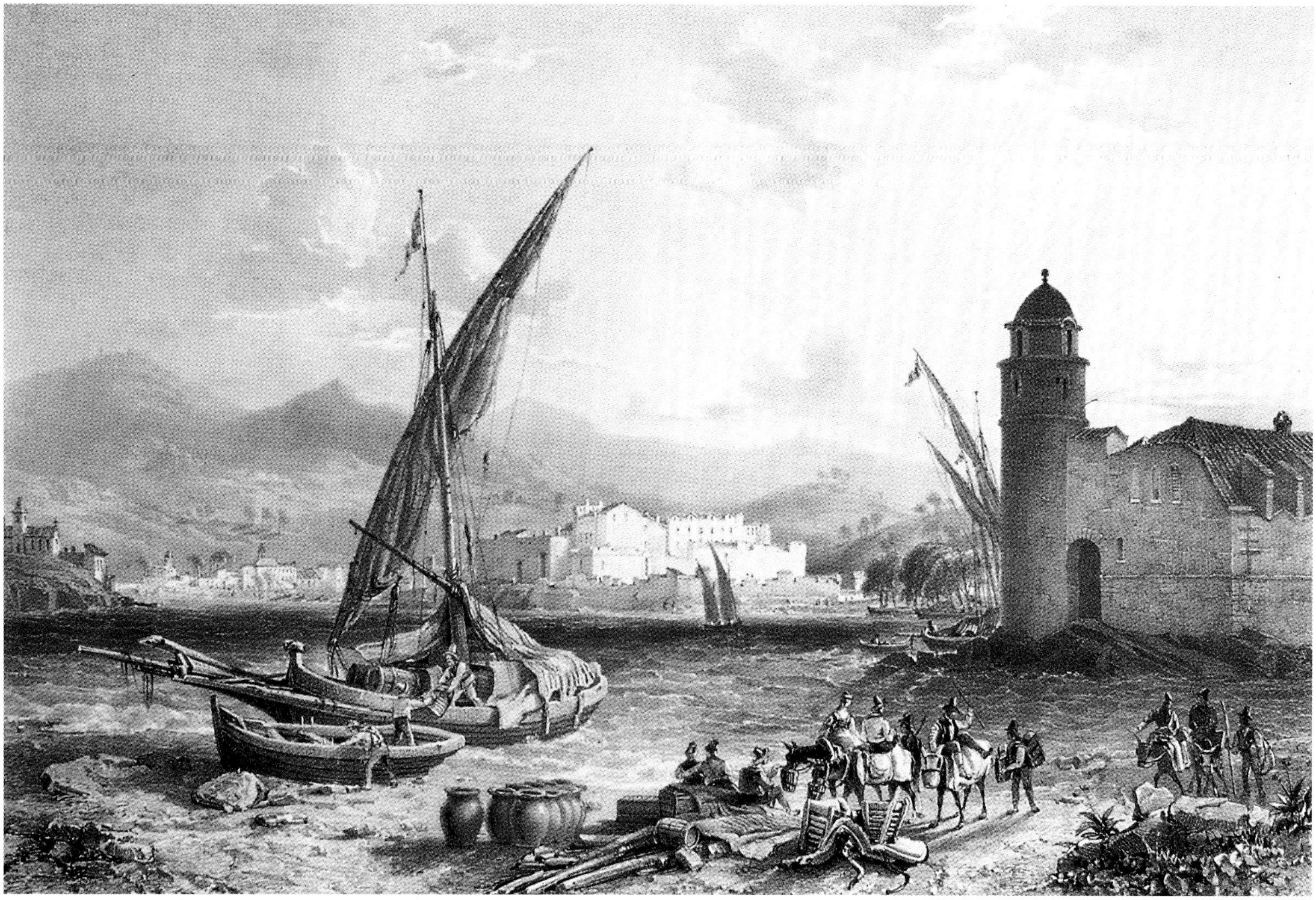

George Barnard, *Vue générale du port de Collioure*, vers 1835. (*Voyages pittoresques et romantiques dans l'ancienne France,* Languedoc)

imaginer et que puisse désirer le crayon de l'artiste » ; il envoie les peintres voir sur la croupe du Canigou un point de vue, dans un village les ruines d'un clocher ; il célèbre dans le territoire de Mosset « une foule de ces sites charmants auxquels s'offrent avec tant de plaisir les toiles des paysagistes et les pages des albums [11] ». Pour attirer les artistes dans le Bordelais, le comte de Galard note en Gironde des débris d'escaliers, couverts de ronces et de plantes sauvages, « d'après lesquels un peintre ferait des études intéressantes ». L'auteur de la *Vendée pittoresque* (1829) recommande de même à plusieurs reprises aux jeunes artistes de venir s'asseoir « au milieu de ces roches pendantes, au fond de cette vallée ombreuse, auprès de ces chutes d'eau, où une foule d'effets pittoresques, d'études heureuses viendraient se disputer le droit d'occuper leurs pinceaux ». Un guide du Loir-et-Cher s'étonne qu'on « n'ait point gravé plusieurs fois les superbes paysages qui s'offrent aux yeux du haut de cette forêt (de Chambon) [12] ». Un autre assure que les cascades de Thiers sont « aussi dignes du pinceau de nos artistes que les cascades de Tivoli ».

En 1833, cependant, une réaction se dessine, les critiques se déclarent las des vues des carrières de Montmartre, des moulins et des fours à chaux des environs de Paris ; le *Journal des Artistes* publie sous le titre de *Scènes*

pittoresques [13] une série de morceaux destinés à attirer l'attention des dessinateurs sur des sujets nouveaux ; on leur vante la Suisse, l'Amérique, la Russie. Une partie des artistes part à la découverte de ces pays lointains.
Le reste continue à explorer la France ; pour ceux-ci, les journaux s'ingénient à découvrir des sites intéressants et peu exploités autour de Paris, et l'on voit paraître des notes dans ce genre : « Après trois heures de chemin en diligence et moyennant trente-cinq sous de frais de route, on verra les plus beaux châtaigniers de France à Sengy, près de Luzarches [14]. » Un autre journal signale à Pierrefonds l'auberge de l'Enfer, séjour idéal et économique pour un paysagiste ; cent artistes entre 1840 et 1850 iront, sous la foi de ce renseignement, s'y fixer et dessiner le château.

Si les rapports entre les lithographes et les écrivains sont tout naturels, ceux des mêmes artistes avec l'Église semblent l'être beaucoup moins ; le rôle moralisateur des lithographies de paysages est au moins imprévu ; il doit

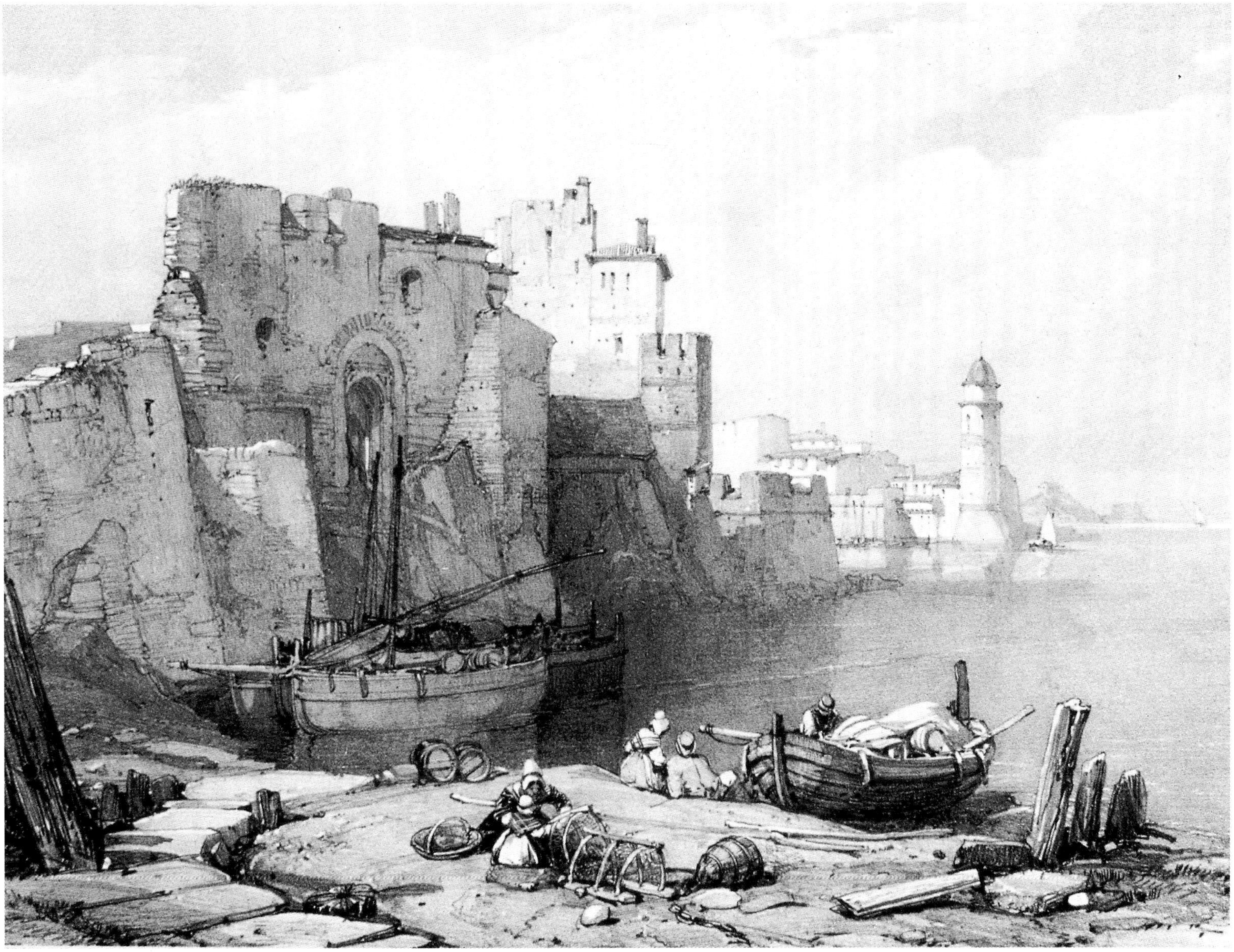

James Duffield Harding et baron Taylor, *Collioure*, vers 1835. (*Voyages pittoresques et romantiques dans l'ancienne France,* Languedoc)

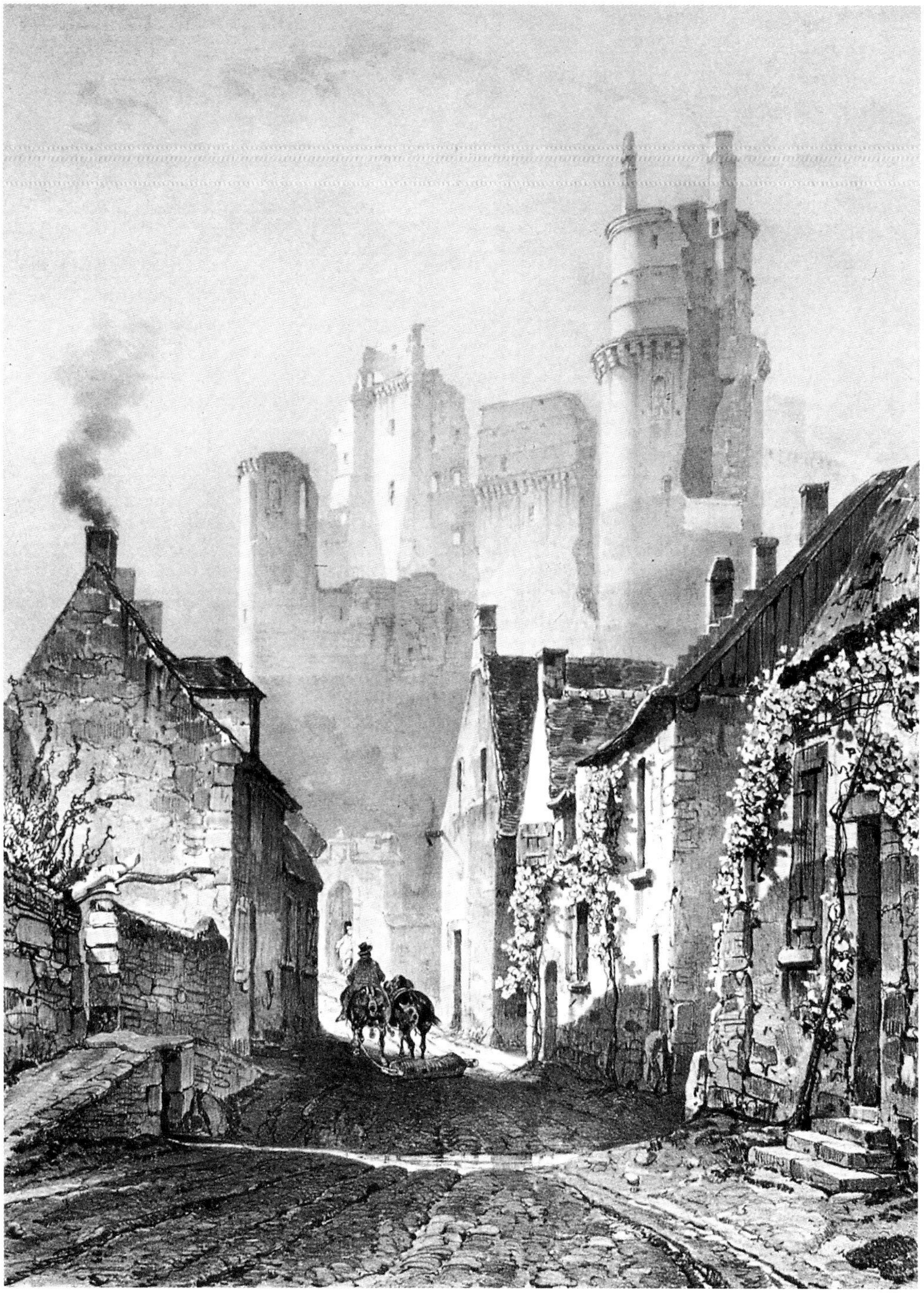

Victor Adam et Léon Sabatier, *Rue du Bourg, à Pierrefonds*, vers 1845.
(*Voyages pittoresques et romantiques dans l'ancienne France*, Picardie)

être retenu cependant, car ce n'est pas par hasard que les ecclésiastiques à l'époque de la Restauration encouragent ou suscitent la publication de ces albums représentant des cathédrales ou des ruines gothiques. La bonne compagnie, dit Stendhal, pense que l'admiration du gothique amènera des fidèles aux prêtres, « l'étude du gothique conduit à la vénération pour le champ de gueules, et peut ramener la religion en France [15] ». Très sérieusement, l'abbé Bourassé, l'auteur des *Cathédrales de France* (1843), engage les artistes à publier des recueils de vues d'églises gothiques pour ranimer la piété des foules : « Ces recueils peuvent faire naître, écrit-il, les réflexions les plus religieuses et les plus philosophiques. Qui pourrait résister à des émotions profondes en contemplant les cathédrales de Reims, d'Amiens, de Paris ?… la vue seule des façades des églises n'est-elle pas propre à nous donner des pensées salutaires ? Suivant une parole heureuse de Wordsworth, ce sont des doigts levés pour montrer le ciel. » Et les lithographes se mettent à l'œuvre, les professionnels comme les amateurs ; pleins de zèle, les prêtres de province dessinent des vues de leur église, et en dédient à l'évêque la lithographie : c'est l'abbé Morel, l'abbé Guillaume, le frère trappiste Félix. Et les vues de cathédrales se multiplient.

Leur abondance amène le public à s'intéresser, à se passionner même pour l'art gothique. « C'est la lithographie qui familiarisa le public avec l'aspect de nos vieux monuments, lui en apprit les beautés et lui révéla une richesse nationale qu'on était loin de soupçonner », ainsi s'exprime en 1847 le *Magasin pittoresque*, peu suspect de partialité en faveur des lithographes, puisqu'il est l'organe de leurs concurrents malheureux, les graveurs sur bois. Il est bien certain que les *Voyages* de Taylor, les recueils de Rey, de Jolimont, de Chapuy ont imposé à la France le goût du style gothique [16]. Les planches de ces

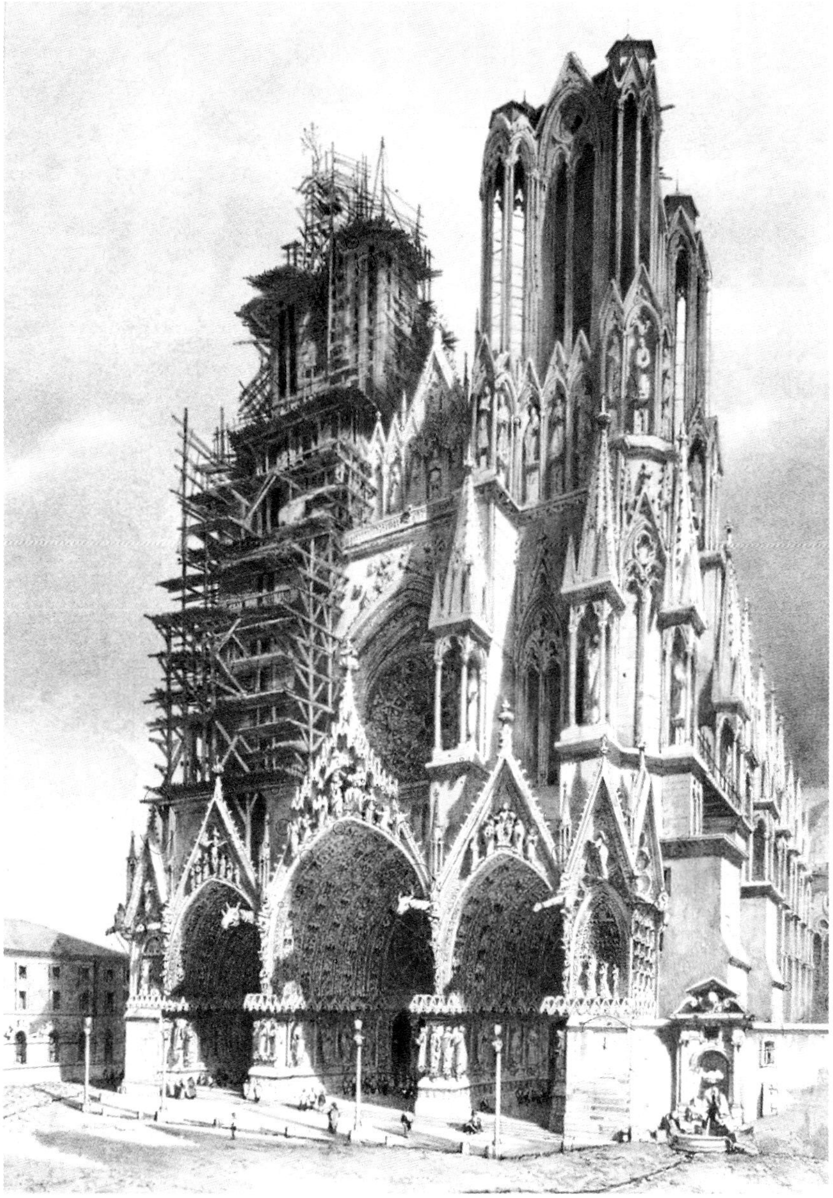

Adrien Dauzats,
Façade de la cathédrale Notre-Dame, à Reims, 1845.
(*Voyages pittoresques et romantiques dans l'ancienne France,* Champagne)

Adrien Dauzats,
Façade de la cathédrale d'Amiens, partie supérieure, 1838.
(*Voyages pittoresques et romantiques dans l'ancienne France,* Picardie)

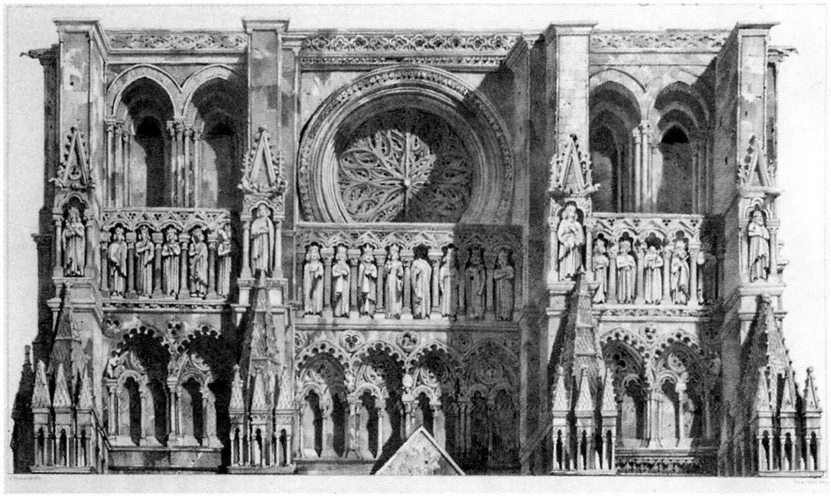

ouvrages ont conservé des monuments détruits par la bande noire et en ont signalé, à l'attention des curieux, d'autres que le vandalisme des municipalités ou de particuliers menaçait de faire disparaître. « Recueillir dans l'intérêt de l'art les précieux débris de ces monuments », tel est le but de la plupart des recueils [17] ; l'auteur de la *Vendée poétique* (1829) exprime ses regrets de voir tomber en ruines une église dont il donne un dessin et qui « lui semble historique » ; des « larmes viennent mouiller les yeux » de l'abbé Bourassé [18] à la vue du vandalisme moderne qui, selon M. Arnaud, peintre de Troyes, est aussi stupide et aussi malfaisant que celui de 1793 [19].

Mais cet intérêt universel pour le gothique, les mots manquent pour l'exprimer ; les termes font défaut pour désigner les parties d'un monument, la forme d'un toit, la structure d'un chapiteau ou d'une base. Stendhal s'en plaint [20] et Mérimée aussi, qui écrit : « Il n'y a point encore de terminologie fixée pour l'architecture du Moyen Age, et la difficulté est grande pour exprimer les objets qui se présentent à nos yeux [20]. » C'est alors, pour pouvoir décrire et analyser les lithographies, que se crée la science archéologique. La Société française d'archéologie de Caumont est fondée en 1834, d'autres viennent ensuite à Poitiers, Tours, Reims ; les publications savantes se succèdent rapidement ; les traités et les revues paraissent en grand nombre ; l'*Histoire sommaire de l'architecture gothique* par Caumont en 1837, le *Manuel du monumentaliste par rapport aux deux grandes écoles du Moyen Age* par Bard, la même année, les *Trois âges de l'architecture gothique* de Popp et Nouleau en 1840, l'*Archéologie chrétienne* de l'abbé Bourassé en 1841 se tire à 8 000 exemplaires, chiffre inouï pour l'époque.

Ces publications ont bientôt, d'ailleurs, un effet sur les lithographies, à la fois par l'influence des

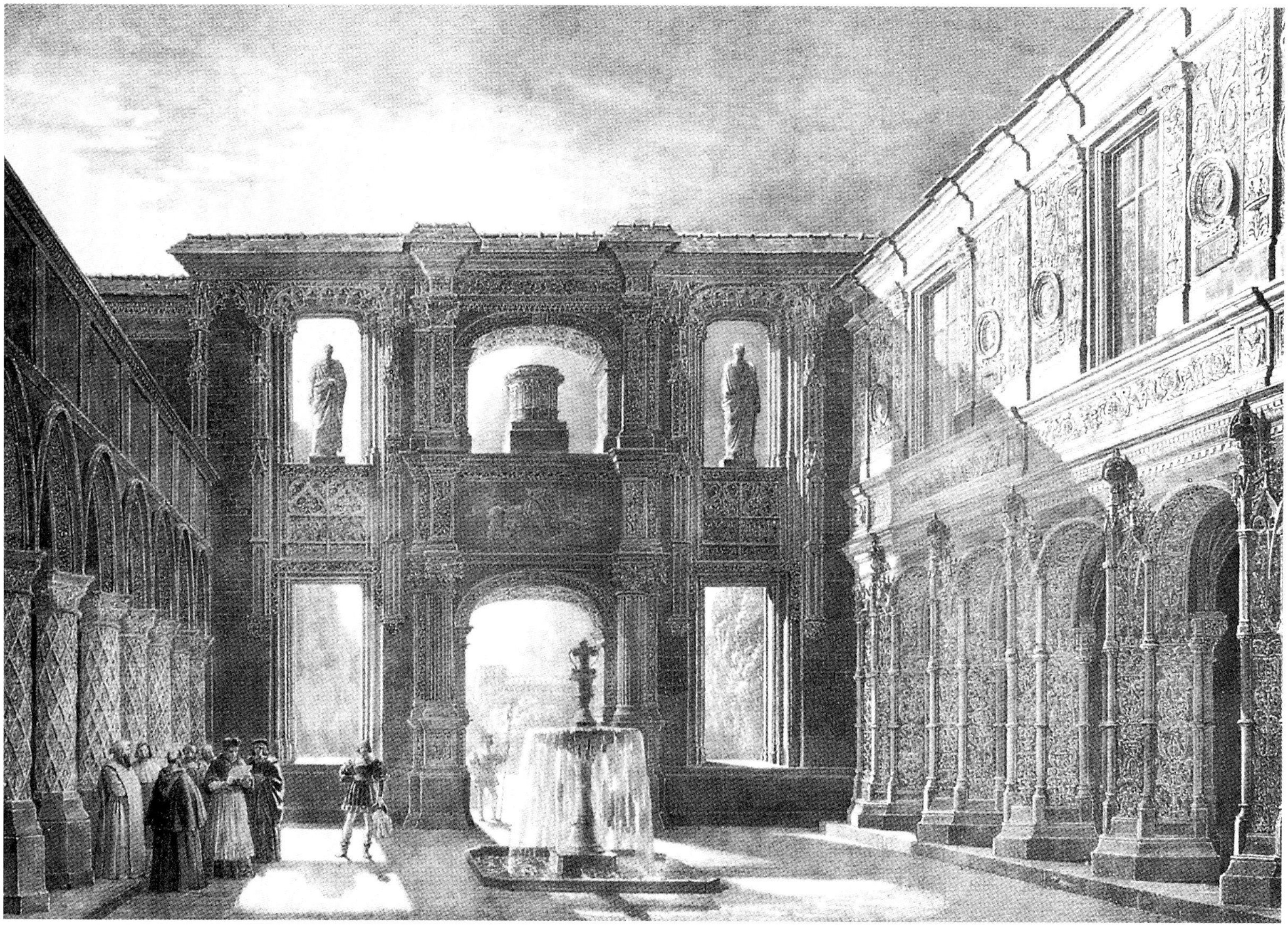

Évariste Fragonard, *Grande cour du palais cardinal d'Amboise, à Gaillon,* 1824. (*Voyages pittoresques et romantiques dans l'ancienne France,* Normandie)

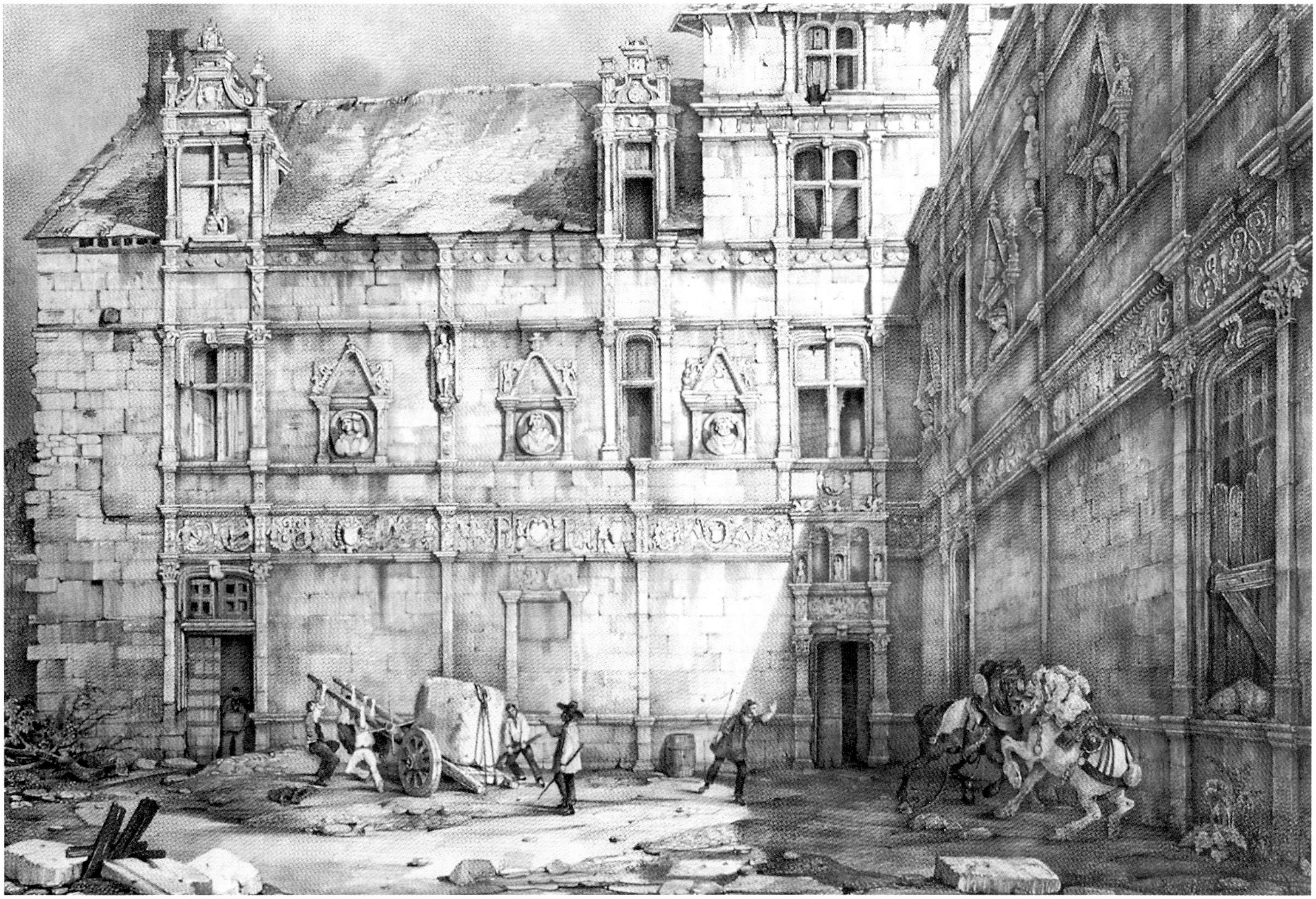

Auguste Mayer, *Cour du château de Montal, Quercy,* 1835. (*Voyages pittoresques et romantiques dans l'ancienne France,* Languedoc)

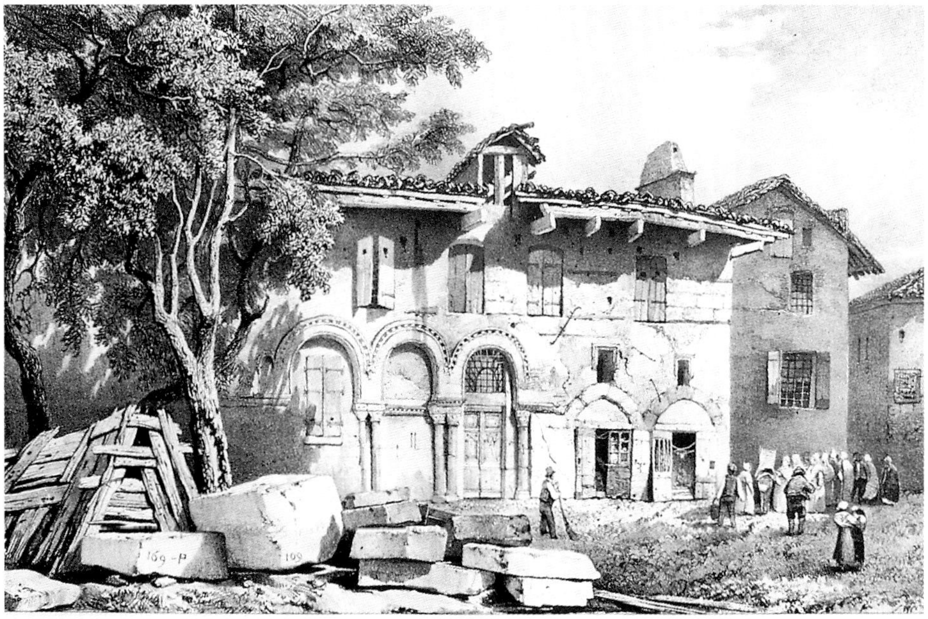

Adrien Dauzats, *Ruines de l'abbaye d'Aurillac,* 1832. (*Voyages pittoresques et romantiques dans l'ancienne France,* Auvergne)

théories archéologiques, et par la transformation des sites ; elles professent, en effet, que l'exactitude est préférable au pittoresque. Les Antiquaires de France publient [22] un article de Jorand sur « la nécessité d'être exact dans la représentation des monuments archéologiques ». Caumont voit avec regret les murs des Thermes de Paris envahis par le lierre et la vigne vierge, « le Pittoresque nous déborde », s'écrie-t-il. Mot significatif qui annonce une époque nouvelle ; désormais, les monuments gothiques seront débarrassés de ces plantes grimpantes, nettoyés, restaurés ; Viollet-le-Duc commence en 1840 sa première restauration, celle de Vézelay. Le temps est passé où Millin admirait les « belles ruines gothiques » (*Voyage*, 1807, I, 285), où Dusommerard, commentant les « jolies ruines » de l'abbaye de Preuilly (*Provins*, 1822, p. 8), écrivait : « Leur aspect ne fait éprouver aucun regret à l'ami des arts… étudiant les dégradations dues à cette forêt de lianes et de ronces qui balancent leurs festons dans l'espace et rehaussent par leurs teintes variées l'aspect de ces brillants décombres, un seul sentiment l'agite, la crainte de voir disparaître l'harmonie du chaos qui règne dans cet ensemble. » La photographie n'est pas loin.

Les recueils de paysages ont, enfin, répandu le goût des voyages en montrant l'agrément des paysages qu'ils permettaient d'admirer. Nous avons indiqué l'importance de ce rôle à propos

Adrien Dauzats, *Maison à Burlats*, 1839. (*Voyages pittoresques et romantiques dans l'ancienne France*, Languedoc)

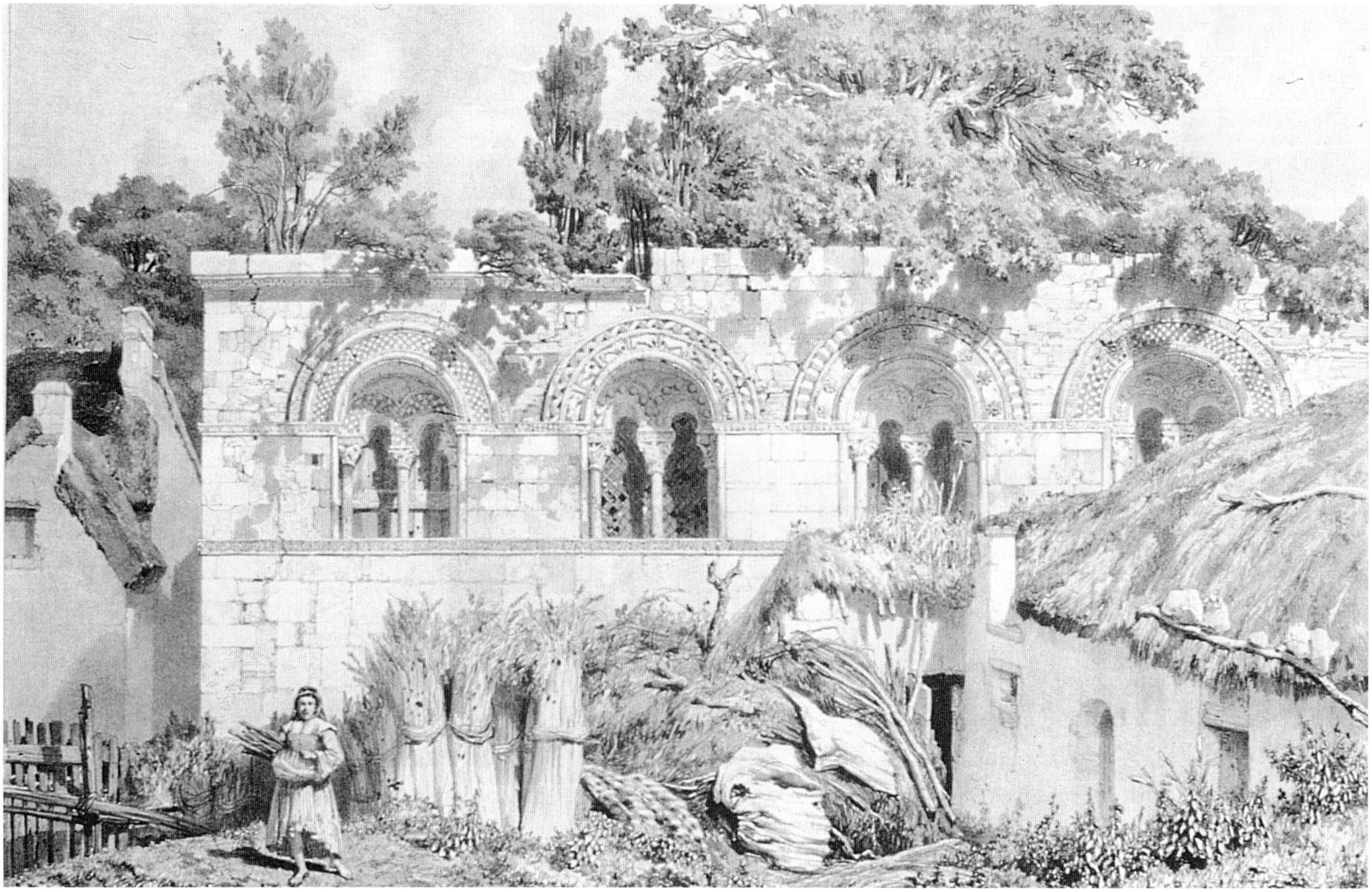

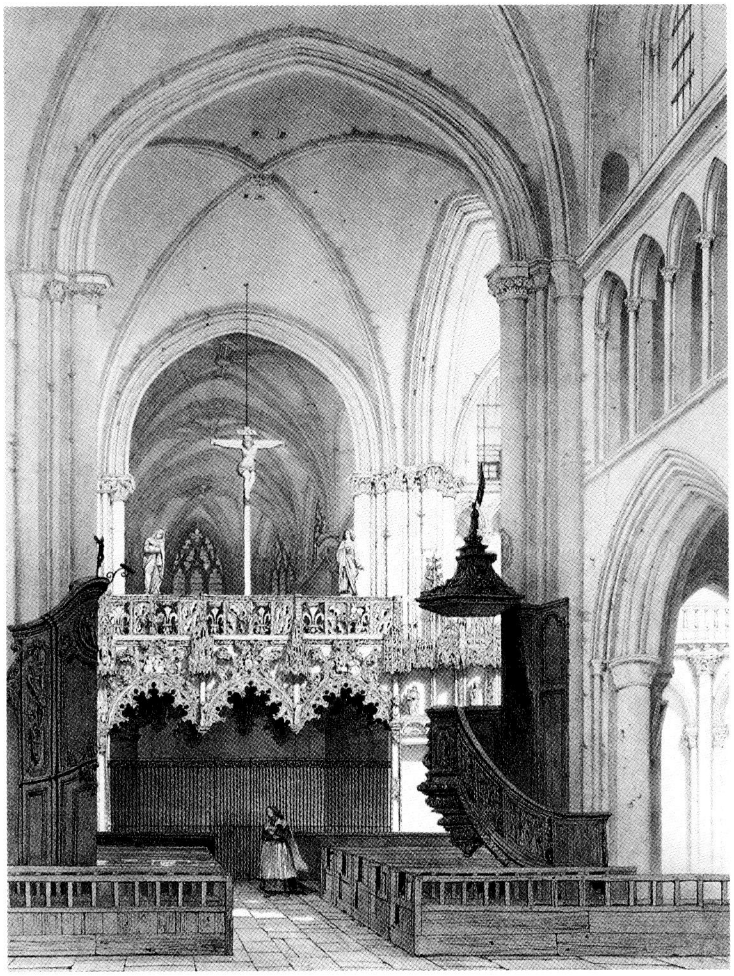

Adrien Dauzats, *Église de la Madeleine, à Troyes,* 1844.
(*Voyages pittoresques et romantiques dans l'ancienne France,* Champagne)

des villes d'eaux et de leur lancement. Soulignons seulement ici que les *guides*, qui prouvent qu'une station thermale a beaucoup de clients, paraissent toujours quelques années après les recueils de lithographies consacrés au même site, ce qui prouve bien que ce sont les lithographies qui ont consacré le pays [23].

1. *Touriste*, I, p. 149 ; II, p. 105, 112 ; *Promenades dans Rome*, I, p. 25.
2. *Essais esthétiques.* Paris, 1923, I, p. 13 (1850).
3. *Archéologie des monuments religieux de l'ancien Beauvaisis...* 1839-1849, p. III. Mêmes déclarations en cent ouvrages, par exemple. A. Mure, *La Saône et ses bords*, 1836, p. 37 ; Mérimée, *Voyage dans le sud de la France*, 1835, p. 341 ; Jolimont, *Description et vues pittoresques du Calvados*, 1825, p. 51 ; du même, *Vues pittoresques de la cathédrale d'Amiens*, 1824, p. 12, et Caumont, *Abécédaire*, I, 135 (« le dessin ci-joint me dispense de décrire »).
4. III, 1850, p. 87. De même Castellan (*Fontainebleau*, 1840, p. 4) : « J'ai commencé par dessiner un objet, j'ai cherché ensuite à le décrire. »
5. En 1825, Hugo était allé voir le mont Blanc avec Taylor et depuis il gardait le souvenir de l'esthétique de son ami.
6. Voir aussi une allusion aux « faiseurs de *Voyages pittoresques* » dans *Le Curé de village*, éd. C. Lévy, 1925, p. 85.
7. *Hommage aux dames. Album de romances*, par MM. Berton... I : *La Maison brûlée, savoyarde à deux voix*, par M. Silvain Blot, *composée...*
8. 24 janvier, 15-18 février, 14 mars.
9. *Lundis*, V, 31.
10. *Souvenirs* recueillis par son fils, p. 9. Même sentiment dans *Le Lithographe*, 1838, p. 79 ; dans *Auvergne et Provence, Album...* (1848), p. 42. On peut, d'ailleurs, trouver en France des sites qui rappellent l'Italie. Nodier (*Voyages pittoresques*, I, p. 98) pense devant Graville-Sainte-Honorine, au-dessus du Havre, à « la situation élégante et magique du temple de Sunium ». L'auteur de la *Vendée pittoresque*, Ch. Massé (1829), s'assied dans un site romantique, ouvre les *Lettres sur l'Italie* de Dupaty, et se croit à Tivoli (I, p. 61).
11. D.-M.-J. Henry, *Guide en Roussillon.* Perpignan, 1842, in-12, p. 149, 188, 201, 205. L'auteur déclare (p. V-VI) qu'il écrit pour donner un indicateur fidèle aux voyageurs dignes d'intérêt : artistes, archéologues, naturalistes.
12. *Voyage dans le département du Loir-et-Cher*, 1835, p. 9 et 35.
13. 17 février 1833 et numéros suivants. Conseils de Raoul de Croy dans le numéro du 6 juin 1834.
14. *Journal des Artistes*, 27 août 1837.
15. *Touriste*, I, p. 197, et Michelet (*Histoire de France*, t. VII, 1855, p. CLV).
16. Taylor le proclamait bien haut : « Cet entourage inspira au public le goût des études d'archéologie chrétienne, et au gouvernement la pensée de protéger officiellement les monuments historiques » (*Franche Comté*, 1854, p. III).
17. La formule est de Massé, *Portails des églises de Tours*, 1834. Même idée, p. 64 de l'*Album de la Creuse*, 1834, etc.
18. *Esquisse archéologique des principales églises du diocèse de Nevers.* Nevers 1844. p. 124 (sur l'église de Bellay devenue une étable à bœufs).
19. « Pour mettre un banc qui rapporte à l'église 4 fr. par an, on sape un pilier » (*Antiquités de la ville de Troyes*, 1822).
20. *Touriste*, I, p. 248, et II, p. 84 : « On ne sait en quels termes parler de l'architecture gothique. M. de Caumont et les autres ont adopté chacun une nomenclature différente. La Société de l'Histoire de France aurait pu nous donner un petit catéchisme de cent pages avec des figures en bois insérées dans le texte. » Voir aussi Jolimont, *Vues pittoresques de la cathédrale d'Amiens*, 1824, p. 12.
21. *Notes d'un voyage dans le sud de la France.* Paris, 1841, p. 4.
22. *Mémoires...*, VII, p. 237.
23. Le fait est typique pour les Pyrénées : en 1836, 1837, 1838, sont publiés un certain nombre d'albums d'images ; les guides apparaissent après, en 1838-1843, 1845. L'Auvergne n'a pas de succès, malgré les publications de médecins, jusqu'au moment où Batissier (1840) publie son recueil de vues sur le Mont-Dore.

Double page suivante :
Nicolas Cochin
et Joseph Vernet,
Première vue de Marseille,
1760.
Gravure.

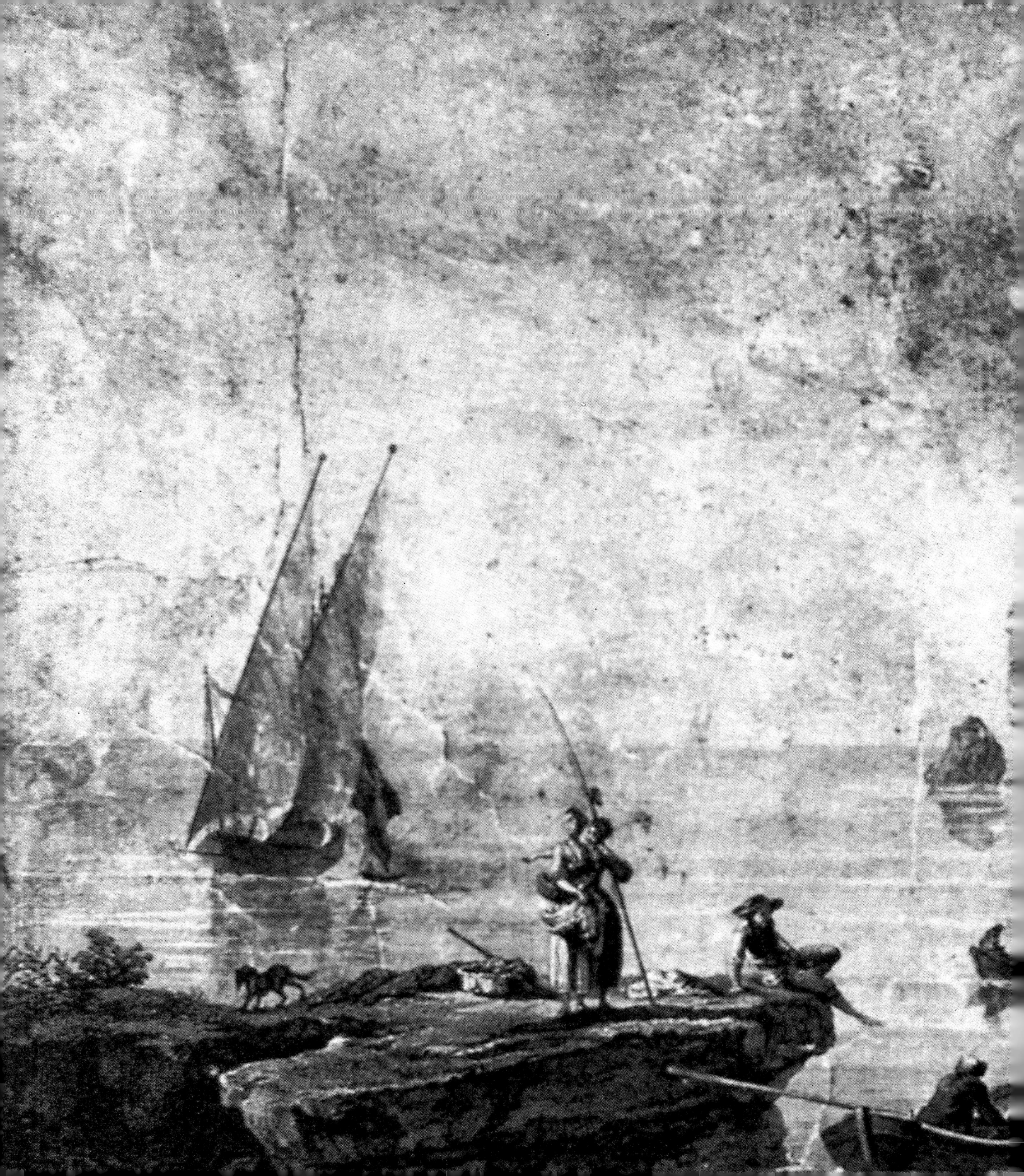

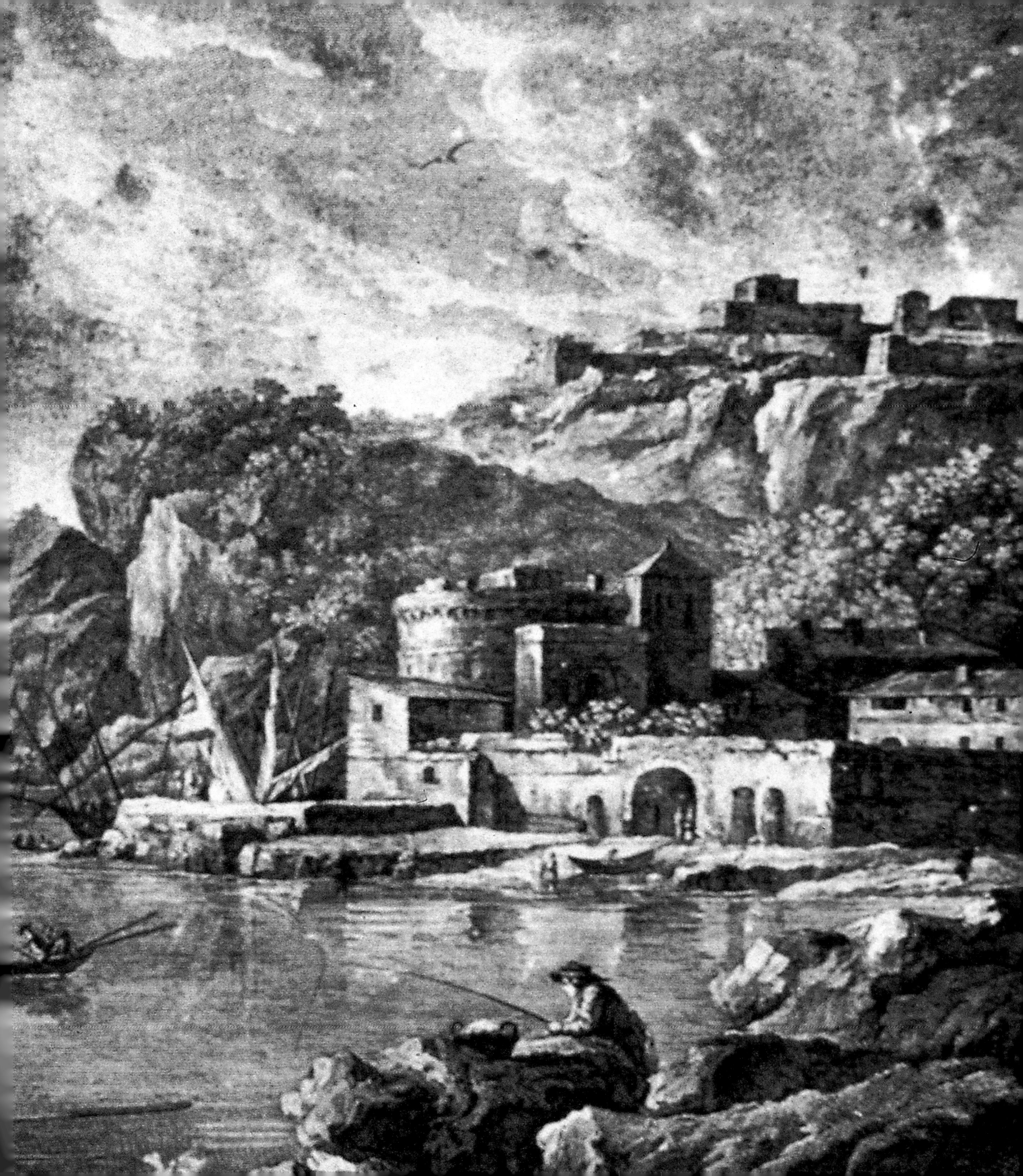

Conclusion

La lithographie de paysage, qui avait ainsi révélé les monuments et les sites de la France, devait disparaître au bout de soixante ans. A cette disparition, on peut trouver plusieurs causes, les unes d'ordre psychologique, les autres, plus importantes encore, d'ordre technique.

Parmi les premières, notons l'épuisement des sujets : il n'y a pas toujours des églises du Moyen Age et des sites pittoresques à représenter ; les dessinateurs de vues ont fini par se lasser de planter leur chevalet à l'endroit exact où s'était assis un de leurs camarades quelques années plus tôt [1], et les éditeurs ont fini par refuser les vues qui leur semblaient se répéter à l'infini, sans rien apporter de nouveau.

Puis le pittoresque lui-même passe de mode ; les donjons crénelés, les églises gothiques et les cascades sont devenus vers 1850 des sujets vieillots [2] ; le public s'est habitué à voir dans les Salons et les expositions les toiles de Rousseau et de Daubigny, la représentation de la nature a succédé à celle des fabriques ; les archéologues, d'autre part, reprochent aux lithographes de manquer de précision et d'exactitude.

Peut-être cependant, malgré ces critiques, la lithographie de paysage aurait-elle, en modifiant son genre, retrouvé une certaine vogue, si des raisons techniques n'avaient provoqué sa ruine irrémédiable. La première de ces raisons est l'apparition de la photographie. Ce nouveau procédé de reproduction connut aussitôt chez les paysagistes une vogue extraordinaire : voilà, disait-on, le moyen de répondre à l'objection des archéologues, le moyen de donner des images exactes des monuments et des sites.

Et l'on se met à lithographier d'après des « épreuves daguerriennes » ; le dessinateur de vues est donc congédié, la race en disparaît au bout de quelques années.

L'idée de remplacer un dessin par une photographie est assez ancienne ; en 1839, déjà, *Le Lithographe* [3], journal toujours à l'affût des innovations du métier, annonce qu'un de ses abonnés vient de lithographier une « épreuve daguerrienne », et il reproduit cet essai. Dès 1840, Aubert commence la publication de *Paris et ses environs reproduits par le daguerréotype*, suite de lithographies à deux teintes exécutées par Bichebois, Bour, Cuvillier, Jaime, et quelques autres. La publication a du succès [4], et est bientôt imitée ; en 1844, on voit paraître le beffroi de Valenciennes, « lithographié par A. Lauters d'après le daguerréotype pris en 1842 par Brivois-Lefèvre », puis une vue de Moscou par Philippe Benoît et une vue de Toulouse de Buguet obtenues à l'aide du même procédé. Les années suivantes, le mouvement continue [5] ; il s'accentue brusquement en 1850, année où le *Voyage à la côte d'Afrique du brick « Le Du Couëdic »* est illustré de lithographies « d'après des épreuves daguerriennes » ; en même temps paraissent les *Promenades daguerriennes à Bellevue avec sept vues prises au daguerréotype et reportées sur papier* par L.-A. Martin, un des premiers essais de livre illustré par le moyen de la photographie seule [6].

Bientôt, tout naturellement, apparaîtra une nouvelle catégorie d'artisans, le « photographe paysagiste », qui remplacera le dessinateur de vues [7], et à l'usage de qui Frederic Coxe publiera à Londres en 1850 *The Photograph Tourist, containing full directions for the production of landscapes.* A partir de ce moment, le dessinateur ayant disparu et le lithographe devenant simplement un manœuvre qui doit reproduire servilement sur sa planche l'effet du cliché photographique, la lithographie de paysage est virtuellement morte. Baudelaire l'avait bien compris, qui, dans son compte-rendu du Salon de 1859 [8], déclarait que la photographie ne doit pas empiéter sur le domaine de l'impalpable et de l'imagination ; mais il ne se trouva personne pour l'entendre.

Condamnée à mort par la photographie, qui avait fait disparaître la race charmante, fantaisiste et poétique, des dessinateurs de vues, la lithographie a vécu encore quelques années. Ciceri, Sagot, Philippe Benoist, Fichot ont continué après 1854 à publier des recueils [9] ; ceux-ci deviennent assez médiocres, il est vrai, mais ils ont encore des acheteurs, un public fidèle – en province plus longtemps qu'à Paris.

Mais la lithographie elle-même devait périr vers 1870, détrônée par les procédés de reproduction mécanique, la photogravure et même la photographie. Le genre disparaît alors avec la matière qui avait assuré sa propagation et son succès ; ainsi se vérifie une fois de plus l'idée [10] qu'un certain sentiment est généralement lié

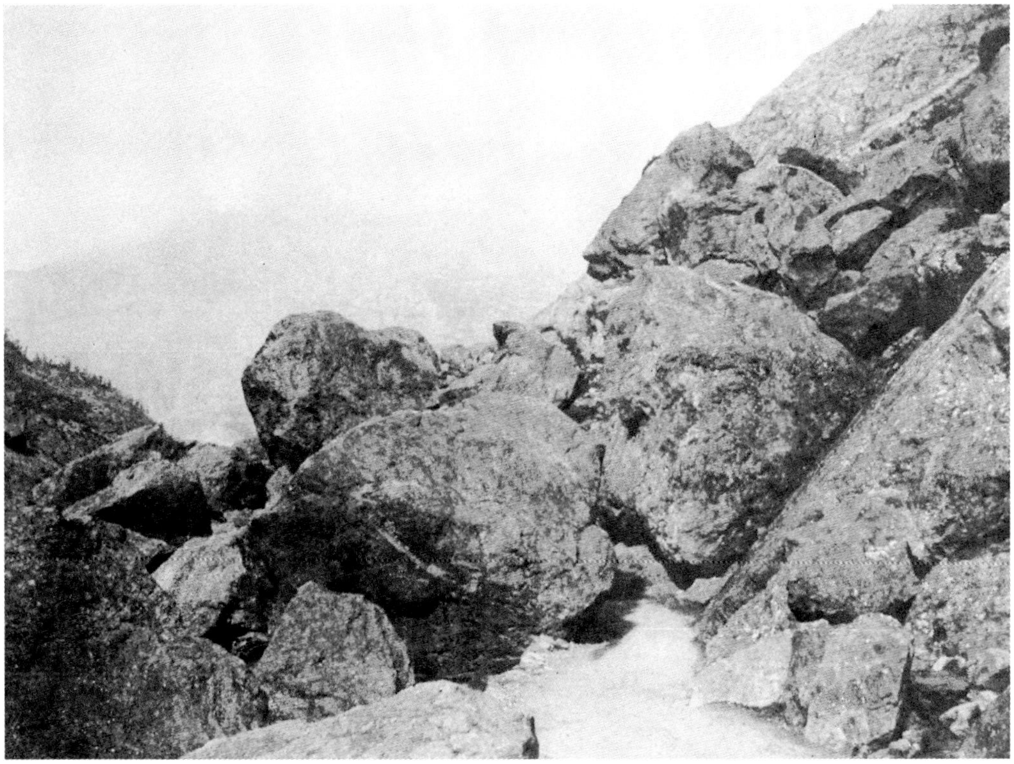

Anonyme,
Blocs du chaos
Saint-Sauveur, 1853.
Photographie.

Émile Boeswillwald et
Bisson frères, *Arc de triomphe*
romain à Langres, 1857.
(*Voyages pittoresques et roman-*
tiques dans l'ancienne France,
Champagne)

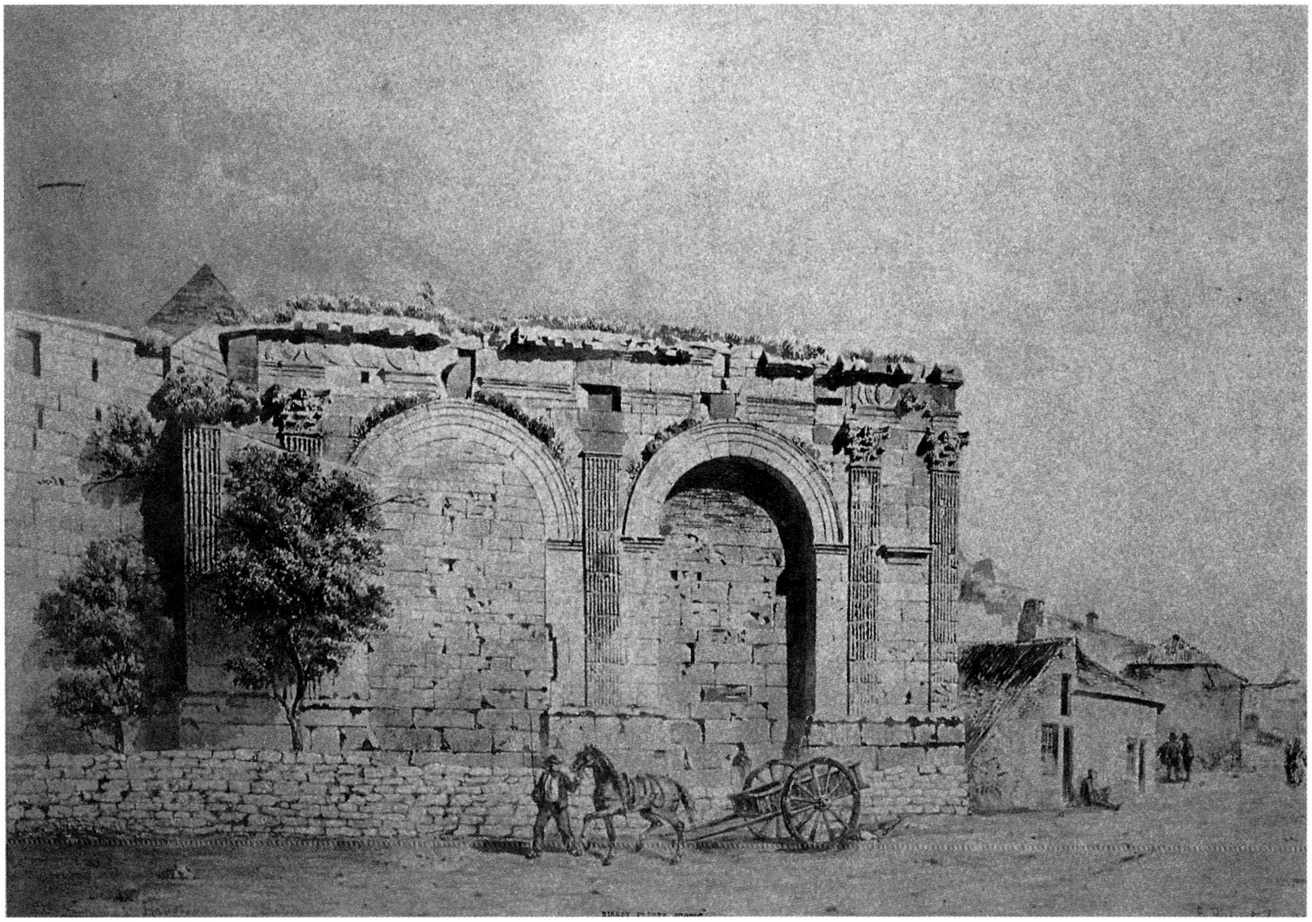

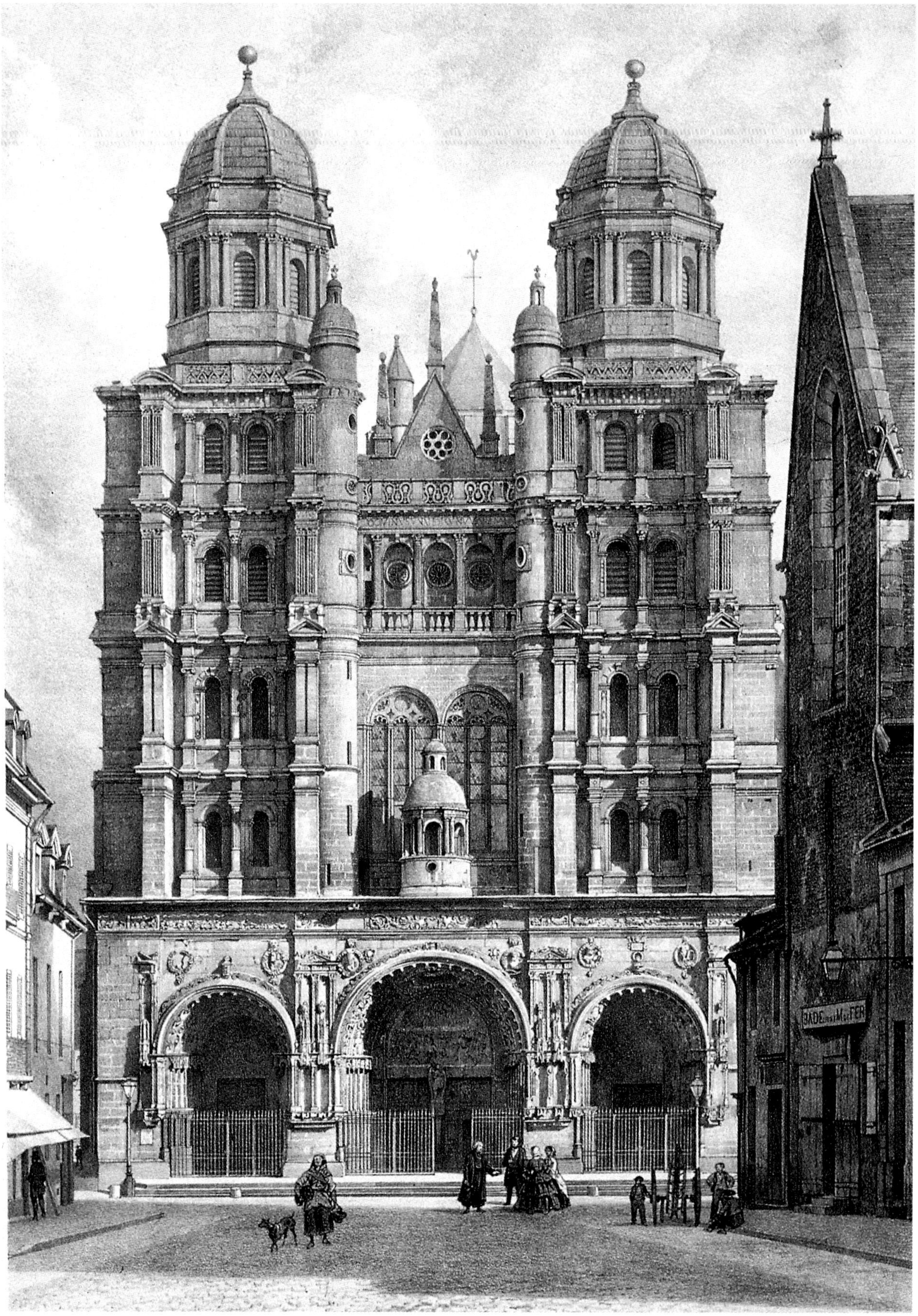

Charles-Claude Bachelier, *Façade de l'église Saint-Michel, à Dijon,* 1863. (*Voyages pittoresques et romantiques dans l'ancienne France,* Bourgogne)

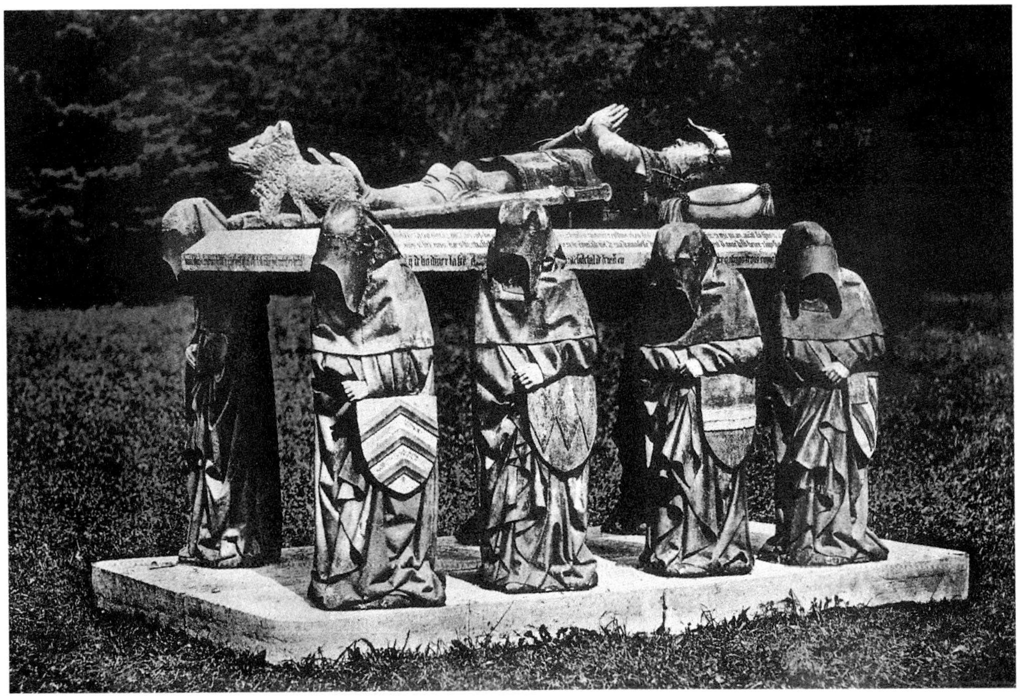

Rose-Joseph Lemercier, *Tombeau de Philippe Pot, à Dijon*, vers 1863.
Lithophotographie, procédé Poitevin.
(*Voyages pittoresques et romantiques dans l'ancienne France,* Bourgogne)

à une certaine technique, et que la disparition de l'une doit entraîner celle de l'autre. Quelques essais de résurrection doivent, cependant, être notés ; en 1872, notamment, paraissent les lithographies de Corot [11], mais les œuvres de cette époque, qui comptent parfois parmi les meilleures de tout le siècle, restent à l'écart du mouvement que nous avons étudié : d'abord, elles n'atteignent pas le public (Lemercier tire les Corot à cinquante exemplaires, et ne les vend pas), ensuite et surtout elles sont une réaction contre le paysage pittoresque des derniers temps. La photographie donnant l'image exacte des monuments et des sites, les artistes ne daignent pas rivaliser avec elle ; s'écartant de la réalité stricte, ils esquissent à larges traits des œuvres de rêve, pleines d'une poésie riche d'évocations, mais qui n'ont plus rien de la jolie petite écriture artiste des lithographes de paysages romantiques.

NOTES

1. Cette constance est extraordinaire ; toujours les dessinateurs se mettent au même endroit ; de 1830 à 1850, Angers est représenté de la même façon, avec la tour de la Haute-Chaîne à droite et la cathédrale au fond ; de même pour le Puy (1825-1860), Vichy (1820-1847), la chapelle Saint-Bruno à la Grande-Chartreuse (1825-1844). Ce phénomène est d'ailleurs tout naturel, car généralement les monuments se présentent mieux sous un certain angle : à Montpellier, par exemple, les dessinateurs, pour représenter la cathédrale, se mettent en bas de la rampe, afin de voir à la fois l'église et l'école de médecine ; Jules Boilly veut faire de l'originalité ; il se met en arrière, l'effet est manqué ; de même Laurent ne fait que l'église, sa vue n'est pas bonne, il doit l'animer par une procession. Dans certains cas, les monuments sont représentés par deux catégories d'artistes qui se placent à un endroit, les autres à un autre : la tour Magne à Nîmes, par exemple, est figurée par les peintres du côté du jardin de la fontaine, parce que c'est l'endroit de la fissure « pittoresque », et par les archéologues de l'autre côté, parce qu'on voit les pilastres et l'élévation intacte.

2. « Les peintres, dit Champfleury (*Souvenirs d'enfance*..., 1872, in-12, p. 14), ont abusé du pittoresque, des anciennes maisons en bois, des ruelles tortueuses, des fouillis de constructions bizarres. » Rappelons que l'« haussmanisation » de Paris commence en 1853.

3. Une vue de N.-D., par L. Masquier ; *Le Lithographe*, 1839, p. 319.

4. Une lithographie de Maurisset, *La Daguerréotypomanie*, montre précisément, en 1840, la boutique d'Aubert assiégée par les amateurs.

5. 1845. *Vue de Poitiers*, lith. par Gué d'après un daguerréotype ; *Panorama de Paris pris de la tour Saint-Gervais*, gr. an. d'après un daguerréotype (coll. Victor Barthélemy) ; *Promenades daguerriennes dans le département du Nord et la province de Hainaut*, lith. par A. C. et B. de Saint-Hilaire, « calquées sur des daguerréotypes » ; *Vues de Ribeauvillé, Sainte-Marie et des environs*, d'après le daguerréotype (gr. par Syegelmann) ; *Paris, ses églises, ses palais, etc.*, atlas de 6 pl. gravées, d'après les épreuves du daguerréotype de la maison Lembours, par MM. Hellman, Appert, etc., 1843 ; 1846. *Vue de Rethel* (*Magasin pittoresque*, 1846, p. 261).

6. Voir aussi la *Fontaine de l'esplanade de Nîmes*... lith. d'après le daguerréotype par P. Trives, 1851 ; les tombeaux lith. de même par Durand pour le *Voyage pittoresque en Bourgogne*, 1853 ; la *Suisse et la Savoie* de E. Ciceri, d'après les phot. de Martens, 1858 ; les lith. de Deroy d'après les phot. de Perin de Viré.

7. Le plus réputé est un certain M. Jeaurenaud, qui fournit en 1865 les photos d'après lesquelles furent gravés les paysages parus dans les *Ardennes illustrées* de E. de Montagnac.

8. Réimpr. dans les *Curiosités esthétiques*, p. 254-263. Voir aussi un excellent article écrit dans le même sens par M. Delaborde, réimpr. dans ses *Mélanges sur l'art contemporain*. Paris, 1866, in-12, p. 357-388. Aussi Chenevières, *Souvenirs*, 3e partie, 1886, p. 36.

9. Citons parmi les plus importants : Ph. Benoist, *Paris dans sa splendeur*. Nantes, Charpentier, 1856-1860. – *Vues de Savoie*, par Eugène Ciceri, 1857. – Cassagne et Aubrun, *Nouvelles Vues des Pyrénées*. Leconte, 1857-1860, cam. – *Les Rêveries d'un artiste*, composées et lith. par Hubert Clerget. Gache, 1858 (chromos). – *Dieppe et ses environs*, par Maugendre, suivi de *Bayeux et ses environs* et de l'*Album pittoresque de Trouville-sur-Mer* (1858), chromos. – *La Suisse et la Savoie*, par E. Ciceri, d'après les vues phot. par Martens... Goupil, Paris et Berlin ; Knoedler à New York, 1859. – *Chalets suisses*, par E. Ciceri. Goupil, 1861-1862 (chromos). – *La Suisse, la Savoie et le Tyrol*, par E. Ciceri. Goupil, 1862-1865, 120 pl. (chromos). – J.-B.-O. de Wismes, *Le Maine et l'Anjou histor., archéol. et pitt.*, 108 vues lith. et 500 p. de texte. Nantes, Charpentier, 1862. – Asselineau, *Le Train de plaisir*. Pacy-sur-Eure, chez l'auteur, 1863-1864. – Du même, *Les Souvenirs d'un train de plaisir*. Le Havre, 1865. – *Lycées et écoles de France*, cam. de Jules Arnout, 1867-1868. – Ph. Benoist, *Rome dans sa grandeur*. Nantes, Charpentier, 1867. – Du même, *Album de l'île de Jersey*. Ibid., 1871, et *Les Grands Aspects de Paris*.

10. Cf. H. Focillon, *Technique et sentiment*. Paris, Laurens. 1925.

11. *Douze croquis et dessins originaux sur papier autographique*. Lemercier, 1872.

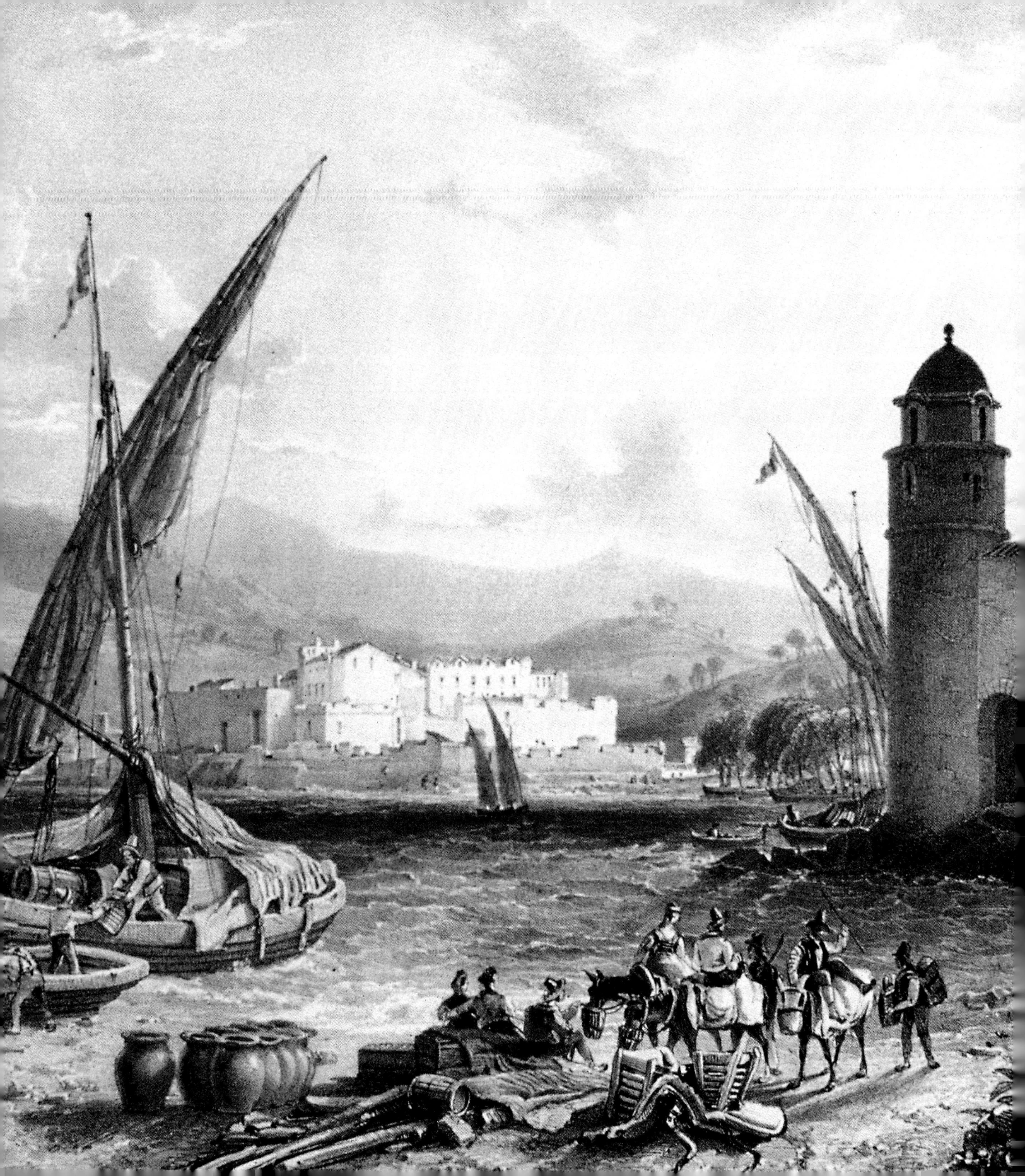

Bibliographie des recueils de paysages lithographiés

1817 - 1854

Un recueil de paysages lithographiés est pour nous une suite de plus de deux planches, soit sans texte, soit accompagnée d'un texte plus ou moins long destiné à commenter les images.

Les recueils sont présentés ici selon l'ordre chronologique ; leur liste part de 1817, année de naissance effective de la lithographie commerciale, et va jusqu'en 1854, date à laquelle sont tirées les dernières planches des *Voyages pittoresques* de Taylor. A l'intérieur de chaque année, la liste est disposée méthodiquement : en tête les généralités (voyages autour du monde, etc.), puis les vues de France, puis celles de l'étranger, puis les marines (nombreuses après 1840) ; les cours de paysage, enfin, sont indiqués en dernier lieu. Pour la France, les recueils sont classés d'après la situation topographique des lieux représentés, en allant du Nord au Sud ; pour l'étranger, l'Europe précède l'Asie, que suivent l'Afrique et l'Amérique ; de telle sorte qu'un lecteur qui veut étudier l'histoire de la représentation d'une contrée donnée peut retrouver ce qui l'intéresse, moins rapidement, sans doute, que dans la table qui suit, mais peut-être plus complètement.

Pour les ouvrages parus sous forme de livres, leur format bibliographique est indiqué ; pour ceux – et c'est le plus grand nombre – parus sous forme d'albums, de séries de planches réunies dans une couverture illustrée, on comprend que nous n'avons pu agir de même : il sera donc entendu pour ce cas que les lithographies citées ont les dimensions courantes (30 x 20 cm), et que celles qui excèdent ces dimensions ou ne les atteignent pas seront dites : grandes lithographies ou petites lithographies.

Les mots : lithographie, pittoresque, photographie, professeur, revenant presque à chaque ligne, il nous a paru nécessaire de les abréger, et cela de la façon suivante : lith., pitt., phot., prof. Selon l'usage, dans l'adresse, le nom de lieu n'est indiqué que s'il ne s'agit pas de Paris ; il est suivi du nom de l'éditeur ou, à son défaut, celui de l'imprimeur*.

Page ci-contre :
George Barnard,
Vue générale du port de Collioure, vers 1835.
(*Voyages pittoresques et romantiques dans l'ancienne France,* Languedoc)

1817

1. Album lithographique. – Lasteyrie, 1817. (Lith. de paysages par Thiénon, Vauzelle, H. Lecomte et C. Bourgeois.)

FRANCE.

2. Album du département du Nord contenant les vues des sites, monuments, sculptures..., accompagné de notices... ; impr., lith. et publié par A.-F. Hurez. – Cambrai, Hurez (1817). (Deux prospectus seuls entrés à la Bibliothèque nationale.)

3. Vues de la Haute-Marne et de la Seine-et-Marne, par A. Pernot. – Engelmann, 1817, 12 lith.

4. Vues pitt. du département de la Gironde, dess. et lith. par A. Lacour. – Bordeaux, 1817, 3 vol. (Annoncé dans les *Annales encyclopédiques*, 1817, p. 343 ; n'a pas paru.)

ÉTRANGER.

5. Atlas des promenades pitt. dans Constantinople et sur le Bosphore, par M. Charles Pertuisier. – Didot, 1817-1819, 5 livr. de 5 pl. (Cf. *Moniteur*, 9 novembre 1820.)

COURS.

6. Cahier de quatre paysages animés, d'après nature, par A.-E. Michallon. – Lasteyrie, 1817 (fabriques d'Italie).

1818

7. Divers essais lithographiques, par J.-B. Isabey. – Chez l'auteur et chez A. Giroux, 1818, 10 lith. (Royat, Mont-Blanc, Aix, l'Isle-Adam, Sèvres.)

8. Voyage pitt. et militaire en France et en Allemagne, dess. d'après nature par A. Noël. – Lasteyrie, 1818, 5 livr. de 4 pl.

1819

FRANCE.

9. Constant Bourgeois. Recueil de vues pitt. de la France, comprenant les châteaux, couvents, abbayes et autres monuments les plus remarquables par leur situation, leur antiquité ou par les faits historiques dont ils rappellent le souvenir. – 20 livr., 1819-1825.

10. Vues du département de l'Oise (?), par F. Villeneuve. – Impr. Delpech, 1819, 9 (?) lith. (Sérans, Boubians, Parnes, Malaincourt, Montjavoult, Pierrefonds, Trie-le-Château, Levemont.)

ÉTRANGER.

11. Vues des ruines de Pompéi, d'après l'ouvrage publié à Londres en 1819, dédiées à S. A. R. Madame la duchesse de Berry. – 1819-1830, 120 pl. lith.

12. Voyage dans le Levant, par le comte de Forbin. – Imprimerie royale, 1819, in-fol., 78 lith. (par Bourgeois, C. Vernet, Legros, Jules Isabey, Thienon, Bouton, Deseynes, Fragonard, Debucourt, Vauzelle, Daguerre, Hersent, H. Lecomte, Baltard, Bidault, H. Vernet ; costumes par Mlle Bouteiller).

13. Souvenirs pitt. du général Bacler d'Albe. – Engelmann, t. I, 1819-1820 (Suisse et Italie) ; t. II, 1820-1822 (Espagne).

COURS.

14. Éléments de paysage, par J.-A. Rousseau. – 1819, 24 pl.

1820

FRANCE.

15. Album lithographique, dess. par les peintres de Sèvres. – Engelmann, 1820. (Lith. de paysage par J.-R. Robert : Ville-d'Avray, Meudon, Compiègne et Fontainebleau.)

16. Voyage pittoresque de Taylor, Nodier et Cailleux. Ancienne Normandie. – Didot, 1820 (I et II) et 1878 (III).

39 livr., 388 pl., 574 souscripteurs (tirage à 600). Principaux collaborateurs : E. Fragonard, Athalin, Isabey père, Bonington ; avec les Alaux, Arnout, Baltard, Bichebois, Bourgeois, Bouton, Ciceri père, Daguerre, Enfantin, O. Gué, A. Joly, Jorand, Léger, Lemaître, Leprince, Lesaint, Regnier, Renoux, Robert, Schmidt, Taylor, Thienon, Vauzelle, Watelet. La 1re livr. parut le 18 avril 1820. (Voir *Gazette de France*, 27 juillet 1820 ; *Journal des Débats*, 29 ; *Moniteur*, 15 août et 9 novembre ; *Gazette de France*, 5 février 1821.)

17. *Vues de Paris*, par Chapuy. – Langlumé, vers 1820. (Monuments.)

* Lorsque le titre du recueil ou de la suite nous est inconnu, ce qui est arrivé une trentaine de fois, nous faisons suivre son titre supposé d'un point d'interrogation (voir, par exemples, n°s 19, 23, 354, 610).

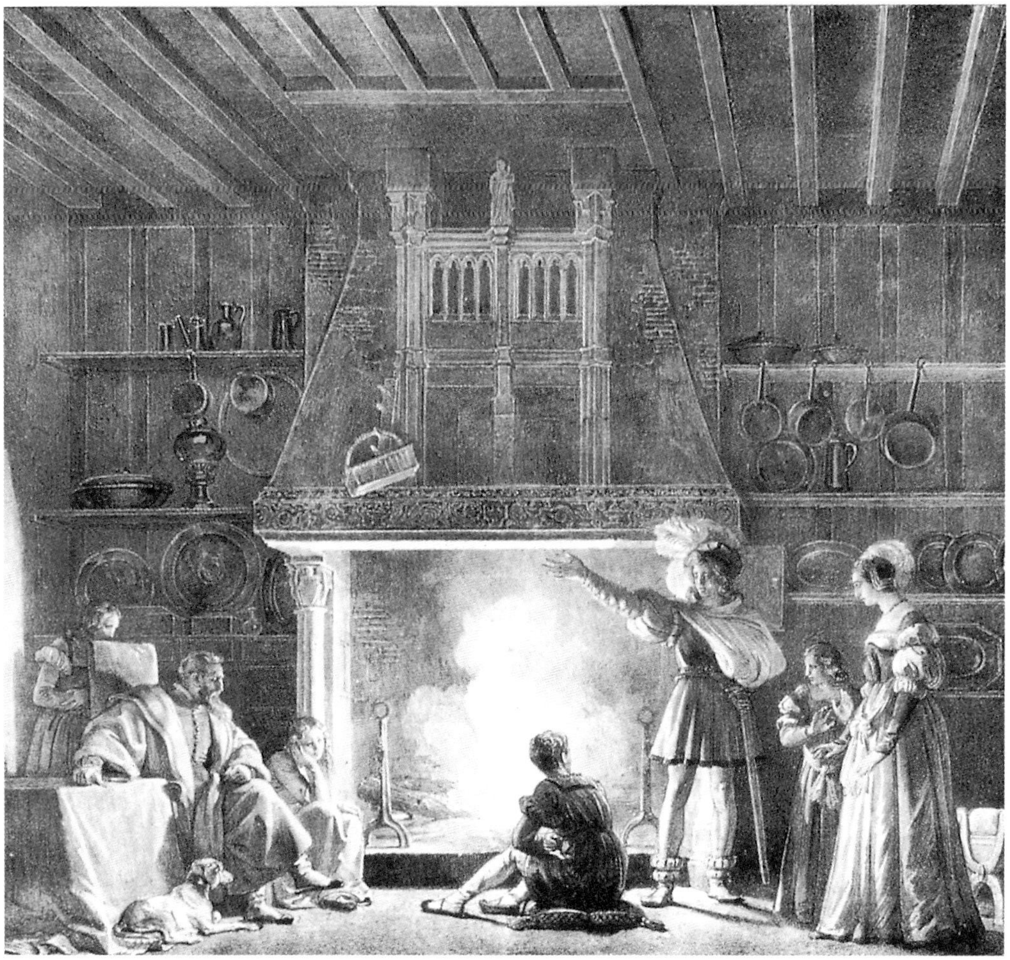

Évariste Fragonard, *Cheminée de l'auberge de la Fleur-de-lys au Grand Andelys*, vers 1824. (*Voyages pittoresques et romantiques dans l'ancienne France,* Normandie)

18. Trente petites vues de Paris, par J.-B. Arnout. – Delpech, 1820-1821. (Églises, palais, ponts, fontaines.)

19. Les Barrières de Paris (?), par Ch. Lemercier. – Genty, v. 1820.

20. La Ceinture de Paris, ou Recueil des barrières qui entourent cette capitale, lith. par Palaiseau. – 1820, 8 cahiers.

21. Vues des environs de Paris, par Charles Lemercier fils. – Engelmann, puis Motte, v. 1820, 10 lith. (?). (Bellevue, Cachant, Aunay, Sceaux, Châtenay, Ville d'Avray, Nanterre, Romainville.)

22. Quatorze vues d'Auvergne, dess. d'après nature en 1819 par André Raulin. – Chez l'auteur, 10, boulevard Montmartre, 1820.

23. Clermont-Ferrand et ses environs (?), par Vauzelle. – V. 1820.

24. Vues du département de l'Eure (?), lith. par H. Parmentier. – 1820. (Vernon, environs de Dreux.)

25. Voyage pitt. dans le département de la Loire-Inférieure, par Édouard Richer. – Nantes, Mellin-et-Malassis, 1820. (18 livr. annoncées, *B. F.*, 30 septembre 1820.)

La première lettre de ce voyage parue sous le titre de : Description de la rivière d'Erdre de Nantes jusqu'à Paris.

26. Choix de vues pittoresques recueillies dans le département de la Gironde, par Thienon. – Paris, 1820, in-fol. obl.

27. Maison de campagne de M. Schickler, située dans la commune de Cauderan, près de Bordeaux (bâtie par M. Marchebeus). – Langlumé, 1820. (Texte et 20 pl. signées J. Ch. et J.-B. A[rnout] (?), arch.)

28. Description des déserts de la Grande-Chartreuse, composée d'une notice sur la vie de saint Bruno, suivie d'un texte itinéraire et explicatif des dessins lithographiés par G. Lettu, peintre. – Impr. Cosson, 1820, in-fol., 4 ff. et 7 pl.

29. Vues du village de Domrémy et de la maison de Jeanne d'Arc, par Laurent. – Villain, 1820, 5 lith.

ÉTRANGER.

30. Monuments gothiques d'Angleterre, ou Recueil des principales gothicités de la Grande-Bretagne. – Vestier, impr. Villain, 1820.

31. Six vues de la Suisse, lith. – Engelmann, 1820.

32. Mœurs et coutumes des Russes, représentées en 50 pl. coloriées, exécutées en lith. par A.-G. Houbigant. – Delpech et Engelmann, 1820 (10 livr.), 50 gr.

33. Vues de Crimée, lith. d'après T. de Marigny. – Lasteyrie, 1820.

34. Henry, élève de Constant Bourgeois. Vues d'Italie. – v. 1820.

35. Voyage critique à l'Etna en 1819, par J.-A. de Gourbellon. – Mongie aîné, 1820, 2 vol. (13 livr.) (Art. sur dans *Journal de Paris*, 2 avril 1821.)

36. Description pitt. de la Sicile, ou Recueil de vues lith., d'après les dessins pris sur les lieux. – Chez l'auteur, rue Neuve-de-Seine, n° 79, et chez Lecornu. (1re livr. de 8 pl. seule connue.)

37. Vues lith. de la ruine, de la ville et des environs de Heidelberg, publ. par Ch. de Graimberg. – S. l. (v. 1820). (Dess. par Ch. de Graimberg (1811, 1815, 1820) et Faure, lith. par Faure.)

ÉTRANGER.

38. Voyage pitt. autour du monde (Asie, Afrique, Amérique) ; descriptions par le baron Cuvier..., observations par le Dr Gall. Le tout dessiné par Louis Choris dans le voyage qu'il a fait en 1815-1818, lith. par lui-même et autres artistes. – Chez l'auteur, 1820, 15 livr. de 5 pl. avec texte. (Voir le *Journal des Débats* du 6 novembre 1821.)

COURS.

39. Petit Album d'antiquités, ou Suite de ruines des monumens des différents peuples dont l'architecture présente un caractère distinctif. Lith. par F.-T. de Jolimont, ex-ingénieur employé au cadastre, avec texte historique par le même. – Leblanc, 1820, in-fol.

Ruines de monuments égyptiens (temple près Thèbes) ; ruines grecques (Parthénon) ; ruines romaines (temple de Faustine) ; ruines celtiques (Roche-aux-Fées, près Rennes) ; ruines gothiques : abbaye Saint-Jean en Bretagne, « dont il s'est trouvé par hasard un dessin fort ancien dans nos mains » (début du XVIe s. ?).

40. Remond. Études d'arbres d'après nature. – Lemercier, 1820, 4 pl.

1821

FRANCE.

41. Monuments, établissements et sites les plus remarquables du département de l'Aisne, lith... par Édouard Pingret..., avec notices... par M. Brayer, chef de bureau à la préfecture de l'Aisne. – Engelmann, 1821.

42. Album... lithographique. – Engelmann, 1821. (Paysages par Robert et Langlacé, environs de Paris.)

43. Recueil de vues intérieures prises dans divers monuments de Paris, par Arnout. – Delpech, 1821. (Églises.)

44. Les mausolées français, dess., lith. et décrits par F.-G.-J. de Jolimont. – Didot, 1821, in-4°, 55 pl. (Vues des cimetières de Paris.)

45. Vues prises au pont Saint-Pierre, près Rouen (?), par C.-L. Cr. – Rouen, Périaux, 1821.

46. Description historique et pitt. du château de Chambord, offert par la France à S. A. R. Mgr le duc de Bordeaux, par MM. Merle et Périé (lith. par Fragonard, Villeneuve, Périé, Franque). – Engelmann, 1821, 12 pl. et texte. (S. M. a daigné être satisfaite de la première livraison, dit le prospectus.)

47. Monuments romains et gothiques de Vienne en France..., dess. et publ. par E. Rey, peintre et conservateur du Musée ; texte par E. Vietty, statuaire. – Villain, 1821. 3 parties : Antiquités du Musée, Époque romaine, Moyen Age. 72 lith., « quelques-unes susceptibles d'être encadrées ». Exposé au Salon de 1824 ; médaille d'or. (Cf. le *Journal des Débats*, 30 juin 1821.)

48. Voyage pitt. de la Grande-Chartreuse, par C. Bourgeois. – 1821.

ÉTRANGER.

49. Voyage pitt. en Corse, par A. Joly de la Vaubignon. – Chez l'auteur et chez Engelmann, 1821, 10 livr., 48 pl. anonymes. (Cf. *Le Constitutionnel*, 3 février 1821.)

1822

50. Bacler d'Albe. Macédoine lith. – Engelmann, v. 1822. (Savoie, Autriche, Moscou.)

FRANCE.

51. Antiquités de la ville de Troyes et vues pitt. de ses environs, publ. par E. Arnaud, peintre... – Troyes, l'auteur, 1822, 8 lith.

52. Bacler d'Albe. Promenades pitt. et lith. dans Paris et ses environs. – Engelmann, 1822-1824. (Paris, Sèvres, Saint-Cloud, Bellevue, Meudon.)

53. Monumens les plus remarquables de la ville de Rouen, recueillis, lithographiés et décrits par F.-T. de Jolimont. – Leblanc, 1822, 62 lith. Les monuments détruits reproduits d'après Houel et des dessins anciens ; les monuments existants dessinés par Jolimont ou (pl. 33-36) E.-H. Langlois. Voir 2 croquis préparatoires dans la *Collection Destailleur (Départements)*.

54. Voyage en France de M. C[onstant] V[ignier]. – Villain, 1822-1823. (Gisors, Dangu, Courcelles, Mont-Javoult.)

55. Souvenirs du château d'Écouen (lith. par Victor). – Motte, 1822.

56. Vues de Provins, dess. et lith. en 1822 par plusieurs artistes (Colin, Deroy, Garson, Leprince, Lesaint, Renoux, Villeneuve), avec un texte par M. D[usomerard]. – Gide ; Provins, Lebeau, 1822. (Cf. *Musée d'Aquitaine*, I, 1823, p. 281-286.)

57. Douze vues de Dijon, par Marlet. – 1822.

58. Antiquités, Monumens et Vues pitt. du Haut-Poitou, dess., lith. et publ. par M. Thiollet... – Poitiers, 1823, in-8°. (Dédié au préfet.)

59. Notice sur la Sainte-Baume, publ. par les soins de M. Chevalier, préfet du Var. – Marseille, 1822, 9 lith.

ÉTRANGER.

60. Voyage pitt. autour du lac de Genève. 11 lith. par M. Batiste, d'après Weibel, et 1 carte routière. – Gide fils. (1re livr. parue le 9 novembre 1822.)

61. Voyage en Italie par J. Isabey en 1822. 30 dessins lith. (par lui). – L'auteur, 1822.

62. Voyage en Sicile fait en 1820 et 1821 par Aug. de Sayve. Relation comprenant... 3 vol., avec, dans chaque vol., 1 pl. lith. – Arthur Bertrand, 1822.

COURS.

63. Études d'après nature, par C. Bourgeois, dédiées aux jeunes paysagistes (environs de Paris et Orne). – 1822. (Études d'Italie, du même.)

64. Recueil de fragments élémentaires de paysage..., par Pic de Léopol, à l'usage des jeunes amateurs. – 1822.

65. Charles Enfantin. Cours de dessin. – Villain, 1822.

1823

FRANCE.

66. Renoux. Six lith. de scènes tragiques dans des ruines gothiques. – Motte, 1824.

67. Restes et fragmens d'architecture au Moyen Age, recueillis dans diverses parties de la France et dess. d'après nature, par R. P. Bonington. – Gihaut ; Londres, J. Fuller, 1823, 10 pl. (Suite dite la Petite Normandie.)

68. Vues pitt. de la cathédrale de Paris par Chapuy. Texte de F.-T. de Jolimont. – 1823.

69. Album bordelais, ou Caprices, par G. de Galard. – Bordeaux, Galard, maison Coupat, 1823, 30 lith. (C.-r. dans *Musée d'Aquitaine*, I, 1823, p. 322-326. – Contrat entre l'imprimeur Gaulon et Galard de Bouvy. *Gaulon*, 1918, p. 8-9 ; extr. de *Revue phil. Bordeaux*, novembre-décembre 1917.)

ÉTRANGER.

70. Itinéraire pitt. des grands quartiers pendant la campagne de 1823 en Espagne, dédié à S. A. R. Mgr. le Dauphin et publ. par Salneuve, cap. au corps royal des ingénieurs géogr. – Langlumé, 1823, 23 lith. par Le Camus, ing. géogr., d'après Salneuve, Pasquier, Desplan.

71. V. Adam. Guerre d'Espagne. – Delpech, 1823, 5 pl.

72. Un an à Rome, lith. par Thomas. – 1823. (Plusieurs pl. exposées au Salon de 1824. Voir G. Rouchès, *Rome en 1817, par un pensionnaire de l'Académie de France. Études italiennes*, 1921.)

73. Voyage à Méroé... et dans les oasis..., fait dans les années 1819-1822 par M. Frédéric Caillaud de Nantes (rédigé par Caillaud et Jomard). – 1823, in-fol. (Lith. par Mongin, Deroy, Sabatier et Bichebois, Guérard, Lemercier, Arnout, Desmadryl ou atelier (plans), Schmidt (archit.), Blanchard (oiseaux), Tirpenne (plantes), fig. par V. Adam, gr. par Bigant, Smith, Berdalle.)

COURS.

74. Études pour les commerçants (lith. par Lucas). – 1823.

1824

FRANCE.

75. Vues pitt. de la cathédrale d'Amiens par Chapuy. Texte par F.-T. de Jolimont. – 1824. (Lith. par Chapuy, Leber, Bosio.)

76. Vues pitt. de Paris et de ses environs, lith. par les plus habiles artistes, avec un texte descriptif... – Giraldon-Bovinet, 1824-1825.

77. Schaal. Quatre vues du cimetière de Montmartre. – Mlle Formentin, 1824.

78. Jacottet. Chartres, Bonneval, Montmartre. – Motte, 1824.

79. Notice historique sur l'ancien grand cimetière et sur les cimetières actuels de la ville d'Orléans, par C.-F. Vd (Vergniaud-Romagnesi). – Impr. Senefelder, autographié sur pierre de Châteauroux, 1824. (Lith. par Charles Pensée et Ate Romagnesi ; très rare dès 1869.)

80. Monument destiné à honorer les victimes de Quiberon (dess. par Caristie, lith. par Fragonard). – 1824.

81. Voyage pitt. dans Lyon ancien et moderne, de Chapuy. – 1824-1825, 12 livr. de 4 pl., chez Ch., rue de Seine, n° 56. (Dédié au comte de Brosses, préfet du Rhône ; lith. par Bichebois, Joly, Arnout, Adam, etc.)

82. Voyage pitt. dans le département des Pyrénées-Orientales, dédié à la ville de Perpignan par le chevalier de B[asterot]. – Perpignan, impr. Amiel, 1824, 25 lith. an. et commentaire. (Perpignan, Prades, Ceret, Elne, Consolation, Collioure, Villefranche, etc.)

83. Itinéraire topographique et historique des Hautes-Pyrénées..., par A. Abadie. – Lecomte, 1824, in-8°, 2 lith. et 1 carte.

84. Quatre vues des environs de Voreppe..., dess. d'après nature et lith. par Pharamond Blanchard, carte et texte par G. Ballin. – Crapelet, 1824.

ÉTRANGER.

85. Vues des environs du Mont-Blanc en Savoye, par Bacler d'Albe. – Engelmann, 1824, 6 pl.

86. Le Simplon, promenade pitt. de Genève à Milan. – Janet, 1824, in-18.

87. Sazerac. Un mois en Suisse (lith. par Pingret). – 1824.

88. Lettres sur la Suisse, par Raoul-Rochette et Engelmann, accompagnées de vues dess. et lith. par Villeneuve. – Engelmann, 1824-1828. (Cf. *Journal général d'annonces*, 26 juillet 1826.)

89. Vues des environs de Rome, gravées à l'eau-forte et lith. par Pierre Lacour. – Bordeaux, 1824-1825. (Tiré à 20 ex. seulement, non mis dans le commerce.)

90. Un mois à Venise, ou Recueil de vues pitt., dess. par le comte de Forbin et M. Dejuinne, peintre d'histoire, et lith. par MM. Arnout, Aubry le Comte, Coupin, Fragonard, Mauzaisse, Vauzelle, Villeneuve, etc. – Engelmann, 15 pl.

91. Vues de la Grèce moderne, lith. par A. J., accompagnées d'un texte descriptif par E. L. – Lasteyrie, etc., 1824.

MARINES.

92. Croquis de marines, par Charles Mozin (Bretagne). – Sazerac et Duval, 1824. (2e tirage, 1828, chez Arrowsmith, avec le titre : Scènes diverses, dess. au bord de la mer et lith. par Ch. Mozin.)

COURS.

93. Fragmens de paysage, par L. Sabatier. – Sazerac et Duval, 1824.

94. Schaal. Études de paysage, d'après nature. – Gaugain et Mlle Formentin, 1824. (Env. Paris, Isère, Loiret, Auvergne, Ferney.)

95. Croquis progressifs de paysage par Augustin Enfantin. – 1824. (1er et 2e recueils.)

96. Études d'arbres, par J. Vasserot. – 1824.

1825

FRANCE.

97. Six croquis de paysages, d'après nature, par A. Midy. – 1825.

98. Recherches sur l'Église métropolitaine de Cambrai, par A. Le Glay… – Paris et Cambrai, 1825, in-8°, 1 front. et 11 pl. (dont 2 de paysage, par A. Rogé).

99. Intérieurs d'églises, par Chapuy (Saint-Germain, Saint-Leu, Saint-Gervais). – Delpech, v. 1825.

100. Marlet. Nouveaux tableaux de Paris. – v. 1825, 72 lith.

101. Histoire et description pitt. du Palais de Justice, de la Conciergerie et de la Sainte-Chapelle, par B. Sauvan (lith. par J.-P. Schmidt). – Engelmann, 1825. (Plusieurs pl. exposées au Salon de 1827.)

102. Abbaye royale de Saint-Denis, par Chapuy. – Delpech, v. 1824, 4 pl.

103. Vues d'Ermenonville, par C.-J. Guérard. – Bove, 1825, 8 pl.

104. Vues de Mortefontaine, par le même. – Langlumé, 1825-1829, pl.

105. Vues de Chantilly, par le même. – Gaugain, 1825, 8 pl.

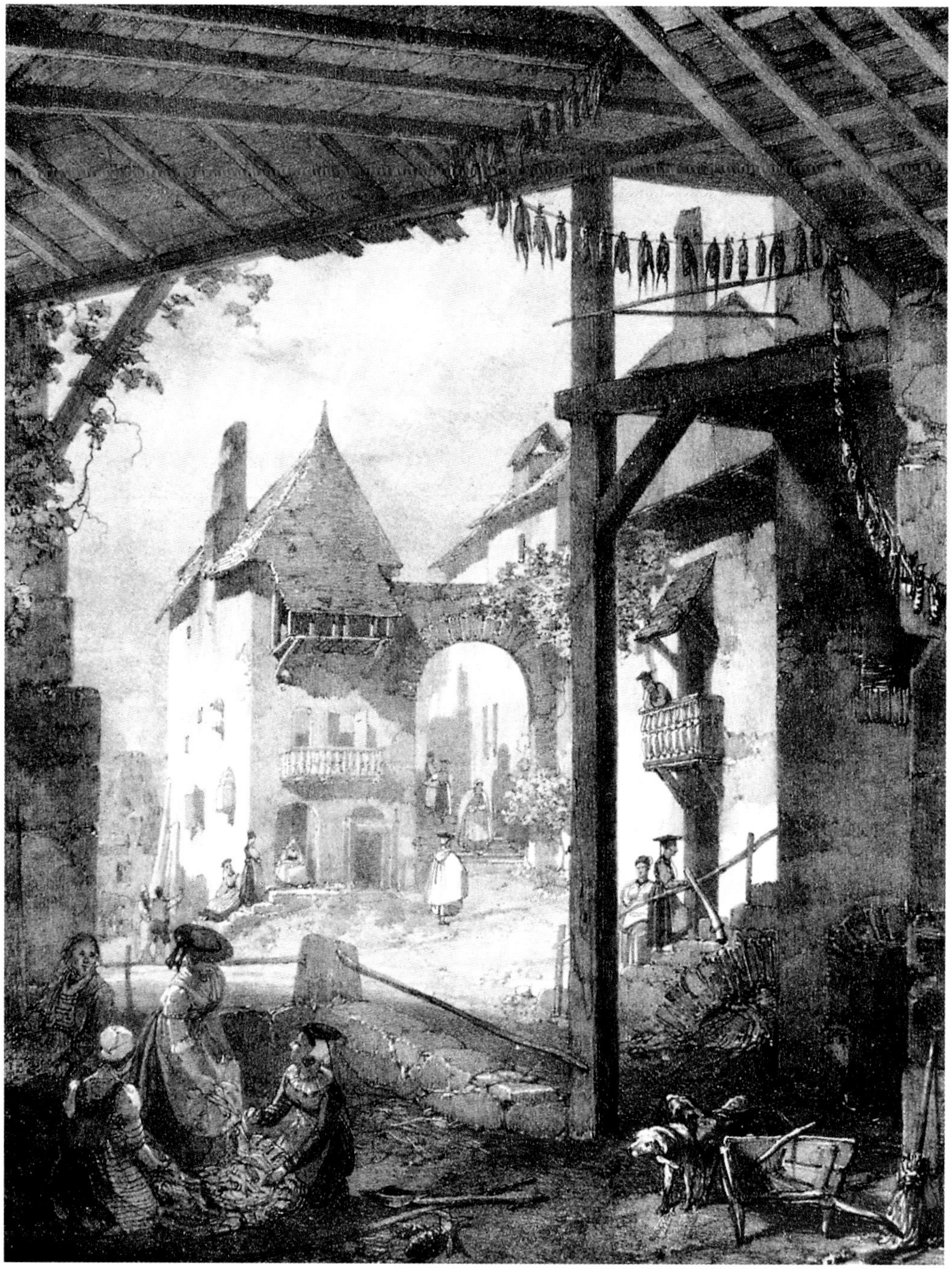

Richard Parkes Bonington et Eugène Ciceri, *Pesmes*, 1825.
(*Voyages pittoresques et romantiques dans l'ancienne France,* Franche-Comté)

106. Vues pitt. prises dans les comtés d'Alençon et du Perche, dess. d'après nature par P.-Louis Duplat. Texte par J. Patu de Saint-Vincent. – L'auteur, 1825-1828, in-4° obl. (Voir *Journal d'annonces*, 16 décembre 1825.)

107. Vues pitt. de la cathédrale d'Orléans par Chapuy. Texte par Jolimont. – 1825.

108. F. Mezzara. Vues du château de Navarre à Évreux. – Constans, v. 1825, 4 pl.

109. Description historique et critique et vues des monuments… les plus remarquables… du Calvados…, par T. de Jolimont. – 1825. (11 croquis préparatoires dans la coll. Destailleur, datés de 1820-1822. 100 pl. annoncées (1823). 1re livr. semble seule parue.)

110. A. Noël. Souvenirs pitt. de la Touraine. – 1825, 10 livr., 50 pl. (Cf. *Journal général d'annonces*, 7 janvier 1825 et 16 août 1826.)

111. Voyages pitt. de Taylor et Nodier : Franche-Comté. – Didot aîné, 1825-1829, 148 pl. (28 livr.), 243

souscripteurs (tirage à 500). Principaux collaborateurs : E. Fragonard, Athalin, Villeneuve, Courtin ; avec Adam, Alaux, Arnout, Athalin, Bichebois, Bonington, Bouton, Harding, Jorand, Taylor, et les nouveaux : Charlet, Dauzats, Deroy, Fielding, Hague, Jacottet, Jaime, S. Prout, Sabatier.

112. Vues de Voiron, par V. F. – Lyon, Brunet, 1825.

113. Vues d'Annonay (Ardèche), par E.-F. Imbard. – Motte, v. 1825.

114. Voyages dans les départements formés de l'ancienne province de Languedoc, par Renaud de Vilback..., avec 6 pl. géogr. et 20 dessins lith. – Delaunay, 1825. (Pl. manquent.)

115. Camaret. Montpellier et ses environs. – Impr. Donnadieu, v. 1825.

ÉTRANGER.

116. Fac-similés de croquis faits en Angleterre (lith.) par A. Enfantin. – Gihaut, v. 1825.

117. Lagrange (Angleterre), par Deroy, d'après Fisher. – Villain, 1825.

118. Voyage pitt. dans le royaume des Pays-Bas..., rédigé par M. de Cloet. – Bruxelles, 2 vol., lith. par Madou d'après le général de Howen, B. Mary, Melaert, Hubert, comte de Liederke, Schelfhout, Haubenschmieh, Roloff, E. Trumper, Lens, Dietzler, Gérard, Marbaix, comte A. de Lannoy, Snoeck, Coene ; lith. aussi par Hubert, Courtois, Saurel, Jobard, Van Marcke (seule bonne).

119. Nouvelle collection de quarante-deux vues de Saint-Pétersbourg et de ses environs (palais), lith. par divers artistes. – Saint-Pétersbourg, A. Pluchart, 1825.

120. Voyage à Athènes et à Constantinople..., par L. Dupré, élève de David... – Septembre 1825 à 1839, 10 livr. de 4 pl. lith. col. (Exp. au Salon de 1825.)

COURS.

121. H. Van der Burch. Fragments de paysages. – Clement, v. 1825. (Dauphiné, Italie, environs de Paris, Auvergne.)

122. Neuf pièces lith., d'après Le Guaspre, par L. Duplat. – Langlumé, 1825.

123. A. Midy. Six croquis de paysage, d'après nature. – 1825.

124. Godefroy. Vues de Rouen, Lyon, Sceaux, des bords de l'Ain. – 1825.

1826

FRANCE.

125. Six vues peintes, d'après nature, par Despois et lith. par J.-B. Arnout. – Constans, 1826. (Ardèche, Auvergne, Semur.)

126. Philastre. Cinq vues des environs de Paris. – Cosnier et Cie, 1826.

127. Deroy. Paysages, d'après nature. – Constans, v. 1826, 20 lith. (Paris, Provins, Moret, Harfleur, Dauphiné, Marseille.)

128. Études de paysages, d'après nature, par feu Achille Etna Michallon, lith. par Ad. Midy. – Chaillou-Potrelle, 1826. (Italie, Auvergne, Suisse, environs de Paris.)

129. Renoux. Vues pitt. (Forêt Noire, Donnemarie, Bonneval, Bade.) – 1826.

130. Dupressoir. Vues de Chartres et Bonneval. – Engelmann, 1826.

131. Vues (?) de Bonneval, pont d'Olivet près Orléans, Chevreuse, par Ed. Hostein. – Constans, 1826.

132. Promenades au Petit-Trianon, de C.-T. Guérard. – Noël aîné, 1826, 4 pl.

133. Vues de Touraine, par Auguste de B. – Cosnier, 1826.

134. Vues pitt. de la cathédrale de Reims, par Chapuy. Texte de Jolimont, suivi des Cérémonies du sacre du roi Charles X. – 1826. (Voir *Journal général d'annonces*, 26 juillet 1826.)

135. Vues pitt. de l'Auvergne, lith. d'après nature par Delorieux, dédié à Mme d'Allonville. – Gihaut, 1826, 6 pl.

136. Schaal. Vues des environs de Clermont. – Engelmann, 1826, 4 lith.

137. Souvenirs d'Aix-les-Bains (Savoie), dess. d'après nature et lith. par Fonville. – Lyon, Brunet ; Aix, chez le concierge du cercle, 1826.

ÉTRANGER.

138. Souvenirs pitt. du Rhin, par Arnoult, Bichebois et Deroy. – 1826.

139. Vues pitt. depuis Francfort jusqu'à Cologne..., par le général major Howen. – Engelmann, 1826. (Lith. par Joly, Deroy, Villeneuve.)

140. Vues d'Italie, dess. d'après nature par Michallon et lith. par d'habiles artistes. – 1826, 15 livr. de 4 pl.

141. Vues choisies des monuments antiques de Rome, décrits et lith. par Alaux et J.-B. Lesueur, anciens pensionnaires. – 1826-1828, 15 lith.

142. Recueil de vues d'Angleterre, dess. d'après nature par W. Gordon. – Bénard, 1826.

143. Vues pitt. de l'Écosse, dess. d'après nature par F.-A. Pernot, lith. par Bonington, L. David, Deroy, Enfantin, Francia, Goblain, Harding, Jacottet, A. Joly, Sabatier, Villeneuve et Bichebois. Texte par A. Pichot. – Gosselin et Lami-Denozan, 1826-1828, 12 livr. de 3 pl.

144. Voyage pitt. et militaire en Espagne (Catalogne), par M.-C. Langlois, suivi de notes sur les batailles. – 1826 et suiv., 20 livr.

145. Voyage de la Grèce, de F.-C.-H.-L. Pouqueville, avec cartes, vues et fig. – 1826, 6 vol. (Dessins de Fauvel, quelques-uns de Dupré, lith. de Mlle Robineau, rares et mauvaises.)

146. Collection des costumes et usages de la Grèce moderne, d'après les dessins exécutés sur les lieux par le baron O.-M. de Stakelberg. – Senefelder, 1826, 10 livr. de 5 pl.

147. Voyage dans la Russie méridionale, par le chevalier Gomba. – L'auteur, 1826, 2 in-8° et atlas in-4°.

148. Itinéraire pitt. du fleuve Hudson et des particularités de l'Amérique du Nord, d'après les dessins faits sur les lieux par Milbert. – 1826-1827, 13 livr. de 4 pl. (Lith. par V. Adam, Bichebois, Deroy, Dupressoir, Jacottet, Joly, Sabatier, Tirpenne et Villeneuve.)

149. Voyage pitt. dans le Brésil, par Maurice Rugendas. – Engelmann, 1826-1829. [Rugendas – jeune artiste allemand – séjourne au Brésil de 1821 à 1825.] (Lith. par Villeneuve, Joly, Deroy, Bichebois, Maurin, Joly, Zwinger, Adam, Rugendas, Gudin, Vigneron.)

COURS.

150. Principes de paysages, par C. Rémond. – Delpech, 1826, 30 lith. (Italie, arbres.)

151. Principes élémentaires de paysage, réduit en vingt-quatre études ou leçons et offerts aux jeunes élèves... par Duplat, prof. de paysage. – Noël aîné, 1826. (Normandie et Perche.)

152. Le Compagnon des jeunes artistes. – Defer, 1826, lith. anon. d'après les meilleurs artistes.

153. Principes de paysage, par Mme Marchand. – 1826.

154. Charles Lemercier. Cours de paysage. – V. 1825.

155. Imbard. Éléments de paysage, lith. et publ. par E.-F. Motte. – 1826. (Aura 10 à 15 livr. de 4 pl.)

156. Fragments de paysages, par Tirpenne. – Engelmann, 1826, 35 lith. – Fragments de paysages, par Parmentier. – 1826.

157. Sabatier. Fragments de paysages. – Langlumé, 1826-1828. (Sallanches, Suisse, Seine-et-Oise.)

158. Études de paysages, dess. par plusieurs maîtres. – Noël, 1826. (David, Lebrun, etc.)

1827

FRANCE.

159. Six paysages, études dess. d'après nature et lith. par Tirpenne. – Impr. Bove, 1827. (Allevard, Voreppe, Grande-Chartreuse, Cantal.)

160. Souvenirs historiques et pitt. du département du Pas-de-Calais. – 1827 et 1828, gr. in-4°.

161. J.-C. Guérard. Souvenirs des environs de Paris. – Chez l'auteur, au dépôt de la lith. et chez les marchands d'estampes, 1827.

162. Essai historique et descriptif sur l'église et l'abbaye de Saint-Georges de Boscherville, près Rouen, par Achille Deville. – Rouen, Périaux jeune, 1827, lith.

163. Album... du Loiret, par M. C.-F. Vergniaud-Romagnesi (texte), N. Romagnesi et C. Pensée (lith.). – Orléans, Guyot aîné, 1827. (1828, suppl.)

164. Indicateur orléanais, ou Guide des étrangers à Orléans et dans le... Loiret, par C.-F. Vergniaud-Romagnesi. – Orléans, Rouzeau-Montaut aîné,

1827-1829, 2 in-12. (2e éd., 1830.)

165. Description... de la ville de Dijon, par T. de Jolimont. – Langlumé, 1827.

166. Vues pitt. du Dauphiné et du Lyonnais, lith. par Jacottet, d'après les croquis de X. Leprince, fig. par V. Adam. – A. Boucher, 1827, 1828, 15 pl.

167. Vues pitt. de la cathédrale de Strasbourg et détails remarquables de ce monument, dess., lith. et publ. par Chapuy... Texte par J. C. Schweighaeuser. – Strasbourg, Levrault, 1827, in-fol.

168. P. Lainé. Vues des Vosges (?). – Dôle, im pr. Pointurier, 1827, 6 lith. (Ruines à Marnoy, Cherlieu, Montroland (Haute-Saône), Balençon (Jura.)

169. Souvenirs historiques et pitt. des environs de Montbéliard, dédiés à S. M. Frédéric-Guillaume, roi de Wurtemberg. – Montbéliard, Decker, 1827, 4 livr. de 4 pl.

ÉTRANGER.

170. Promenades sur le lac de Wallenstadt et dans le pays des Grisons, dess. par le vicomte de Senonnes et lith. par E. Pingret, sauf la dernière (cost.), lith. par V. Adam. – Gaugain, 1827, 40 lith., 5 livr. (Cf. *Journal général d'annonces*, 13 décembre 1826.)

171. Vues d'Italie, dess. d'après nature et lith. par Ch. Remond. – Delpech, 1827.

172. Bardel. – L'Espagne. – Langlumé, 1827.

173. Album pitt. de la frégate *La Thétis* et de la corvette *L'Espérance*. Collection de dessins relatifs à leur voyage autour du monde en 1824-1826, sous les ordres de M. le baron de Bougainville, recueillis et publ. par le vicomte de la Thouane, lieutenant de vaisseau. – Impr. Langlumé (lith. de marine), 7 livr. de 5 lith. = 35 pl., 1827-1828. (La Touane, dess., lith. sous sa direction par Deroy, Bichebois, Sabatier, Dupressoir, Arnout, fig. par Adam.)

174. E. Burnouf. L'Inde française, ou Collection de dessins lith..., dédiée à S. E. M. Paul de Demidoff par Chabrelie, éd. – Chabrelie, 1827 et 1835. I, 1827, lith. par P. Feuchère, Marlet, Midy, Weber, Bardel, Saint-Aulaire, Casati et Beau. II, 1835, chez Motte, lith. de Géringer, Bardel, Lhanta, Marlet, Dollet, Midy, Thénot. (Dessins de Géringer, qui a séjourné longtemps à Coromandel.)

COURS.

175. J.-A. Tirpenne. Paysages. – Lemercier, 1827-1828, 12 pl. de sujets. (Moulin à eau, poterne, ruines gothiques, port, neige.)

176. Bichebois. Fragments de paysages. – Bulla, 1827. (Angleterre, Suisse, Seine-et-Oise.)

177. L. Vitasse. Paysages d'après nature. – Formentin, 1827.

178. L. Vitasse. Fragmens de paysages. – Chaillou-Potrelle, 1827, 14 pl. (Vues d'Angleterre.)

179. Costumes de marins. dess. dans les ports de Dunkerque au Havre par V. Adam. – 1827, 15 lith.

180. Panidochème ou toutes sortes de voitures, par V. Adam, 1re série. – Motte, 1827-1828, 12 pl.

1828

181. Pierre Lacour. Mon portefeuille. – Bordeaux, Légé, 1828. (Non mis dans le commerce ; 50 ex. seulement tirés.)

182. Douze nouveaux paysages de Michallon, lith. d'après ses dessins originaux par MM. Villeneuve, Bichebois, Deroy, Jacottet et Sabatier, accompagnés d'un portrait de Michallon par V. Adam. – Paris et Londres, chez Richoux, Engelmann, Lami-Denozan, 1828.

183. Vues pitt. des châteaux de France, dess. d'après nature et lith. par les principaux artistes..., avec un texte par A. Blancheton. – Didot, 1828-1831, 2 in-fol. (Cf. *Le Lithographe*, I, 1838.)

FRANCE.

184. Six vues, dess. d'après nature et lith. par Ed. Hostein. – Engelmann, 1828. (Amiens, environs de Soissons, Châteaudun, Saint-Rémy, la Roche-Guyon, Orléans.)

185. Ch. du Rozoir. Relation historique, pitt. et statistique du voyage de S. M. Charles X dans le département du Nord. – Motte, 1828. (Lith. par Bonington, Deroy, Sabatier, Adam, etc.)

186. Rayer. Fleury-la-Forêt. – Demanne, 1828, 6 lith.

187. Antiquités de l'Alsace, ou Châteaux, églises et autres monuments... 1er vol. : Haut-Rhin, texte par M. de Golbéry (conseiller à la cour de Colmar) ; 2e vol. : Bas-Rhin, texte par J. C. Schweighauser (prof. à Strasbourg). – Engelmann, 1828. (Dess. et lith. de Bichebois (surtout). Autres dess. par Chapuy, Engelmann, Joly, Rossbach, Klein, Helmsdorfen ; lith. par Jorand, Villeneuve, Deroy, Fragonard, Arnout, Rothmuller, Joly, Courtin, Lebert, Athalin, Renoux ; fig. par V. Adam.)

188. Panorama du bois de Boulogne, par E. Lami. – Delpech, 1828, 12 lith. à la plume.

189. Vues pitt. de la cathédrale de Chartres, par Chapuy. Texte par F.-T. de Jolimont. – 1828.

190. Vues pitt. de la cathédrale de Sens, par Chapuy. Texte par F.-T. de Jolimont. – 1828.

191. Vues pitt. de la cathédrale d'Auxerre, par Chapuy. Texte de F.-T. de Jolimont. – 1828.

192. Souvenirs de Vichy. Plan du parc... et vues prises dans les environs..., par V. Lemoine. – Vichy, Batillat, 1828, 12 lith.

193. Delorieux. Promenade à Saint-Nectaire et dans ses environs. – 1828.

194. A. Noël. Souvenirs pitt. du Poitou et de l'Anjou (suite de la Touraine). – Belin, 1828.

195. Dagnan. Voyage pitt. en Dauphiné. – 1828, 40 lith.

ÉTRANGER.

196. Léopold. Vues d'Angleterre. – Giraldon-Bovinet, 1828.

COURS.

198. H. Boisseau. Cours complet de paysage. – Cheyère, 1828.

199. L. Sabatier. Suite de croquis d'après nature. – Mme Brossier, 1828, 4 pl. de 2 croquis. (Sallanches, Meillerie, Sassenage.)

200. L. Vitasse. Paysages variés. – Chaillou-Potrelle, 1828, 2 séries.

201. C.-M. Bouton. Recueil d'intérieurs. – Engelmann et Cie, 1828, 6 pl.

202. Études d'arbres asiatiques, dess. d'après nature par J. Milbert. – Gaugain, 1828, 12 pl.

1829

FRANCE.

203. Paul Huet. Paysages. – Motte, 1829, 12 lith.

204. Tableaux de Théodore Gudin, lith. par lui-même. – Mlle Bouillé, 1829, 6 lith.

205. Vues pitt. des principaux châteaux des environs de Paris et des départements, par Bouton, Daguerre, Renoux. – 1829.

205 *a*. Voyage dans le Dauphiné, les Hautes-Alpes, le Vaucluse, l'Hérault, l'Auvergne, par E. Bléry. – Gaugain, 1829 ; puis Ardit, 1830.

206. Suite de lith. rondes anonymes sur l'Alsace. – Engelmann, 1829.

207. Souvenirs du camp de Lunéville, 6 lith. à la plume d'Eugène Lami. – Delpech, 1829.

208. Augnet. Six vues de Saint-Quentin. – 1829.

209. Schuller. Vues de la Haute-Marne. – Chaumont, Thériat, v. 1829. (Une planche représente l'enterrement du comte Frochot à Étuf, 1828.)

210. Promenades pitt. dans Paris, par Victor Adam, Bichebois et Sabatier. – Paris et Londres, chez Giraldon-Bovinet, 1829, 12 lith. (Paris dans l'hiver de 1829-1830.)

211. Mozin. Ponts de Paris. – Rittner, 1829.

212. Environs de Paris, par Monthelier. – Chaillou-Potrelle, 1829.

213. Fêtes des environs de Paris, par V. Adam. – Chaillou-Potrelle, 1829.

214. Les rives de la Seine, par Deroy. – Motte, 1829-1831, 36 lith. (Cf. article dans le *Journal des Artistes*, 8 novembre 1829.)

215. La Seine depuis sa source jusqu'à la mer, vues dess. d'après nature et lith. par Bichebois et Sabatier, fig. par V. Adam, texte de M. de la Vilette. – Noël, 1829. (2 livr., 12 vues.)

216. C.-J. Guérard. Vues de Malmaison. – L'auteur,

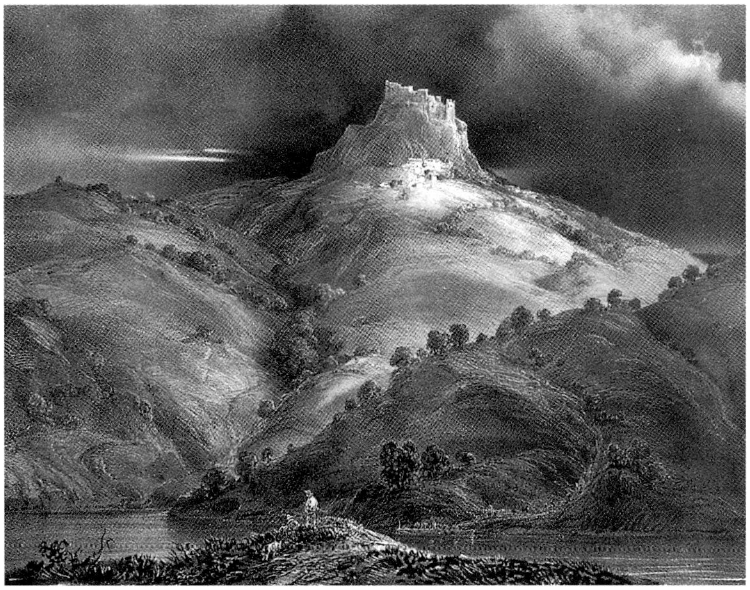

Jean-Antoine-Théodore Gudin, *Château de Buron*, 1831. (*Voyages pittoresques et romantiques dans l'ancienne France*, Auvergne)

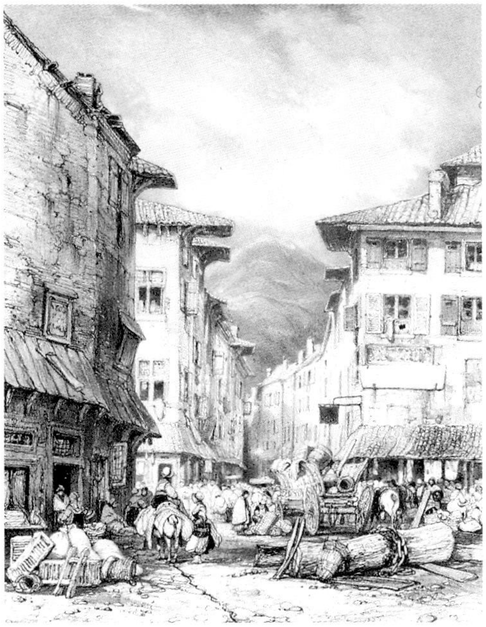

Eugène Isabey, *Rue des Gras, à Clermont*, 1830. (*Voyages pittoresques et romantiques dans l'ancienne France*, Auvergne)

rue Bouthebourg, 1829.

217. Marquis d'Olliamson. Le Calvados, 2 suites. – 1829 et 1830.

218. Dagnan. Vues d'Orléanais et de Touraine (?). – Ducarme, puis Ratier, 1829, 48 pl.

219. La Vendée poétique et pitt., ou Lettres descriptives et historiques sur le bocage de la Vendée… jusqu'à l'année 1791 exclusivement, par Ch. Massé-Isidore, avocat à Nantes ; orné de paysages dess. d'après nature (lettres à Angelina, jeune Italienne). – Nantes, V. Mangin, 1829, in-8°. (Petites lith. de H.-J. Picou.)

220. Saint-Elme-Champs. Voyage pitt. dans le département de la Sarthe, avec notes de Ch.-J. Richelet. – Desauges, 1829.

221. Esquisses sur la Bretagne, ou Vues de châteaux historiques, abbayes et monuments anciens dess. sur les lieux (par Dusaulchoy). – Rennes, Marteville, 1829-1830. (Lith. par Courtin et Asselineau.)

222. Vues des monuments et des environs d'Auxerre, dess. et lith. par Isidore Baron. – Auxerre, Gallot-Fournier, 1829, 30 lith.

223. Vues pitt. de la cathédrale de Dijon, par Chapuy. Texte de F.-T. de Jolimont. – 1829.

224. Voyages pitt. de Taylor et Nodier, Auvergne. – Didot, 1829 (I) et 1833 (II), 272 pl. (55 livr.), 154 souscripteurs (tirage à 500). Principaux collaborateurs : Fragonard, Athalin, Villeneuve, Joly ; avec Alaux, Athalin, Aubry-Lecomte, Bichebois, Bourgeois, Bouton, Brascassat, Ciceri père, Courtin, Daguerre, Dauzats, Deroy, Gué, Haghe, Harding, Huet, E. Isabey, Jaime, Léger, Sabatier, Taylor, de Vèze, Watelet ; nouveaux : Chapuy, Coignet, Granet, Gudin, Nousveau, J. Ouvrié, Tirpenne.

225. E. Hostein. Route du Jura. – Gaugain, 1829, fig. par V. Adam.

226. H. Van der Burch. Route du Simplon. – Bulla, 1829.

227. Panorama d'Avignon, de Vaucluse, du Pont-Ventoux et du col Longuet, suivi de quelques vues des Alpes françaises, par J. Guérin. – Avignon, Guichard aîné, 1829, in-18, 8 lith.

228. Vues pitt. de la cathédrale d'Arles, par Chapuy. Texte d'A. du Mège. – 1829.

229. Promenades historiques, philosophiques et pitt. dans le département de la Gironde, par J. Arago. – Bordeaux, 1829, in-8°.

230. Vues pitt. de la cathédrale d'Albi par Chapuy. Texte par A. du Mège. – 1829.

231. Voyage aux hermitages des Pyrénées-Orientales, dess. d'après nature par le chevalier de Basterot, lith. par Bayot. – Perpignan, Aubry, 1829.

ÉTRANGER.

232. Vues pitt. des vieux châteaux d'Allemagne. Le grand-duché de Bade, dess. de Max. Ring, lith. par les premiers artistes de Paris. – Engelmann, 1829.

233. Vues d'Italie, lith. par H. Van der Burch d'après les croquis de son père. – Chaillou-Potrelle, 1829, 12 lith. (Cf. article dans le *Journal des Artistes*, 23 octobre 1829.)

234. Villeneuve. Cinq vues d'Italie. – Engelmann, 1829.

235. Vues intérieures du Colysée à Rome, peintes d'après nature par Bouton et lith. par Jaime. – Chaillou-Potrelle, 1829.

236. Quatre planches sur l'Égypte et la Nubie, par Sabatier. – Chaillou-Potrelle, 1829.

237. Amérique septentrionale. Vues des chutes du Niagara, dess. et lith. par J. Milbert, peintre naturaliste, voyageur du gouvernement… – Gaugain, 1829. (Fig. par V. Adam.)

238. Vues pitt. et topographiques de la Grèce, par O. M., baron de Stackelberg. – 1829-1833. (Lith. par Jacottet.)

COURS.

238 *a*. Cahier contenant 6 f. de croquis (surtout turcs), par Decamps. – Giraldon-Bovinet ; Londres, Mac Lean, 1829.

238 *b*. Sujets de chasse, par Decamps. – Gihaut frères ; Londres, Tilt, 1829, 8 pl. et 1 front.

239. Remond. Cours complet de paysage. – Mme Remond, 1829.

240. Duplat. Études de paysage. – Gaugain, 1829, 60 pl.

241. Douze études de paysage, dess. et lith. par J. Milbert. – Gaugain, 1829. (Alpes, Jura, Ile-de-France.)

242. Fragments de paysages, par J. Milbert. – Gaugain, 1829, 6 pl., 24 lith. (France, États-Unis, cap de Bonne-Espérance.)

243. Jacottet. Fragments de paysages. – Frey, 1829, 6 pl. de 2 sujets. (Allevard, Fleury-sur-Andelle, Charleval, Bonneval, près Chartres.)

244. Rothmuller. Vues de Suisse (cascades) et d'Alsace. – Rittner, 1829.

245. Études de paysages, dess. d'après et par plusieurs maîtres (lith. par Leborne et Rey). – Noel aîné et Cie, 1829.

246. Études de plantes pour le paysage, dess. et lith… par M. d'Orschwiller. – Moyon, 1829, 6 pl. (Cf. article dans le *Journal des Artistes*, 18 octobre 1829.)

247. Collection de sujets de chasse, composés et lith. par V. Adam. – Engelmann, 1829.

248. Costumes des pays maritimes, par Charles Mozin. – Rittner, 1829. (Caen, Trouville, etc.)

249. Ch. Lemercier. Costumes de paysans romains. – Chabert, 1829.

1830

France.

250. Voyage en France, par Bichebois, Arnout, etc. – Tilt et Aubert, v. 1830-1832.

251. Schiltz. Bar-sur-Seine. – Bar, Bailly, v. 1830.

252. Recueil de monuments inédits publiés sur la ville de Provins. – Bernard et Delarue, 1830, 24 lith. et 16 p. (Lith. par E. Renard, d'après J. Bernard, Beuvignat, personnages. Une vue de Saint-Loup-de-Naud.)

253. Vues de Strasbourg, par Ed. Renard. – Mlle Formentin, v. 1830.

254. Leleu. Les portes de Strasbourg. – Strasbourg, Oberthur, v. 1830.

255. Vues de Nancy, par C. C. – Nancy, Pollet, 1830.

256. L. S. Album de Dieuze (?). – Metz, Dupuy-Tavernier, v. 1830.

257. Janvier 1830, par V. Adam, Sabatier et Bichebois. – Chaillou-Potrelle, Paris et Londres, 1830.

258. Les journées de Juillet 1830, par V. Adam. – Bulla, 1830, 26 pl.

259. Les journées de Juillet, par V. Adam. – Bichebois, 1830, 7 pl.

260. H. Van der Burch. Paris, révolution de 1830. – Aubert, 1830.

261. Suite de 11 lith. par Villain, d'après Hazé, sur la révolution de Juillet. – Noël et Desmaisons, 1830.

261 *a*. Vues de Paris. – Tessari et Cie, v. 1830, 32 lith. anon.

261 *b*. Vues principales de Paris, dess. par Jules David, Van Marke, Noël et V. Adam. – Decrouan, v. 1830, 16 lith.

262. Vues pitt. de la cathédrale d'Autun, par Chapuy. Texte par F.-T. de Jolimont. – 1830.

263. Dagnan. Vues de Lyon. – Lemercier, v. 1830, 8 pl.

264. Chapuy. Voyage à Lyon. – Constans, 1830-1832. (Chapuy, dess., lith. par Deroy, Arnout, A. Flandrin, Fonville, A. Joly ; un dess. de Chapuy, d'après Bonington.)

265. Le Rhône, description historique, par Sauvan. – Osterwald, 1830.

266. Vues pitt. du Dauphiné et du Lyonnais, lith. par Jacottet, d'après les croquis de M. Xavier Leprince. – Boucher, v. 1830.

267. Eaux des Pyrénées, vues dess. d'après nature par Monthelier et Tirpenne, fig. de V. Adam. Texte de Ad. de Lavillette. – 1830.

268. Vues prises dans les Pyrénées françaises, dess. par J. Jourdan, avec texte. – Treuttel et Wurtz, 1830.

269. F. Perrot et L. Froger. Le château de Biron et celui de Pau. – Lemercier, 1830, 12 lith.

Étranger.

270. Vues pitt. d'Italie, lith. par H. Brun. – Marseille, Beisson, 1830.

271. La Suisse saxonne. – Engelmann, v. 1830. (Lith. surtout par Villeneuve, aussi par Bichebois, Deroy, Jacottet, Lecamus et Sabatier. V. Adam, lith. des épisodes de la campagne de 1813. Prospectus.)

272. Atlas de l'aperçu historique, statistique et topographique sur l'État d'Alger à l'usage de l'armée expéditionnaire d'Afrique. – Picquet, 1830. (Cartes, lith. pitt. de la coll. du colonel Rottiers.)

273. Guide des Français à Alger… ; extr. de l'ouvrage de M. A. de Laborde, avec 6 cartes, plans et vues, par deux Arabes. – Lecointe, 1830, in-18.

274. Voyage en Arabie Pétrée, par MM. Léon de Laborde et Linant. – 1830, 3 in-fol. (Lith., d'après Laborde et Linant, par Bichebois, Desmadryl, Sabatier, Muller, Deroy, Oudart, P. Duménil, Hostein, Chapuy, Smith, F. Olivier (arch.), Courtin, Arnout, Villeneuve (dess.), de Champmartin (mœurs) ; personnages par V. Adam.)

275. Album d'un voyage en Turquie, par ordre de S. M. l'Empereur Nicolas Ier, en 1829 et 1830, par C. Sayger et A. Desarnod. – Engelmann, 1830, 51 pl. (Lith. par Villeneuve, Saint-Aulaire, Sabatier, Bichebois, Courtin, Tirpenne, Arnout, Deroy, Hostein, Chapuy, Jorand et Fragonard, détails de sculpture. Schmidt et Muller pour l'architecture. Fig. par V. Adam.)

276. Ch. Belanger. Voyage aux Indes orientales par le nord de l'Europe, les provinces du Caucase, la Géorgie, l'Arménie et la Perse…, de 1825 à 1829. – 1830, 6 vol. in-4° et 100 pl. lith. (Paru en partie en 1841.)

Cours.

277. Boner. Études, dess. d'après nature. – 1840.

278. Fragments de paysages, par J. Milbert. – Ardit, 1830, 6 pl. de 4 sujets.

279. Études de paysage et d'architecture pitt., par Monthelier et Tirpenne. – Chaillou-Potrelle, 1830, 12 pl.

280. Ruines gothiques à Paris, en Normandie et en Italie, par Jaime, d'après Bouton. – Chaillou-Potrelle, 1830.

281. Notions élémentaires du paysagiste, par A. Mesnil. – Langlumé, v. 1830. (Notice sur chaque arbre et sa lith.)

1831

France.

282. Huit sujets de paysage, par Paul Huet. – Gihaut, 1831.

283. Album de douze vues prises d'après nature et dess. sur pierre, par Deroy. – Motte, 1831. (Environs de Paris, Auxerre, Provins, Avignon, la Ferté-Milon.)

284. France. Suite de lith. – Janet, puis Gihaut, 1831-1843. (Hostein (d'après S. Prout ou Stanfield), Monthelier et Tirpenne, Bichebois, Deroy, etc.)

285. Collection complète des vues des chefs lieux de France, avec lith. sur le modèle des vues de Suisse et d'Italie de Villeneuve. – Bénard, 1831, 23 livr. (Lith. par Hostein, d'après lui-même ou d'après Deroy, Chapuy. Fig. par Bayot.)

286. Portefeuille de M. Musard. – Lille, Danel, 1831. (Ouvrage illustré sur Lille, dont le prospectus seul est connu.)

287. Habitations des personnages les plus célèbres de France, depuis 1790 jusqu'à nos jours, dess. d'après nature par A. Régnier, lith. par Champin. Préface de Charles Nodier. – Les auteurs, 1831-1834. (100 lith., dont un chromo ; 20 dess. de Régnier, dans coll. Destailleur, Départ. Exp. Salons 1833, 1834. Voir *Journal des Artistes*, 30 octobre 1831, 29 janvier 1832, 12 janvier et 3 août 1834.)

288. Les environs de Paris, dess. d'après nature et lith. par Deroy. – Jeannin, 1831, in-4° obl., 24 lith.

289. Vues pitt. de la cathédrale de Senlis par Chapuy. Texte par F.-T. de Jolimont. – 1831. (Lith. par Chapuy, Courtin, David.)

290. Fonville. Chalon. – Lyon, Brunet, 1831-1832.

291. Vues des Pyrénées, par Mlle Joséphine Sarazin de Belmont. – 1831-1833, 22 lith.

Étranger.

292. Souvenirs de Naples, dess. d'après nature et lith. par C. Remond, ex-pensionnaire de l'Académie de France à Rome. – Delpech, 1831.

293. Varsovie, Cracovie, lith. anon. (de Nouguez). – Cluis jeune, 1831.

Cours.

294. Jacottet. Cours de paysage. – Fontaine, 1831.

295. Principes et études de paysages, par Jules Coignet. – Aumont ; Londres, Tilt, 1831.

296. Élémens progressifs de paysage, par Tirpenne. Introduction aux Études de paysage et d'architecture pitt. de Monthelier et Tirpenne. – Tirpenne, 1831.

297. Hostein. Fragmens de paysage. – Ledoyen, 1831, 7 pl. de 4 croquis. (Seine-et-Oise, Suisse, Rhône, Loiret.)

298. Études d'animaux, par Brascassat. – Rittner et Goupil, 1831-1832.

1832

France.

299. Croquis, par divers artistes. – Gihaut, 1832, 72 lith. (Isabey, Charlet, Decamps, Lepoitevin, Lami, Roqueplan, Bellangé, Brascassat.) 2e tirage chez Villain.

James Duffield Harding,
Notre-Dame de la Drèche, vers 1844.
(*Voyages pittoresques et romantiques dans l'ancienne France,* Languedoc)

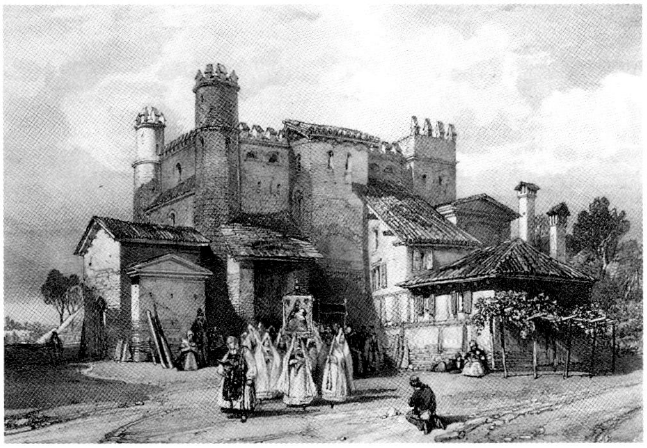

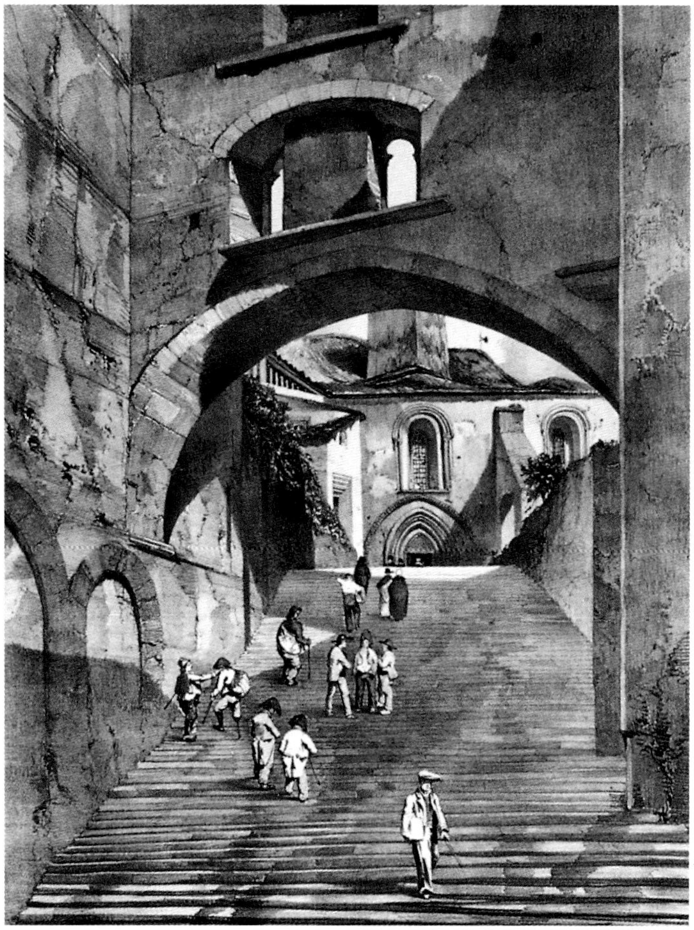

Adrien Dauzats, *Grand escalier de l'église de Rocamadour*, 1835.
(*Voyages pittoresques et romantiques dans l'ancienne France,* Languedoc)

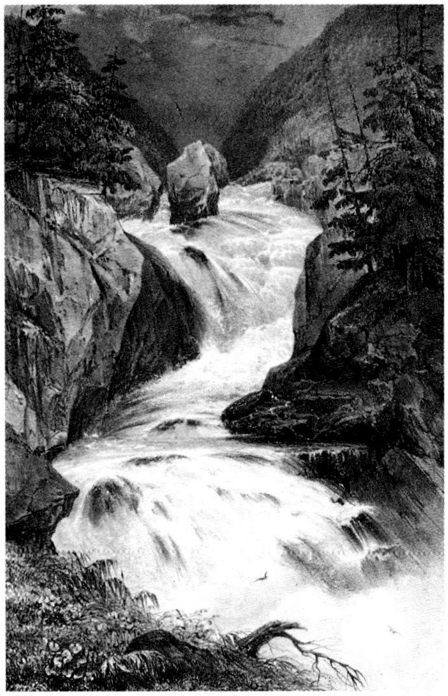

Nicolas Chapuy et Jean-Louis Tirpenne, *Cascade du Ceriset, val de Céret, Pyrénées*, 1833.
(*Voyages pittoresques et romantiques dans l'ancienne France,* Languedoc)

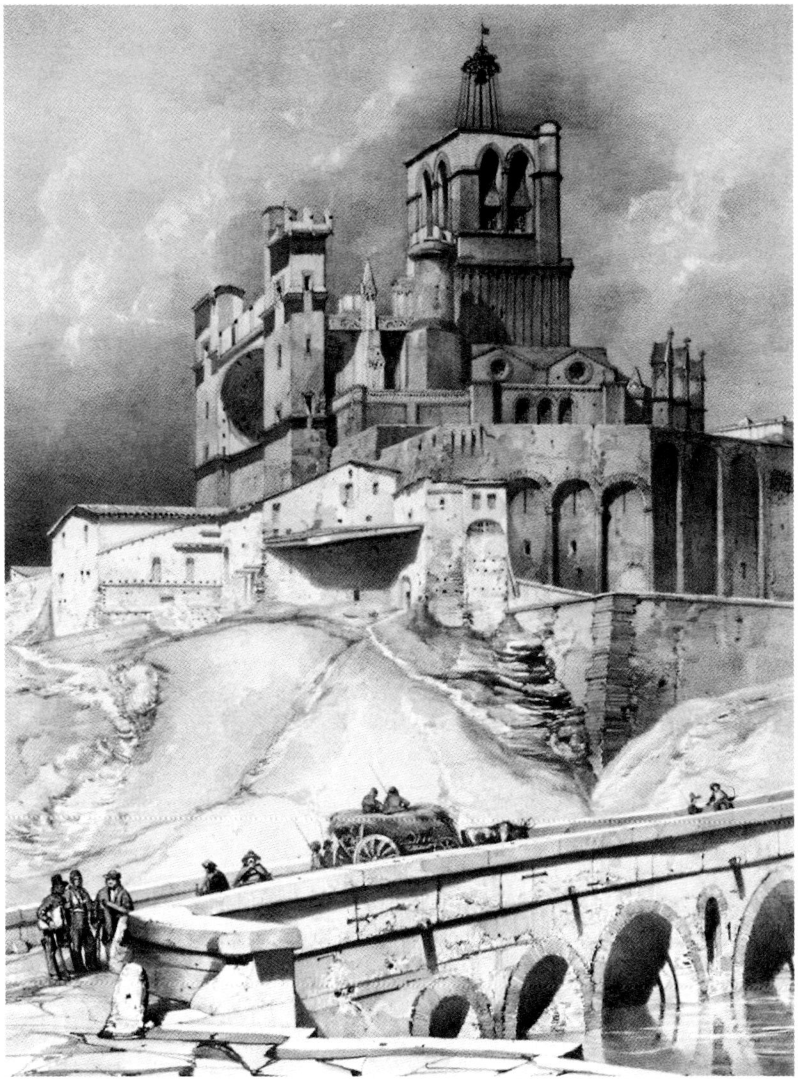

Adrien Dauzats, *Vue générale de la cathédrale Saint-Nazaire, à Béziers*, vers 1837.
(*Voyages pittoresques et romantiques dans l'ancienne France,* Languedoc)

300. Souvenirs d'Eugène Isabey. – Morlot ; Londres, Mac Lean ; New-York, Bailly, 1832. (Il y réunit ses six Marines.)

301. Petites vues de France, par H. van der Burch. – Bulla, 1832-1833.

302. Parcs et jardins de France, par Bichebois et Sabatier. – Aubert (?) et Tilt, v. 1834. Rééd. 1843, chez veuve Turgis.

303. Monuments anciens et modernes de la ville d'Amiens, dess. par MM. Duthoit frères et décrits par H. Dusevel. – Amiens, 1832 (?), 2 séries.

304. Histoire de la ville d'Amiens depuis les Gaulois jusqu'en 1830, ornée de 12 lith. par H. Dusevel. – Amiens, 1832, 2 in-8° ; 2e éd., 1848.

305. Souvenirs d'un voyage dans le midi de la France, dess. d'après nature par Chapuy et lith. par divers artistes. – Lemercier, 1832.

Étranger.

306. Une journée du Jeune Exilé, par d'Hardivillier, prof. de dessin du duc de Bordeaux. – Fonrouge, 1832. (Vie en Angleterre.)

307. Colecion de las Vistas del Rl Sitio de Aranjuez litografiadas de orden del Rey de España… en su Real establecimento de esta corte. – Madrid, 1832, in-fol., dess. de F. Brombilla, lith. par Asselineau (17), Pic de Leopol (9) et Alexis (1).

308. Colecion de las Vistas del Rl Sitio de Sn Lorenzo (Escurial)… – Madrid, 1832, in-fol., dess. de Brombilla, lith. par Pic de Leopol, F. Blanchard, Asselineau et Victor Adam.

309. Colecion de las Vistas del Rl Sitio de Sn Ildefonso… – Madrid, 1832, in-fol., 18 pl. lith. d'après le même par Phar. et F. Blanchard, Vincente Camaron, T. Parboni, J. Jocro, Vict. Alexis, A. Blanco, L. Albini, Asselineau.

310. Vues de la ville de Cracovie, dess. d'après nature par Glowachi et lith. à Paris par Jacottet et David. – Engelmann, 1832, 12 lith.

Marines et Cours.

311. Six marines lith., d'après nature, par Paul Huet. – Morlot ; Londres, M. Lean, 1832. (Normandie, proche d'Isabey.)

312. Paysages d'après nature, par E.-Pierre Aubert. – 1832, 12 lith.

313. Sites d'après nature, par Bichebois. – Bance, 1832.

314. Douze intérieurs, dess. d'après nature et lith. par Bouton. – Mme Delpech, 1832. (Surtout Normandie.)

315. Suite d'intérieurs, de Bouton, lith. par d'Orschwiller. – Chaillou, 1832.

316. G. Ballan. Cinq intérieurs, d'après Bouton. – Constans, v. 1832.

317. Croquis variés, par Sorrieu. – Jeannin, 1832.

318. Croquis de vues historiques, par Jacottet. – Gihaut, 1832, 12 pl. de 4 lith. (macédoines). (Châteaux de France et Écosse.)

319. Scènes et costumes divers, de Carle Vernet, lith. par Victor Adam. – Aumont ; Londres, Tilt, 1832.

320. Croquis variés, par V. Adam. – Jeannin ; Londres, Tilt, 1er mars 1832. (Chevaux et voitures.)

321. Encyclopédie pitt., par V. Adam. – Janet ; Londres, Tilt, 1832, 6 pl. de 4 lith. (Les petits métiers.)

322. Collection des costumes militaires de l'armée française représentés dans des sujets de genre, lith. par V. Adam. – Chaillou, 1832.

323. Cours d'études d'animaux, dess. d'après nature et lith. par V. Adam. – Bance, 1832. (Adopté par l'École royale de dessin gratuit de Paris.)

324. Croquades, par V. Adam. – Aumont, 1832, 36 pl. (Chevaux, costumes, accessoires du paysage.)

325. Sujets de végétation pitt. dess. d'après nature et lith. par Hostein, avec fig. par V. Adam. – Jeannin, v. 1832. (Environs de Paris et Suisse.)

1833

France.

326. A. Joly. Néographie, ou Dessins lith. terminés, ou Voyage sans pierre. – Gihaut frères, 1833, 6 lith. (Anet et Dreux.)

327. Six vues d'après nature, dess. et lith. par A. Joly. – Schrott, v. 1833. (Charenton, Rouen, Suisse, lac de Côme.)

328. Souvenirs des Côtes-du-Nord, par V. Adam. – Veuve Turgis, 1833. (Bateaux, marins.)

329. Histoire lith. du Palais-Royal, publ. par M. J. Vatout. – Motte, 1833-1834, in-fol.

330. Souvenirs pitt. du Havre et de ses environs. – 1833. (Texte par J. Morlent, 26 dess. de Guilmar.)

331. Les rives de la Loire, par Deroy. – Motte, 1833, 48 lith., d'après dess. pris sur les lieux.

332. Album pitt. du département d'Eure-et-Loir…, par Alphonse Galot. – Chartres, l'auteur et Coursandrier, 1833. (Chaumières, portes de villes, moulins, châteaux, vues pitt.)

333. Six vues de la citadelle de Blaye, lith. par divers artistes (Isabey, Jacottet, etc.) d'après E. Ciceri. – Bulla, 1833.

334. Nantes et ses environs (Clisson), dess. d'après nature et lith. par Deroy. – Motte ; Nantes, Sebire, 1833.

335. Voyage pitt. en Bretagne, dess. d'après nature par le comte de Trobriand, lith. par les premiers artistes. – Nantes, 1833-1835.

336. L'Ancien Bourbonnais…, par Achille Allier, gravé et lith. sous la direction de M. Aimé Chenavard, d'après les dess. et documents de H. Dufour, par une Société d'artistes. – Moulins, Desrosiers fils, 1833, 2 vol., 1 atlas de 125 pl. in-fol. (Dufour, prof. de dessin, a recueilli les documents avant la Révolution, lith. par Sagot, Courtin, Sabatier, Tirpenne, Bichebois, Tudot et d'Audiffred, Sorrieu, Villeneuve et Jaime, Deroy. Allier meurt le 17 avril 1836, à vingt-huit ans. Articles sur ce recueil dans *L'Artiste*, 1833, I, p. 194 ; II, p. 71, 86, 211.)

337. Achille Allier. Esquisses bourbonnaises. – Moulins, Desrosiers, 1833, in-4°.

338. Voyage pitt. en Bourgogne, ou Description historique et vues des monuments antiques, modernes et du Moyen Age. – Dijon, Jobard, 1833-1835, 2 in-fol. (Plan et direction par Maillard de Chambure, Peignot et Boudot. Lith. par Sagot, Bizard, Monot, P. Malard, Jolimont, Villeneuve, S. Petit, Ed. Audiffred (peintre dijonnais), Byard, Villeneuve, plusieurs d'après Jolimont. 1 camaïeu, 1835.)

339. Voyage pitt. en Provence. – H. Fournier, 1833, in-4°.

340. Voyages pitt. de Taylor et Nodier. Languedoc. – Didot, 1833, 6 vol., 591 pl. (146 livr.), 237 souscripteurs (tirage à 350). Dirigés par Dauzats ; avec Alaux, Bichebois, Bouton, Chapuy, Courtin, Th. Fragonard, Gué, Léger, Monthelier, Ouvrié, Renoux, Sabatier, Taylor, Villeneuve ; les Anglais Boys, Fowler, R. L. Gale, Harding, Harris, Mackensie, Walton ; nouveaux collaborateurs : Bachelier, Guiaud, Lassalle, J.-B. Laurens, Leblanc, A. Lenoir, E. Massé, Mayer, Mialhe, d'Orschwiller, V. Petit, Questel, Tirpenne, Turpin de Crissé, Villemin, Weber.

340 *a*. Six vues de Bordeaux, par A. Bordes. – Bordeaux, Maggi, 1833.

Étranger.

341. Croquis du cours de la Tamise, par Monthelier et Tirpenne. – Tirpenne, Chaillou-Potrelle et Rittner ; Londres, Tilt, v. 1833. (Texte anglais.)

342. Vistas de Madrid, litografiadas… – Madrid, 1833, in-fol. (Lith. d'après F. Brambilla, par Asselineau et Pic de Léopol.)

343. Vues de Moscou, dess. d'après nature et lith. par Ate Cadolle, 1833-1835, 12 lith.

344. Cadolle. Panorama de Moscou. – Motte, v. 1833.

345. Voyage dans la Régence d'Alger, ou Description du pays occupé par l'armée française en Afrique, par M. Rozet. – Bertrand, 1833, 3 in-8° et atlas in-4°. (L'Atlas contient des vues de villes, de monuments, de rues, des costumes et des monnaies ; dess. par Jacottet, deux par le capitaine Leblanc et le lieutenant Daigny ; lith. par Jacottet, Tudot, Bastien, S. Darondeau.)

Marines.

346. F. Perrot. Marines. – Coron ; New York, Bailly, 1833, 6 pl.

Cours.

347. Cours progressif de paysage à l'usage des écoles,

lith. par Jacottet (français, anglais). – Gihaut frères, 1833-1838, 72 lith. (Le trait à côté de la litho.)

348. Douze intérieurs pitt., lith. par d'Orschwiller, d'après Bouton, Granet, Dumée, Lesaint, Renoux. – Chaillou, 1833.

349. Nouvel abécédaire en énigmes, par V. Adam. – Rittner et Goupil ; Londres, Pitt, 1833, 26 pl.

350. Les étrennes. Passe-temps. Modèles de croquis par V. Adam. – Hubert, 1833, 126 pl.

351. Costumes de tous les pays, par V. Adam. – Jeannin, 1833.

1834

FRANCE.

352. La France. Collection des sites les plus renommés et des monuments les plus remarquables. Recueil de vues, dess. d'après nature par Deroy et Chapuy et lith. par Deroy. – Jeannin, 1834-1837. (Exposé aux Salons de 1836 et 1837.)

353. H. van der Burch. Vues de France. – Veuve Turgis, 1834. (Provence et Languedoc.)

354. Estelle de Barescut. Six vues de Paris (?). – Desesserts, 1834.

355. Souvenirs du vieux Paris, exemples de temps et de styles divers, par le comte T. Turpin de Crissé. Dédié à Mgr le duc de Bordeaux. – Lemercier, 1833-1834, 20 lith. (2e éd., 1835, 14 pl. de plus.)

356. Paris, palais et églises de la capitale, par Arnoult. – Aubert, 1834.

357. Souvenirs de Coucy, dess. et lith. par M. [J.-B.-E. de Buchère] de Lépinois père et Mme Anna de Lépinois, texte… par M. le chevalier de Lépinois, ancien sous-préfet. – Coucy, l'auteur, 1834, 14 lith., quelques-unes signées E. B. (2e éd., impr. A. Le Clerc, 16 lith. Prospectus.)

358. Portails d'églises de Tours et des environs, lith. par Édouard Massé, architecte. – Paris-Tours, Bénard, 1834, 6 lith. (Une 2e série, annoncée, ne semble pas avoir paru.)

359. Le château de Chenonceaux, ouvrage pitt. architectural et romantique, dess., lith. et gravé par M. Édouard Massé (de Tours), architecte. – 1834 (prospectus). (La 1re livr. paraîtra le 1er mai 1834, après les Portails ; elle a 300 souscripteurs.)

360. D'Orschwiller et Aug. Ménessier. Vues du Dauphiné, du Haut et du Bas-Rhin. – Chaillou, 1834.

361. Description historique et scientifique de la Haute-Auvergne…, par J.-B. Bouillet. – L'auteur, 1834. (Atlas de 35 pl. en noir et en couleur.)

362. Tableau pitt., scientifique et moral de Nismes et de ses environs à 20 lieues à la ronde, par le pasteur E.-B.-D. Frossard. – Nîmes, 1834-1835, 2 in-8° (2e éd. 1846 ; 3e éd., 1854, avec atlas.)

ÉTRANGER.

363. Trente-deux croquis d'après nature, par Claude-Théodore Leblanc, capitaine de génie. – Gihaut, 1834. (Leblanc a passé trois ans en Grèce et dans le Levant. dessins originaux sont au Cabinet des Estampes.)

364. Vues pitt. et topographiques de Grèce, dess. par O. M., baron de Stackelberg. – Ostervald, 1834. (Figures par Decamps.)

365. Voyage pitt. et historique au Brésil, ou Séjour d'un artiste au Brésil de 1815 à 1831, par J. Debret. – Didot, 1834-1839, 3 vol.

COURS.

366. Cours de paysage par Hubert, lith. par Sabatier. – Chavant, 1834, 17 lith.

367. Bonnal. Recueil de paysages, composé de dix-huit motifs variés. – Toulouse, Bonnal frères et Escudier, 1834.

368. Études de chevaux, par V. Adam. – Christy, 1834-1838.

1835

FRANCE.

369. Voyages pitt. de Taylor et Nodier. Picardie. – F. Didot, 1835-1845, 3 vol., 477 pl. (136 livr.), 148 souscripteurs (tirage à 350). Dirigé par E. Ciceri ; avec Dauzats, Monthelier, Sabatier, Villeneuve et Bachelier ; les Anglais Boys, Harding, Hawke, Nash, et de nouveaux artistes, dont Bonhommé, Cuvillier, Duthoit, Guesdon, Guyon, Herson, V. Lefranc, Th. Mansson, A. Mathieu, D. Ramée, Roux et Sagot.

370. Album du pays de Reims (par Ad. Dubasty). – Reims, Luton, 1835.

371. Cristallerie de Saint-Louis (Moselle), lith. par Tirpenne d'après les tableaux de Pingret. – Chaillou, 1835, 2 lith.

372. Promenades pitt. aux cimetières… (de Paris), ou Choix des principaux monuments élevés dans les champs de repos, dess. et lith. par La Salle. – 1835, in-4°.

373. Compiègne et ses environs, dess. d'après nature et lith. par Aubry le Comte. – Compiègne, l'auteur ;

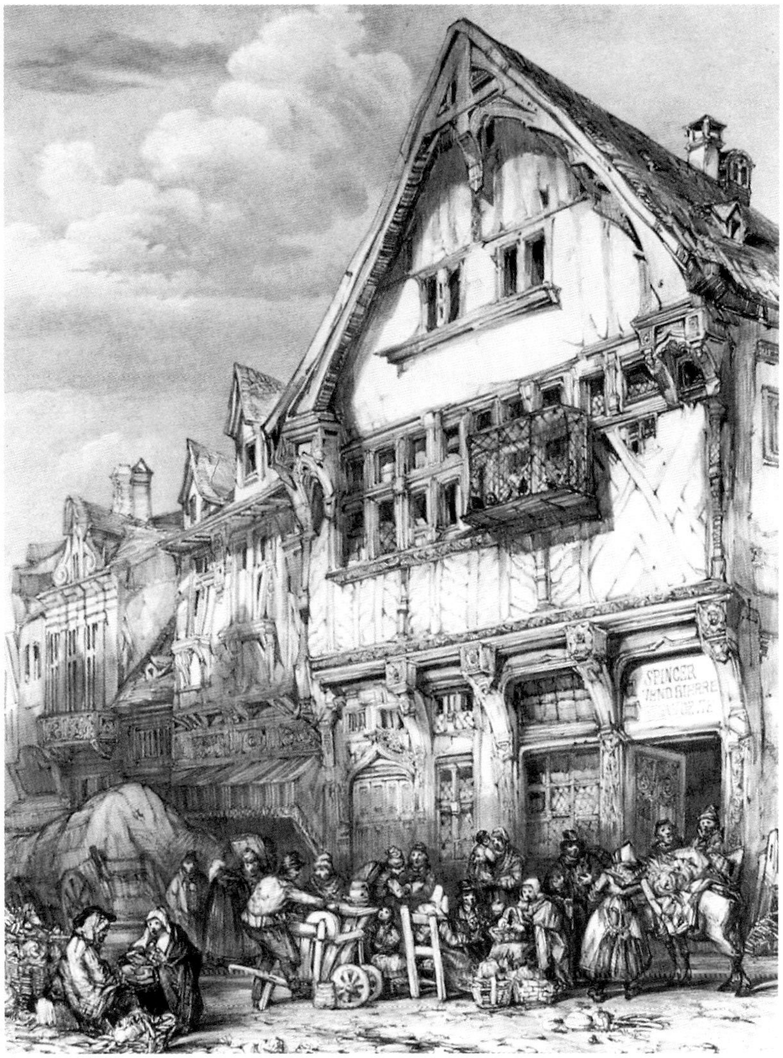

Eugène Balan, *Maison à Amiens*, vers 1835. (*Voyages pittoresques et romantiques dans l'ancienne France*, Picardie)

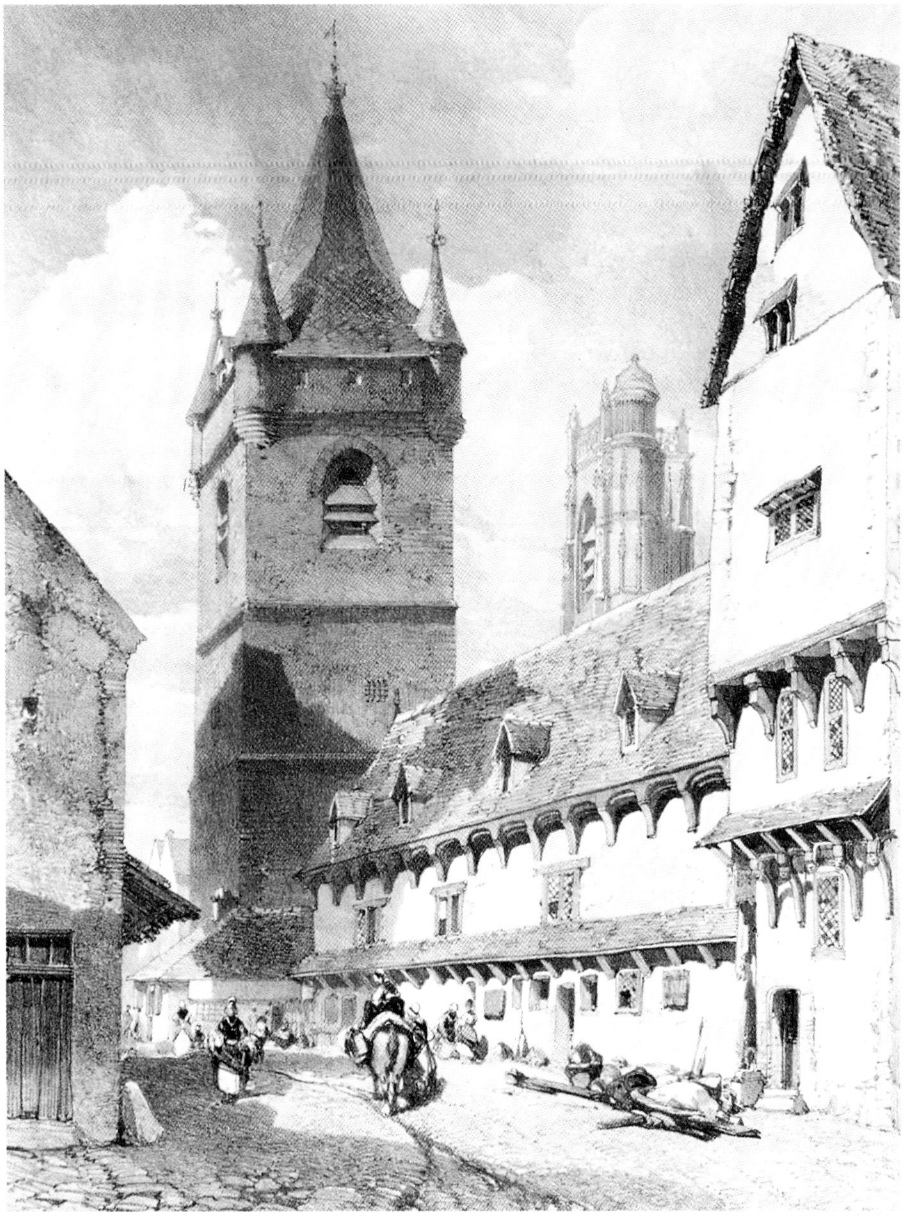

Eugène Ciceri et Jean-Lubin Vauzelle, *Vue du beffroi de Péronne*, vers 1840. (*Voyages pittoresques et romantiques dans l'ancienne France,* Picardie)

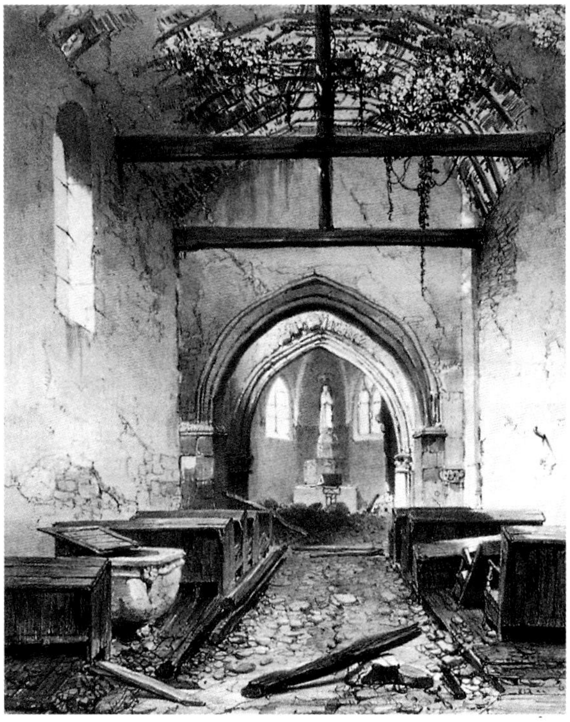

Léon Sabatier, *Chapelle de Morcou*, vers 1845. (*Voyages pittoresques et romantiques dans l'ancienne France,* Picardie)

Gihaut, 1835, 4 lith. (Atteint d'une grave maladie, l'auteur passe ses étés dans la forêt de Compiègne et, malgré le repos absolu imposé, dessine les effets de jour dans les feuilles.)

374. Études d'une maison du XVIe siècle à Lisieux, dess. d'après nature et lith. par Challamel, avec une notice historique. – Kaeppelin, 1835, 10 pl.

375. Département de la Mayenne, lith. par J.-B. Messager. – 1835.

376. Description pitt. de l'Auvergne, par H. Lecoq. – J.-B. Baillière, 1835-1836, 5 livr. (1. L'Indicateur d'Auvergne. 2. Le Mont-Dore et ses environs. 3. Vichy et ses environs. 4. Itinéraire de Clermont au Puy-de-Dôme [2e éd., 1836]. 5. Chaudezaigues et ses eaux.)

377. Cours de la Saône, ou vingt-six vues…, dess. d'après nature par A. Chapuy et lith. par Lauters. – 1835. (Influence de Deroy.)

378. Album du Dauphiné, ou Recueil de dess. représentant les sites les plus pitt… du Dauphiné, avec les portraits des personnages les plus illustres…, par Cassien et Debelle. – 1835-1839, 4 in-8°. (Article dans le *Journal des Artistes*, 21 avril 1836 ; cité par Stendhal, avec éloges, *Journal d'un touriste*, 9 juin 1837.)

379. Vues de Reval, par Hostein, fig. de V. Adam. – Tessari, Renal D. Avanzo, 1835, 20 lith.

379. *a.* Réductions chez les mêmes. – 1835.

380. Promenade pitt. dans le département du Var, par M. Alphonse Denis, orné de vues lith. par M. Cordouan, prof. de dessin. – 1835. (Article dans le *Journal des Artistes* du 26 juillet 1835.)

381. Souvenirs des Pyrénées, par J. Jacottet, ou Choix des sites les plus pitt., des établissements thermaux et des environs. – Gihaut, 1835, 50 lith. (Les Eaux-Chaudes, Pau, Eaux-Bonnes, Bagnères-de-Luchon, Bagnères-de-Bigorre, Cauterets, Tarbes, Dax.)

ÉTRANGER.

382. Voyage pitt. du grand-duché de Bade, par Pernot. – 1835, 30 lith. et texte.

383. Pont suspendu de Fribourg (Suisse), construit par M. Chaley, ingénieur français. – Impr. Neuhaus, et Fribourg, aux bureaux du Péage, 1835. (2 lith.

exécutées par Perrot d'après les dessins et sous les yeux du constructeur à Paris.)

384. Les Chalets, par Chapuy, lith. par Deroy. – Jeannin, 1835.

385. Voyage pitt. dans la régence d'Alger, exécuté en 1833 et lith. par E. Lessore et W. Wyld. Dédié à M. Horace Vernet. – Motte, 1835, in-fol. (51 lith., une d'après Isabey, une autre d'après un officier envoyé en mission auprès d'Abd-el-Kader.)

Marines.

386. Marines, par Gudin, lith. par Gudin et Jaime. – Sazerac et Duval, v. 1835.

387. Marines, par F. Perrot. – Lemercier, 1835. (Vaisseaux sur les côtes de Bretagne.)

388. Histoire d'un navire, par F. Perrot, dess. et lith. à Nantes et Brest. – Neuhaus, 1835. (De la construction au naufrage.)

389. Navires et ports, par F. Perrot. – Delarue, 1835, 8 lith.

Cours.

390. Sites historiques, par Van der Burch et Vitasse. – Chaillou-Potrelle ; New York, Bailly et Ward, v. 1835 (surtout Van der Burch). Malmaison, Vincennes, Fontainebleau. Rambouillet, Pau, Saint-Cloud, Sainte-Hélène (d'après les croquis faits sur les lieux en juillet 1830), palais de Petrowski près Moscou (d'après les croquis pris sur les lieux).

391. Figures du paysagiste, par V. Adam. – E. Guérin, 1835, 40 lith.

392. Tirpenne. Détails pitt. – 1835, 6 lith.

1836

393. Joly. Voyage autour du monde. – Saint-Pétersbourg, 1836. (Exposé au Salon de 1836.)

France.

394. Description historique et pitt… de la Somme, ornée de lith. et suivie d'une biographie… de ce département par MM. H. Dusevel et P.-A. Scribe. – Amiens, Ledien fils, 1836, 2 in-8°.

395. Vues des villes et bourgs les plus pitt. de l'Alsace, dess. d'après nature et lith. par Sandmann. Accompagné de portraits des hommes les plus distingués… – Strasbourg, Bernard, 1836, in-fol.

396. Strasbourg, ses monuments et ses curiosités…, orné d'une vue de la cathédrale et de 4 autres lith. – Strasbourg, Laugier, 1836, in-8°.

397. Paris ancien et moderne. Recueil de vues lith. d'après nature et d'après les mss. de la Bibliothèque royale par Boys, Dauzats, Deroy et Jaime. Texte par Duchêne aîné. – 1836, 104 pl.

398. Vues de Paris, dess. et lith. par Arnout père et Jules (fils). – Veit et Hauser, v. 1836, 20 pl.

399. Cadolle. Quatre vues panoramiques de Paris. – Thierry frères, 1836.

400. Dinan. Six lith. de Dagnan. – 1836.

401. Le Nivernais, album historique et pitt. publ. par MM. Morellet, Barat et E. Bussière. – Nevers, Bussières, 1836-1840, 2 in-fol.

402. La Haute-Saône, par J. Perron. – Besançon, Chalandre, 1836.

403. Album pitt. de l'Ain. – Bourg, Pelliat, 1836-1838. (1er des albums de ce genre. Il veut révéler les poésies et les sites de l'Ain. Lith. par Leymarie et Fonville.)

404. Lyon ancien et moderne…, sous la direction de L. Boitel. – 1836. (Lith. par H. Leymarie, Guindrand, Dubuisson, Perlet, Fonville et Compte-Calix.)

405. Album pitt. et historique des Pyrénées, par A. Fourcade. – Albanel, 1836.

406. Bayonne. Vues historiques et description, par M. F. Morel. – Bayonne, Lamaignère, 1836, vignettes par Mlle Hélène Feillet. (2e éd., 1846.)

407. Quatre vues des environs de Nice, par P.-E. Barberi, de Nice. – Villain, 1836.

Étranger.

408. Voyage pitt. dans le grand-duché de Bade, par le baron Mortemart-Boisse. – Rittner, 1836, 24 lith.

409. Vues de Suisse, par Hostein et Jacottet, fig. par Bayot. – Veith et Hauser, 1836.

410. Fragmens. Naples et Venise, avec 5 dessins, par T. Gudin et I. Isabey. – J. Laisné, 1836.

411. Souvenirs de la Sicile, par M. le vicomte Alph. de Marogues, lith. d'après ses croquis par Ch. Pensée. – Orléans, Gatineau, 1836.

412. Vues de la ville de Cracovie et de ses principaux édifices, dess. d'après nature par Clowaki (J. M. Glowacki) et lith. à Paris par Jacottet et David. – Cracovie, D. E. Friedlein, et Paris, Engelmann, 1836, in-12. (Texte français et polonais, 2e éd. ?)

413. Souvenirs de Grenade et de l'Alhambra, par Girault de Prangey. Lith. d'après ses dessins, tableaux et plans faits sur les lieux en 1832 et 1833, par MM. Bichebois, Chapuy, J. Coignet, Danjoy, Hubert, Joly, Monthelier, Sabatier, Tirpenne, Villemin, Villeneuve ; fig. par Bayot et Alophe ; ornements par Roux, Lehnert et Cuvillier. – Veith et Hauser, 1836. (Exposé au Salon de 1837.)

414. Monuments arabes et moresques de Cordoue, Séville et Grenade, dess. et mesurés en 1832 et 1833 par Girault de Prangey et lith. par Asselineau, Bichebois, Bayot, Bulton, Chapuy, Danjoy, Dumouza, Hubert, Monthelier, Sabatier, Sagot, Roux, Villemin, Tirpenne, Villeneuve, Wyld. – Hausen, 1838-1839, 3 parties.

415. Voyage pitt. dans la Grande-Bretagne. Texte par Alex. Decamps, lith. par Dupressoir. – Koeplin, 1836, 250 lith. (Exposé au Salon de 1836.)

416. Voyage pitt. et archéologique de la partie la plus intéressante du Mexique, par C. Nebel, architecte. – 1836, 50 lith., plusieurs en couleur. (Nebel a passé cinq ans au Mexique ; il rapporte des dessins.) Lith. par Arnout, Villeneuve, Courtin, Dandiran, Deroy, Cuvillier, Joly, Monthelier, Mialhe, Lehnert (mœurs).

Marines.

417. Gudin. Marines, d'après ses tableaux les plus célèbres. – Gihaut, 1836, 4 pl.

Cours.

418. Le Vatelet, ou Principes et études de paysages élémentaires, dess. sur pierre par Jacottet d'après Hubert, Villeneuve, Watelet, Harding, Ulrich, Girard. – Chavant, 1836, 10 fig. au trait et 10 lith.

419. Charades alphabétiques, par V. Adam. – Bance, 1836.

420. Revue pitt., par V. Adam. – Robin ; New York, Bailly ; Londres, Mac Lean, 1836. (Scènes pitt. exotiques.)

421. Souvenirs de la Bretagne, par V. Adam. – Christy, 1836. (Marins, bateaux.)

1837

422. Le Moyen Age pitt. – Hauser, 1837-1839.

France.

423. Les rives de la Meuse, lith. de Hostein, fig. par Bayot. – Veith et Hauser, 1837.

424. Voyage archéologique et pitt. dans le département de l'Aube et l'ancien diocèse de Troyes, publ. sous la direction de A.-F. Arnaud, peintre ; dédié à M. Combe-Sieyès. – Troyes, 1837-1838. (Lith. par Arnaud, Fichot, Schitz, un dessin de Fichot, lith. par Émile.)

425. Vues pitt. des Vosges, dess. d'après nature par M. le prof. Collignon, lith. par Émile Blanchard. – Cantener, 1837, in-4°.

426. Cadolle. Paris, vues panoramiques prises de l'Arc de triomphe. – Thierry frères, 1837. (Exposé au Salon de 1837.)

427. Archives curieuses de Nantes. Suite de lith. de Rivières fils. – Nantes, 1837 (mauvais).

428. Vues de Dinan et de ses environs, lith. par Hostein d'après croquis ou tableaux de Janet, fig. par Bayot. – Bénard et Frey, 1837-1839.

429. Historique monumental de l'ancienne province du Limousin…, lith. par J.-B. Tripon. – Limoges, Darde, 1837.

430. Album de la Haute-Loire, publ. par M. de Becdelièvre. – 1837.

431. Album du voyageur à Bordeaux, contenant les vues

des monuments les plus remarquables de la ville, avec un texte explicatif. – Bordeaux, 1837. (Lith. par Willy, Gorse, surtout V. Philippe ; très maladroit.)

432. Les Pyrénées, par d'Andiran. – Mialhe, 1837. (Pau, Eaux-Chaudes, Eaux-Bonnes, Argelès, Pierrefitte, Gavarnie, Bagnères-de-Bigorre, Bagnères-de-Luchon. Exposé au Salon de 1836.)

433. Château de Pierre, par Pernot, lith. par H. Valton. – Bénard et Frey, 1872, 12 pl.

Étranger.

434. Souvenirs des eaux de Baden-Baden et des environs, dess. d'après nature et lith. par J. Jacottet, avec fig. par Bayot. – Gihaut, 1837, 40 lith.

435. Alger et ses environs, par Vincent Cordouan et Letuaire. – Toulon, Canquoin, v. 1837, 24 lith.

436. Vues et portraits, dess. (et lith.) par Letuaire pendant l'expédition de Constantine, avec carte et texte par Valentin Devoisins. – Toulon, Turbert, 1837.

437. Voyage en Orient (Asie Mineure, Palestine et Syrie), par le marquis A. de Laborde, Becker, Hall et Léon de Laborde. Rédigé et publ. par Léon de Laborde. – Didot, 1837-1839, in-fol. (Dessins par A. et L. de Laborde, M. de Berton, Marilhat, D. Roberts, A. de Caraman, Champmartin, Planat, Lehoux, duc de Valmy, Dedreux. Lith. par Deroy, Freemann, Lessore, Dedreux, Hostein, E. Ciceri ; camaïeux et chromos.)

Marines et Cours.

438. Études de marines, par Perrot. – Delarue, 1837.

439. Études variées, par V. Lefranc. – Veuve Turgis, v. 1837.

1838

France.

440. Ferogio. Album de 1838. – Gihaut frères, 1838, 24 lith.

441. Champin. Le matin et le soir. – 1838. (Salon de 1838. *Journal des Artistes*, 6 mai 1838.)

442. Schmidt. Églises gothiques. – 1838. (Le ministère de l'Intérieur souscrit pour 100 exemplaires, 8 avril 1838.)

443. Muller. Suite sur l'Aube. – Bar-sur-Aube, Maillot et fils, 1838-1841. (Dienville, Rosnay, Soulaines, Bossancourt, Proverville, Clairvaux, Bar-sur-Aube.)

444. La Normandie pitt. – Le Havre, Morlent, 1838-1841, in-4°.

445. Bains de mer de Trouville, près Honfleur, juin 1838. – Roger, 1838, in-fol.

446. Promenade dans Paris et ses environs, dess. d'après nature et lith. par J. Jacottet, fig. par Bayot. – Gihaut, 1838, 41 lith.

447. Paris historique. Promenade dans les rues de Paris, par Ch. Nodier, A. Regnier et Champin…, orné de 200 vues lith. – 1838-1839.

448. Maisons-Laffitte. Lith. de J. Tirpenne et Ch. Bour d'après E. Pingret, fig. par Bayot. – Déro-Becker, 1838, 14 lith.

449. Plans, vues et détails de l'église, ancienne abbaye, de Saint-Benoît-sur-Loire, par L.-M. Marchand, lith. par Pensée. – Orléans, 1838. (2e éd., 1839.)

450. F. Barat. Le Nivernais, album historique et pitt. – 1838.

451. Notice historique sur la Grande-Chartreuse, avec cinq nouvelles vues dess. d'après nature et lith. par Champin. – 1839.

452. Souvenirs pitt. des eaux des Monts d'Or, dess. d'après nature par P. Huet, lith. par Jacottet. – Gihaut, 1838, 12 camaïeux. (Le Mont-d'Or, Saint-Nectaire, Royat.)

453. Sites et monuments… de l'Aveyron, dess. d'après nature par A. Pernot et lith. par Jules Coignet, avec texte explicatif d'Émile Caron. – Moyon ; Rodez, Carrère, 1838, in-fol.

Étranger.

454. Vues de Suisse et de Savoie, dess. d'après nature et lith. par F. d'Andiran. – Gihaut frères, 1838. (Genève et le lac, Fribourg, Bonneville, Sallanches, le mont Blanc.)

455. Suite des vues les plus remarquables du Tyrol, par E. Hostein. – Tessari et Cie, et Innsbruck, J. Gross, 1838.

456. Rivière de Gênes, par Ferd. Perrot. – Delarue, 1838-1839, 32 lith.

457. Italie, lith. de Deroy, d'après ses dessins et ceux de Chapuy et Billmarck. – Jeannin, 1838.

458. Guide dans les ruines du château de Heidelberg…, publ. par Ch. de Graimberg. – Heidelberg, v. 1838, in-fol. obl. (Dessins par Graimberg et G. Dunzinger (1815-1836), lith. par P. Wagner.)

459. Vues de Russie, lith., d'après dessins de V. Mackloffet-Tchernetsow, par Hostein et Jacottet. – Thierry frères, 1838.

460. Chutes du Niagara, dess. d'après nature par Blouet en 1837, lith. par Remond. – Delpech, 1838. (Texte français et anglais.)

Marines.

461. Marines, par F. Perrot. – Lemercier, Bénard et Cie, 1838, 20 lith. (Combats sur mer, rades de Toulon et Naples.)

Cours.

462. Cours de dessin, par Eugène Ciceri. – Delloye, 1838.

463. Études de paysages, par Edan. – Fontaine, 1838.

1839

464. Architecture pitt., vingt-six vues prises à Paris, Rouen, Chartres, Anvers, etc., par Boys. – Hullemandel, 1839.

France.

465. Vues pitt. des châteaux, monuments et sites remarquables de l'Alsace, dess. d'après nature par J. Rothmuller, avec texte. – Colmar, Hahn et Vix, 1839-1841, 20 lith. in-4°.

466. Vues d'Alsace, d'après nature, par Th. Muller. – Strasbourg, Simon fils, 1839-1840.

467. Bar-le-Duc, lith. par E. R[avignal]. – Bar, Laguerre, Neve aîné, 1839.

468. Le vieux Paris. Quatre-vingts monuments qui n'existent plus. Fac-similé de dessins déposés à la bibliothèque de la Ville, exécutés d'après des authentiques par F.-A. Pernot et lith. par Asselineau, Nousveaux et Godefroy. – 1839. D'après des dessins du XVIe siècle, des gravures des XVIIe et XVIIIe siècles et des croquis de 1820 (assez inexact). Rapport par A. Lenoir et Miel. – Belin, 1837 (2 lith. par Champin).

469. Monuments et rues de Paris, dess. et lith. par William Wyld. – Rittner et Goupil et Susse frères, 1839 (camaïeux).

470. Paris et ses environs, reproduits par le daguerréotype sous la direction de M. Charles Philippon. – Aubert, 1840, 60 pl. (Lith. en deux couleurs par Arnout, Bayot, Bichebois, Bour, Boys, etc.)

471. Le chemin de fer de Versailles, lith. de F. d'Andiran. – Coulon, 1839.

472. Orléans et ses environs, par C.-F. Vergniaud-Romagnesi…, orné de vues… – Orléans, A. Gatineau, 1839, in-16.

473. Album pitt. des eaux minérales de France. I. Vichy et ses environs, par Ad. Michel… – Moulins, Desroziers, et Paris, 1839, in-fol. (pl. dess. d'après nature et lith. par F. Lehnert ; camaïeux, 1 chromo). – II. Le Mont-Dore et ses environs, par Batissier, lith. par Lehnert. – Moulins, 1842.

474. Excursion à la Grande-Chartreuse… ; trente-six vues dess. par Champin, lith. par Arnout, Cuvillier, Hostein, Jacottet, Joly, Sorrieu, Tirpenne et Villeneuve, fig. par Bayot. – Rittner et Goupil, 1839. (L'Introduction (notice historique) publiée à part.)

475. Panorama des Pyrénées, vue de Pau, par E. Hostein. – Thierry frères, 1839, I gr. pl.

476. Muséum sacré. Stations pitt. d'un artiste dans une cathédrale gothique (celle d'Auch). Dess. et lith. par G. Lettu. Dédié à Mme Lacave-Laplagne, épouse de M. le Ministre des Finances. – Auch, 1839, in-fol. (Exposé au Salon de 1836, à Cambrai en 1836 et la Société libre des Beaux-Arts en 1837. Voir le *Journal des Artistes* du 9 juin 1839.)

ÉTRANGER.

477. Vues des places de Santiago-de-Cuba, dess. à Santiago par G. Sawkins, lith. par Jacottet. – Thierry frères, 1839.

COURS.

478. Études de paysages, par Van der Burch. – 1839, 6 lith. de 6 sujets.

479. Bateaux de pêche et vaisseaux de guerre, par Perrot. – Roger et Cie, 1839, 10 lith.

1840

FRANCE.

480. Description des principaux monuments de Paris, suivie de 5 pl. lith. par E. Girault. – Clamecy, Cliquet, 1840, in-4°.

481. Paris et ses souvenirs, lith. par Arnout. – Veit et Hauser, 1840, in-fol. obl., 24 pl.

482. Vues de Normandie (?), par Eugène Ciceri. – Gihaut frères, 1840-1841, 6 pl.

483. Description de Saint-Pierre-sur-Dives. – (Caen), 1840, 12 lith. anonymes (mauvaises).

484. Collection de monuments du département de l'Eure, dess. par E. Laumonier. – Évreux, Ancelle fils, 1840, 2 séries.

485. Études de paysages à Clisson (Loire-Inférieure). – Nantes, Charpentier, 1840, 23 lith. anonymes.

486. La Bretagne et ses monuments, dess. d'après nature par M. Potel et lith. par les principaux artistes de Paris. – Nantes, P. Sebire, 1840-1842, in-fol.

487. Dijon ancien et moderne, recherches historiques tirées des monuments contemporains, la plupart inédits, par Ch. Maillard de Chambure…, illustré par E. Sagot (et P. Maillard)… – Dijon, 1840, in-4°, 192 p., 1 plan, 31 pl.

488. Album Lyonnais. – 1840-1845. (Lith. par Champin, Chapuy, Villeneuve, Hostein, Coignet, d'après Hostein, Fonville, Chapuy, Duclaux ; fig. par Bayot. A partir de 1841, camaïeux.)

489. Album du Dauphiné, par Dagnan. – V, 1840.

490. Vues de la Drôme, de l'Isère, du Dauphiné, du Bugey et de la Haute-Loire, par Fonville. – Lyon, 1840.

491. Allevard, par Victor Cassien. – 1840.

492. Antiquités de Cusset, par Th^le^ Villard, lith. à Cusset. – V. 1840.

493. Auvergne et Provence. Album pitt. orné de vingt-six vues. – Jenet, v. 1840.

494. – Voyage topographique, historique et pitt. dans le département du Vaucluse et ses environs, par C. Lourde. – Avignon, Bonnet fils, 1840, lith. de Chantron.

495. Marseille et ses environs (?), lith. par J. Coste et E. Loubon. – Marseille, Griollet et Cie, v. 1840.

496. Département du Var, lith. par Ferdinand Dubuc. – Toulon, Canquoin fils, v. 1840.

497. Toulouse monumentale et pitt., par MM. Cayla et Cléobule Paul. – Toulouse, Paya, v. 1840. (Lith. par Julia et Abeillon, Buguet d'après Perrin, lith. de lui d'après un dessin de Chambert et d'après un daguerréotype.)

498. Album des Pyrénées, 24 lith. de Mme Sarazin de Belmont. – 1840.

499. Mialhe et d'Andiran. Excursion dans les Pyrénées. Croquis pitt. dédiés à Mgr le duc de Montpensier. – Gihaut, 1840, 80 pl.

500. Edm. Sewrin. Suite sur Bagnères-de-Bigorre. – Coulon et Cie, 1840.

ÉTRANGER.

501. Croquis de paysages, dess. d'après nature en Suisse et dans le Tyrol par Calame. – Gihaut, 1840, 24 lith.

502. Chaumières suisses, dess. et lith. par d'Orschwiller (une d'après Daguerre). – Lemercier, Bénard et Cie, 1840-1844, 18 camaïeux.

503. Souvenirs de Piémont. Vues de Nice, Gênes, Turin, etc., lith. par Villeneuve. – Gihaut, 1840, 15 pl.

504. Esquisses. Vues des bords du Rhin, par Villeneuve. – Gihaut, 1840, 24 pl.

505. Voyage dans la Russie méridionale et la Crimée, exécuté sous la direction de M. Anatole de Demidoff… Dédié à S. M. Nicolas Ier. – 1840, 72 lith. par Raffet.

506. Excursion pitt. et archéologique en Russie par le Havre, Hambourg, Lubeck et Saint-Pétersbourg…, sous la direction de M. Anatole de Demidoff. Dédié à S. A. S. Madame Mathilde Bonaparte. – 1840, 100 lith. par André Durand (suite du Raffet). (Exposé au Salon de 1841.)

507. Description de la grande cloche de Moscow, par A. Ricard de Montferrand. – 1840. (Lith. de Bichebois, avec fig. par Adam d'après Montferrand ; dessins, 1838.)

MARINES.

508. F. Perrot, élève de Gudin. Tempêtes, combats sur mer. – Veuve Turgis, 1840, 10 lith.

509. Pêches, naufrages, combats sur mer, par F. Perrot. – Delarue, 1840, 10 lith.

510. Côtes de France, Boulogne. – V. Delarue, et Boulogne, L. Caquet, 1840, 6 camaïeux par Perrot.

COURS.

511. Vues d'un parc anglais, par Jacottet. – Bry, 1840, 12 lith.

512. Nouvelles études de paysages, avec fig. par Dupressoir. – Bouvenne, 1840.

513. V. Lefranc. Études de paysage. – Dopter, 1840.

514. Petit Album du paysagiste, par Tirpenne. – Lemercier, 1840, 3 pl. de 8 sujets.

515. Cours de paysage en douze leçons, par Tirpenne. – L'auteur, 1840.

516. Intérieurs pitt., lith. par d'Orschwiller d'après Renoux, Lesaint, Bouton. – Lemercier, Bénard et Cie, 1840, camaïeux. (1842, 2e tirage avec 2 pl. de plus.)

1841

FRANCE.

517. Émeric de Tamagnon. Collection de croquis d'après nature. – Durand Ruel, 1841.

518. Le Moyen Age monumental et archéologique. – Hauser, 1841-1847.

519. Histoire de la ville de Toul et de ses évêques, par A.-D. Thiéry. – Paris-Toul, 1841, 2 in-8°. (Lith. maladroites de l'abbé Morel, pour les détails gravures.)

520. Ravignal. Bar-le-Duc. – Bar-le-Duc, Laguerre-Neve aîné, 1841.

521. Keepsake valenciennois… illustré par des gravures et lith. représentant les anciens monuments de ladite ville, dess. par M. Henry Macaise, publ. par M.-A. Prignet… – Valenciennes, 1841, in-fol.

522. Paris et ses environs. Vues et monuments les plus remarquables, dess. d'après nature et lith. par Arnout. – Hauser, 1841.

523. Pornic et ses bains. Album du baigneur, par Auguste Guilmin. – Nantes, Forest (1841), in-4° obl. (Lith. anonymes.)

524. Orléans. Album de vues, par Charles Pensée. – Lemercier, 1841.

525. E.-V. Foucart. Poitiers et ses monuments. Plan et quinze vues. – Poitiers, Pichot, 1841, in-8°.

526. Histoire de la Saintonge et de l'Aunis. – Nantes Charpentier, 1841. (Petites lith. anonymes.)

527. Émile Deschamps. La simple pourtraicture du Manoir-Beauchesne, enrichie de deux vues du Manoir, par A. Dauzats. – Challamel, 1841, in-4°. (Tiré à 50 ex.)

528. Vues prises à Avignon, Villeneuve, Orange, Arles, etc., accompagnées d'un texte…, par Louis Frossard. – Delay, 1841, in-4°.

529. Souvenirs des Pyrénées, nouvelle excursion, par J. Jacottet, fig. par Bayot. – Gihaut, 1841-1842, 50 lith.

530. Nouvelle suite de costumes des Pyrénées, lith. par Férogio d'après Lagarrigue. – Bry, 1841, camaïeux.

ÉTRANGER.

531. Six vues des bains de Lucques, peintes exactement par Panierai et lith. par Jacottet. – A. Bry, 1841.

532. Croquis de Naples et ses environs, dess. d'après nature par J. Janvin, lith. par Eugène Ciceri. – Rittner et Goupil, 1841, camaïeux.

533. Vues de Blacherne (Melnitza), domaine de M. le prince Serge Galitzin. – Bry, 1841. (Croquis de A. Bry et Rauch, lith. par Benoist, A. Durand, Jacottet, Monthelier.)

MARINES et COURS.

534. Album chinois, ou Série de croquis faits d'après nature à Canton, en janvier 1841. – Gihaut, 1841, 6 pl.

535. Croquis de marine, dess. d'après nature et lith. par Ch. Mozin. – Rittner et Goupil, 1841, 1re année (2e et 3e années, 1842 et 1843), camaïeux.

536. Cours de paysage, par A. Bichebois, en trente leçons. – Lemercier, 1841, 30 pl. de plusieurs lith.

537. Petit cours de paysage, par Godefroy. – Collin, 1841.

538. Études de paysages, par V. Lefranc. – Priston, 1841.

539. Croquis de paysages, dess. d'après nature par H. Clerget. – Dupin et Cie, 1841.

540. Études de paysages, par Van der Burch. – Becquet, 1841.

541. Fragmens de paysages, par W. Wyld. – Susse frères, 1841, camaïeux.

1842

542. Portefeuille du comte de Forbin. – Challamel, 1842-1843. (Lith. d'après Forbin, par Bichebois, Challamel, Fagonde, Ch. Marville, Français, Gsell, Mouilleron, Villemin, V. Petit, etc.)

FRANCE.

543. Les monuments de France. – Jeannin, 1842-1845, camaïeux, 76 au moins. (Dess. par Chapuy, etc. ; lith. par Monthelier, Cuvillier, Arnout, Jacottet, Dumange, Villeneuve, Bichebois, Sabatier, Fichot, Bayot, etc.)

544. Suite sur le département du Nord, lith. par A. Léonard. – Valenciennes, B. Henry, 1842-1843 (médiocre).

545. Fabriques d'indiennes à Mulhouse et dans les environs (?), par R. Hubert. – M. Engelmann, 1842.

546. Le parc de Versailles, six vues pitt., dess. d'après nature et lith. par E. Lepoittevin. – Rittner, v. 1842.

547. Vue du Havre prise d'Ingouville, dess. par Chapuy, lith. par E. Ciceri. Marseille prise des hauteurs de la Réserve, dess. et lith. par Ciceri. – Wild, 1842 (pendants).

548. Galerie armoricaine. – Nantes, Charpentier, 1844, 2 in-fol. (100 pl. de costumes, 25 vues par Ph. Benoist.)

549. Clisson. – Thierry frères, 1842, lith. de A. C. (Monuments et parcs ; bon.)

550. Vues de Vendée (?), par Gibert. – Nantes, Charpentier, 1841-1844, 10 pl.

551. Album historique des deux Charentes, dess. et lith. par Tripon. – Angoulême, Cognasse, 1841, in-8°.

552. Souvenirs de Néris et de ses environs. Collection de vingt-cinq dessins, avec un texte par M. le marquis (Amédée-David) de Pastoret. – Thierry frères, 1842, in-fol. (Sites dess. quelques années avant par Mme d'O..., malade à Néris ; lith. par un artiste habile inconnu. Représente Néris, Montluçon et leurs environs.)

553. Vues du Cantal (?), par Edm. Tudot. – 1842.

554. Galerie de l'Annonéen, écho de l'Ardèche (journal). – Lyon, Brunet, 1842-1843. (Lith. par Fonville, une par Raphaël Weermann.)

555. Vues de Montpellier (?), par Jules Boilly. – Lemercier, Bénard et Cie, 1842.

556. Bordeaux, par F. d'Andiran (d'après ses dessins et ceux de Bourgade). – Bulla ; Bordeaux, Maggi, 1842, camaïeux.

557. Excursion pitt. dans l'ancien duché d'Albert, Nérac et quelques-uns de ses environs. Douze croquis dess. d'après nature et lith. par F. d'Andiran. Dédié à Mme la duchesse d'Orléans. – Rittner et Goupil, 1842, camaïeux.

558. Pau et ses environs, dess. d'après nature et lith. par Gorse. – Luchon, Lafon (v. 1842), 8 pl.

559. Cauterets et ses environs, dess. d'après nature et lith. par Gorse – Luchon, Lafon (v 1842), 18 pl.

560. Les Hautes et Basses-Pyrénées monumentales et pitt., dess. et lith. par Gorse. – Luchon, Lafon (v. 1842), 23 pl.

561. Le touriste pyrénéen, ou Choix de dessins sur les Pyrénées, dess. et lith. par E. Paris. – Thierry frères (v. 1842), 50 lith.

ÉTRANGER.

562. España artistica y monumental. Vistas y description de los sitios y monumentos mas notables de España. Texte par D. Patricio de la Escosuna. – 1842-1850, 3 vol. (Dess. par G.-P de Villa-Amil ; lith. par Arnout, Asselineau, Jacottet, Bichebois, Mathieu, Cuvillier, Guesdon, Rouargue, avec fig. de Bayot, V. Adam, Benoist, J. David, Noury. Principaux collaborateurs : Asselineau, Mathieu et Bayot.)

563. Souvenirs d'Afrique, par Benjamin Roubaud. – Gihaut, 1842, camaïeux. (Portraits, paysages, scènes de mœurs.)

MARINES.

564. Voyage en Perse de MM. Eugène Flandin, peintre, et Pascal Coste, architecte, attachés à l'ambassade de France en Perse pendant les années 1840 et 1841. – Gide et Baudry, 1842, in-fol., camaïeux.

565. Paysages maritimes, par Charles Mozin. – Jeannin, 1842, 12 camaïeux. (Tancarville, Dieppe, Villeneuve, Étretat, Saint-Valéry, Trouville, Bretagne.)

566. Combats sur mer, dess. d'après nature et lith. par Morel-Fatio. – J. Chapelle et Cie, 1842, camaïeux.

COURS.

567. Cours de paysage, par Tirpenne. – Lemercier, Bénard et Cie, 1842, camaïeux.

568. Cours progressif de paysage, par V. Fagonde. – Aubert et Cie, 1842.

569. Études de paysage aux deux crayons, par V. Lefranc. – Priston, 1842, camaïeux.

570. Sites remarquables, par Jacottet et autres. – Veuve Turgis, 1842.

571. Esquisses et paysages à deux crayons, par A. Gauché. – Basset, 1842.

572. Éléments de paysage, par Tudot. – Bulla, 1842.

573. Les quatre parties du jour, par Sorrieu. – Veuve Turgis, 1842.

574. Sujets de chasse, par Sorrieu, élève de Deroy. – Ibid., 1842.

1843

575. Paysages (Italie, Auvergne, Suisse) peints par Michallon et lith. par Deroy. – Dubreuil, 1843, 4 pl.

FRANCE.

576. Petites vues de France, lith. par Deroy. – Jeannin, 1843, 6 pl. de 4 sujets. (Environs de Paris et Normandie.)

577. Promenade dans Paris et ses environs, dess. d'après nature et lith. par J. Jacottet et Ph. Benoist, fig. par Bayon. – Gihaut, v. 1843, 40 lith. (Suivi, la même année, de Nouvelles vues de Paris, lith. par Benoist et Jacottet. – Gihaut, 1843.)

578. Indicateur complet de la ville de Caen. – Caen, Avonde, 1843, 11 vues et 1 titre lith.

579. Album de la Revue archéologique du département de la Manche, dess. et lith. par M. Th. du Moncel. – Valognes, 1843, camaïeux et lith. (Lith. par du Moncel, Jacottet, Ph. Benoist, un dessin par L. François, un plan gravé par Alexandre.)

580. Vue du Mont-Saint-Michel et vue d'Avranches. Deux lith. de grande dimension de M. Lecerf, peintre, domicilié à Avranches, 1843. (*Journal des Artistes*, 4 juin 1843.)

581. Paris-Orléans, parcours pitt. du chemin de fer de Paris à Orléans, publ. sous les auspices de M. Bartolini ; ouvrage illustré par Champin et A. Hostein. – 1843 (avec guide explicatif par Salvador Tuffet), camaïeux.

582. Orléans, album-guide. Trente dessins..., par Charles Pensée..., avec texte de P. Lemolt-Phalary. – Orléans, Garnier, 1843, in-4°.

583. Angers pitt., par Tardif-Desvaux. Texte par E. L. – Angers, Cosnier et Lachèse, 1841-1843. (Les lith., anon., sont de F. Benoist, « jeune Angevin au crayon exact et facile » ; une d'après Hawke, une vue à vol d'oiseau.)

584. Album historique et pitt. de la Creuse..., illustré d'un grand nombre de dessins. – Aubusson, P. Langlade, 1843, in-4°. (Camaïeux médiocres par L. P. « Alors que chaque province a son histoire, notre ancienne Marche avait échappé au mouvement général ».)

585. Panorama de l'Ouest. Souvenirs, monuments,

scènes de mœurs, costumes..., par Camille Bonnard. – Nirot, Robin, 1843, in-4°.

586. L'ancienne Auvergne et le Velay, par Ad. Michel et une société d'artistes. – Moulins, 1843-1847, 3 vol. de texte, atlas de 96 pl. (Dess. de Sagot, Tudot, Hostein, Hip. Durand, Goulay ; lith. par eux-mêmes ou par Cuvillier, V. Petit, Monthelier, Lehnert, Mathieu, Sabatier, Villemin, Tirpenne ; fig. par Bayot, Benoist, Mazaroz et V. Adam.)

587. Toulouse monumental et pitt. – Toulouse, Delor, 1843. (Lith. médiocres de Perrin, Buguet, Richard.)

588. Album du Lyonnais..., sous la direction de L. Boitel, ill. par H. Leymarie. – Lyon, Boitel, 1843-1844, 2 in-4°.

589. Besançon. Description historique des monuments et établissements publics de cette ville, par Al. Guénard..., avec plan et 4 lith. – Besançon, Bintot, 1843, in-18. (2e éd., 1860.)

590. La Guienne monumentale. – Lemercier, Bénard et Cie, 1843. (Dess. par Philippe ; lith. par Aumont et d'Andiran.)

ÉTRANGER.

591. Challamel. Un été en Espagne, avec vignettes (camaïeux lith. par l'auteur d'après Villa-Amil et autres). – Paris et Madrid, 1843, in-8°.

592. Vues pitt. des plus remarquables cathédrales, églises gothiques, sur les bords du Rhin et du Mein. – Francfort, 1843, in-4°. (Lith. par H. Lange.)

593. Voyage du roi à Windsor, par E. Pingret (seul peintre à avoir suivi Louis-Philippe chez la reine Victoria). – Lemercier, 1843, camaïeux. (Lith. par Adam, Bayot, David, Sabatier, Bichebois, les Arnout, Cuvillier, Mayer, Wogt, Jacottet, Régnier, Bettanier, Dauzats, Deroy, Maurin aîné.)

594. Kracowa. Cracovie. – Lemercier, Bénard, 1843, in-16. (Petits camaïeux anonymes.)

595. Voyage pitt. de Stockholm à Gothembourg..., en vingt-quatre vues lith., d'après C. J. Billmark, par O. Cardon. – Stockholm, 1843, camaïeux. (Texte allemand-français.)

596. Histoire de l'Algérie, par H. Fisquet, illustrée de lith. et de vignettes. – 1842, in-8°. (Gr. par Rouargue frères, lith. d'Émeric et Courtin d'après Genet, fig. par Devaux.)

597. L'Algérie historique, pitt. et monumentale. – Delaye, 1843. (Lith. par Bour, Genet, Bayot, Courtin et Collignon.)

598. Goupil-Fesquet. Voyage d'Horace Vernet en Orient. – Challamel (1843), gr. in-8°, 16 lith. en couleurs.

COURS.

599. Cours de paysage, par G. Muller. – Dopter, 1843.

600. Croquis divers, par Dupressoir. – 1843.

601. Chaumières suisses, par d'Orschwiller. – H. Gache, 1843, 6 camaïeux.

1844

FRANCE.

602. Reims, essais historiques..., par P. Tarbé, pl. dessinées et lith. par J.-J. Maquart. – Reims, Quentin-Dailly, 1844, in-8°.

603. Fontainebleau. – Thierry, 1844. (Lith. et camaïeux de Benoist et Jacottet, une carte de Denecourt.)

604. Quatre grandes vues du Havre, par F. d'Andiran. – Lemière, 1844.

605. Le Calvados pitt. et monumental, dirigé par G. Mancel, dess. par J. Thorigny. – 1844 (100 livr. de 2 lith. à 2 teintes.)

606. Vues de Saint-Lô, par Levasseur. – Bertauts, 1844 (médiocre).

607. Statistique de la Charente, par J.-H. Michon. – Augone, 1844, in-4°. (Lith. des monuments par de la Fargue-Tauzia, Tirpenne, Zadig-Rivaud, Jules Geynet et Bichebois ; gravures pour les détails.)

608. La colonie agricole et pénitentiaire de Mettray. – 1844. (Dess. par A. Thierry ; Tirpenne et Faivre lith. les paysages ; Sauvé et Faivre les scènes édifiantes.)

609. La Mayenne pitt., de Messager. – Laval, E. Morice, 1844-1847. (Lith. et camaïeux signés B. [Beauvais].)

610. Album (?) d'Évron (Mayenne), par Baudriller, d'après A. Sutraux. – 1844.

611. Vues et costumes pitt. des Deux-Sèvres, par Gelle, avec texte par Ch. Arnaud. – Niort, Morisset, 1844, in-fol.

612. Histoire naturelle des départements de la France. Bourgogne, par A. Ducourneau et A.-A. Monpeil. – (1844), in-4°, 1 front. et 27 lith. (Ciceri, Sagot, Monthelier, etc.)

613. L'abbaye de Saint-Antoine en Dauphiné, essai historique et descriptif orné de huit dessins lith. par un prêtre de Notre-Dame-de-l'Osier (L.-T. Dassy). – Grenoble, Baratier, 1844, in-8°.

614. Basses-Alpes. Suite de cinq (?) camaïeux, par L. Sabatier. – Lemercier, 1844-1845. (Arbres dans sites sauvages, pas de personnages, un dessin dans la coll. Destailleur, t. XIV, fol. 89.)

615. Vues de Provence, lith. par Bichebois, d'après J. G. – Lemercier, 1844, camaïeux.

616. La campagne. – Delarue, 1844-1845. (Camaïeux de Jacottet d'après Colonne, Coignet, Hubert, Villeneuve ; fig. par Bayot.)

617. Les délices de la Belgique, ou Description historique et monumentale de ce royaume, par A. Wauters. – Bruxelles, 1844, in-8°, 102 camaïeux.

618. Vues d'Espagne, intitulées Catalogne, Valence, Murcie, etc., d'après Chapuy, lith. par V. Adam, Bayot, Monthelier, Dumange, Benoist, Cuvillier, Bichebois, Arnout, etc. – Bulla, 1842-1844, 70 lith. au moins.

619. Journal de l'expédition des Portes-de-Fer. Imprimerie royale, 1844. (Texte de Ch. Nodier, lith. par Dauzats.)

620. Voyage à la mer Caspienne, par M. et Mme Hommaire de Hill. – Lemercier, 1844. (Lith. par Ferogio.)

MARINES.

621. Études de marines, dess. par Durand-Brager, lith. par lui et Laplante. – Jeannin, 1844. (Tempêtes.)

622. Combats navals, peints par Durand-Brager, lith. par Laplante. – Jeannin, Paris et Londres, 1844.

623. Épisodes maritimes, lith. par A. Mayer et Sabatier. – Bulla et Delarue, 1844, 12 camaïeux. (Combats et naufrages, infl. d'Isabey.)

624. La marine militaire française au XIXe siècle, par Morel-Fatio. – Paris et Londres, Delarue et Cie, 1844, 12 gr. camaïeux.

COURS.

625. Études de paysages, par F. Grenier. – Aubert, 1844, camaïeux.

626. Le paysage, études et croquis dess. d'après nature et lith. à deux teintes, par E. Ciceri. – Goupil et Vibert, 1844.

627. Chaumières de Bresse, Alsace et Normandie, par d'Orschwiller. – Gache, 1844.

1845

FRANCE.

628. Promenades daguerriennes dans le département du Nord et la province du Hainaut. Reproduction des monuments et des vues les plus remarquables de Valenciennes, Cambrai, Douai, Lille, Tournai, Mons et leurs environs. – Valenciennes, Henry, 1845. (Lith. à la plume, « calquées sur des daguerréotypes », par A. Léonard et Prignet, gr. par J. Petitcolin.)

629. Vues de Ribeauvillé, Sainte-Marie et des environs, d'après le daguerréotype... (gr. par Stelgelman). – Ribeauvillé, Alfred Bressler, 1845, in-16, 4 pl.

630. Maisons historiques de l'ancien Paris, lith. par Jourdan. – Basset, v. 1845, placard en couleurs.

631. Vues des environs de Paris, par F. d'Andiran. – Lemercier, 1845, camaïeux. (Rueil, la Malmaison.)

632. Vues de France, (?) par Eugène Ciceri. – Aubert et Cie, 1845, camaïeux. (Normandie et Ouest.)

633. Évreux et ses environs. – Gihaut, 1845.

634. Trouville, par Charles Mozin. – Formentin, 1845, camaïeux.

635. Voyages pitt. de Taylor et Nodier. Bretagne. – F. Didot, 1845 et 1846, 2 vol., 378 pl. (91 livr.), 139 souscripteurs (tirage à 300). Principaux collaborateurs : Dauzats, E. Ciceri, Jacottet, A. Mayer.

636. Bretagne. Thierry frères, 1845. (20 lith. par Jacottet d'après A. Mayer et Gaucherel, fig. par Bayot et Laby. Quelques camaïeux.)

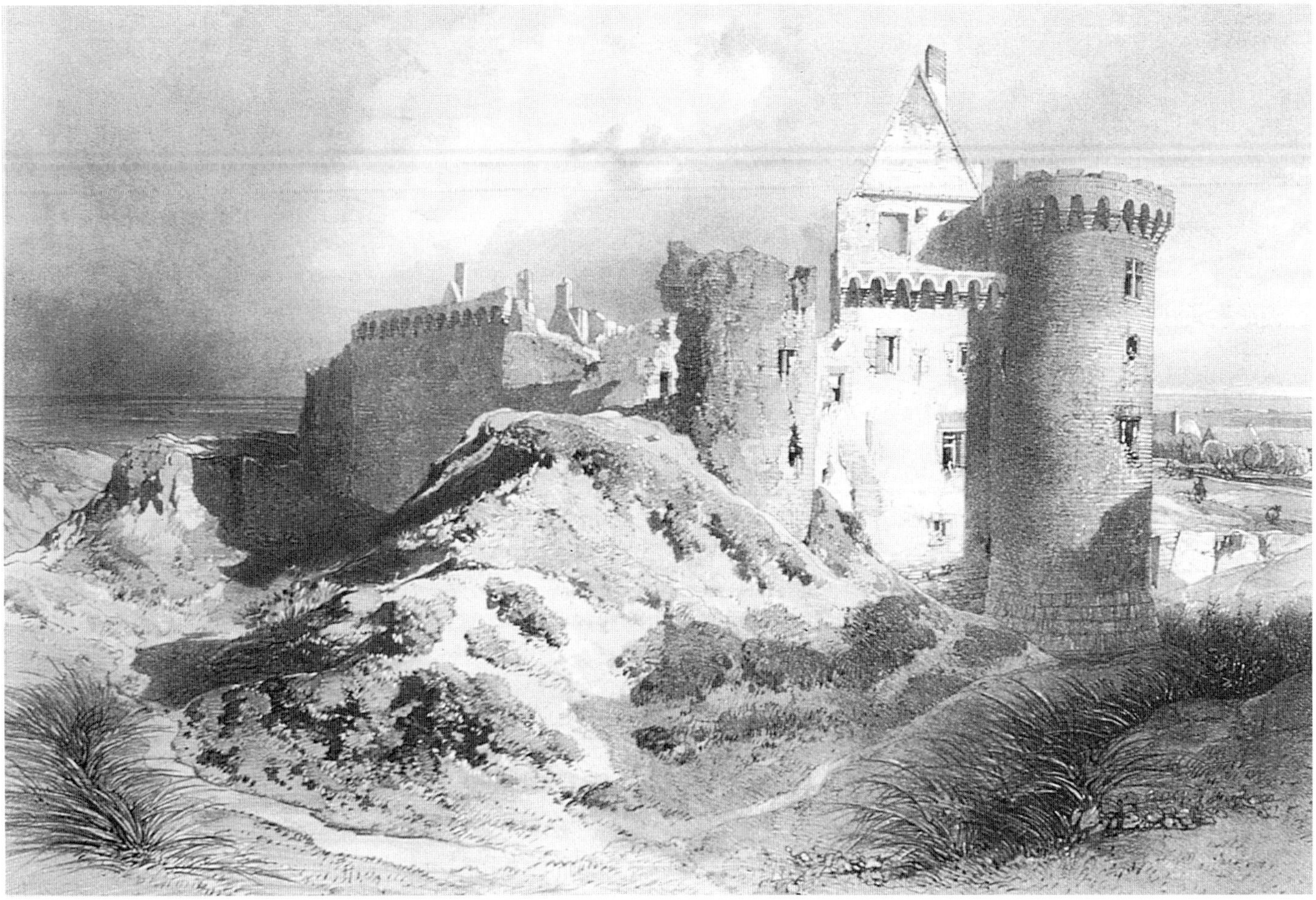

Eugène Ciceri, *Château de Susinio*, vers 1845.
(*Voyages pittoresques et romantiques dans l'ancienne France,* Bretagne)

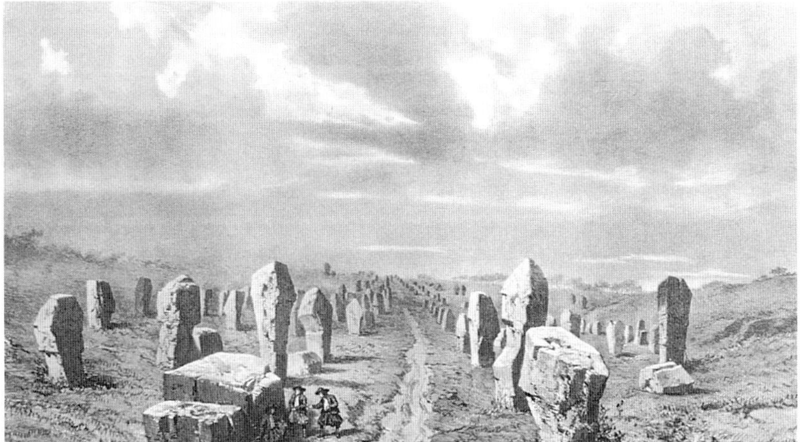

E. Guyesse et Adrien Dauzats,
Carnac, vers 1845.
(*Voyages pittoresques et romantiques dans l'ancienne France,* Bretagne)

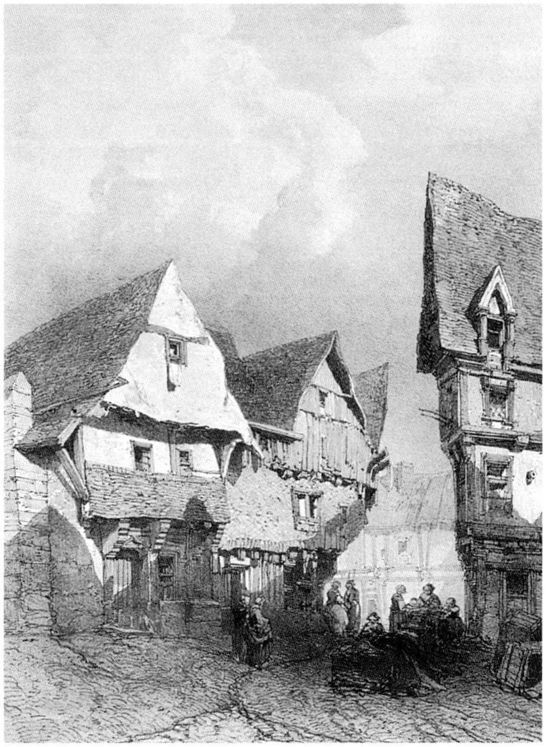

Eugène Ciceri,
Une rue à Quimper, vers 1846.
(*Voyages pittoresques et romantiques dans l'ancienne France,* Bretagne)

637. Les bords du Loiret, coll. de 32 croquis dess. d'après nature par Ch. Pensée et lith. par Champin. – Gihaut ; Orléans, Gatineau, 1845, 4 pl. de 8 petits camaïeux (châteaux).

638. La Vendée monumentale, historique et pitt., par le baron de Wismes. Album in-fol. de 40 vues, avec texte… (120 p.). – Nantes, P. Sébire, 1845-1847 ; Paris, Bry. (Lith. d'après de Wismes par Ad. d'Hastrel, Bachelier, Jacottet, Benoist, Hubert, Mozin, Champin, Victor Petit, etc. (tiré à 500 ex.) ; camaïeux. 2e éd., 1852.)

639. Album d'Arcachon. – Bordeaux, veuve Laplace, 1845, in-fol.

640. Album historique et monumental… du Cher, dess. et lith. par Haze, texte par Mme Agathe Baudouin. – Bourges, Besnard, 1845, in-4°, 50 lith.

ÉTRANGER.

641. La Suisse et ses lacs (par Bayot, Cuvillier, Jacottet, d'après Chapuy). – Bulla et Jouy, Gambart et Cie, 1845-1846.

642. Suisse, par Deroy. – Jeannin, 1845-1851, camaïeux.

643. L'Italie monumentale, de Ph. Benoist (et Jacottet). – 1845-1851. (Fig. par Bayot.)

644. Vues pitt. des monuments d'Athènes, collection de 14 grandes pl. lith… par le vicomte Th. du Moncel. – Delarue, 1845, camaïeu. (Dess. de du Moncel, lith. par lui, Clerget, Jacottet, fig. par Bayot et Ferogio.)

MARINES et COURS.

645. Marine française à vapeur, dess. de Durand-Brager, lith. par lui ou Deplante. – 1845, camaïeux.

646. Études progressives de figures pitt. à l'usage des paysagistes, par Ferogio. – Gihaut, 1845. (Paysans, chevaux, marins.)

647. Études pitt. de paysage, de Th. Blanchard. – Basset, 1845.

648. Essais sur la composition du paysage, par Ferogio. – Lemercier, 1845, camaïeux. (Forêts, fonte des neiges à Combloux.)

1846

FRANCE.

648 *a*. Excursions aériennes, par Jules Arnout. – Jeannin, puis Bulla ; Londres, Gombart, 1846-1847 (Paris en ballon, Versailles, Saint-Cloud, Orléans, Fontainebleau, Rouen, le Havre, Brighton, Nantes, Blois, Dieppe, Angers, Eu, Windsor, Greenwich, Londres).

649. Églises, châteaux, beffrois et hôtels de ville les plus remarquables de la Picardie et de l'Artois. Texte par MM. Dusevel, Goze…, dess. par MM. Duthoit, Hugot, Beaudouin, Lebel, Letellier, Pindard, Alfred Graux. – Amiens, Caron, 1846-1849, 2 gr. in-8°.

650. Le Havre, par Charles Mozin. – Lebrassor ; au Havre, Voizel, 1846, camaïeux.

651. Musée Anaïs (Lesson), ou Choix de vues des monuments historiques de la Saintonge et de l'Aunis, par M. René Primevère-Lesson. – Rochefort, Loustau, 1846. (Lith. Caillaud, la Rochelle. 50 médiocres lith. à la plume par Lesson et Anguin. L'auteur annonce plusieurs ouvrages, prêts mais restés manuscrits : La Saintonge pitt., 2 vol., avec dessins à la mine de plomb par Anguin (1830-1832), et un livre ill. d'aquarelles par H. Bourdeau (1839-1840). Sont-ils entrés avec le don Lesson à la bibl. de la Rochelle ?)

652. Lot-et-Garonne (?), lith. de Philippe d'après Bergues. – 1846-1847 (médiocre).

653. Album des eaux thermales du centre de la France (Vichy). Texte par L.-J. Alary, dess. de Aigué, lith. de J. Berthet. – Moulins, Place, 1846-1847, 5 lith.

654. Le Jura pitt., Ravignat, dess. et lith. – Besançon, Girod, 1846 (médiocre).

ÉTRANGER.

655. Vues intérieures des principales églises de Florence, par Levasseur. – Florence, Bellagny, 1846, camaïeux.

656. J. Redon. Souvenirs d'Afrique. – Gihaut, 1846-1847, 12 camaïeux.

COURS.

657. Cours de paysage, par Jacottet. – Delarue ; Londres, Gombart, 1846.

658. Cours de dessin. Paysages, figures, animaux et accessoires, par Ferogio. – Delarue ; Londres, Gombart, 1846 (paysans).

659. Études variées, par Moreau. – Fournier, 1846.

660. Études variées, par Laboriette. – Berrieux, 1846.

661. Études progressives de paysages, dess. d'après nature et lith. par G. Muller. – Dopter et Cie, 1846.

662. Van der Burch. Études de paysages aux deux crayons. – 1846.

663. Lhanta. Tous les genres. Principes élémentaires de dessin, lith. par les principaux artistes. – 1846.

1847

664. Champin. La France, la Suisse (lacs et montagnes), l'Italie. – H. Gache, 1847, 3 collections de 8 pl. chacune, camaïeux. (France : Jumièges, Avignon, Castellane, Plaimpied, Tancarville et Juvisy.)

FRANCE.

665. Suite sur Saint-Omer, dess. et lith. par J. Lemez. – Calais, Demotier, 1847, camaïeux.

665 *a*. Paris et ses environs, dess. d'après nature et lith. par Georges Muller. – Gihaut, 1847.

666. Album rouennais, édifices remarquables de la ville de Rouen, dess. et lith. par M. Dumée fils, avec des notes historiques par M. Ch. Richard. – Rouen, Dumée fils, 1847, in-4°.

667. Indicateur de Caen, Bayeux et Falaise, guide des étrangers, orné de lith. – Caen, A. Villeneuve, 1847, in-18.

668. Le Morbihan, son histoire et ses monuments, par M. Cayot-Delandre… – Vannes, A. Cauderan, 1847, (Texte, 1 in-8° et 1 atlas de pl. fol.)

669. Guide pitt. de l'étranger à Autun, avec lith. représentant les principaux sites et monuments du pays, par F. Girardot et R… – Autun, 1847, in-16. (Petites et mauvaises lith. par V. Cochey.)

670. Panorama historique et descriptif de Pau, par A. Duguenne. 2e éd…, avec des plans et des lith. – Vignancour, 1847, in-8°. (Lith. par F. Gudin.)

ÉTRANGER.

671 et 672. La Belgique monumentale et pitt. – Chez Bulla et Jouy, 1847-1849, camaïeux.

673. Album de Wilna, 2e série. – 1847. (Châteaux de Wilna et de ses environs, dess. par Sadownikoff, lith. par Bichebois, fig. de V. Adam. Châteaux, personnages russes.)

674. Le Caucase pitt. – Plon, 1847, camaïeux et chromos. (Lith. d'après le prince Gr. Gagarine par Bachelier, C. Nanteuil, Mouilleron, Bayot.)

675. Souvenirs de l'île Bourbon. Suite de 1 frontispice et 76 pl. – Ile Bourbon, 23 avril 1847, in-fol. (Vues, portraits, costumes, histoire naturelle. Lith. d'après Ad. d'Hastrel par A. Roussin et Sabatier, parfois fig. par Bayot.)

MARINES.

676. H. Durand-Brager. Six sujets maritimes. – Gihaut, 1847.

677. Les moments du jour. – Bes et Dubreuil, 1847, 4 lith. par Gudin (vaisseaux).

COURS.

678. Sujets variés, par Ferogio. – Delarue, 1847.

679. Hubert. Principes de dessin. – 1847.

1848

680. Paris et ses douze arrondissements. Suite de 12 lith. de Jules Arnout d'après Chapuis (phot. à l'origine ?). – Avanzo, 1848, in-fol., 12 pl. de vues à vol d'oiseau.

ÉTRANGER.

681. De Venise à Constantinople à travers la Grèce et retour…, par le vicomte Th. du Moncel. – Delarue, 1848, camaïeux. (Fig. par M. de Rossi.)

682. Expédition sur Bou Semghoun, l'Abiod M'ta Sidi Chi'gs et Bérésina, sud de l'Algérie, en 1847, sous les ordres du général Renault. – Bry, 1848, in-8°. (Lith. par Ed. Sewrin d'après dess. par E. Gola, lieutenant au 6e léger.)

683. Album de Wesserling. Vues dess. d'après nature

par Chapuy, lith. par Bichebois, E. Ciceri, Cuvillier et Deroy. – Thierry, 1848.

684. Voyage en Scandinavie, en Laponie, etc., dess. par Mayer, lith. par Jacottet et autres. – 1848.

1849

France.

685. Album d'Uriage. Camaïeux de Deroy et Jacottet d'après A. Debelle, fig. par Bayot. – Lemercier, 1849.

686. Un mois à Vichy. Guide pitt. et médical…, orné de 6 lith. par Deroy d'après E. Raffort. Indicateur des hôtels, par H. Audiffred. – 1849, in-12. (3e éd., 1851.)

687. Grand album pitt. de l'établissement thermal du Dr Pujade à Amélie-les-Bains et de ses environs. – Perpignan, Mlle Tastu, 1849, in-fol.

Étranger.

688. Expédition du général Cavaignac dans le Sahara algérien, avril et mai 1847…, par le Dr Félix Jacquot. – 1849, in-8°. (Lith. par Lebreton.)

688 *a*. L'Italie à vol d'oiseau, par A. Guesdon. – Hauser, 1849-1852, 36 lith. d'après Guesdon par Muller, Arnout, Jacottet, A. Springer.

Cours.

689. Principes de paysage, par Haguentat et Fagonde. – 1849, 16 camaïeux.

690. Cours de paysage, d'après Villeneuve, par Turgis. – 1849.

1850

France.

691. Suite sur le Haut-Rhin, par J. Rothmuller. – Lemercier, 1850-1858, camaïeux.

692. Altkirch et ses environs, par Ch. Goutwiller. – Altkirch, Boehrer, v. 1850.

693. Ruines de Montcornet. Lith. par M. Coutouvi, prof. de dessin à Rethel. – 1850. (D'après G. Guillaume du Fay, procureur de la République à Rocroy, et un receveur des douanes.)

694. Seine. – Gache, 1850. (Lith. d'après Sagot par Bachelier, etc.)

695. Établissement thermal de Bagnoles-les-Bains (Orne) et ses environs. Vues dess. d'après nature et lith. par J.-L. Tirpenne. – Bagnoles, à l'établissement ; Paris, Poulet-Malassis ; Londres, Gombart, v. 1850, camaïeux.

696. Nantes et la Loire-Inférieure. – Nantes, Charpentier, 1850, lith. d'après F. Benoist.

697. Le petit séminaire de la Chapelle-Saint-Mesmin. – Orléans, Jacob, v. 1850. (Album de camaïeux anonymes.)

698. Statistique monumentale de la Côte-d'Or, lith. de E. Nesle. – Beaune, v. 1850.

699. Album historique du département du Lot. – Bry, 1850. (Lith. médiocres de Eug. Gluck.)

699 *a*. Quatre vues pitt. de la vieille église de Soulac, ensevelie sous les sables…, par E. Bonnore, architecte. – Bordeaux, impr. Faye, 1850.

700. Laurens. Suite de chromos sur Montpellier. – V. 1850.

701. Album de Vézenobres, par A. Maugendre. – Bry, v. 1850. (Camaïeux médiocres.)

Étranger.

701 *a*. Album portatif de l'Italie, par Champin. – Gache, 1850, 4 pl. de 8 sujets, camaïeux.

701 *b*. Album portatif de la Suisse, par Champin. – Gache, 1850, id.

702. Voyage d'Alger au Zibaus en 1847, avec des vues des principales oasis et de quelques monuments du Tell…, par M. Guyon, chirurgien chef de l'armée d'Afrique. – Alger, 1850, in-fol. (Plans par le chirurgien en sous-aide Aristide Verdale. 32 lith. par Bouyer, Philippe, Bastide à Alger et E. Bocourt.)

703. Voyage à la côte orientale d'Afrique, exécuté pendant les années 1846, 1847 et 1848, par le brick *le Ducouëdic*, sous le commandement de M. Guillain, capitaine de frégate. – A. Bertrand, v. 1850. (Lith. par Bayot, E. Ciceri, J. Jacottet, Sabatier et Vogt, d'après des épreuves daguerriennes et les dessins de MM. Caraguel et Bridet, enseignes de vaisseau.)

Cours et Marines.

704. Du dessin perspectif du paysage, dédié à son élève, Mlle Marie Treilhard, par Thénot. – Avanzo ; Londres, Gambart et Cie, 1850.

705. Paysages et figures, par Bichebois et Sabatier. – 1850, 13 lith. de 4 sujets.

706. Cours de paysage, par Jacottet, fig. de Bayot. – Bry, 1850, 96 lith. ou camaïeux.

707. Hubert. Études de paysage. – 1850.

708. Masson. Marines et paysages en miniature. – 1850.

1851

France.

709. Inauguration et bénédiction d'un pont sur l'Orne… – Le Mans, Monnoyer, 1851, in-8°.

710. Album du château de Blois restauré et des châteaux de Chambord, Chenonceaux et Amboise, par J. Monthelier… Texte par Baillargé et le vicomte Joseph Walsh. – Blois, Prévost, 1851, in-fol. obl.

711. L'Anjou pitt., peint et dess. d'après nature par Jo. Marchant et Dubois d'Hault. – Angers, Gautier, 1851-1853. (Album in-fol., texte in-8°.)

712. Promenade pitt. et archéologique dans l'Angoumois et le Poitou. Églises, châteaux, abbayes, ruines, dess. et lith. d'après nature par M. P.-A. Brouillet. – Angoulême, Chatenet, 1851, 24 p. de texte, 24 lith. aux deux crayons (tiré à 300).

713. Visite aux Trappistes de Fontgombaud… avec notice historique… et 12 pl. lith. à deux teintes par Émile de la Tremblais. – Châteauroux et Poitiers, 1851, in-4° obl.

714. Album de Vichy et ses environs, vues pitt. et d'antiquités, avec texte en regard par Th. Villard. – Vichy, Bougarel, 1851, in-8° obl.

715. Histoire de Saint-Étienne et de ses environs, avec 12 pl. lith. par Eugène Bonnefous. – Saint-Étienne, Delarue, 1851, in-8°.

716. Vues de la Savoie et de la Drôme, par Fonville. – Lyon, 1851-1852.

717. Description des environs de Bayonne, par Mlle H. Feillet et Mme B. Henriette, née Feillet. – Bayonne, veuve Lamaignère, 1851, in-4° obl.

Étranger.

717 *a*. Views of Trinidad from drawings by M. J. Cazabon (qui travaille souvent d'après des photos), lith. par E. Ciceri. – Lemercier, 1851.

717 *aa*. Monuments et paysages de l'Orient, d'après Girault de Prangey. – Lemercier, 1851.

717 *b*. Scenery landscapes and interieurs, par Ciceri et autres. – Goupil, 1852.

Cours.

717 *bb*. Études par H. Clerget, souvenirs de voyage. – Massard et Combelle ; Londres, Gombart et Cie, 1851-1852, 18 pl. ; suite, 1853, en plus petit format.

1852

France.

718. Album pitt. et monumental… de l'Aube, dess. et lith. par Ch. Fichot… Notice historique par Amédée Aufauvre. – Troyes, Caffé, 1852, in-fol. (2e éd., 1854.)

719. Le chemin de fer de l'Ouest. – Noury, 1852-1855, 12 camaïeux.

720. La Normandie illustrée. Monuments, sites, costumes…, dess. d'après nature par F. Benoist et lith. par les premiers artistes de Paris. – Nantes, Charpentier père, fils et Cie, 1852, 2 in-fol.

721. Ruines du château de Sarcus, transportées et relevées par M. Daudin dans ses jardins de Pouilly (Oise), dess. et lith. par Deroy. – 1852, camaïeux. (Reprise de camaïeux antérieurs, ceux de 1852 seront repris eux-mêmes par Deroy en 1858 et 1864.)

722. Bains thermaux. Souvenirs de Vichy et promenade au Mont-Dore. Album composé d'une notice historique et de 16 vues dess… par Deroy père… – E. Morier, 1852.

723. L'Allier pitt., par A.-T de Jolimont, dess. par

MM. Bariau, Berthet et Montellet. – Moulins, 1852, in-8°.

724. Bords du Rhône, par Fonville. – Lyon, 1852.

725. Vues du Bugey et de la Savoie, par Fonville. – 1852-1853.

726. Villes d'eaux (des Pyrénées), lith. par Bargue, d'après H. de Montault. – Sinett, 1852, 12 pl.

1853

France.

727. Suite de grandes vues à vol d'oiseau, par Wyld. – 1853-1860.

727 *a*. Voyage aérien en France, par Guesdon, avec la collaboration de François et Springer. – Hauser, 1853, camaïeux.

728. La France de nos jours. – Sinett, 1853-1876. (Chromos par Asselineau, Ch. Mercereau, Guildrau, Maurice, Jauty, Lebreton, Deroy ; 475 pl.)

728 *a*. Metz ancien et moderne, par J.-B. et Jules Arnout, d'après Migette. – Metz, Fietta, 1853.

729. Paris, vues et monuments. – Goupil, 1853-1855. (Chromos.)

730. Promenades autour de Paris. – Leclercq, 1853, camaïeux.

731. Normandie (?), par A. Cassagne. – 1853, camaïeux.

732. Voyages pittoresques de Taylor et Nodier. Bourgogne. – Lemaître, 1853. (Plus de texte que de pl., lith. par Sagot, Fichot, Durand ; quelques lithophotogravures.)

733. Histoire et panorama d'un beau pays, ou Saint-Malo et Servan, Dinan, Dol et environs, par Bertrand Robidou. Illustré de 10 lith. formant album par M. Doutreleau. – Dinan, Bazouge, 1853.

Étranger.

734. L'Alhambra, par le baron Taylor, dess. et lith. par Asselineau. – 1853.

735. L'Orient, par Eugène Flandin, attaché à l'ambassade en Perse en 1840 et 1841. – Gide et J. Baudry, 1853. (E. Flandin, dess. et lith.)

Cours.

736. Études de paysage, par Ferogio. – 1853.

737. Études de paysage, par Thénot. – 1853.

738. Études progressives de paysage, par Laboriette. – 1853.

739. L'École de dessin, cours de paysage, par Hubert. – 1853.

1854

France.

740. L'Alsace et Bâle artistique. – Strasbourg, Simon, 1854. (Camaïeux médiocres de F. Voulat.)

741. Souvenirs de Paris. Album de 50 lith. en couleurs par Jacottet, Bachelier, Becquet, Rivière et Lemercier, d'après Arnout, Deroy et de la Tremblais. – Dazaric, 1854. (Bals, théâtres.)

742. Normandie pitt., par A. Cassagne (seul ?). – 1854. (Chromos. Différent du recueil de l'année précédente.)

743. Album d'Orléans. – Gatineau, 1854.

744. Album de la Haute-Loire. Guide pitt. dans le département. – Le Puy, A. Pascon, 1854. (Prospectus.)

745. Voyages pitt. de Taylor et Nodier. Dauphiné. – Lemaître, 1854, 174 pl. (47 livr.), tirage à 300. Lith. par Haghe, Harding, A. Mathieu, Sabatier, Ciceri.

Étranger.

746. Isla de Cuba. – Goupil, 1854, cam. d'après Hoefler.

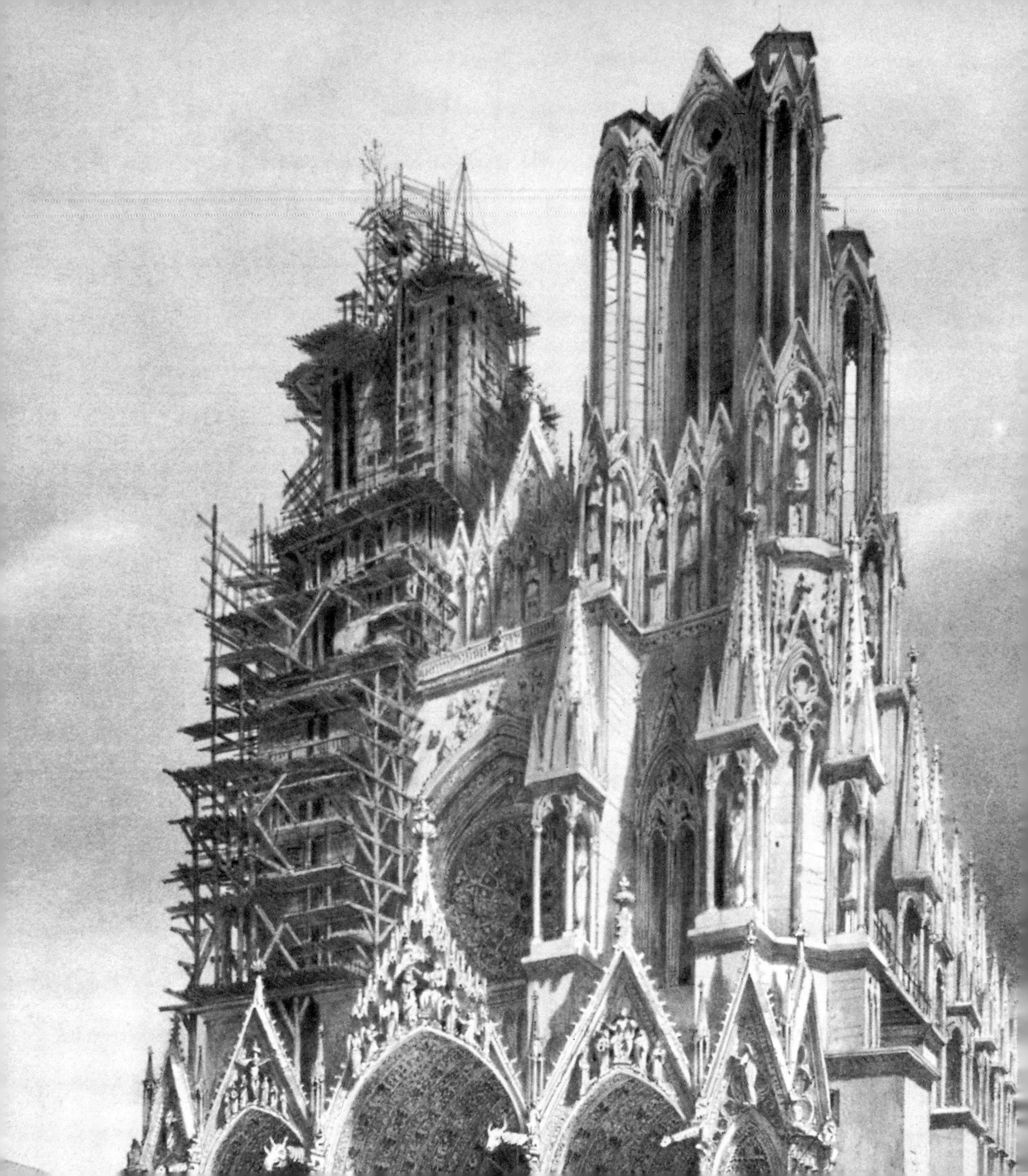

Index alphabétique des noms de personnes et de lieux
cités dans la bibliographie*

* Les chiffres renvoient aux numéros de la bibliographie.

A

B

Page ci-contre :
Adrien Dauzats, *Façade de Notre-Dame de Reims* (détail), 1845.
(*Voyages pittoresques et romantiques dans l'ancienne France,* Champagne)

C

D

K

L

M

N

T

U

V

W

Z

Double page suivante :

Richard Parkes Bonington
et Alexandre Pernot,
Édimbourg, 1826.
(Vues pittoresques de l'Écosse)

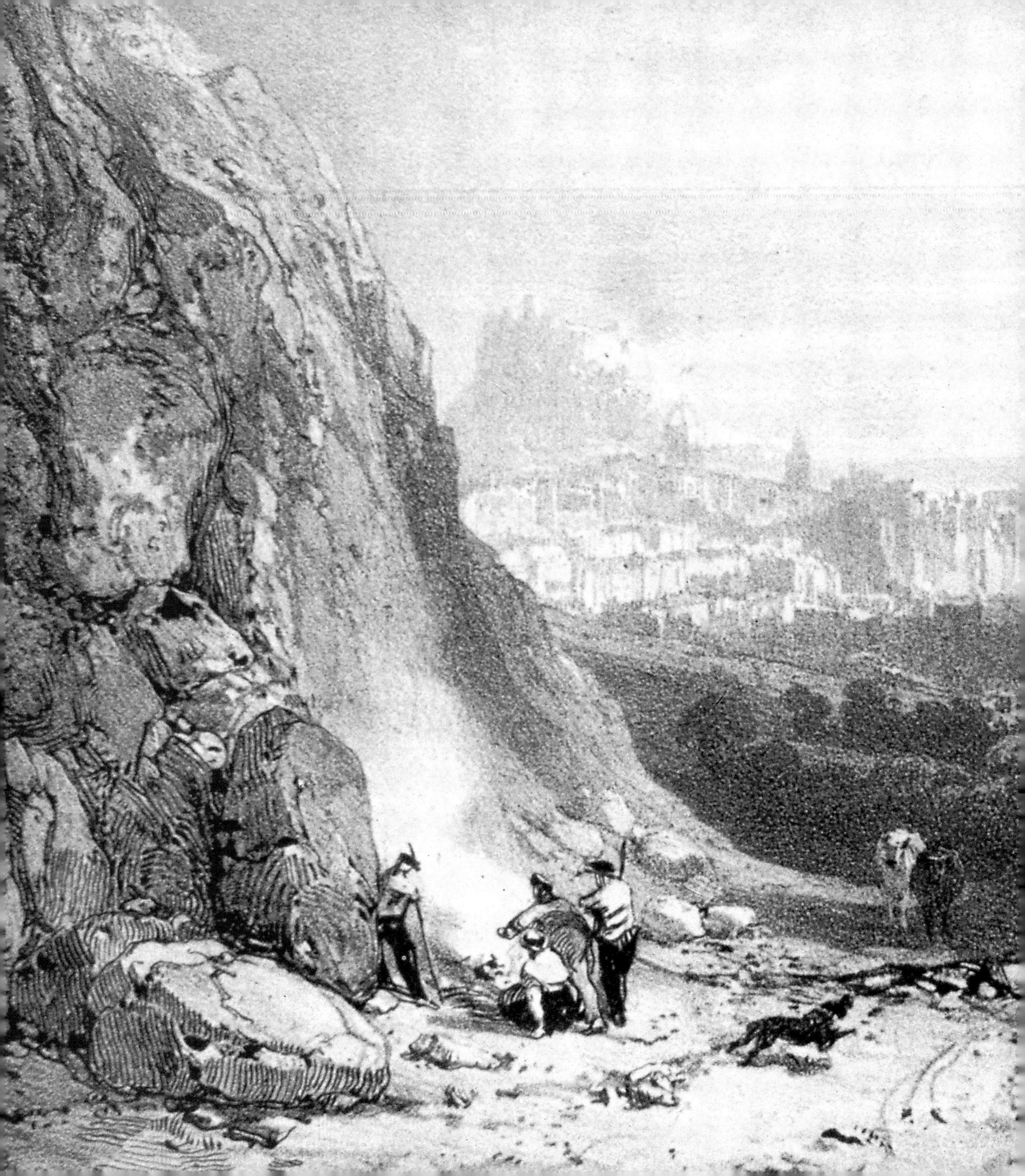

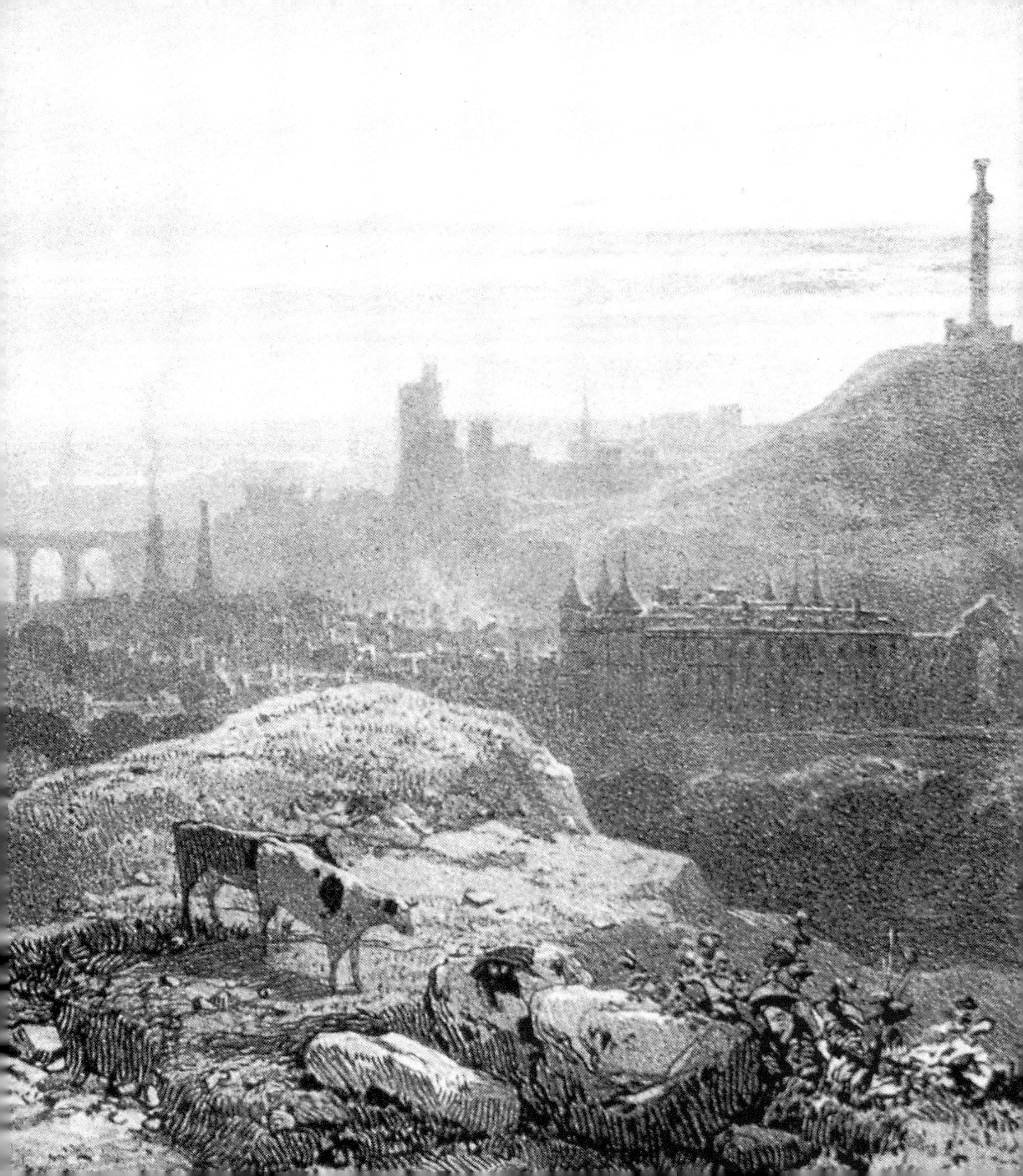

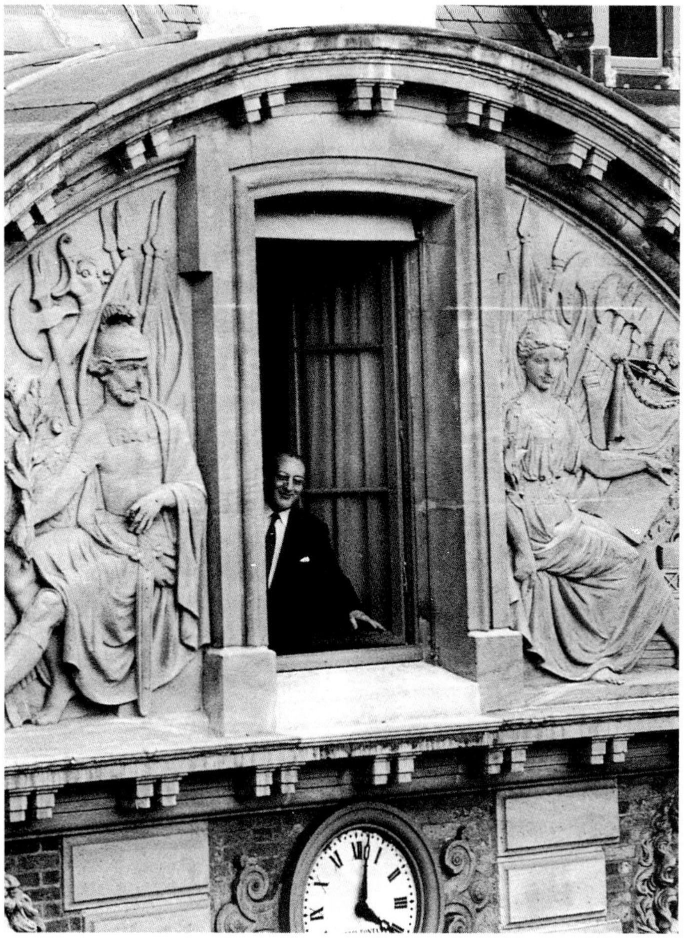

Jean Adhémar à la fenêtre de son bureau à la Bibliothèque nationale, photographié par Robert Doisneau.

Jean Adhémar naquit en 1908 à Paris d'une famille de juristes d'origine provençale. Il abandonna la tradition familiale pour entrer, en 1928, à l'École des Chartes, où il fut l'élève de Marcel Aubert ; il poursuivit en même temps en Sorbonne des études de lettres et fut le disciple d'Henri Focillon.

Il était dès cette époque évident que notre confrère se destinait à une carrière qui privilégierait l'histoire de l'art : il possédait l'« œil » du connaisseur et en même temps la curiosité de l'érudit. Curiosité qui transgresse les frontières chronologiques puisque l'on constate qu'il parcourt le temps toujours avec le même appétit de pénétrer la vie des formes et leur signification. Il étudiait dans sa thèse de doctorat ès-lettres, soutenue en Sorbonne en 1938, « Les influences antiques dans l'art du Moyen Age français ». On voit que notre confrère n'avait pas peur des grands sujets, qu'il abordait avec le souci d'une documentation qui renouvelait les problèmes. Il continuait à se passionner pour le Moyen Age et son iconographie en s'associant avec Francis Salet pour publier en 1950 une monographie de la Madeleine de Vézelay où il se chargeait de l'étude iconographique de la sculpture.

Remarqué par Julien Cain, administrateur général de la Bibliothèque nationale, il entra au cabinet des Estampes dès 1932 et y trouvait l'épanouissement de ses goûts pour l'étude de l'image. Cette fois il avançait encore un peu dans le temps, puisqu'on lui confiait la rédaction de l'inventaire des graveurs français du XVIe siècle, tâche qui allait faire de lui un des meilleurs connaisseurs de l'art de la Renaissance. Mais, en même temps, cet érudit qui tenait à jouer un rôle actif dans les manifestations que l'on n'appelait pas encore « culturelles » sc voyait chargé d'organiser des expositions qui attiraient un public séduit par l'image, document et témoignage. Dès 1934, c'est Goya, puis en 1936, Daumier, suivies de beaucoup d'autres : à la Bibliothèque nationale et ailleurs, il organisa quelque cent vingt expositions.

Au cabinet des Estampes, il passait du XVIe siècle au XXe siècle, rédigeant de nombreux volumes de catalogue du fonds français après 1900. Mais la période à laquelle il s'est sans doute le plus attaché est le XIXe siècle. Dès le début, il s'était passionné pour Daumier, et il consacra sa thèse complémentaire de doctorat aux lithographies de paysage en France à l'époque romantique. Les relations littérature-art, la presse, la caricature, l'affiche lui fournissaient matières à maintes études très neuves où son esprit aigu et subtil faisait merveille. Il participa avec le professeur Seznec à une édition monumentale illustrée des *Salons* de Diderot ; il publia des livres sur les maîtres de l'estampe dont un Lautrec, un Degas, un Daumier, d'autres ouvrages sur l'histoire de la gravure, sur le dessin, qui font autorité.

A la Bibliothèque, il donna une impulsion décisive à la section de la photographie, y faisant entrer des collections importantes, en facilitant la consultation.

On ne saurait passer sous silence sa collaboration de tous les instants avec son épouse, Hélène Adhémar, ni ses activités de professeur. Après 1945, il fut appelé à faire des cours à l'Université d'Harvard, puis fut nommé professeur à l'Université libre de Bruxelles où il enseigna pendant vingt-cinq ans. De nombreuses générations d'étudiants à l'École du Louvre ont aussi bénéficié de son initiation à l'art de la gravure, de ses leçons où se confortaient l'érudition, l'humour et la sensibilité.

La part la moindre de cette existence si riche et bien remplie n'est certes pas, et il le reconnaissait volontiers lui-même, son rôle éminent d'animateur en tant que rédacteur en chef de la *Gazette des Beaux-Arts*, charge qui lui fut confiée en 1955 par Georges Wildenstein sur les conseils de Julien Cain. Il imprima puissamment sa marque à cette revue d'histoire de l'art plus que centenaire et de renom international, offrant, grâce à ses relations, une tribune aussi bien aux savants confirmés qu'aux jeunes chercheurs dont il pressentait le destin brillant ; il s'y consacrait encore davantage depuis sa retraite officielle. Il faisait naturellement partie de nombreuses sociétés qui sollicitaient cet homme de conseil judicieux. Il fonda la revue *Les Nouvelles de l'estampe*. L'Université fit appel à lui pour siéger dans des jurys de thèse. Une livraison spéciale de la *Gazette des Beaux-Arts*, au début de 1988, donne la bibliographie détaillée de ses travaux et ainsi la mesure de son activité.

Sa santé était depuis quelques mois ébranlée, et il est mort le 30 juin 1987, tout en mettant au point un numéro de sa chère *Gazette*, jusqu'au bout objet de tous ses soins. Sa puissance de travail, sa curiosité intellectuelle toujours en éveil, sa personnalité chaleureuse et généreuse, son sens de l'humour, son style incisif inimitable ont assuré à Jean Adhémar une place éminente et originale dans les domaines très variés de l'histoire de l'art dont il était familier, place reconnue tant sur le plan international qu'en France.

François Souchal

Crédits photographiques :

Yves Lesven, Paris, pour les œuvres conservées à la Fondation Taylor.
Robert Doisneau/Rapho, p. 142.

Flashage : GPI, Juigné-sur-Sarthe
Photogravure : Fotolito Star, Grassobbio, Italie
Cet ouvrage, composé en Garamond, a été achevé d'imprimer en octobre 1997 par Grafedit, Azzano-San-Paolo, Italie.